U0800181

铁道图鉴丛书 ②

中国经典火车图鉴

电力机车篇

CHINA CLASSIC TRAINS ENCYCLOPEDIA · ELECTRIC LOCOMOTIVE

罗春晓　著

中国铁道出版社有限公司
CHINA RAILWAY PUBLISHING HOUSE CO., LTD.
北　京

图书在版编目（CIP）数据

中国经典火车图鉴 . 电力机车篇 / 罗春晓著 . 北京 : 中国铁道出版社有限公司，2025. 1 --（铁道图鉴丛书）. -- ISBN 978-7-113-31656-3

I. U2-64

中国国家版本馆 CIP 数据核字第 20243EH660 号

书　　名：**中国经典火车图鉴 · 电力机车篇**
ZHONGGUO JINGDIAN HUOCHE TUJIAN · DIANLI JICHE PIAN

作　　者：罗春晓

责任编辑：许士杰　　编辑部电话：（010）51873204　　电子邮箱：syxu99@163.com
编辑助理：韩振飞
出品策划：罗春晓　罗一童
特约编辑：吕　彪
装帧设计：罗一童　崔丽芳
责任校对：刘　畅
责任印制：赵星辰

出版发行：中国铁道出版社有限公司（100054，北京市西城区右安门西街 8 号）
网　　址：https://www.tdpress.com
印　　刷：北京盛通印刷股份有限公司
版　　次：2025 年 1 月第 1 版　2025 年 1 月第 1 次印刷
开　　本：889 mm×1 194 mm　1/16　印张：25.25　字数：922 千
书　　号：ISBN 978-7-113-31656-3
审 图 号：GS 京（2024）2683 号
定　　价：228.00 元

前　言

“火车跑得快，全靠车头带”。铁路机车作为铁道线上牵引动力的代表，不仅凝聚着科技与力量，更是工业艺术的化身。机车牵引列车在万里铁道线上驰骋纵横的画面，将抽象的科技具象呈现的同时，也诠释了铁路那独特的魅力。

铁路机车的发展主要经历蒸汽机车、内燃机车和电力机车三个时代。其中，电力机车具有功率大、效率高、速度快和操作维修方便等诸多优势，是中国铁路大力发展的现代化牵引动力。从 1958 年新中国第一台电力机车诞生至今，中国电力机车工业从无到有，从摸索前行到突破创新，在生产能力、制造工艺、科技研发等诸多方面实现了质的飞跃。历经近 70 年的发展，中国电力机车从直流传动到交流传动，形成了“韶山”“和谐”“复兴”三大品牌系列，累计研发车型近 50 款，累计下线机车超 18000 台。中国在拥有世界最长电气化铁路里程的同时，也是世界上电力机车保有量最大、运用环境最复杂、承担运量最大的国家。

作为“铁道图鉴丛书”的第二辑，本书以国产直流传动电力机车、国产交流传动电力机车和进口电力机车为主要章节划分，收录了中国大陆地区国家铁路系统运用的 56 款电力机车车型，每款车型均包含研发背景、主要技术概况和配属运用等信息。同时，本书还单列了自营和地方铁路电力机车一章，简要介绍了国家能源集团和陕西煤业化工集团等地方和厂矿企业管辖线路上运用的电力机车。因资料及篇幅所限，直流供电工矿电力机车、部分厂矿企业用新能源混动机车本书暂未收录。

为求内容翔实准确，书中除个别早年退役的车型外，绝大多数车型笔者均亲历考察。书中除少量署名图片和部分早期资料图片外，其余图片皆为笔者多年亲自走访拍摄，以期在文字介绍的同时，用镜头画面为读者进一步解读各型机车的运用场景与技术细节。同时，主要图片均标注有拍摄时间，以供读者参考不同时期铁路线路与机车车辆的发展变迁。

本书的图文和数据资料截至 2024 年 11 月。文中涉及各单位机构名称，原则上以所述事件发生时间为准。由于涉及年代跨度大，且各机车车型技术细节十分繁杂，加之作者才识阅历有限，本书撰写过程中虽收集大量资料交叉比对，但错误和遗漏也恐在所难免，在此也期待各位读者的批评与指正。

罗春晓

2024 年 12 月 1 日

目录
Contents

国产直流传动电力机车

国产交流传动电力机车

进口电力机车

自营和地方铁路电力机车

附录

SS9 0180
SS9 0180

国产直流传动电力机车

电力机车具有功率大、效率高、速度快和操作维修方便等诸多优势，是中国铁路大力发展的现代化牵引动力。根据采用直流牵引电机或交流牵引电机的不同，电力机车又分为直流传动电力机车和交流传动电力机车两大类。由于中国铁路采用25kV交流供电制式，直流传动电力机车在部分场合也称为交直传动电力机车。因交流传动技术发展较晚，我国早期电力机车均采用直流传动方式，并以“韶山”作为直流传动电力机车的命名序列。

从1958年新中国第一台电力机车诞生，到2007年中国铁路第六次大提速，韶山系列电力机车见证了中国电力机车工业从无到有，由弱到强的发展历程。从1986年韶山1型电力机车定型到2002年韶山9改进型电力机车下线，中国铁路先后研发生产了21款、近6000台各型韶山系列直流传动电力机车，为中国电气化铁路发展作出了巨大贡献。

SS1 型机车双机重联牵引货物列车行驶在石太铁路上（2008.9）

春色烂漫的宝成铁路（2018.3）

北京机务段内的“红色旋风”整装待发（2012.4）

SS8 型机车牵引列车行驶在晚霞与倒影间（2012.7）

西京长交路 SS7E 型机车牵引特快列车（2010.9）

SS7C 型机车双机重联牵引货物列车行驶在春色烂漫的南昆铁路上（2015.2）

■ SS7E 型机车牵引快速旅客列车行驶在陇海铁路宝鸡段壮美的渭河峡谷间（2010.10）

蓝天白云下，SS3 型机车牵引嘉镜铁路通勤客车行驶在河西走廊的戈壁滩上（2015.8）

湘桂铁路上，SS7 型机车牵引货物列车行驶在广西独特的喀斯特峰林间（2020.11）

西昌机务段峨眉运用车间里最后的韶山型机车（2022.3）

SS7C 型机车牵引旅客列车行驶在包兰铁路上（2015.8）

SS3 与 SS7C 型机车双机重联牵引旅客列车驶过水柏铁路北盘江大桥（2011.9）

SS9G 型机车牵引列车穿行在城市之间（2010.4）

神朔铁路上的重载货物列车在神池南站整装待发（2021.8）

SS3B 型机车牵引货物列车驶过南昆铁路师宗段（2015.2）

夕阳间，SS3 型机车牵引旅客列车行驶在闽江之畔的峰福铁路上（2013.8）

中国电力机车的先驱

韶山1型电力机车

下线时间	1968 年
最高速度	90km/h
轴式	Co-Co
机车功率	3780kW（持续制）
制造工厂	株洲厂

配属京局保段的 SS1 249 号机车在石家庄编组站等待挂车（2003.8）

韶山1 型电力机车（车型代号 SS1）是由 6Y1 型电力机车改进而来的中国第一款客货两用干线电力机车，为中国电力机车的研制与发展奠定了坚实的基础。

蹒跚起步的 6Y1 型机车

根据《中苏技术合作协定》，在深入学习和模仿原苏联 H60 型电力机车后，1958 年 12 月 28 日，中国第一台自主生产的电力机车——6Y1 型 0001 号机车在湘潭电机厂下线，并被命名为“韶山号”。6Y1 型机车设计为客、货两用干线电力机车，采用低压侧调压开关调压，Co-Co 轴式，小时制功率为 3900kW，最高运行速度 100km/h。机车型号中的“6”代表机车有六根车轴，“Y”代表采用引燃管整流。由于引燃管、牵引电机等关键设备可靠性不足，6Y1 0001 号机车没有上线运行。

1960 年 3 月，6Y1 型 0002 号机车在株洲机车车辆工厂（现中车株洲电力机车有限公司，简称株洲厂）下线，株洲也从此成为中国电力机车的发展的摇篮。从 1962 年到 1967 年，株洲厂又先后试制出了 6Y1 型 0003~0007 号

下线之初的 6Y1 型 0001 号机车（资料图）

机车。由于技术难度过高且经验不足，虽然尝试了多项改进，但“引燃管逆弧、调压开关烧损、牵引电机环火”三大技术难题始终无法解决，再加上大部分机车没有加装电阻制动，无法应对山区大坡道线路，因此前 7 台 6Y1 型机车都没能正式投入使用。

SS1 型机车的诞生

经过 10 年研究改进，在参考学习法国进口 6Y2 型电力机车的技术后，1968 年，株洲厂成功试制了第 8 台 6Y1 型机车。这台机车彻底摒弃了原 H60 型机车的引燃管整流思路，采用当时先进的硅整流器整流，调压设备则调整为 20 触头组调压开关，使用 700kW 有补偿绕组的 4 级高压脉流牵引电机，并加装 2800kW 电阻制动。经过一系列改进，第 8 台 6Y1 型机车一举克服了之前的三大难题。由于采用新型牵引电机，008 号机车小时制功率提高到 4200kW，持续制功率 3780kW，最高运行速度 90km/h。1968 年 4 月 27 日，经铁道部军管会决定，自 008 号机车开始，6Y1 型电力机车定名为韶山 1 型，车型代号 SS1，并于 1969 年开始小批量生产。自此，我国开始了以“韶山”命名交直流电力机车的历史。

在生产过程中，株洲厂和株洲所又根据机务段的实际运用经验，对 SS1 型机车进行了三次重大技术改进：1971 年，从 SS1 061 号机车起，运行级位从 9 级增加到 33 级，同时加大了主变压器容量，采用过渡硅机组取代过渡电抗器，电阻制动也改为硅机组励磁；1976 年，从 SS1 131 号机车起，主电路由中抽式电路改为单拍式全波整流电路；1980 年，按照标准化、简统化、完善化要求，从 SS1 221 号开始定型大批量生产。自此，SS1 型机车成为以有级调压为技术特征的我国第一代交直传动电力机车的代表车型。

SS1 型机车主要技术概况

定型后的 SS1 型机车，车体采用全金属箱式承载结构，由型钢与钢板

SS1 447 号机车牵引货物列车行驶在京哈铁路京秦段上（2010.7）

SS1 422 号机车牵引春运双层临客行驶在西长铁路长阳大桥上（2007.3）

SS1 型电力机车外观示意图

SS1 008 号机车为早期 SS1 型机车代表，车号铭牌为“韶山 1008”，侧墙采用进风百叶窗窗口样式

SS1 0681 号机车为后期制造的机车，车号铭牌为“SS1 0681”，采用大面积竖式结构进风百叶窗

焊接而成。总体布局为双边内走廊式，两端设有司机室。车顶两端对应转向架中心处各装有一台单臂受电弓，中部设有空气主断路器，两端辅助室对应车顶处则安装有制动电阻柜。机车走行部为两台完全相同的三轴转向架，采用“目”字形箱型焊接结构的构架，牵引力和制动力通过中央支承传递。采用锻钢车轴和有孔辐板轮对，车轮的两侧都装有闸瓦。通风系统采用车体通风方式，侧墙百叶窗是车内设备通风冷却的进风窗口，早期的机车采用进风百叶窗窗口，后期采用大面积竖式结构进风百叶窗。这也是 SS1 型机车从外观上区分早期机车和后期机车最明显的特征。

电气设备方面，SS1 型机车采用低压侧有级调压，整流调压电路由牵引绕组、调压开关、整流装置和平波电抗器组成。牵引时采用集中供电方式，同时向 6 台并联的牵引电机供电。机车使用的 ZQ650-1 型牵引电机为带补偿绕组的四极串励直流电动机，小时功率 700kW，持续功率 630kW，采用滑动抱轴式悬挂。机车运行方向通过调整位置转换开关，改变牵引电机励磁电流方向而实现。磁场削弱电路采用电阻分路法，可实现三级磁场削弱。

生产与运用

下线之初，SS1 型机车曾作为唯一的国产电力机车运行于中国第一条电气化铁路——宝成铁路上。1975 年 7 月 1 日，宝成铁路电气化改造全线通车时，参加通车典礼的便是首台量产机车 SS1 008。在宝成铁路北段先后配属进口 6Y2 型机车和 6G 型机车的情况下，早期生产的 SS1 型机车主要配属成都铁路局马角坝机务段，少量配属宝鸡机务段，与 6Y2 和 6G 型机车共同承担宝成电气化铁路的牵引任务。此后，阳安、襄渝、石太、宝兰（陇海铁路宝鸡至兰州段）、成渝等铁路也先后于 20 世纪 70 年代末至 80 年代初开通电气化，SS1 型机车作为当时唯一的国

SS1 型机车双机重联牵引货物列车行驶在石太铁路寿阳段上（2008.9）

SS1 型机车司机室

SS1 型机车转向架

SS1 型机车机械间

SS1 型机车车号铭牌

SS1 548“共青团员号”机车牵引旅客列车行驶在石太铁路上（2008.9）

SS1 型与 8G 型机车重联牵引货物列车接近石太铁路芦家庄站（2008.9）

SS1 421 号机车牵引货物列车接近京广铁路良乡站（2007.1）

■ 采用格栅式通风百叶窗的 SS1 182 号机车驶出石太铁路岩会隧道（2008.9）

■ 配属京局石段的 SS1 545 “先锋号” 机车段标和铭牌

产电力机车成为这些线路上当仁不让的主力车型。1988 年，京广铁路衡阳至韶关段电气化改造通车，虽然此时 SS3 型机车已定型并开始小批量生产，但考虑到技术稳定等多方面原因，京广铁路衡阳韶关段依然选择了最后一批生产的 SS1 型机车作为牵引机型。

1988 年，SS1 型机车正式停产。从 1958 年首台 6Y1 型机车下线算起，SS1 型机车的研发、生产与制造整整历经 30 年光阴，包含 7 台 6Y1 型机车在内共计生产 826 台。值得一提的是，不同时期的机车编号和车身铭牌也有所区别：早期的 6Y1 型编号为 “6Y1–0001~6Y1–0007”；第 8 台至第 649 台 SS1 型机车采用汉字和数字机车号结合方式，编为“韶山 1008~ 韶山 1649”，其中第一位数字为车型代号，后三位数字则为机车号；第 650 台至第 826 台 SS1 型机车则与后续生产的韶山系列机车统一，采用字母车型代号和四位数字机车号的组合方式，编为“SS1 0650~SS1 0826”。

在漫长的运用岁月中，SS1 型机车伴随着新建电气化铁路的开通和新车型下线，转战大江南北。曾先后配属郑州、成都、兰州、北京、太原、广州、西安、武汉和沈阳等铁路局，在宝成、阳安、成渝、襄渝、兰新、陇海、湘黔、贵昆、京广、石太、京秦、沈山等多条干线电气化铁路作为主型电力机车运用，在中国电气化铁路和电力机车发展史上留下浓墨重彩的一笔。

进入 21 世纪后，早期生产的 SS1 型机车的使用时间都已经接近或超过 30 年，开始逐步退役。2002 年 8 月 31 日，SS1 008 号机车作为我国第一台正式投入使用的电力机车功成身退，入藏中国铁道博物馆永久保存，并成为国家一级文物。2007 年后，随着和谐系列大功率交流传动电力机车大规模投入使用，电力机车运用紧张的状况得到了改善，SS1 型机车也加速了退役步伐。2014 年 9 月 19 日，在 SS1 309 号机车在完成了当日镇城底—太原 6806 次客车的牵引任务后，中国所有干线运用的 SS1 型电力机车全部退役。目前，除 SS1 008 号机车入藏中国铁道博物馆外，还有多台 SS1 型机车存放于各地博物馆、铁路学校或机务段内，用于静态展示、教学或技术演练，让我们还有机会一睹中国首款电力机车的英姿！

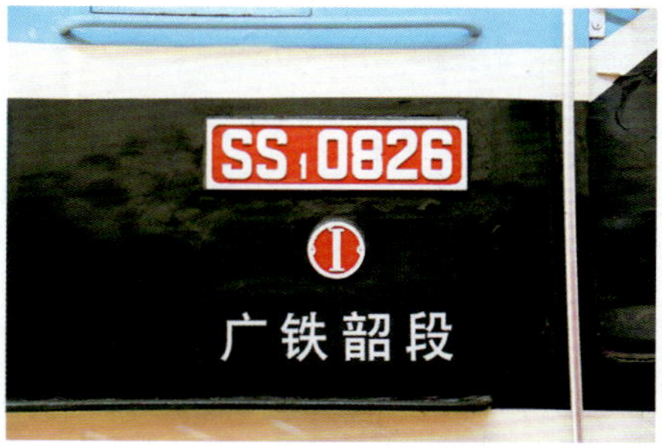

■ SS1 0826 号机车车号铭牌和配属信息

■ 最后一台 SS1 型机车——SS1 0826 号机车保存于广州铁路培训中心韶关培训所内（2024.10）

SS1 型机车牵引货物列车行驶在沪昆铁路贵昆段上（2011.8）

2011 年时成排废弃的 SS1 型机车停放在六盘水机务段内。可见早期和后期 SS1 型机车车号铭牌的不同（2011.8）

从 6Y1 到 SS1

中国电力机车诞生记

存放于中国铁道博物馆东郊展馆的韶山 1 型 008 号机车，现已成为国家一级文物（2004.1）

中国铁道博物馆东郊馆区的机车车辆展厅里，停放着一台编号为 008 的韶山 1 型电力机车。它是中国第一台正式投入运用的电力机车，在中国电力机车发展历程中具有里程碑似的意义。它的诞生历经十年波折，凝结了无数中国早期电力机车研发生产人员的汗水与心血。

解放前的电力机车

早在 19 世纪末，电气化铁路和电力机车便开始在欧洲国家投入使用。中国的电力机车历史也可以追溯到 20 世纪初。1914 年，抚顺煤矿便开始使用直流 1500V 供电制式的电力机车牵引矿铁列车。到了 20 世纪 30 年代，电力机车已经在东北的很多煤矿和工厂得到广泛应用。截至 1943 年，东北地区电力机车总数已达 284 台，其中准轨电力机车 199 台，窄轨电力机车 85 台。这些机车都是从日本等国家进口的直流供电电力机车，主要用于厂矿和港口的专用铁路，直到新中国成立后还能在矿区找到它们的身影。

保存于大连老码头景区的 20 世纪 20 年代日本产直流电力机车（2024.8）

供电制式的选择

1949年，中华人民共和国成立伊始，电气化铁路因其节能、高效、绿色的特点很快被纳入新中国的发展计划中。此时，世界范围内的铁路电气化技术经过半个多世纪的发展，已有了长足进步。特别是供电电压高、能耗低、机车功率大的单相工频（50Hz）25kV交流电气化技术日臻成熟，成为当时世界铁路电气化发展的主要方向。鉴于此，1956年，唐山铁道学院（现西南交通大学）曹建猷教授提出我国电气化铁路也应高起点采用这一供电制式。1957年，由国家计委主持，铁道部、第一机械工业部及有关科研单位和高等院校的专家学者就中国铁路电气化应采用何种供电制式进行了深入讨论和广泛研究，最终决定采纳曹教授意见，采用国际先进的单项工频25kV交流制式，并正式定为中国电气化铁路的标准，避免了重走发达国家干线电气化铁路先直流再交流的弯路。

先进供电制式的确立也带来了新的问题：虽然25kV交流供电制式在技术经济上具备诸多优势，但对应的电力机车需要增加高压整流设备，技术难度大大增加。当时新中国刚刚成立，技术落后，百废待兴，短时间内完全依靠自己的力量研发这一类型的电力机车难度极大。因此，向苏联"老大哥"学习成为当时唯一的选择。

从模仿起步

1957年10月，毛泽东主席率团赴苏联参加十月革命胜利40周年活动，我国50多名科学家、工程技术专家随团前往。其间，中国正式向苏联政府提出了为我国提供电气化铁路及电力机车技术资料的要求，并列入《中苏技术合作协定》条文。根据合作协议，1958年初，由第一机械工业部（简称一机部）、铁道部和部分高校等单位选派的20余位专家组成的考察团离开北京，前往苏联诺沃切尔卡斯克机车工厂考察学习。当时的苏联对于单相工频交流供电电力机车的研制也刚刚开始，此前，苏联一直使用直流供电的电力机车。而苏联研发的单相工频H60型电力机车（后改名为VL60. 俄语：ВЛ60）这一最新产品刚刚定型，就被介绍给了中国的专家们。经过考察论证，考察团决定就以此为原型，开发自己的电力机车。

从1958年2月到6月，在苏联寒冷的冬春两季，中国电力机车的先驱者们满怀着建设新中国的激情，在诺沃切尔卡斯克机车工厂里实地学习、搜集资料，并在苏联专家的帮助下开展初步设计。结合中国的国情路情，中国专家们对H60型机车进行了诸多改进，其中重大修改达78处。

存放于乌兹别克斯坦塔什干铁道博物馆的原苏联H60型机车，后改名为ВЛ60（2018.8）

1959 年 12 月 28 日，中国第一台国产电力机车 6Y1 型 0001 号机车在湘潭电机厂下线（资料图）

6Y1 0002 号机车（资料图）

6Y1 0003 号机车（资料图）

例如，H60 网侧电压原设计为 20kV，后改为 25 kV；H60 转向架原为铸件焊接结构，后改为型钢焊接结构；H60 最大高度为 5.15m，后改为符合中国铁路限界的 4.78m 等。由于车高调整，机车总体布局、制动装置、牵引电机、电气设备和车体结构等均做了相应修改。

只是，许多年后我们才发现当初选定的学习对象 H60 型机车并不完美。虽然诺沃切尔卡斯克的经历并没有给中国电力机车带来根本意义上的成功，但不可否认，这段充满艰辛却激情燃烧的岁月，成为中国电力机车未来成功的基石。

第一台电力机车

专家组从苏联回国后便开始紧张的工作，进入方案优化和样车试制阶段。100 多名技术人员被分为了 3 个专家组，对工作进行了分工。1958 年 7 月，国产电力机车的设计任务书和技术方案过审，并于同年 8 月开始试制工作。由于株洲机车车辆工厂和湘潭电机厂有合作制造工矿用小型电力机车的经验，铁道部决定由这两家工厂承担电力机车的试制任务。其中，株洲厂负责制造机车车体、转向架等机械部分，湘潭电机厂负责制造牵引电机、一般电器等电气部分和总体组装。引燃管、变压器、平波电抗器和主断路器则由一机部下属多家工厂设计试制。可见当时，第一台电力机车的研制并不仅仅被当成铁路自己的事，而是集中了全国的力量。所有人都在期盼着第一台电力机车的尽早诞生。

半年后的 1958 年 12 月 28 日，中国第一台电力机车在湘潭电机厂诞生，并定型为 6Y1 型。由于机车采用和 H60 相同的引燃管整流，并拥有 6 根动力轴，因此得名。也许是巧合，也许是命运的安排，由毛泽东主席亲自率团引进的电力机车，也诞生在他的故乡——湘江之畔。因此，6Y1 型机车从一开始便有了个响亮的称

6Y1 0002 号机车下线（资料图）

■ 6Y1 0006 号机车牵引旅客列车行驶在宝成铁路秦岭北坡段（资料图）

号——韶山号，也称韶山型。中国交直流电力机车的命名序列，也就从那时延续至今。

为 6Y1 型电力机车诞生举办的庆贺大会相当热烈，留至今日的老照片还清晰地记录着当时人们的激动与欢喜。人们有理由欢庆，毕竟，新中国的电力机车从设计到诞生仅仅用了半年的时间。这对一个从未制造过电力机车，甚至连基础工业都十分薄弱的国家来说，不能不说是一个奇迹。只是，这个“新生儿”的状态并没有想象的那么好，先天不足的它很难承担重任。引燃管逆弧、调压开关烧损和牵引电机环火三大技术难题始终困扰着 6Y1 型机车，无法实现上线运行的目标。

十年徘徊

1959 年，铁道部在株洲成立电力机车研究所（即株洲所），承担电力机车的技术开发工作。电力机车制造的隶属关系也相应调整，改由湘潭电机厂提供电机电器，株洲厂负责组装，株洲厂从此成为中国电力机车发展的摇篮。

1960 年 3 月，6Y1 0002 号 机车在株洲下线。1962 年到 1967 年，株洲厂又先后试制出了 6Y1 型 0003~0007 号机车。在这期间，中国最早的电力机车研制者们想尽各种办法来解决遇到的难题，如尝试用硅整流器代替引燃管、采用新型调压开关和牵引电机等。但由于仿制对象 H60 型机车先天不足，加之我国当时工业基础薄弱，严重缺乏电力机车制造经验和相关人才，6Y1 型机车“引燃管逆弧、调压开关烧损、牵引电机环火”三大技术难题无法解决，再加上大部分机车没有加装电阻制动，无法应对山区大坡道线路，因此前七台 6Y1 型机车都没能正式投入使用。

七台电力机车全部交了学费，对当时还贫穷落后的中国可谓代价巨大。从 1958 年到 1967 年的十年间，中国电力机车的研制工作仿佛驶入漩涡的航船，徘徊不前。究其根源，在于我国电力机车的研制从一开始就选错了对象。H60 型机车本身存在的很多致命缺陷让跟随其后的中国电力机车研制工作更加无所适从。与此同时，新中国薄弱的基础工业与极端匮乏的相关人才也让电力机车的研制生产举步维艰。十年间，6Y1 型机车作为中国电力机车的先驱，在徘徊中孤独地前行。

电力机车定型

由于 6Y1 型机车性能不过关，无法承担重任，中国只好于 1960 年从法国阿尔斯通公司进口了 25 台 6Y2 型电力机车，用于 1961 年完成电气化改造的宝成铁路宝鸡—凤州段。来自浪漫国度的 6Y2 型机车在宝成铁路宝凤段上大显身手的同时，也大大开阔了我国电力机车设计者的思路。

与此同时，在我国电力机车徘徊的十年过程中，电子电力技术已经有了长足的发展，大容量硅整流器已经不再是高不可攀的技术难题。1968 年，

■ 韶山 1 型 008 号机车正式定型投入运用（资料图）

定型后的 SS1 型电力机车牵引旅客列车驶过宝成铁路清江 1 号桥（资料图）

在总结之前试制和运行经验的基础上，第八台 6Y1 型机车试制成功。可以说，这台新的 008 号机车是一个全新的“物种”，与以往的 6Y1 型机车已完全不同。机车采用大功率半导体硅整流器替代了以往的引燃管整流，再加上其他先进技术，基本解决了过去电力机车的“三大难题”，可靠性大为提高。铁道部决定以此为基础，开始小批量生产，机车也正式定为韶山 1 型（车型代号 SS1）。经过十年徘徊，中国的电力机车终于向前迈开了自己坚实的步伐，开启了国产电力机车制造的新时代！

1975 年 7 月 1 日，SS1 C08 号机车号机车参加宝成铁路电气化改造全线通车仪式（资料图）

1975 年 7 月 1 日，在宝成铁路电气化改造全线通车的庆典上，正是 SS1 008 号机车牵引旅客列车驶出成都火车站，留下了载入中国铁路电气化史册的经典瞬间。2002 年，这台在中国铁路发展史上具有独特意义的机车，在辛勤工作 34 年后于贵阳机务段光荣退役，并成为 2002 年中国铁道博物馆东郊展馆开馆时的首批展品。如今，摆放在中国铁道博物馆东郊展馆中央位置的 SS1 008 号机车已被评为国家一级文物，向所有参观者静静述说着中国电力机车发展的艰辛与辉煌。

神秘的液力传动电力机车

中国型电力机车

下线时间	1960 年
最高速度	80km/h
轴式	0-3-0
机车功率	331kW
制造工厂	戚墅堰厂

下线之初的中国型电力机车（资料图）

中国型电力机车是戚墅堰机车车辆厂于 1960 年制造的一台试验机车，采用独特的液力传动设计，是中国机车史上绝无仅有的一台神奇机车。

特殊时代的特殊产物

新中国成立后，各机车车辆工厂除迅速恢复新造蒸汽机车外，也开始尝试新造内燃机车和电力机车。20 世纪 50 年代末，二七厂、大连厂、戚墅堰厂和四方厂先后下线了建设型、巨龙型、先行型和卫星型四款内燃机车，湘潭厂和株洲厂则下线了 6Y1 型电力机车。然而，当时下线的几款内燃机车所使用的柴油机全部为仿制国外产品而成，可靠性低下，故障率高，无法实现量产。而 1958 年下线的 6Y1 型电力机车则受制于引燃管这一整流关键设备，更有“引燃管逆弧、调压开关烧损、牵引电机环火”三大问题难以解决，无法量产。这些技术问题严重限制了中国初代内燃机车和电力机车的发展。

在这一背景下，为了避开存在缺陷的柴油机和不够可靠的引燃管，戚墅堰机车车辆厂于 1960 年试制了一台小型液力传动电力机车，并命名为中国型机车。这台机车的核心设计思路是将液力传动内燃机车与电力机车结合，用成熟和简单的设备，规避掉当时存在技术缺陷的柴油机和引燃管整流器。这一创新性的设计也造就了中国铁路机车史上绝无仅有的存在。

中国型电力机车采用非承载式车体和板式车架，无转向架，轴式 0-3-0，功率 450 马力（约 331kW），构造速度 80km/h，持续速度 20km/h。机车动力来自一台 336kW 的单相交流同步电动机，额定电压 3.5kV，工作频率则采用标准的工频 50Hz，与电气化铁路和常用民用交流设备相同，依靠相对简单的变压器变压便可正常工作，无需技术难度较大的高压整流设备，制造难度大大降低。因此，虽然外观方面中国型机车与直流接触网供电的工矿电力机车有些相似，但它确实是一台为干线电气化铁路研发的电力机车，理应纳入中国铁路电力机车的发展史。

整体布局方面，中国型机车司机室位于机车中部，前后分别设有前机械间和后机械间。其中,前机械间为动力室,同步牵引电机设在最前端,其后与液力变扭器连接,再通过万向轴与齿轮变速箱相连。启动电机、励磁器、热交换器、水泵油泵电机组等也放置于前机械间中。后机械间为电气冷却室,安装有变压器、高压柜、劈相机以及冷却系统等。司机室上部安装有一架双臂式受电弓,齿轮变速箱则设于司机室下方。

不同于国内主流的电力机车,中国型电力机车的电动机不与车轴等走行装置直接连接。牵引电机以每分钟1000转的速度恒速运转,输出的动力带动液力变矩器,由液力变矩器进一步带动调速齿轮箱,在这一过程中调速完全由变矩器调节,相当于把一台传统的液力传动内燃机车的柴油机直接替换为电动机,从而实现运行的机车。走行部方面,中国型机车不设转向架,三根动力车轴通过采用摇连杆连接传动,驱动列车前进。而机车制动时,列车动能可经齿轮变速箱、液力偶合器反向带动牵引电机发电,并返回接触网,可实现液力传动下的再生制动。

壮志未酬的孤独之作

1960年中国型电力机车试制完成后,戚墅堰厂在厂内试验线上架设了长60m的临时接触网,采用3.3 kV网压,绕过变压器直接驱动牵引电机,完成了不动车空载试验和动车试验。同年,机车又被送往北京环形铁道试验基地,进行了牵引50t、130t、210t的性能试验及阻力试验。试验表明,中国型机车实现了设计之初的目标,整体结构简单,制造容易,维修简便。但受制于液力传动的技术特点,机车总效率很低。20世纪60年代后,大连厂开始将改进后性能稳定的10L207E型二冲程柴油机装备东风型内燃机车;株洲厂则用硅整流器替换引燃管整流器,克服6Y1型机车引燃管逆弧的固有缺陷。随着国产内燃机车和电力机车的逐渐成熟,作为替代方案的中国型机车也失去了量产的价值,样车在试验后也不知去向。时至今日,我们只能通过几张泛黄的老照片,去回忆这款极为特殊的“过渡机车”。

中国型机车尾端(资料图)

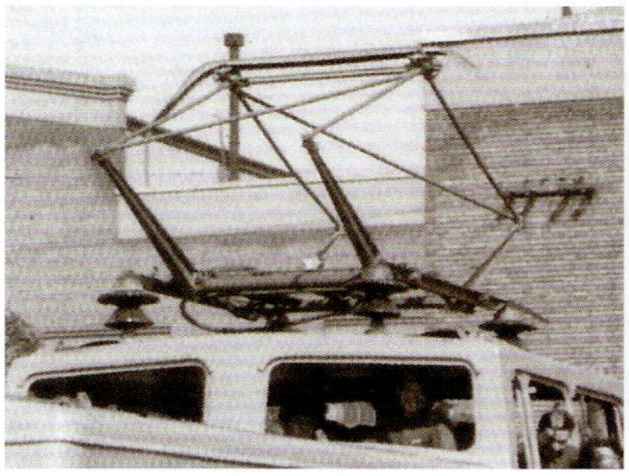

中国型机车的菱形受电弓

中国型机车走行部

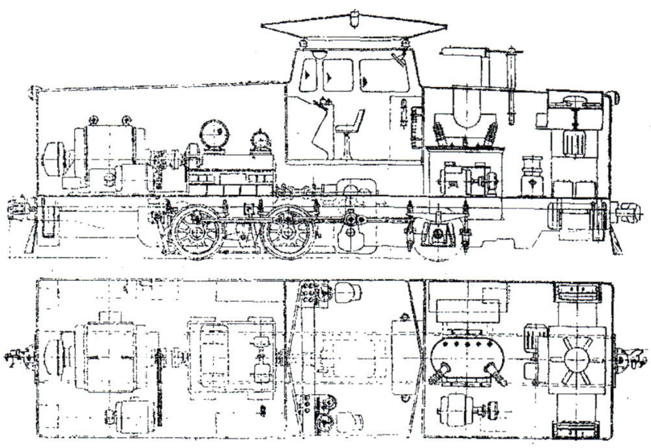

中国型机车总体布置图

中国型电力机车外观示意图

中国型机车外观示意图。因资料来源有限,机车外观涂装仅供参考。

孤独的试验品
韶山2型电力机车

下线时间	1969 年
最高速度	100km/h
轴式	Co-Co
机车功率	4440kW（持续制）
制造工厂	株洲厂

SS2 型电力机车（资料图）

韶山 2 型电力机车（车型代号 SS2）是中国铁路在模仿法国 6Y2 型机车高压侧调压技术后，研制的第二款电力机车。因技术问题只制造了一台样车，未能量产，是一款孤独的试验车型。

模仿 6Y2 的新型机车

1961 年，中国第一条干线电气化铁路——宝成铁路宝鸡至凤州段建成通车。因当时 6Y1 型机车尚不具备上线运行能力，铁道部于 1960 年从法国阿尔斯通公司进口了 25 台 6Y2 型机车（参见本书 266 页）。6Y2 型机车采用引燃管整流、高压侧调压且带有再生制动。由于技术稳定且性能优异，6Y2 型机车在满足宝成铁路宝凤段运输需求的同时，也为中国电力机车研发提供了宝贵的经验。

在深入研究并借鉴 6Y2 型机车的成熟技术后，株洲厂和株洲所一方面对 6Y1 型机车持续改进，也同时开始仿照 6Y2 型机车研制新型机车。1966 年，韶山 2 型电力机车（车型代号 SS2）研制工作正式开启。在吸取法国 6Y2 型机车和联邦德国 K 型电力机车大量先进技术的基础上，SS2 型机车于 1969 年在株洲厂试制成功。

作为我国自主生产的第二款客、货两用干线电力机车，SS2 型机车小时功率 4800kW、持续功率 4440kW，最高速度 100km/h，轴式 Co-Co。如果说 SS1 型机车的发展得益于 6Y2 型机车开阔了思路，那 SS2 型机车则是完全仿照 6Y2 型机车。SS1 型机车和 SS2 型机车最大的区别在于前者采用低压侧调压开关控制车速，而后者则采用高压侧 32 级调压开关，在 25kV 高压下调压控制车速。同时，SS2 型机车还采用了大功率硅整流器和弹性齿轮传动等技术，达到 20 世纪 60 年代国际先进水平。

在车体结构方面，SS2 型机车两端对称布置着机器室和司机室，两端司机室间由直通双侧走廊连接。司机室里设有结构紧凑的主司机台和副司机台。司机台上装有琴键式开关，控制机车主电路电器及辅助系统。司机室内设有抑制噪声的隔音装置，工作环境下噪声水平优于同时代的 6Y2 型机车和 SS1 型机车。

孤独的试验品

1969 年 10 月 至 1970 年 3 月，新出厂的 SS2 型机车先后在宝成铁路宝鸡至凤州段和广元至马角坝段电气化区段开展运行试验。1971 年，SS2 型机车进行了第一次重大技术改进，首次应用大功率晶闸管元件和电子技术，实现可控硅相控无级调压。1972 年，SS2 型机车正式配属西安铁路局宝鸡电力机务段投入运用，先于 6G 型机车成为中国第一款采用可控硅无级变速的电力机车。针对运行中发现的问题，1974 年起 SS2 型机车进行了第二次技术改造，试验他励牵引电机能否改善牵引性能，并于 1978 年再次投入试运行。

遗憾的是，中国当年相对薄弱的基础工业再次限制了电力机车技术的发展。由于绝缘材料无法充分满足高压侧调压的要求，弹性齿轮传动技术也不过关，加之 1980 年起 SS1 型电力机车已经定型并批量生产，SS2 型机车最终未能量产，制造数量永远停留在了 1 台。

1982 年，SS2 型机车停用并封存于宝鸡电力机务段凤州折返段，并最终在 1994 年报废拆解。位于北京八达岭的中国铁道博物馆詹天佑纪念馆曾保存有一台 SS2 型机车的比例模型，但现在也无从寻找。虽然 SS2 型机车因个别技术不能配套未能批量生产，但它为 SS1 型机车的改进和后续新型机车的设计制造积累了宝贵的经验，打下了坚实的基础。

詹天佑纪念馆中曾经摆放的 SS2 型机车大比例模型（荣新岩 摄）

SS2 型机车牵引旅客列车行驶在宝成铁路上（资料图）

SS2 型电力机车外观示意图

SS2 型机车外观示意图

成功的过渡者

韶山3型电力机车

下线时间	1978 年
最高速度	100km/h
轴式	Co-Co
机车功率	4320kW（持续制）
制造工厂	株洲厂、大同厂

SS3 0652 号机车牵引旅客列车驶入丰沙铁路燕如站（2006.5）

韶山3 型电力机车（车型代号 SS3）是中国铁路第二款批量生产的客货两用干线电力机车，也是以级间相控调压为特征的中国第二代电力机车的代表车型。

SS1 的改进车型

1975 年 7 月 1 日，经过十几年的分段建设，全长 669 公里的宝成铁路电气化改造工程全线通车。为满足宝成铁路运营需要，1972 年，我国继 6Y2 型机车后又从法国进口了 40 台 6G 型电力机车（参见本书 270 页）。采用两段半控桥硅整流电路供电的 6G 型机车可实现相控无级调压、恒流牵引，操作简便，性能良好，故障率低，在满足宝成铁路运输需求的同时，也为中国国产电力机车发展进一步开拓了思路。

配属郑局勉段，使用墨绿涂装的 SS3 0615 号机车停放在广元折返段内（2002.6）

事实上，到了 20 世纪 70 年代，随着电子技术和可控硅技术的发展，无级调速早已在铁路发达国家的电力机车上大量运用。而同时期中国的 SS1 型电力机车却依然采用 33 个牵引级位的有级调速，甚至早期只有 9 个经济级位可以持续运行。虽然后来通过努力，把 33 个级位都改为了经济级位，但毕竟还是有级牵引，在运用中易产生冲动，且黏着利用不佳。此时，经过十多年的发展，中国的半导体工业和机车制造业都有了长足的发展。其中株洲所于 1970 年成功试制大功率可控硅元件（晶闸管），并在 1971 年应用新元件对 SS2 型机车进行技术改造，将原牵引电路中的桥式硅整流机组改装为采用可控硅的半控桥式整流机组，成为中国第一台实现相控无级调压调速电力机车。

有了 SS2 型机车技术改造的成功经验，1977 年，根据 SS1 型机车存在的问题，株洲厂和株洲所联合向铁道部提出了改进 SS1 型机车，设计新型韶山 3 型电力机车（车型代号 SS3）的建议。同年，铁道部批复并下达了《韶山 3 型电力机车设计任务书》。

与研制 SS1 型机车时在黑暗中摸索前行不同，此时中国电力机车工业已有了近 20 年的积累，经验和技术都不可同日而语。在学习 6G 型机车先进技术、总结 SS1 和 SS2 型机车成熟经验的基础上，1978 年 2 月，SS3 型机车完成技术设计；9 月完成施工设计；12 月 30 日制成 0001 号样车。从改进提议到样车下线，SS3 型机车只用了短短一年多的时间。

1979 年 3 月，SS3 型机车前往北京铁科院环形铁道试验线（现国家铁道试验中心）试验，发现部分技术问题并返厂改造。1980 年 3 月，在对主变压器、调压开关恒流控制环节空转保护环节、悬挂系统等多方面进行调整和改进后，SS3 0001 号机车再赴北京试验，各项主要性能指标均已经达到设计要求。同年赴成都铁路局马角坝机务段进行运用考核，期间总运行里程超过 21 万公里。后来经返厂解体检查，情况基本良好。

SS3 型电力机车外观示意图

SS3 型机车外观示意图

按 SS3-4000 型改造，并采用墨绿涂装的 SS3 型机车外观示意图

SS3 与 DF4B 型机车双机重联牵引货物列车行驶在峰福铁路上（2013.8）

SS3 型机车双机重联牵引货物列车驶入改造前的兰州西站，可看出其走行部尚未改造（2004.7）

1982 年底，铁道部在株洲厂召开技术鉴定会，SS3 型电力机车通过部级技术鉴定，于 1985 年正式批量生产。

SS3 型机车主要技术概况

作为我国第二代主型电力机车，SS3 型机车采用与 SS1 型机车相同的 C0-C0 轴式，小时功率 4800kW，持续功率 4320kW，最高运行速度 100km/h。相比于 SS1 型机车，SS3 型机车最根本的改变，在于通过采取有级调速的方式，实现无级调速的目的。由于当时中国大功率晶闸管的制造技术水平相对落后，SS3 型机车保留了原有的调速开关，使用我国能够生产的低容量晶闸管，最终实现了无级调速的目的，实际是调压开关机车和相控机车的一种过渡产品，具有功率大、起动平稳、加速快、制造维修简便等诸多优点。在电路设计上，SS3 型机车采用低压侧 8 级调压开关，并在每级内利用晶闸管相控无级调压，使机车具有无级加速特性，实现了电力机车设计的一大突破。

SS3 型机车采用双边内走廊布局，两端设司机室，主要电器设备以机车最重设备主变压器居中，其他设备分平面斜对称布置为主，有利于重量平衡；车顶两端各装一台单臂式受电弓；车顶中部装一台主断路器。通风系统采用车体通风方式，以侧墙竖式结构百叶窗作为车内设备冷却进风窗口，外形美观大方。采用两级电阻制动，改善了低速工况下的制动能力，轮周电阻制动功率达 4000kW，比 SS1 型机车电阻制动功率提高 25%。

机车走行部为两台完全相同的三轴转向架。首台 SS3 型电力机车出厂时曾经装用与 SS1 型机车基本相同的均衡梁组合式转向架，但在运用考核中发现均衡梁容易失稳，从而引起轴重分配不均，空转现象严重。为此，株洲厂于 1983 年决定在不改变转向架技术参数和机车其他部件的前提下，简化转向架结构，取消均衡梁，改为独立悬挂，牵引力和制动力通过牵引中心销传递。每台转向架装用三台串励牵引电机，采取抱轴式悬挂、双侧刚性斜齿传动方式，单台小时功率 800kW，持续功率 720kW。

可以说，相比于摸着石头过河的 SS1 型机车和 SS2 型机车，结合了二者优点的 SS3 型机车达到了 20 世纪 70 年代末 80 年代初调压开关机车的世界水平，成为下一代无级调压电力机车技术成熟前成功的过渡者。SS3 型机车也因此先后于 1983 年和 1985 年获得了国家优秀新产品奖和国家科技进步二等奖。

按照 4000 系标准改造后的 SS3 6088 号机车牵引旅客列车通过丰沙铁路珠窝站（2010.5）

入藏中国铁道博物馆的 SS3 0001 号机车铭牌

SS3 型机车转向架

SS3 6062 号机车牵引货物列车行驶在沪昆铁路湘黔段上（2010.3）

按照 4000 系标准改造后的 SS3 型机车牵引旅客列车驶过丰沙铁路落坡岭大桥（2011.4）

生产与运用

1985 年，SS3 型电力机车开始小批量生产。1988 年，SS1 型机车停产。1989 年起，SS3 型机车开始大批量生产，逐渐成为中国电气化铁路的主力车型。除株洲厂外，大同机车厂（现中车大同电力机车有限公司，简称大同厂）于 1990 年起转产电力机车，按照株洲厂图纸试制的第一台 SS3 型机车于 1990 年 9 月 15 日竣工。至 1992 年，株洲厂共生产 SS3 型电力机车 677 台（车号 0001 ~ 0677），大同厂共生产 95 台（车号 6001 ~ 6095）。

批量下线后，SS3 型机车率先配属郑州铁路局月山机务段（现并入新乡机务段）和洛阳机务段，承担太焦铁路晋煤外运的重任。之后又相继配属上海铁路局永安机务段（现改为南昌铁路局管理，并入福州机务段）和北京铁路局大同西电力机务段（现改为太原铁路局管理，并入湖东机务段）。此后，SS3 型机车还在成都、兰州、西安、武汉、昆明等多个铁路局的十余条铁路上投入运用。值得一提的是，SS3 型机车还曾多次参与中国铁路的重载试验。1983 年 11 月 25 日，为配合大秦铁路的建设，北京环形铁道进行了中国铁路首次万吨重载试验，由 SS1 型和 SS3 型机车双机牵引重载货物列车，总重 10081t。1990 年 6 月，为配合大秦铁路全线开通，SS3 型机车双机重联在大秦铁路牵引万吨重载列车进行运行试验，最大牵引重量达 10698t，试验再次获得成功。

1992 年，SS3 型机车停产，转而生产新一代无级调压的 SS3 型 4000 系电力机车。已有的基本型 SS3 型机车返厂大修时均按照 SS3 型 4000 系标准提升改造，实现了全面升级。目前，随着和谐系列交流传动电力机车的大规模应用，大部分 SS3 型电力机车已相继退役。2012 年 12 月，SS3 0001 号机车作为中国铁路发展的重要见证，被中国铁道博物馆永久收藏。

SS3 0553 号机车牵引集装箱列车行驶在陇海铁路宝兰段上（2010.10）

SS3 6056 号机车牵引旅客列车行驶在京沪铁路北京枢纽（2007.4）

SS3 0298 号机车驶过改造前的沪昆铁路扒挪块站（2011.8）

SS3 型机车牵引集装箱列车行驶在陇海铁路宝兰段（2010.10）

兰州西机务段中封存的 SS3 型机车（2020.8）

SS3 型机车的改进版

韶山3型4000系电力机车

下线时间	1992 年
最高速度	100km/h
轴式	Co-Co
机车功率	4320kW（持续制）
制造工厂	株洲厂、大同厂、资阳厂、太原厂

嘉镜铁路上的 SS3 4222 号机车（2015.08.3）

韶山3 型 4000 系电力机车（车型代号 SS3-4000）是韶山3 型电力机车的升级版本，是实现相控调压的国产第三代电力机车的代表车型之一。

SS3 的改进车型

在 SS3 型机车研制成功后，中国铁路又相继研发并生产了 SS4、SS5 和 SS6 型三款电力机车。其中 SS4 型电力机车首次在国产电力机车上运用相控无级调压调速，实现了技术突破。与此同时，20 世纪 80 年代后期，中国电气化铁路建设不断提速。为了弥补电力机车数量不足，中国铁路分别从日本、法国和苏联进口了 6K、8K 和 8G 型机车。其中 6K 和 8K 型机车的技术水平达到了 20 世纪 80 年代国际先进水平，对中国电力机车工业发展起到了巨大的借鉴作用。此时，20 世纪 70 年代末设计定型的 SS3 型机车不仅技术水平存在代差，经过长时间运用，黏着利用系数低、设备故障率高等缺陷逐渐显现。随着大功率晶闸管技术水平的提升，采用调压开关和晶闸管结合级间平滑调压的 SS3 型机车也完成了其过渡任务。

首台按 SS3-4000 改造的 SS3 0123 号机车牵引列车在原成都东站等待出发（2004.10）

1991 年 6 月，株洲厂、株洲所和成都局在马角坝机务段联合对 SS3 0123 号机车的主电路、转向架和电制动等主要系统进行全面改进，并于 7 月试运行成功。同年 11 月，改造后的 SS3 0123 号机车进行了牵引试验，机车黏着利用和牵引吨位增加了 10%。在十个月共 12 万公里运用考核中，机车的牵引电机和电子系统故障率大大降低，改造效益明显。

1992 年 6 月，SS3 0123 号机车技术改造通过了专家鉴定。1992 年起，以改造后的 SS3 0123 号机车为蓝本，株洲厂联合株洲所，按照“标准化”“系列化”要求对新造 SS3 型电力机车进行全面技术改进，称为韶山 3 型 4000 系电力机车（车型代号 SS3-4000），开始批量生产。

为国能集团包神铁路服务的 SS3 4554 号机车在大柳塔站进行万吨列车装车作业（2021.08）

SS3-4000 型机车司机室

SS3-4000 型机车转向架

大同厂 SS3-4000 型机车制造信息铭牌

经过改造的 SS3-4000 机车可实现多机重联运行

SS3 型 4000 系机车主要技术概况

定型后的 SS3-4000 型机车延续了 SS3 型机车的主要技术指标，为 6 轴客货两用干线电力机车，小时功率 4800kW，持续功率 4320kW，最高速度 100km/h，轴式 C0-C0，轴重 23t。外观方面，SS3-4000 型机车与 SS3 型机车基本相同，车体外观棱角分明，方正端庄，经典的草绿色涂装也一脉相承。除车号外，外观上二者最明显的区别在于走行部：SS3-4000 型机车的转向架可以很明显看见外露的牵引杆。这是因为 SS3 型机车的牵引力和制动力通过转向架牵引中心销传递，但这种结构的牵引装置因电机悬挂妨碍了中心销位置下移，牵引位置较高，不利于机车黏着利用。而 SS3-4000 型机车在不改变转向架基本结构的前提下，牵引装置改为平行牵引杆结构，牵引点高度由此前的 750mm 降低至 460mm，减少了转向架的轴重转移，提高了黏着效率。

SS3 型 4000 系电力机车外观示意图

SS3 型 4000 系机车外观示意图

相比于外观，SS3-4000 型机车的最大改变在于电气设备。机车主电路采用了不等分三段半控桥晶闸管相控调压整流电路，前后转向架独立供电，每个转向架三台牵引电机并联设置，并设有电气轴重补偿。采用具有恒流、准恒速控制的标准电子柜，设有防空转防滑装置。电制动方面由 SS3 型机车的二级电阻制动升级为加馈电阻制动，提升了低速时的电制动性能。这些新技术的采用让 SS3-4000 型机车的综合技术性能达到了 20 世纪 80 年代国际水平，成为中国第三代电力机车的代表车型之一。

生产与运用

SS3-4000 型机车于 1992 年起开始批量生产。自 1992 年至 2006 年，株洲厂共生产 251 台（车号 4001 ~ 4008；4085 ~ 4104；5029 ~ 5251）。根据铁道部统一安排，SS3-4000 型机车通过设计图纸转交的方式由多家工厂共同生产：其中，大同厂自 1993 年至 2006 年共生产 525 台（车号 4009 ~ 4084；4108 ~ 4556）；资阳机车厂（现中车资阳机车有限公司，简称资阳厂）自 2000 年至 2007 年共生产 59 台（车号 8001 ~ 8059）。太原机车车辆厂（现中车太原机车车辆有限公司，简称太原厂）也曾于 1994 年试制了 3 台 SS3-4000 型机车（车号 4105 ~ 4107）。至 2006 年，SS3-4000 型机车合计产量 836 台。而此前生产的基本型 SS3 型电力机车在返厂大修时，亦按照 SS3 型 4000 系标准进行了改造升级。

值得一提的是，SS3-4000 型机车早期在内部曾被称为 SS3B 型机车，株洲厂生产的部分机车亦曾使用 SS3B-5××× 的机车铭牌。但这一型号未正式获铁道部批准，而 SS3B 型号则颁发给了 2002 年下线的双机重联机车。因此在非正式场合，SS3-4000 型机车也被称为“小 3B”，SS3B 型机车则被称为“大 3B”。

SS3-4000 型机车下线后，曾广泛配属于成都、昆明、广州、兰州、郑州、武汉、南昌、南宁等多个铁路局。特别是西南地区的成都和昆明铁路局，都曾大量配属 SS3 与 SS3-4000 型机车。西南山区的宝成、成昆、成渝、川黔、湘黔、贵昆等铁路，一度成为 SS3 型机车的天下，可谓那个时代的“山区之王”。进入 2010 年代后，随着交流传动和谐系列机车的大规模配属，SS3-4000 型也与 SS3 型机车一样，大量封存或退役，或将在不远的将来退出历史的舞台。

大同厂生产的 SS3 4109 号机车牵引旅客列车行驶在鹰厦铁路上（2013.8）

株洲厂生产的 SS3 5173 号机车驶过原成都东站，可见车身号牌标为 SS3B 5173（2005.3）

资阳厂生产的 SS3 8057 号机车牵引旅客列车停靠自贡站（2004.5）

烟雨蒙蒙中，SS_3-4000 型机车牵引福州—北京的 K46 次行驶在鹰厦铁路上（2013.08）

集宁机务段中封存的部分 SS_3-4000 型机车（2016.8）

固定重联的大块头

韶山3B型电力机车

下线时间	2002 年
最高速度	100km/h
轴式	2（Co-Co）
机车功率	8640kW（持续制）
制造工厂	资阳厂、株洲厂、大同厂、大连厂

■ 停放在昆明机务段内的 SS3B 6046 号机车（2021.3）

韶山3B 型电力机车（车型代号 SS3B）是在韶山3 型 4000 系电力机车基础上生产的固定重联电力机车，是中国直流传动电力机车中长度最长、轴数最多、功率最大的车型。

固定重联的大块头

SS3-4000 型机车因其技术性能稳定、性价比高等原因，在定型后开始大批量生产，与按其标准改造的 SS3 型机车一起，在世纪之交的近 20 年间都是中国铁路应用最广泛的电力机车。进入 21 世纪，提速和重载已成为中国铁路明确的发展方向，限制坡度达 13‰的山区铁路也逐渐将牵引质量提升至 4000 吨。这种情况下，SS1 和 SS3 型机车需要双机牵引方可满足，但双机重联运用时，若两台机车只是连挂，需要由不同司机分别操纵，无论牵引还是制动都存在时差，很影响机车最大效率的发挥。即便重联机车每次出库前用重联线连接，虽然可以保证运行时两台机车同步牵引，但为了监督机车运行情况，两台机车也都需要配备司机，不仅工作量增加，也很难提高人员效率。

■ SS3B 型机车正面

此时，早年生产的 SS1 型电力机车逐步进入退役周期，电力机车缺口增大。为了提高山区铁路牵引能力、提升效率，2002 年 9 月，铁道部正式向南车和北车集团下达了新型固定重联电力机车的设计任务。新型电力机车由南车集团旗下的株洲所、株洲厂、资阳厂和北车集团旗下的大同厂、大连机车车辆厂（现中车大连机车车辆有限公司，简称大连厂）联合研制，于 2002 年

10 月底由株洲电力机车厂完成设计工作，并由资阳厂负责试制。2002 年 12 月底，首批两台样车在资阳厂下线，正式定型为韶山 3B 型电力机车（车型代号 SS3B）。由于当时部分场合已将 SS3-4000 型电力机车称为 SS3B 型机车，为了避免混淆，新造机车也被称为“SS3B 型固定重联电力机车”（本书中的 SS3B 型机车均指 SS3B 型固定重联电力机车）。

SS3B 型固定重联电力机车样车下线后，于 2003 年 1 月 23 日在湘黔铁路贵阳南—施秉站间进行了牵引试验。在数段 6~8km 长，最大坡度达 12‰ ~13‰的长大坡道上，SS3B 型机车牵引 3925t 货物列车可维持 50km/h 左右的速度均衡运行，具备强大的坡道牵引能力，运行中展现了重联机车操作便捷、监视方便、协调性能好、牵引力大、启停快捷等优势。2003 年 4 月，在对机车网络通信协议进行了规范后，SS3B 型机车完成验收，开始批量生产。

SS3B 型机车主要技术概况

SS3B 型机车是干线重载货运电力机车，最高速度 100km/h，轴式 2（C0-C0），持续功率达到 2×4320kW。这些“傲人”数据也让 SS3B 型机车成为我国韶山系列交直传动电力机车中功率最大的一员，机车总长和轴数也首屈一指。

机车由两节完全相同的六轴机车组成，通过机械、电气和制动空气管路

SS3B 5022 号和 6022 号机车并排停放在昆明机务段（2021.3）

SS3B 型机车司机室

SS3B 型机车转向架

SS3B 型机车联接处

SS3B 型机车机械间

SS3B 型与 SS3C 型电力机车外观示意图

SS3B 型机车外观示意图

SS3C 型机车外观示意图

SS3B 0052 号机车驶过改造前的沪昆铁路树舍站（2011.8）

的连接，实现运用中的固定重联，组成一个完整的十二轴重载货运机车。每节机车均在原 SS3-4000 型机车基础上，取消 1 个司机室、1 台受电弓和 1 台空气压缩机，同时增加列车高压母线和网络控制系统，可在其中任意一节机车的司机室对全车进行统一控制，实现固定重联。机车主电路延续了 SS3-4000 型机车不等分三段半控桥晶闸管相控调压整流电路，每节机车都设有两个整流机组，分别向前、后转向架的两组三台牵引电机并联供电，可实现前后转向架独立供电。机车走行部采用与 SS3-4000 型机车完全相同的不等轴距三轴转向架和平行牵引杆结构，牵引电机型号和单台功率亦与 SS3-4000 型机车一致。

机车控制方面，SS3B 型机车增加了符合 TCN 标准总线连接的机车网络控制系统。两节机车之间由各自的中央控制单元（CCU）通过网卡及列车总线（WTB）通信，实现操纵车对另一节机车的控制。机车控制采用了分布式微机控制系统，由列车总线和车辆总线两极网络构成。可以说，网络控制功能和微机控制系统，是 SS3B 型机车相比于采用模拟控制系统的 SS3-4000 型机车最大的提升。

外观方面，SS3B 型机车并未延续同系列 SS3 型机车横平竖直“大平脸”的设计，而是采用了与 SS4 型机车一样的折线车头，更具变化性和时代感。车身色彩上，也未采用传统 SS3 型机车经典的草绿色涂装，转而采用蓝底色白腰带涂装，显得靓丽而清新。在机车编号方面，SS3B 型机车的两节机车共用一个机车号，并以在车号上通过 A/B 体现区别。

独一无二的 SS3C 型机车

除固定重联的 SS3B 型机车外，中国铁路还有一台“独一无二”的韶山 3C 型固定重联电力机车（车型代号 SS3C）。之所以独一无二，不仅因其只有一台，同时也因为它是中国铁路唯一一款利用大修实现重联改造，进而衍生出的新车型。2008 年 3 月，按照铁道部运输局装备部和成都铁路局的要求，太原厂对两台原配属成都机务段的 SS3-4000 型机车（SS3 4059、SS3 4062）进行固定重联改造，并命名为 SS3C 型机车。改造后的机车取消了原机车的Ⅱ端司机室，

SS3C 型机车车号牌

SS3C 型机车上的太原厂厂修铭牌

停放在贵阳机务段内的 SS3C 型机车（安琪 摄 2012.2）

SS3B 型机车牵引货物列车驶过南昆铁路新安站（2015.2）

SS3B 型机车牵引货物列车行驶在成昆铁路拉法展线上（2018.6）

■ 停放在老昆明机务段内的 SS3B 型机车（2011.8）

■ 配属昆明机务段的 SS3B 型机车段标

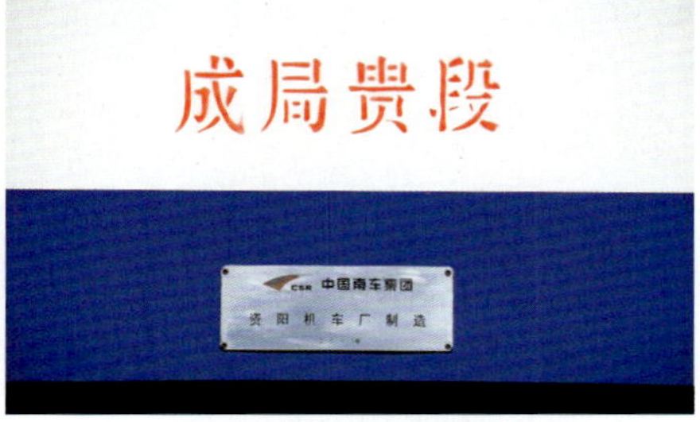

■ 配属贵阳机务段的 SS3B 型机车段标

控制系统采用先进的网络传输技术，通过列车通信网络系统，将原有的两台机车固定重联，组成一组新的十二轴重载货运机车，其技术性能与新造的 SS3B 型机车基本一致。外观方面，SS3C 型机车保持了原 SS3-4000 型机车的方正头型，但选用了与 SS3B 型机车相同的蓝白色涂装。

2008 年 6 月 6 日，改造后的 SS3C 型机车剪彩出厂，并于同年 7 月通过了运用考核，配属贵阳机务段用于沪昆铁路贵阳南至六盘水区段牵引货物列车。目前该组机车已停运封存。

配属与运用

SS3B 型机车于 2003 年起开始批量生产，截至 2009 年，累计产量 360 台，其中株洲厂生产 126 台（车号 0001 ~ 0126）、资阳厂生产 104 台（车号 5001 ~ 5104）、大同厂129 台（车号 6001 ~ 6129），此外，大连厂也曾于 2003 年试制过一台（车号 7001）。

SS3B 型机车下线后，曾广泛配属于成都、昆明、广州、兰州、郑州、武汉、西安、南宁等铁路局，在川黔、贵昆、成昆、南昆、襄渝、陇海、宝成、阳安、干武、包兰等坡度大、运量高的山区干线铁路上运用。除国铁外，山西孝柳铁路公司、内蒙古东乌铁路公司和三新铁路公司也分别购置了部分 SS3B 型机车，担当重载煤炭列车的牵引任务。

目前，随着和谐系列交流传动电力机车的大规模使用，国铁系统的 SS3B 型机车已集中配属贵阳、昆明和柳州机务段，主要用沪昆铁路贵昆段、黔桂铁路、川黔铁路和昆明局管内部分线路上。作为我国韶山系列交直传动货运电力机车的“巅峰之作”，SS3B 型机车依然在我国西南地区复杂山区铁路上发挥着自己的作用。

■ 大同厂 SS3B 型机车制造信息铭牌

■ 配属郑州机务段的 SS3B 型机车牵引大列通过陇海铁路灵宝站（2010.5）

SS3B 型机车牵引货物列车行驶在成昆铁路巴格勒展线上（2018.6）

SS3B 型机车牵引货物列车行驶在黔桂铁路的喀斯特峰林间（2020.11）

SS3B 型机车牵引货物列车行驶在沪昆铁路湘黔段上（2010.3）

SS3B 型机车牵引货物列车驶过陇海铁路伊洛河大桥（2011.4）

SS3B 型机车牵引货物列车行驶在山花烂漫的南昆铁路上（2017.2）

中国首款固定重联电力机车

韶山4型电力机车

下线时间	1985 年
最高速度	100km/h
轴式	2（Bo-Bo）
机车功率	6400kW
制造工厂	株洲厂

SS4 0079 号机车牵引列车接近太焦铁路晋城站（2011.5）

韶山4 型电力机车（车型代号 SS4）是中国首款固定重联货运电力机车，也是首款实现无级调压调速的第三代电力机车。

重载电力机车的突破

改革开放后，国民经济快速发展，铁路运输能力愈发紧张。此前，出于战备等多方面因素，中国的电气化铁路集中在西南山区。让电力机车“下山”，在中东部平原地区的繁忙干线上开行重载货物列车成为铁路电气化发展的新目标。与此同时，为了提升晋煤外运能力，中国第一条单元重载电气化铁路——大秦铁路也已开始规划设计，研制一款能够牵引万吨单元列车的机车也迫在眉睫。韶山 4 型电力机车（车型代号 SS4）就在这样的形势下应运而生。

与一般机车研发由铁道部牵头不同，SS4 型机车是由国家经济委员会投资、国家科学技术委员会委托开发的国家“六五”计划重点科技攻关项目，是与众不同的“钦点项目”。1981 年 11 月 22 日，国家科委与株洲厂和株洲所签订了《韶山 4 型 6400kW 8 轴货运电力机车研制合

SS4 0121 号机车牵引货物列车行驶在宝成铁路神沙河大桥上（2010.6）

同》，同年12月铁道部下达了《韶山4型货运电力机车设计任务书》。1983年2月，国家经贸委下达了中国铁路重点科技攻关项目——“铁路重载列车成套技术的研究”，SS4型机车亦作为分项被纳入其中。同年4月，SS4型机车完成技术方案设计，5月通过铁道部技术设计审查。

1985年9月，样车SS4 0001号机车下线，并于1986年初抵达北京，在铁科院环形铁道试验基地进行全面试验考核，为同年底生产0002和0003号机车的改进设计提供了依据。1987年起，铁道部组织了对SS4型机车的鉴定试验。SS4 0001号机车在北京铁路局京包铁路张家口—大同区段牵引4000吨级重载货物列车进行了十万公里运用考核，SS4 0003号机车则进行了整机鉴定试验及十大主要部件的型式试验考核。1988年6月15日，SS4型机车通过了国家科委、国家计委委托铁道部组织的国家级技术鉴定，性能指标达到了20世纪80年代初期国际相控电力机车先进水平，成为当时中国功率最大的货运电力机车。1989年，SS4型机车荣获国家科技进步一等奖，并投入小批量生产。

下线之初的SS4 0001号机车（资料图）

采用早期白色涂装的SS4 0040号机车在广元折返段整备（2002.6）

SS4型电力机车外观示意图

SS4型0001号机车出厂涂装

SS4型机车早期涂装

SS4型机车后期涂装

■ SS4 0053 号机车双机牵引货物列车行驶在太焦铁路上（2011.4）

■ SS4 型机车转向架

■ 配属新丰镇机务段的 SS4 型机车段标

SS4 型机车主要技术概况

SS4 型机车是我国第一款重载电力机车，采用 2（B0–B0）轴式，持续功率 6400kW，最高速度 100km/h，轴重 23t。作为国内首款采用固定重联形式的机车，SS4 型机车由两节完全相同的四轴机车重联组成一台八轴机车，两节机车用车钩和联挂风挡连接，并设有电气重联控制电缆和空气制动系统重联控制风管，车顶通过 25 kV 高压母线连接，可在任意一节机车的司机室对全车进行统一控制。两节机车亦可分开，分别作为一台四轴机车独立运用。SS4 型机车两端还设有重联装置，可通过重联线与另外一组同型机车连接，重联运行，以提高总牵引力，进行长大列车重载牵引。

主控电路方面，SS4 型机车采用经济四段半控桥晶闸管相控调压，在国产电力机车中第一次实现了无级调压调速，是中国第三代电力机车的开山之作。机车采用两级电阻制动、800kW 中压脉流牵引电机和转向架牵引电机并联的独立供电调压电路。SS4 型机车采用装有平行牵引杆的两轴转向架，固定轴距只有 3m，可有效降低山区小半径曲线铁路运行时的轮缘磨耗。

在外观方面，SS4 型机车一改 SS1 型机车与 SS3 型机车方正平直的外观设计，折线型的车头更富于变化，也更富有时代感。SS4 型机车早期曾采用白底加天蓝色侧墙涂装。2005 年前后，返厂大修后的 SS4 型机车陆续更换为深蓝色底色，配以黄色侧墙和腰线，显得更加厚重。近年来，部分 SS4 型机车亦改为与 SS4G 型机车相同的青色米黄色相间涂装，并与 SS4G 型机车混用。

生产与运用

SS4 型机车于 1989 年起开始批量生产，到 1993 年共生产了 158 台（车号 0001~0158）。由于早期 SS4 型机车存在部分技术问题，从 159 号机车起进行全面改进，亦称为韶山 4 改进型机车。早期生产的 SS4 型机车在部分场合也被称为“老韶四”，与后来生产的“韶四改”相区别。158 台 SS4 型机车主要配属西安铁路局宝鸡机务段（现并入新丰镇机务段）和郑州铁路局月山机务段（现并入新乡机务段），分别在宝成铁路宝鸡—广元段和煤运通道太焦铁路长治北—月山段使用。成都局西昌、成都机务段，太原局太原、侯马北机务段也有部分配属，用于成昆、南同蒲等线路。目前，早期制造的 SS4 型机车已服役 30 余年，日渐老化，大部分已相继退役。其中 SS4 0006 号机车作为历史见证，已入藏中国铁道博物馆永久保存。

■ 存放在中国铁道博物馆中的 SS4 0006 号机车（2020.10）

SS4 型机车双机重联牵引货物列车行驶在太焦铁路上（2011.5）

SS4 型机车牵引货物列车行驶在宝成铁路飞仙关大桥上（2018.3）

成熟的八轴机车

韶山4改进型电力机车

下线时间	1993 年
最高速度	100km/h
轴式	2（Bo-Bo）
机车功率	6400kW
制造工厂	株洲厂、大同厂、资阳厂、大连厂

SS4G 0532 号机车停放在邵武折返段（2013.8）

韶山4 改进型电力机车（车型代号 SS4G）是在韶山4 型电力机车基础上生产的技术改进版本，是中国应用范围最广的直流传动八轴重载电力机车。

SS4 的改进车型

SS4 型机车的研制成功填补了中国八轴重载电力机车的空白，为第三代机车的开创和完善起到了先行作用。但由于 SS4 型机车采用的大量新技术是第一次实践，经验不足，加之从样车研制到批量生产过程较短，初期生产的机车设计存在缺陷，可靠性欠佳。在 SS4 型机车研发同一时期，为弥补电力机车数量和品质的不足，中国铁路在 20 世纪 80 年代中后期分别从日本、法国和苏联引进了 6K、8K 和 8G 型机车。其中 6K 和 8K 型机车均为当时世界上技术最先进的相控机车，对 SS4 型机车的改进提供了重要的参考。

SS4G 6134 号机车牵引组合列车行驶在大秦铁路上 (2009.11)

1991 年，SS6 型机车批量下线。1992 年，改进后的 SS3-4000 型机车开始批量生产。中国国产无级相控调压电力机车技术日臻成熟。此时，为了将法国 8K 型电力机车

（参见本书 276 页）的先进技术尽快应用到国产电力机车上铁道部机务局、科技司也提出尽快研制韶山 4 改进型机车。在铁道部关于电力机车简统化、系列化的要求下，针对 SS4 型机车存在的问题，1993 年 4 月，株洲厂和株洲所从第 159 号 SS4 型机车起做出了重大改进，即韶山 4 改进型机车（车型代号 SS4G）。虽然改进后的机车和原有 SS4 型机车已有本质不同，但规范车型仍为SS4 型,车辆编号也依旧延续，“韶四改”只是日常运用中的“俗称”。但为加以区分，技术刊物和《铁路机车概要》等书籍中仍会使用 SS4G 作为车型代号，其中字母“G”为改进型中“改”字汉语拼音的首字母。

SS4G 0413 号机车双机牵引货物列车行驶在石太铁路上 (2008.9)

SS4G 型机车主要技术概况

SS4G 型机车主要技术参数与 SS4 型机车一致，同为 2（B0–B0）轴式八轴货运电力机车，持续功率 6400kW，最高速度 100km/h，轴重 23t。机车主电路由早期 SS4 型机车的经济四段半控桥改为与 SS3–4000 型相同的不等分三段半控桥相控调压，增加了功率补偿和轴重转移补偿。电制动由二级电阻制动升级为加馈电阻制动，机车牵引、制动特性采用恒流准恒速控制，具有双机重联控制、空电联合制动和空转、滑行保护功能。车体则借鉴了 8K 型电力机车的设计，采用了大顶盖和高台架结构。

SS4G 型机车司机室

SS4G 型机车转向架

同时，SS4G 型机车对机车走行部也进行了优化设计。早期 SS4 型机车采用的平行牵引杆结构，黏着重量利用率仅为 0.9，且结构复杂，维修不便。SS4G 型机车采用推挽式中间单斜拉杆结构，结构简单的同时黏着重量利用系数也提高到 0.925，转向架固定轴距也由 3.0m 减少到 2.9m，更加有利于通过小半径曲线。机车涂装相应改为青色与米黄色相间，更加

SS4 改进型与 SS4C 型电力机车外观示意图

SS4G 型机车外观示意图

SS4C 型机车外观示意图

清新靓丽。不同的车身涂装和明显的转向架外观差异也成为除车号外，区分 SS4 与 SS4G 型机车最便捷的方式。

可以说，SS4G 型机车集中了我国 30 多年电力机车的研制经验，将重载电力机车水平提升到了新的高度。它一方面继承了 SS4 型机车传统的成熟技术，另一方面也吸收了国外交直流电力机车的最新技术，性能和质量大幅提高。1993 年，SS4G 型机车开始批量生产，成为中国电气化铁路重载货运的主型机车。

25t 轴重的 SS4C 型机车

20 世纪 90 年代初，随着运输需求的发展，中国铁路的货物列车的载重也不断提高。1993 年，随着《铁路主要技术政策》的修订，提出将货运电力、内燃机车的轴重增加到 25t。1996 年，铁道部正式立项，对 25t 轴重内燃机车和 25t 轴重电力机车进行研究，在既有机车基础上进行试制。在这一思路下，1997 年 12 月，株洲厂在 SS4G 和 SS4B 型机车成熟技术的基础上，试制了两台 25t 轴重的韶山 4C 型电力机车（SS4C）。机车采取在车体上加装可拆卸压铁的方式将轴重增加到 25t，同时将涂装改为藏蓝色与深绿色。除此之外，SS4C 型机车在机车外形、轴式、功率、主控电路、电制动等方面和 SS4G 型机车完全相同。由于机车重量提高导致车体承受应力增大，故适当提高了车体强度和刚度标准。走行部也改用无孔整体辐板轮对，取代了 SS4G 型机车使用的有孔辐板轮对，以提高轮对承受载荷的能力。

SS4C 型机车经过试验后配属石家庄电力机务段，用于石太铁路担当重载货物列车的牵引任务。由于 SS4G 型机车基本已经可以满足日常运输需求，SS4C 型机车在试制 2 台样车（0001、0002）后并未继续生产。目前两台机车已经封存，不再继续运用。

SS4C 型与 SS4G 型机车重联运行在石太铁路上（2008.9）

SS4G 型机车三机牵引货物列车行驶在鹰厦铁路上（2013.8）

SS4G 0516“先锋号”机车牵引货物列车行驶在京广铁路北京段（2007.1）

SS4G 型机车双机牵引货物列车行驶在精伊霍铁路天山南麓的戈壁间（2015.7）

SS4G 型机车牵引货物列车驶过丰沙铁路二号桥（2018.9）

配属中铁一局，采用 SS4B 涂装的 SS4G 0586 号机车停放在神池南折返段（2020.8）

生产与运用

1993 年 SS4G 型机车批量投产后，根据铁道部统一安排，株洲厂向国内其他机车厂转让了 SS4G 型机车的图纸和生产技术，共同生产。由于性价比出色，在 2007 年中国国家铁路全面转向采购和谐系列交流传动电力机车后，依然有大量合资和地方煤炭专用铁路运输单位采购 SS4G 型机车。SS4G 型机车的生产也一直持续到 2015 年，成为中国最后制造的直流传动“韶山”系列电力机车。

截至目前，中国各工厂共计生产 SS4G 型机车超 1400 台。其中，株洲厂在 1993 年后生产 1020 台（车号 0159~1177、1272、1886），其中 1886 号为哈尔滨机务段第五代“朱德号”机车设置的专用车号；大同厂在 1994 年后生产 219 台（车号 6001~6219）；资阳机车厂在 2001 年试制了 2 台（车号 3001~3002）；大连机车车辆厂在 2001 年至 2015 年间生产了 235 台（车号 7001~7110、7121~7245）。

SS4G 型机车以其优异的性能迅速成为中国繁忙干线、山区铁路和煤运通道的主力车型，得到广泛运用。哈尔滨、沈阳、北京、太原、呼和浩特、济南、上海、南昌、郑州、西安、成都、昆明和乌鲁木齐铁路局都曾配属 SS4G 型机车。京广、陇海、哈大、京沪、沪昆（沪杭 + 浙赣段）、胶济等干线铁路；成昆、宝成、峰福、鹰厦、精伊霍等山区铁路；京包、石太、大秦、侯月、太焦、南北同蒲等煤运通道上都能看到 SS4G 型机车的身影。

SS4G 型机车在中国重载铁路发展史上也有着特殊的地位。在重载铁路的标杆——大秦铁路上，SS4G 型机车在和谐型机车普及之前几乎“一统天下”。2004 年 12 月 12 日，通过安装基于无线通信的控制系统（Locotrol 系统），由四台 SS4G 型机车牵引 4 组 5000 吨列车组成的 2 万吨列车试验成功，中国铁路实现了 2 万吨重载列车突破。2005 年开始，通过 Locotrol 技术与 GSM-R 技术的结合，通过头部一台、中间两台、尾部一台 SS4G 型机车的 1+2+1 机车牵引模式，成功进行了 2×10000 吨重载组合列车综合试验。2006 年起，这种 4 台 SS4 型机车牵引 2 万吨列车的方式正式大规模开行，直至 2008 年 HXD1 型机车大规模配置方才结束，为大秦铁路大规模开行万吨和 2 万吨列车提供了宝贵的经验。目前，SS4G 型机车依然承担着部分大秦铁路跨线列车和部分在途解编列车的牵引任务。由于 SS4G 型机车丰富的重载列车牵引经验，国能集团（原神华集团）下属相关线路和内蒙古自治区部分民营、合资煤运铁路，也采购了相当数量的 SS4G 型机车，用于朔黄、神朔、包神、大准、呼准、准东等铁路的煤炭运输工作。

近年来，随着和谐系列交流传动机车的大规模下线，国家铁路部分 SS4G 型机车相继封存或退役。但由于 SS4G 型机车数量庞大，性能稳定，在未来相当长时间内，它还将驰骋在中国铁路各地的铁道线上。

哈尔滨机务段保存的 SS4G 1886 号第五代“朱德号”机车。其中 1886 为朱德总司令诞辰年份（2019.10）

SS4G 型机车双机重联牵引货物列车驶过呼准铁路托克托黄河特大桥（2019.8）

SS4G 型机车牵引列车行驶在石太铁路的绝壁之下（2008.10）

中铁十五局采用 SS4B 涂装的 SS4G 型机车双机重联牵引货物列车行驶在朔黄铁路上（2020.8）

SS4G 0165 号机车牵引货物列车行驶在哈大铁路哈尔滨枢纽（2010.3）

早期采用 1+2+1 形式：由 4 台 SS4G 型机车牵引的 2 万吨重载列车行驶在大秦铁路上（2006.12）

高配版的 SS4G

韶山4B型电力机车

下线时间	1995 年
最高速度	100km/h
轴式	2（B0-B0）
机车功率	6400kW
制造工厂	株洲厂

株洲厂内整装待发的 SS4B 型机车 （2010.3）

韶山 4B 型电力机车（车型代号 SS4B）是在 SS4G 型机车基础上进一步升级的重载货运机车，采用了微机控制等先进技术。因其全部配属国家能源集团下属及相关公司，可谓是一款独特的“企业自备车”。

SS4 型机车的进一步优化

韶山 4B 型电力机车（车型代号 SS4B）是作为 SS4 型机车的改进车型而研制开发的。在引进和学习 8K 型、6K 型等机车先进经验后，针对早期 SS4 型机车存在的诸多问题，1991 年 11 月 7 日，铁道部向株洲厂、株洲所下达了《韶山 4B 型电力机车设计任务书》，开始 SS4B 型机车的研制工作。1992 年，铁道部在下达 SS6B 型电力机车设计任务书的同时，提出了电力机车“标准化、系列化和简统化”精神，要求改进 SS4 型机车时，应采用与 SS6B 型机车相同的牵引电机、传动方式和电机悬挂方式，以实现简统化。为了避免标准化电机设计和制造周期较长影响整体进度，SS4 型机车的改进分为了两步走。第一阶段改进在解决 SS4 型机车核心不足的同时，沿用 SS4 型机车 ZD105 型双边传动牵引电机，即前文提到的 SS4G 型机车。第二阶段采用与 SS6B 型机车相同的 ZD114 型单边传动牵引电机，并采用全新的微机控制系统，即为 SS4B 型机车。

SS4B 型机车正面

1993 年 4 月，SS4G 型机车下线并批量投产。1995 年初，在 SS4G 型机车成功经验的基础上，通过进一步吸收国内外先进机车的成熟技术，SS4B

型机车的研发工作全面展开。同年 3 月，SS4B 型机车总体设计方案完成；10 月完成施工设计；12 月 14 日首台样车 SS4B 型 0001 号机车完工，1996 年 3 月第二台样车 SS4B 型 0002 号机车落车。1996 年 4 月 27 日，两台 SS4B 型机车样车竣工剪彩，正式下线。

1996 年 8 月，两台样车开赴宝鸡机务段，在秦岭补机队进行运用考核。在秦岭北坡 30‰的连续坡道上，SS4B 型机车各项性能优良、可靠性高、运行故障率低，保证了正常的牵引任务。1997 年 1 月至 1998 年 1 月，根据铁道部科技司和运输局的安排，SS4B 型 0001、0002 号机车在铁科院环形铁道试验基地进行了全面的型式试验。1998 年 10 月，两台样车被调往邵武机务段，担当鹰厦铁路北段邵武—鹰潭区段货运牵引任务。在最大坡度 20‰，且小半径曲线（最小曲线半径 250m）众多的鹰厦铁路上，SS4B 型机车表现出了良好的性能，从未因质量问题发生机破。2000 年 2 月，两台样车运用考核期满，返回株洲厂封存。2001 年 1 月 13 日，韶山 4B 型电力机车通过了铁道部科技成果鉴定。

朔黄铁路神池南折返段内停放的 SS4B 型机车（2020.8）

SS4B 型机车司机室

SS4B 型机车转向架

高配版的 SS4G

SS4B 型机车秉承了 SS4 系列机车的特点，为双节 8 轴固定重联重载货运电力机车，功率 6400kW，轴式 2（B0-B0），最高速度 100km/h，轴重 23t。SS4B 型机车由两节完全相同的 4 轴机车通过机械与电气联接，组成一台完整的 8 轴机车。每节 4 轴机车只设一个司机室。两节机车的司机室都能对整台机车进行统一控制。车内采用韶山系列电力机车传统的双边

SS4B 型机车重联结构

SS4B 型机车机械间

SS4B 型电力机车外观示意图

SS4B 型机车外观示意图

神朔铁路的 SS4 型机车在朱盖塔编组站整装待发，车头的路徽已改为国能集团标识（2021.8）

SS4B 型机车车顶的 TEC-TROMS 无线重联设备

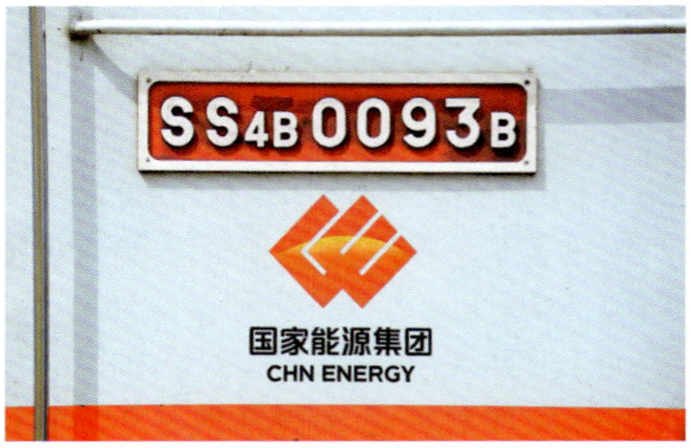

SS4B 型机车车号铭牌和国家能源集团标识

走廊布局，分室斜对称布置。两节机车重联处设有中间过道，过道处设有过道门及自动闭门器，以防止粉尘、雪从此处进入车内。

技术方面，SS4B 型机车沿袭了 SS4G 型机车的诸多改进：机车主电路采用了标准化、模块化结构的不等分三段半控桥相控整流调压电路，可实现相控无级调压；设有功率因数补偿装置，使机车具有较高的功率因数，提高了电网的供电质量；采用加馈电阻制动，改善了低速时的电制动性能。同时，SS4B 型机车的车体与走行部也继承了 SS4G 的成熟设计。其中车体借鉴 8K 型机车经验，采用大顶盖和高台架的低合金钢板全焊接结构；转向架采用与 SS4G 型机车相同的推挽式中间低位单斜拉杆结构，动力学稳定性好、黏着利用率高。

相比于 SS4G 型机车，SS4B 型机车最大的改进在于两点：首先 SS4B 型机车使用由株洲厂与日本日立公司联合设计生产的 ZD114 型直流牵引电机，并采用单侧刚性直齿传动，与 SS6B 型机车完全简统。其次 SS4B 型机车还采用了当时最新的微机控制技术，与同时期的 SS8 型机车一起开启了机车数字化的先河。早在 1991 年，株洲厂就通过模仿 8K 和 6K 型机车的微机控制系统，对 SS4 0038 号机车试验加装了微机控制系统，使其成为中国铁路第一台采用微机控制的国产电力机车，并在此后的 SS8 型机车上正式装车。SS4B 型机车的微机控制系统是在 SS8 型机车微机系统基础上改进而来，取代了 SS4G 型机车使用的模拟电子控制方式，可实现牵引时恒流准恒速、制动时准恒速运行，机车具有准恒速和最大制动力特性。微机控制技术不仅使得控制精度大大提高，而且实现了机车数据信息的传输和存储，方便机车故障诊断和处理。

在外观方面，SS4B 型机车与 SS4G 型机车并无二致，但涂装改为藏蓝底色与暗灰色相间，配以红色腰线。这也成为 SS4B 型机车最显著的外观特色。

SS4B 型机车早期朔黄铁路配属标识

SS4B 型机车后期朔黄铁路配属标识

SS4B 型机车神朔铁路配属标识

SS4B 型机车包神铁路配属标识

SS4B 型机车牵引列车驶过包神铁路大柳塔装车点 (2021.8)

SS4B 型机车双机重联牵引列车行驶在朔黄铁路宁武段 (2020.8)

SS4B 型机车牵引煤灰列车驶过包神铁路黄河特大桥（2023.8）

SS4B 型机车双机重联牵引万吨列车行驶在大准铁路上（2020.6）

SS4B 型机车双机重联牵引列车驶过朔黄铁路府谷黄河大桥（2021.8）

■ 风雪中，SS4B 0106 号机车牵引列车行驶在大准铁路上（2008.1）

■ SS4B 型机车车身神华集团标识

■ SS4B 型机车车身国家能源集团标识

配属与运用

包神—神朔—朔黄铁路通道是我国西煤东运第二大通道和神华集团（现重组为国家能源集团）煤、电、路、港、航一体化工程的重要组成部分，是我国第一条非国铁控股的重载铁路运输大通道。由于 SS4B 型机车相比于 SS4G 型机车具有更好的可靠性和安全性，对于资金实力雄厚的神华集团更具吸引力。因此在还未完成全部运行试验的 1998 年，神华集团便出资购买了第一批 28 台 SS4B 型机车用于神朔铁路。2000 年 10 月 26 日，神朔铁路电气化改造完工，SS4B 型机车正式投入运营。

2001 年 12 月，朔黄铁路神池南—肃宁北段电气化改造通车。同年，株洲厂再次与神华集团签订 SS4B 型电力机车购买合同，于 2002 年起交付朔黄铁路牵引重载货物列车。此后，神华集团下属各铁路公司又多次分批购买 SS4B 型机车，成为交流传动电力机车下线前神华集团各条干线的主力车型。但出于造价和其他多方面因素考虑，虽然是由铁道部下达的设计任务书，但铁道部下辖的国家铁路系统却从未购买和配属过 SS4B 型机车，甚至两台样车在国铁系统完成试验后也返厂封存再未使用。这也让 SS4B 型机车成为唯一一款从未正式配属国铁系统的“韶山”系列电力机车，可谓独特的“企业自备车”。

从 1995 年至 2012 年，包括两台样车在内，株洲厂累计生产 267 台 SS4B 机车，除两台样车返厂封存未正式配属外，其余全部配属国家能源集团下属各铁路公司（少量配属沿线电厂和相关联运单位），在神朔、朔黄、大准、准朔、巴准等煤运干线承担重载列车的牵引任务。下线初期，所有 SS4B 型机车车头都配有中国铁路路徽，但近年来逐渐改为国家能源集团标识。值得一提的是，在国家能源集团相关线路上，除国能集团购买和运用的电力机车外，还有中国中铁、中国铁建下属的多家公司联合参与运营。这些参运公司采购的 SS4G 型机车与国能集团自备的 SS4B 型机车混用，外观也统一为与 SS4B 型机车相同的藏蓝涂装，二者只能通过车头的国能集团标识和机车车号加以区分。

■ 东胜机务段内分别采用国能集团新标识和神华集团旧标识的两台 SS4B 型机车（2023.8）

成排的 SS4B 型机车停放在神木北机务段内（2021.7）

SS4B 型机车牵引组合列车行驶在朔黄铁路上（2020.7）

客运电力机车的探索

韶山5型电力机车

下线时间	1990 年
最高速度	140km/h
轴式	B0–B0
机车功率	3200kW
制造工厂	株洲厂

SS5 0001 与 0002 号机车在北京环形铁道试验基地进行测试（资料图）

韶山5 型电力机车（车型代号 SS5）是中国首款客运电力机车。虽然最终未能量产，但为后续中国客运电力机车的发展留下了宝贵的经验。

首款客运电力机车

改革开放后，中国经济的快速发展对铁路客运提出了新的要求。此前研制的 SS1 型和 SS3 型机车定位客货兼顾，SS4 型机车则定位货运重载，三款机车的最高速度均不超过 100km/h，无法满足旅客列车提高运营速度的需求。为了实现以北京为中心、1500km 为半径的繁忙干线上开行"朝发夕至"或"夕发朝至"特快旅客列车的目标，并为未来广深铁路开行"准高速"旅客列车做好技术储备，制造一款新型客运电力机车成为时代发展的必然。

在这一背景下，1986 年 7 月，国家科委批复国家"七五"重点科技攻关项目《铁路客运技术装备研究》。1987 年 3 月，铁道部下达客运电力机车研制任务通知，由株洲厂作为牵头单位，会同株洲所研制韶山 5 型（车型代号 SS5）客运电力机车。1987 年，SS5 型机车完成方案设计。根据设计任务书，这款机车计划用于京沪、京广、京哈等干线铁路，可牵引由 20 辆客车组成、编组重量 1100t 的特快旅客列车，达到 140km/h 的最高运行速度。1989 年 7 月，SS5 型机车施工设计完成。1990 年 9 月 21 日，中国第一台客运电力机车——SS5 0001 号机车落成，两个月后第二台样车完工。11 月 23 日，两台 SS5 型机车通过了国家科技攻关项目专题验收组的验收，剪彩出厂。

SS5 型机车主要技术概况

作为我国客运电力机车的先驱，SS5 型机车在国内电力机车领域首次采用 B0–B0 轴式，整车功率 3200 kW，最高运行速度 140km/h，是我国首款最高速度超过 120km/h 的机车产品。在设计和制造过程中，SS5 型机车深入吸收了 6K 型和 8K 型等引进机车的先进技术，首次采用了新型高速转向架、大功率硅元件、功率因数补偿、列车电空制动、牵引电机空心轴全悬挂等 14 项新技术，是中国电力机车研发史上的一大突破。

SS5 型机车主电路采用与 8K 型机车相同的晶闸管两段串联相控整流桥调压方式，由一段全控桥加一段半控桥组成，学习 8K 型机车的再生制动技术也在国产电力机车上首次应用。SS5 型机车首次采用晶闸管无级磁场削弱，避免了有级磁场削弱调速时牵引力的冲击，实现平滑调速。电子模拟控制系统采用转向架独立控制，可实现恒流准恒速牵引。机车还设有防空转系统和功率因数补偿装置。为降低高速运行时对轨道的冲击，SS5 型机车采用轻量化设计，总重 86t，轴重仅为 21.5t。走行部采用牵引电机架悬式悬挂和电机空心轴弹性传动，以减少簧下重量，降低轮轨冲击。转向架通过中心销传递牵引力，另有横向和抗蛇行减振器，以提升运行品质。SS5 型机车还设有两路交流 1500V 列车供电系统，是中国最早具备向列车供电功能的机车。

2006 年时废弃的 SS5 0001 号机车摆放在郑州机务段一角（2006.7）

出师未捷的先驱

1990 年 12 月至 1991 年 1 月，两台 SS5 型机车赴铁科院北京环形铁道试验基地进行初步性能试验，随后交付西安机务段试用，在陇海铁路西安至宝鸡间进行 30 万公里的运行考核。由于缺乏经验和过多采用新技术，SS5 型机车在运用考核过程中很快出现起动及低速工况下黏着系数偏低、轮空转严重等问题。其主要原因是电机空心轴全悬挂传动装置设计不够合理，容易出现黏滑振动。此外，防空转装置的性能对机车黏着性能也有很大的影响，在运行过程中频繁运作，加剧了黏滑振动现象，使机车难以稳定运行。

入藏中国铁道博物馆的 SS5 0001 号机车（2011.9）

完成运行考核后，两台 SS5 型机车配属西安机务段，主要担当西安至宝鸡之间的短交路旅客列车。1994 年，吸取了相关经验的新一代 SS8 型客运电力机车成功下线，“先天不足”的 SS5 型机车也失去了量产的必要。1997 年，两台 SS5 型机车转配至郑州机务段，用于牵引管内旅客列车。至 2002 年，两台 SS5 型机车正式报废，后封存于郑州机务段内。2004 年 4 月，SS5 0002 号机车在修复后被郑州铁路局赠予郑州世纪欢乐园作静态展览。2008 年 1 月，翻修后的 SS5 0001 号车入藏中国铁道博物馆，作为中国电力机车发展的历史永久保存。

SS5 型电力机车外观示意图

SS5 0001 号机车早期涂装

SS5 0002 号机车涂装，后期 SS5 0001 号机车也调整为这一涂装

中日合作的成果
韶山6型电力机车

下线时间	1991 年
最高速度	100km/h
轴式	C_0-C_0
机车功率	4800kW
制造工厂	株洲厂

配属郑局洛段的 SS6 0018 号机车停放在襄阳北站（2010.3）

韶山6 型电力机车（车型代号 SS6）是为满足陇海铁路电气化改造需要，通过国际招标采购的电力机车，也是在 SS3 型机车基础上升级研发的第三款国产六轴客货两用干线电力机车。

国际招标的电力机车

1972 年，中日邦交实现正常化。1979 年，日本政府表示愿意向中国提供日元贷款，支持中国现代化建设。1984 年 10 月，中日两国政府在东京签订第二批日元贷款协议，其中包括陇海铁路郑州—宝鸡段的电气化改造工程。根据贷款项目要求，该项工程配套的电力机车将采取国际招标的形式进行采购。1987 年 7 月，配套陇海铁路电气化改造的第一批机车漂洋过海，从日本来到中国，它们便是著名的 6K 型机车（参见 P284）。同月，中国对外经济贸易部与日本海外经济协力基金会达成协议，通过日元贷款为郑州—宝鸡铁路电气化工程采购第二批 50 台机车，并进行国际招标。

根据贷款协议，此次招标只允许中国、第三世界国家和日本的厂家参与投标。1988 年，株洲厂和株洲所开

红色涂装的 SS6 0004 号机车牵引旅客列车接近晋城站（2011.5）

始联合设计方案。1989年10月，在确定引进日本日立公司牵引电机技术后，株洲厂拿下合同订单，研发生产韶山6型电力机车机车（车型代号SS6）。这也是中国机车制造商第一次参加电力机车国际投标并中标。根据中标条件，株洲厂需购买日本日立公司生产的牵引电机，并引进全部相关制造技术。1990年4月，SS6型机车设计方案通过技术审查，同年6月完成施工设计。1991年4月，首台SS6型机车样车开始组装并落车成功，5月1日试运完毕，6月6日下线剪彩。由于是国际招标项目，SS6型机车下线后并未进行型式试验和试运行，合同内的53台机车于当年12月全部制造完成，直到1997年12月至1998年3月才最终完成整车型式试验。

SS6型机车主要技术概况

SS6型机车是在SS3型机车成熟制造经验基础上，消化吸收8K型机车先进技术设计制造的客货两用干线电力机车，甚至早期曾内部命名为SS3改进型机车。与SS3型机车相比，SS6型机车同样采用了Co-Co轴式，最高速度为100km/h，轴重23t，持续功率则提升至4800kW。SS6型机车的外观结构也延续了SS3型机车的特征——棱角分明，方正端庄。除橘黄色的涂装与SS3的草绿色不同外，其余地方几乎如出一辙。机车走行部的两台三轴转向架结构与SS3型机车基本相同，使用中心销传递牵引力和制动力，悬挂系统和轮对驱动装置则根据标书和牵引电机型号加以改进。

与级间相控调速的SS3型机车相比，SS6型机车的电气系统在消化吸收8K型机车技术后进行了全面优化，实现无级相控调压调速。机车主电路借鉴了8K型机车的成熟技术，采用两段半控桥调压整流电路；两台转向架独立供电，牵引电机并联；参照8K型机车增设了四组功率因数补偿

SS6型电力机车外观示意图

SS6型机车标准橙色涂装样式

后期部分SS6型机车采用的红色涂装样式

SS6型机车牵引旅客列车行驶在太焦铁路的崇山峻岭间（2011.5）

■ SS6 0049 号机车在原西安东编组站牵引行包快运列车整装待发（2002.10）

■ SS6 型机车转向架

■ 早期配属三门峡西机务段时的 SS6 型机车段标

装置，以满足合同要求。因技术条件限制，SS6 型机车未采用 8K 型机车使用的再生制动，而是延续了 SS3 型机车的二级电阻制动，并优化了低速时的制动性能。

除此之外，SS6 型机车最大的技术特色在于采用了与日本日立公司联合设计、日立公司生产的 HS14263-01R 型牵引电机。这款牵引电机是一款额定电压为 1570V 的高压电机，持续功率 800kW，其电枢、定子均采用 C 级绝缘和一体化真空浸漆处理，结构上与 SS3 型机车的国产牵引电机相似，但制造工艺更加先进。由于牵引电机性能的提升，SS6 型机车的整车持续功率也从 SS3 型机车的 4320kW 提升至 4800kW。1992 年，株洲厂先后选派数批人员赴日立公司学习相关工艺技术和生产管理经验，并在 1993 年开始制造同等品质的国产化 ZD112 型牵引电机，提升了国产牵引电机的技术水平。

配属与运用

1991 年，53 台 SS6 型机车（车号 0001~0053）全部下线。初期 SS6 型机车曾分别配属郑州铁路局洛阳机务段和三门峡西机务段，自 1997 年起全部集中配属三门峡西机务段，负责陇海铁路最困难的三门峡西—西安段客货运输任务，其车身上的“郑局峡段”段标曾是 SS6 型机车最显眼的一张“名片”。

2004 年 6 月，随着铁路生产力布局调整，三门峡西机务段并入洛阳机务段，SS6 型机车随之全部改配洛阳机务段。2009 年 5 月，为提高陇海铁路郑西段货运能力，陇海铁路主要的货运机车交路改由 SS3B 型机车担当，SS6 型机车随即从洛阳机务段调出，转配郑州机务段和新乡机务段，分别担当陇海铁路郑州北—徐州北间货物列车和新月、太焦铁路部分旅客列车的牵引任务。2010 年，随着焦柳铁路洛阳—张家界段电气化改造工程完工，部分 SS6 型机车重回洛阳，与 6K 型机车共同担当洛阳北—襄樊北（现襄阳北）间的货运任务。2014 年，随着和谐型机车的大规模配属，SS6 型机车最终全部退役。同年，退役后的 SS6 0002 号机车入藏中国铁道博物馆，永久保存。

■ 太焦线上牵引旅客列车的 SS6 0015 号机车（2011.4）

夕阳下，SS6 型机车牵引旅客列车行驶在太焦铁路上（2011.5）

SS6 0010 号机车牵引临客列车行驶在大山脚下（2011.5）

简统化的 SS6
韶山6B型电力机车

下线时间	1994 年
最高速度	100km/h
轴式	Co-Co
机车功率	4800kW
制造工厂	株洲厂、大同厂

■ SS6B 1007 号机车停放在广元折返段内（2002.6）

韶山6B 型电力机车（车型代号 SS6B）是为满足陇海铁路电气化改造需要，通过国际招标采购的第三批电力机车，也是依照标准化、简统化要求生产的升级版 6 轴客货两用电力机车。

简统化的六轴机车

进入 20 世纪 90 年代，经过三十多年的发展和积累，中国已先后生产了近 10 款电力机车。在学习和借鉴 6K、8K 等进口电力机车的先进技术后，国产电力机车的相控无级调压技术也日臻成熟，初步形成了较为完整的 4、6、8 轴客货运干线电力机车谱系。但由于历史原因和学习对象的差异，国产电力机车关键部件和关键技术形式多样，设备繁杂。例如，牵引电机及其配套设备电压制不统一，其中 SS1、SS3、SS6 型机车采用 1500~1570V 高压制，而 SS4、SS5、SS7 型机车则采用 950~1020V 中压制。不同机型的主电路也各不相同。这些差异不仅给电力机车标准化带来困难，也增加了日常运用维修的成本。

在这一背景下，实现电力机车简统化与标准化成为“八五”期间（1991~1995 年）铁路科技发展的重要目标。1992 年初，铁道部向株洲厂和株洲所下达了《关于开展电力机车简统化、系列化工作及下达韶山 6B 型电力机车设计任务书的通知》，要求在 SS4 和 SS6 型机车成熟技术基础上，在简统化、标准化、系列化精神下研制韶山 6B 型电力机车（车型代号 SS6B）。

与此同时，铁道部委托中国技术进出口总公司，就陇海铁路郑州—宝鸡段电气化工程第三批电力机车展开国际招标，采购 30 台 6 轴 4800kW 电力机车。在 1986 年和 1989 年，中国铁路已分别通过国际招标的形式采购了 85 台 6K 型机车和 53 台 SS6 型机车。1993 年，株洲厂以 SS6B 型机车再次中标。1994 年 12 月，第一台 SS6B 型机车下线，随即投入小批量生产；至 1995 年 6 月，首批 30 台 SS6B 型机车全部交付，配属宝鸡机务段运用。1998 年 6 月，SS6B 型机车完成型式试验，各项指标均达到了技术条件和合同规定要求。2000 年 3 月，SS6B 型机车通过铁道部科技成果鉴定。

SS6B 型机车主要技术概况

SS6B 型机车沿袭了 SS6 型机车的主要技术参数，同为 C0-C0 轴式 6 轴客货两用干线电力机车，持续功率 4800kW，最高速度 100km/h，轴重 23t。在简统化、标准化、系列化的设计原则下，SS6B 型机车在 SS6 型机车基础上进行了多项升级。首先机车主电路采用借鉴自 6K 型机车的不等分三段半控桥整流调压电路，取代了 SS6 型机车使用的两段半控桥整流调压电路。电制动则由 SS6 型机车的二级电阻制动升级为加馈电阻制动。这两项调整也成为日后多款韶山系列直流传动电力机车的“标准配置”。控制系统方面，SS6B 型机车采用了与 SS4G 型机车相同的标准化电子柜和统一的模拟电路系统，实现了恒流准恒速控制，并具有功率因数补偿、防空转保护、轴重转移电气补偿和同型机车重联运行等功能。

外观方面，与延续 SS3 型机车外观的 SS6 型机车不同，SS6B 型机车采用了与 SS4 型机车相同的折角头型，车身色彩则以红灰色为基调，更具时代特色。车体则采用与 SS4G 型机车相似的大顶盖整体承载结构，实现机车预布线、预布管的组装工艺。走行部也改用类似 SS3-4000 型机车的平拉牵引杆结构，降低牵引点高度，提高黏着效率。

作为日元贷款招标项目，SS6B 型机车同样选择了与日立公司联合设计生产的 C 级绝缘牵引电机。从 1993 年，株洲厂和株洲所分别选派技术人员赴日本，与日立公司联合设计 SS6B 型机车牵引电机；1994 年，日立公司派工作人员来株洲厂确认新型牵引电机图纸及工艺，并进行技术交流和指导生产。新型牵引电机日立公司称为 HS14263-02R 型，国产化后定型为 ZD114 型，是一款额定电压为 1020V

■ SS6B 型机车牵引货物列车行驶在黄鹤楼下（2010.8）

■ SS6B 型机车司机室

■ SS6B 型机车转向架

SS6B 型电力机车外观示意图

■ SS6B 型机车外观示意图

■ SS6B 1001 号机车牵引成都—北京西的 T8 次列车停靠宝成铁路略阳站（2005.12）

■ 首批配属宝鸡机务段的 SS6B 型机车段标

■ 配属株洲机务段的 SS6B 型机车段标

的中压电机，持续功率 800kW，六极串励，电枢与定子均采用 C 级绝缘，取代了 SS6 型机车使用的 HS14263-01R 型高压四极串励牵引电机。通过全面国产化，ZD114 型牵引电机不仅在 SS6B 型机车和后续的 SS4B 型机车上装配，更使国产直流牵引电机的技术性能与制造工艺水平达到了新的高度。

配属与运用

1995 年，第一批 30 台 SS6B 型机车配属郑州铁路局宝鸡机务段。在短暂服务陇海铁路后，这批 SS6B 型机车转而投入宝成铁路运用，负责宝鸡—广元段客运任务和部分宝鸡—秦岭段补机任务，以替代因老化面临淘汰的进口 6Y2 和 6G 型机车。2000 年，SS6B 型机车完成技术鉴定后开始批量生产。按照铁道部安排，大同厂通过技术转移方式，与株洲厂共同生产 SS6B 型机车。截至 2002 年停产，株洲厂累计生产 148 台（车号 1001 ~ 1148），大同厂累计生产 53 台（车号 6001 ~ 6053）。2000 年后批量制造的 SS6B 型机车主要配属郑州铁路局武昌南机务段和广铁集团株洲机务段，用于刚刚全线电气化改造完毕的京广铁路武汉—广州段。值得一提的是，SS6B 型机车在内部曾被称为 SS6-1000 型机车，早期生产的 30 台 SS6B 机车铭牌亦未标识字母 B，只标识为 SS6-10××。后期生产的机车则在机车铭牌则明确为 SS6B- ××××。

2006 年，因生产力布局调整，宝鸡机务段与新丰镇机务段合并，宝成铁路的客运交路逐步转由西安机务段 SS7D 型机车执行，实现长交路贯通。原宝鸡机务段的 30 台 SS6B 机车除少量转配韶关机务段外，其余转配西安机务段，执行宝中、宁西和少量宝成、陇海铁路客运交路。2010 年后，随着和谐型电力机车的大规模配属，广铁集团的 SS6B 型机车逐步退出京广铁路，用于沪昆铁路株洲—怀化段、焦柳铁路张家界—怀化段和石长铁路等。配属武汉铁路局的 SS6B 型机车则先后转配江岸机务段和襄阳机务段，负责牵引汉丹铁路和焦柳铁路襄阳—张家界段的货物列车。亦有部分 SS6B 型机车转配漯阜铁路公司，用于电气化改造后的漯阜铁路。目前，大部分 SS6B 型机车已封存或退役，但仍有部分配属襄阳机务段和漯阜机辆段的 SS6B 活跃在焦柳铁路和漯阜铁路上，牵引南来北往的货物列车。

■ SS6B 6013 号机车牵引行包列车通过京广铁路武江大桥（2010.2）

SS6B 型机车牵引货物列车驶过汉丹铁路襄樊唐河大桥（2010.4）

SS6B 型机车牵引货物列车驶过焦柳铁路枝城长江大桥（2021.6）

3B0 轴式机车的突破

韶山7型电力机车

下线时间	1992 年
最高速度	100km/h
轴式	B0-B0-B0
机车功率	4800kW
制造工厂	大同厂

停放在柳州机务段中的 SS7 0019 号机车（2020.11）

韶山7 型电力机车（代号 SS7）是为山区小半径曲线铁路设计的 B0-B0-B0 轴式客货两用电力机车，开启了大同厂制造 SS7 系列机车的序幕。

山区铁路的呼唤

中国早年建设的电气化铁路普遍位于西南山区，山高谷深，地形复杂。为了适应地形，减少投资，这些线路设有很多小半径曲线。我国早期研制的 6 轴电力机车都采用 C0-C0 轴式。由于 3 轴转向架固定轴距大，在曲线多且半径小的山区铁路上运行时轮缘磨耗大，安全系数低。20 世纪 80 年代中期，我国从日本引进了采用 B0-B0-B0 轴式的 6K 型机车，用于坡大弯急、小半径曲线众多的陇海铁路洛阳—西安段。相比于 2C0 轴式，3B0 轴式机车将 6 根车轴由三根一组改为两根一组，转向架数量相应由两个增加到三个。实际运用证明，由于每个转向架的固定轴距相应减少，3B0 轴式机车在小半径曲线密集的铁路上优势明显。

在参考借鉴日本 6K 型机车先进经验后，株洲所于 1989 年率先开展了 B0-B0-B0 轴式电力机车走行部研究。1990 年 5 月，铁道部下达《韶山 7 型电力机车设计任务书》，由大同厂、株洲所和成都机车车辆厂（简称成都厂）共同研制 B0-B0-B0 轴式的韶山 7 型电力机车（车型代号 SS7）。为了让 SS7

SS7 型机车正面

型机车的设计更加符合实际运用需求，铁道部决定将两台样车分别试制。1992 年 12 月，首台样车 SS7 0001 号机车在大同厂下线，并于 1993 年 3 月出厂赴成都铁路局马角坝机务段，在宝成铁路成都—广元间投入 20 万公里运用考核。根据首台机车运用中发现的问题，在进行了 12 项设计改进后，1993 年 12 月第二台样车 SS7 0002 号机车下线，于 1994 年 3 月赴马角坝机务段运用考核。1995 年 3 月，SS7 0002 号机车在小半径曲线密集的北同蒲铁路大新—宁武段完成动力学试验后，转赴北京环形铁道试验基地完成型式试验。同年 9 月，SS7 型电力机车通过技术鉴定，并于 1996 年起开始批量生产。1997 年，SS7 型机车获得了国家优秀新产品奖和铁道部科技进步一等奖两项殊荣。

SS7 型机车主要技术概况

SS7 型机车设计为客货两用干线电力机车，持续功率 4800kW，B0–B0–B0 轴式，最高速度 100km/h，轴重 23t。机车整体布局延续了我国韶山系列电力机车的常规模式，采用机械间双侧走廊、两端司机室结构，主要电气设备以最重的主变压器居中，其他设备分平面斜对称布置。SS7 型机车主电路完全借鉴了 8K 型机车的设计，采用一段全控桥加一段半控桥串联组成的调压电路，且延续了 8K 型机车的再生制动设计。虽拥有三组转向架，但机车只配置两组主电路，中间转向架上的两台牵引电机分属前后组主电路控制，牵引工况下向两组各三台牵引电机并联供电。SS7 型机车采用 ZD111 型他复励全叠片牵引电机，持续功率 800kW，牵引特性好，精度高。机车采用标准电子柜电子模拟控制，除具有恒流准恒速牵引特性外，还拥有复励系统控制、轴重转移电气补偿、功率因数补偿、防空转保护和同型机车重联运行等多种功能。

此外，SS7 型机车还预留了向旅客列车供电功能，在主变压器上设有

配属宁局邕段的 SS7 型机车驶出昆明机务段（2011.8）

SS7 型机车司机室

SS7 型机车端部转向架

SS7 型机车中间转向架

SS7 型机车可实现重联运行

SS7 型与 SS7B 型电力机车外观示意图

SS7 型机车外观示意图

SS7B 型机车外观示意图

大同厂内厂修完毕的 SS7 0007 号机车（2008.1）

专门的交流供电绕组，机车头部重联插座旁亦设有列车供电插座，是中国较早具备向旅客列车直接供电能力的机车。遗憾的是，由于当时没有与之配套的旅客列车，这一功能也一直未能投入使用。在专门服务旅客列车的 SS7C 型机车出现后，SS7 型机车更多定位于牵引货物列车，后期制造的机车也相应取消了供电插座。

相较于电气设备，SS7 型机车最大的特色当属采用 B0–B0–B0 轴式的走行部结构。机车走行部借鉴了 6K 型机车的设计，三台 2 轴转向架各自独立，采用“Z”字形低位斜拉杆牵引装置，有利于通过曲线和减少轴重转移。转向架采用了高速机车的结构，充分考虑了未来牵引旅客列车的需要。牵引电机采用滚动抱轴承的半悬挂形式，单边直齿轮传动。SS7 型机车转向架固定轴距仅有 2880mm，且中间转向架增加横动装置后，相对车体可实现多达 220mm 的横向偏移。因此，与传统 C0–C0 轴式机车相比，SS7 型机车在小半径曲线上运行时，导向轮对作用于钢轨的侧向力下降 30% ~ 60%，轮对作用于构架的横向力平均减小 30%，导向外轮的冲角和轮缘磨耗指数分别减少约 20% 和 40%，脱轨系数约降低 30%，具有良好的曲线通过能力。

外观方面，SS7 型机车采用在 SS4 型机车基础上优化后的折角头型，更具阳刚之气。车身涂装则以米黄色为基调，配以橙色腰线和色块，不失清新之风，是铁道线上难得的一抹亮色。

25t 轴重的 SS7B 型机车

为提高电气化铁路货运能力，铁道部于 1996 年开始立项研究 25t 轴重内燃机车和电力机车。1997 年 7 月，铁道部下达《25t 韶山 7 型电力机车设计任务书》，由大同厂在 SS7 型机车基础上研制开发 25t 轴重电力机车。同年 12 月，两台 25t 轴重的韶山 7B 型电力机车（车型代号 SS7B）在大同下线，1999 年 6 月完成机车鉴定试验。

SS7B 型机车延续了 SS7 型机车 B0–B0–B0 轴式和一段全控桥加一段半控桥主控调压电路的设计，持续功率和电制动方式也与 SS7 型机车完全相同。其最大改进在于车内设置了 10 块总重 11t 的压铁，使机车总重达 150t，轴重达到 25t。通过增加轴重，SS7B 的持续牵引力由 SS7 型机车的 351 kN 提高到 385kN，持续速度降低至 44km/h，更加适合在山区牵引重载列车。SS7B 的车体外形也与 SS7 型机车相同，涂装则采用深红色色块，更显厚重。

与 SS4C 型机车相似，SS7B 型机车在试制两台样车（车号 0001、0002）后未批量生产。下线之初，SS7B 型机车曾配属昆明机务段，2003

SS7B 0001 号机车（安琪 摄）

SS7 型机车双机重联行驶在春色南昆铁路上（2015.2）

SS7 型机车牵引货物列车行驶在湘桂铁路柳州段的喀斯特峰林间（2020.11）

柳州机务段中停放的 SS7 型机车（2020.11）

配属南宁机务段时的 SS7 型机车段标

配属柳州机务段的 SS7 型机车段标

年后转配南宁机务段，与 SS7 型机车同在南昆铁路上牵引货物列车。2005 年，SS7B 0001 号机车因遇山体滑坡而脱轨报废。SS7B 0002 号机车后期则改为 SS7 型机车涂装，与 SS7 型机车混用，现已封存停用。

配属与运用

1996 年，首批 SS7 型电力机车配属成都铁路局成都机务段，在成渝铁路投入运用。1997 年 12 月，随着南昆铁路开通，SS7 型机车开始批量配属昆明铁路局昆明机务段和柳州铁路局（现南宁铁路局）南宁机务段，原配属成都机务段的 SS7 型机车亦全部调往昆明。南昆铁路与行驶其上的 SS7 型机车，不仅作为广西第一条电气化铁路和第一款电力机车而载入自治区发展的史册，更成为世纪之交中国铁路建设和科技成就的名片。

从 1992 年到 2003 年，大同厂共为中国铁路生产 SS7 型机车 111 台（车号 0001~0111）。山西省孝柳铁路公司也曾于 2006 年订购了两台 SS7 型机车（车号 8112、8113），于 2007 年交付。值得一提的是，大同厂 1998 年曾制造了 5 台最高运行速度 120km/h 的 SS7 客运型电力机车（车号 0080 ~ 0084），与两台 SS7C 型机车样车共同配属西安机务段，担当郑州—西安—宝鸡段客运牵引任务。2007 至 2011 年间，原配属昆明机务段和西安机务段的 SS7 型机车全部集中配属南宁机务段，用于南昆铁路。2016 年后，SS7 型机车相继转配柳州机务段，用于湘桂铁路柳州—南宁段和黎湛、河茂铁路。2023 年底，全部 SS7 型机车均已下线封存或拆解。中国首款国产 3B0 转向架机车也就此告别了历史的舞台。

南昆铁路上双机重联的 SS7 型机车牵引货物列车与昆河米轨铁路上的列车十字交叉（2011.8）

SS7 型机车牵引列车行驶在湘桂铁路上（2020.11）

SS7 型机车牵引列车行驶在南昆铁路滇东高原的红土地上（2015.2）

山地快跑手

韶山7C型电力机车

下线时间	1998 年
最高速度	120km/h
轴式	Bo-Bo-Bo
机车功率	4800kW
制造工厂	大同厂

SS7C 0052 号机车牵引兰州市郊列车停靠在西固城站（2004.7）

韶山7C 型电力机车（车型代号 SS7C）是为满足山区铁路提速需要而生产的客运电力机车，也是中国首款 6 轴客运电力机车。

山区铁路提速需求

20 世纪 90 年代起，中国铁路开启了提速的步伐。1990 年和 1994 年，SS5 型和 SS8 型两款客运电力机车先后下线，实现了我国客运电力机车零的突破。但两款电力机车均为 4 轴机车，计划用于东部平原地区牵引提速列车。1996 年，SS7 型机车批量投产，在山区铁路运行效果良好。为了在曲线半径小、长大坡道多的西部山区铁路实现提速，大同厂着手在 SS7 型电力机车基础上研制 120km/h 客运电力机车。

为验证在 SS7 型机车基础上提速至 120km/h 的可行性，1997 年 2 月，大同厂与郑州铁路局联合向铁道部科技司呈报了《关于韶山 7 型电力机车进行时速 120 公里试验的请示》。在获得铁道部科技司同意进行提速试验的批复后，大同厂随即对即将出厂的 SS7 0014 号机车进行了加装轻型受电弓和抗蛇行减振器，并改用客比齿轮

SS7C 0160 号机车牵引检测列车行驶在水红铁路上（2011.8）

箱等技术改造。3 月 12 日至 18 日，SS7 0014 号机车先后在北同蒲铁路大同—马邑站间和大秦铁路大同至茶坞站间进行了货物列车牵引试验和单机提速等初步试验，并于 4 月初抵达西安机务段整备。4 月 15 日至 18 日，SS7 0014 号机车在西安—郑州间进行了 4 个单程牵引客车的提速试验，4 月 19 日在西安—三门峡间进行了一个单程牵引货车的提速试验。4 月 23 日，机车又在京广铁路郑州—广水间进行了一个往返的单机动力学试验，最高试验速度达 153.7km/h。试验结果表明，提速改造后的 SS7 型机车性能良好，长大坡道运行时均衡速度高，在郑州至西安间可节约一小时左右的运行时间。在此基础上，大同厂于 1997 年底向铁道部科技司提出 120km/h 客运电力机车立项申请。1998 年 6 月，铁道部下发《120km/h 客运电力机车设计任务书》，由大同厂与株洲所、成都厂共同研制生产韶山 7C 型客运电力机车（车型代号 SS7C）。

1998 年 8 月 28 日，大同厂举行了竣工剪彩大会，SS7C 0001、0002 号机车正式下线。同年 10 月，两台样车赴西安机务段，在陇海铁路郑州—西安间进行运用考核。运用考核期间，SS7C 0001 号机车还于 1999 年 3 月赴北京环形铁道试验基地进行了型式试验。同年 6 月 11 日至 25 日，SS7C 0001 号机车在北同蒲铁路大同—太原和京广铁路石家庄—北京间进行了机车小半径曲线能力和脱轨系数等 8 个动力学性能试验。2000 年 6 月，SS7C 型机车样车完成 20 万公里运行试验及整车拆解，同年 10 月通过部级技术鉴定。2004 年，SS7C 型机车获中国铁道学会科学技术二等奖。

SS7C 型电力机车外观示意图

SS7C 型机车标准涂装外观示意图

SS7C 型机车黄色涂装外观示意图

SS7C 型机车牵引旅客列车驶过现已拆除的贵昆铁路天生桥大桥（2011.08）

SS7C 型机车主要技术概况

SS7C 型机车延续了 SS7 型机车 B0-B0-B0 的轴式特点，曲线通过性能优异，适合山区线路运行。机车持续功率 4800kW，比传统 SS3 型机车的 4360kW 有所提高，有利于在长大坡道上提高运行速度。此外，SS7C 型机车还增设了列车供电装置及双风管供风设备，用以牵引新型提速客车。由于最高运行速度由 100km/h 提升至 120km/h，SS7C 型机车的轴重由 SS7 型机车的 23t 降低到了 22t，以减小因速度提高而增加的轮轨作用力。

SS7C 型机车采用双司机室布局，机械间为双侧走廊结构。车体采用了框架式整体承载全钢箱型壳体结构，大面积百叶窗通风方式，整体结构与 SS7 型机车相同。为了在增加列车供电装置的同时降低轴重，SS7C 型机车在不降低机车可靠性的前提下采取了多项减重措施，如对车体非承载部件进行轻量化设计、将钢材改用铝材、转向架改单侧制动等。

SS7C 型机车转向架结构与 SS7 基本相同：三台 2 轴转向架各自独立，采用“Z”字形低位斜拉杆牵引装置，中间转向架相对车体可实现 220mm 的横向偏移，以利于通过曲线。为适应提速需要，两端转向架增加抗蛇行减振器，保证机车具有良好的动力学性能。改用 ZD120 型复励牵引电机，提高了最高转速，缩小了尺寸以减轻重量，并通过优化悬挂结构、调整传动比，适应旅客列车牵引需要。

在电气设备方面，SS7C 共有前后两个批次。早期生产的 SS7C 型机车（车号 0001~0141）全面沿袭 SS7 型机车，采用一段全控桥加一段半控桥组成的主电路、再生制动和电子控制系统。后期生产的机车（车号 0142~0171）则采用不等分三段半控桥整流调压电路、加馈电阻制动和微机控制，与 SS7D 型机车统型。

“黄香蕉”SS7C 型机车停放在大理折返段（2017.02）

SS7C 型机车司机室

SS7C 型机车机械间

SS7C 型机车端部转向架

SS7C 型机车中间转向架

SS7C 0133 号机车牵引列车行驶在宝成铁路成都段上（2007.5）

SS7C 型机车牵引旅客列车驶过宝中铁路中卫黄河大桥（2015.8）

SS7C 型机车牵引旅客列车驶过太中银铁路吴堡黄河特大桥（2021.7）

■ SS7C 0046 号机车牵引乌鲁木齐—汉口的 T194 次列车通过兰州西站（2004.7）

■ 配属已撤销六里坪机务段的 SS7C 型机车段标

■ 配属已撤销的重庆南机务段的 SS7C 型机车段标

机车外观方面，SS7C 型机车延续了 SS7 和 SS7B 型机车的头型结构，棱角分明且充满动感。早期 SS7C 型机车底色也延续了 SS7 型机车的米黄色底色，周边色块以大红色为主，更显活力。后期部分机车改为通体黄色，格外亮眼，也因此有了“黄香蕉”的爱称。

配属与运用

由于 SS7C 型机车在运用考核过程中展现出了良好性能，为满足西部铁路客运提速的迫切需要，在完成整车试验和技术鉴定前的 1999 年，SS7C 型机车已开始小批量生产。同年，首批 15 台机车正式配属西安机务段，担当陇海铁路郑州—西安间旅客列车牵引任务。2000 年，第二批 20 台机车配属兰州铁路局兰州机务段（现并入兰州西机务段），在陇海铁路兰州—西安间和兰新铁路兰州—武威南间投入运用。同年 10 月 21 日，中国铁路以西部地区陇海、兰新铁路为重点，正式展开第三次大面积提速。配属西安和兰州机务段的 SS7C 型机车也成为西北地区牵引提速列车的主力车型，为第三次大提速的全面实施发挥了重要作用。2001 年 10 月 21 日，中国铁路实施第四次大面积提速，首次将西南地区纳入提速范围。SS7C 型机车也随之大量配属成都铁路局重庆南机务段、郑州铁路局安康机务段和六里坪机务段，成为襄渝铁路提速的主力客运机车。SS7C 型机车牵引 25K 型客车也成为 21 世纪初中国西南、西北地区铁路提速的经典画面。

此后，SS7C 型机车陆续配属昆明铁路局昆明机务段、广州铁路集团怀化机务段、株洲机务段、南宁铁路局（原柳州铁路局）南宁机务段和兰州铁路局迎水桥机务段等。高峰期间，SS7C 型机车曾广泛运用于陇海（郑州至兰州段）、兰新（兰州至嘉峪关）、包兰、西沪昆（原湘黔、贵昆铁路）、成昆、南昆、渝怀、宝成、宝中、西康、襄渝、阳安和大丽等线路的客运列车牵引任务。至 2006 年，SS7C 型机车共制造 171 台（车号 0001~0171），曾是中国西南和西北地区主型客运电力机车。

近年来，随着 HXD1D、HXD3D 等新型客运电力机车的大规模配属，SS7C 型机车的运用范围逐步缩小，先后退出陇海、兰新、沪昆等干线运营，其中绝大部分机车已封存停用。截至 2024 年，仅有成都铁路局重庆机务段、西安铁路局西安机务段和兰州铁路局迎水桥机务段还有少量 SS7C 型机车在段运用，执行部分襄渝、渝怀、包西、包兰和太中银铁路的旅客列车牵引任务。

■ SS7C 型机车牵引列车行驶在沪昆铁路湘黔段上（2010.3）

“黄香蕉”SS7C 型机车牵引旅客列车行驶在洱海之畔的大丽铁路上（2017.2）

SS7C 型机车牵引旅客列车行驶在包兰铁路长流水展线上（2015.8）

高速版的“变形金刚”

韶山7D型电力机车

下线时间	1999 年
最高速度	170km/h
轴式	B0-B0-B0
机车功率	4800kW
制造工厂	大同厂

SS7D 0631 号机车在宝鸡站等待挂车（2002.10）

韶山7D 型电力机车（车型代号 SS7D）是在 SS7C 基础上升级制造的准高速干线客运机车，也是中国唯一一款采用 B0-B0-B0 轴式转向架的 170km/h 速度级电力机车。

新时代的提速需要

20 个世纪 90 年代中后期，中国铁路既有线提速的大幕徐徐拉开，干线铁路最高速度逐渐提高到 140~160 km/h。随着大提速的深入进行，提速铁路范围逐步由东部干线向西部地区拓展，陇海、兰新、襄渝等西部干线相继纳入提速计划。为了做好西部地区铁路进一步提速的准备，在 SS7C 型机车刚刚下线之初的 1998 年，大同厂便开始了在其基础上研发最运行速度 170 km/h 新型机车的工作。1999 年 6 月，大同厂联合株洲所和成都厂，向铁道部科教司呈报新型机车设计任务建议书。9 月，铁道部下发《韶山 7D 型电力机车设计任务》，正式批准韶山 7D 型准高速客运电力机车（车型代号 SS7D）的研制生产。

1999 年 12 月 29 日，SS7D 的两台样车在大同厂竣工剪彩。2000 年 2 月，SS7D 0001 号机车在铁科院环形铁道试验基地进行了牵引性能和安全评估试验。同年 4 月 1 日至 2 日，SS7D 0001 号机车分别在京广铁路郑州—广水和郑州—漯河间进行动力学试验和制动试验，最高试验速度达 190.3km/h。试验结果表明，SS7D 型机车的牵引、制动和动力学性能充分满足设计任务书的要求。

SS7D 型机车正面

2000 年 4 月至 5 月，SS7D 0001 和 0002 号两台样车相继配属西安机务段，承担陇海铁路郑州—西安间长交路客运牵引任务，进行 20 万公里运用考核。截至 2000 年底，两台机车以总计运行 40 万公里无机破的优秀成绩完成了运用考核任务。值得一提的是，2000 年 9 月，SS7D 型机车还参与了新欧亚大陆桥提速平推试验，完成了郑州—天水间往返各一趟的牵引任务，实现了郑州—天水间 839km 路段连续 10 小时 10 分钟基本不停车运行，机车性能稳定正常。在完成拆检和整备工作后，SS7D 型机车于 2001 年 3 月在铁科院环形铁道试验基地完成整车型式试验；4 月通过铁道部科技成果鉴定，开始批量生产。

■ SS7D 0001 号机车牵引北京西—成都的 T7 次列车在秦岭站待发（2009.10）

SS7D 型机车主要技术概况

作为 SS7C 型机车的升级车型，SS7D 型机车延续了 SS7 系列机车 B0-B0-B0 轴式这一最主要的技术特征，持续功率也同为 4800kW。但相比于 SS7 和 SS7C 型机车，SS7D 型机车不仅最高运行速度提升至 170km/h，更在外形、设备布局、车体结构、通风方式、转向架结构和主电路结构等多个方面进行了 17 项重大改进，有了本质性的进步与提升。

■ SS7D 0016 号机车牵引混编列车停靠郑州站（2006.7）

SS7D 型电力机车外观示意图

■ SS7D 型机车标准涂装外观示意图

为实现 170km/h 高速运行，SS7D 型机车对车体、转向架和变压器等主要部件均进行了轻量化设计，将轴重进一步降低为 21t。机车走行部为三台二轴转向架，牵引力和制动力通过 Z 字形低牵引拉杆牵引装置传递；车轮为整体辗钢车轮，转向架增加抗蛇行减振器；牵引电机采用架悬式全悬挂、轮对空心轴六连杆传动方式，以降低簧下质量减少高速运行时的轮轨冲击，使机车既能够适应小半径曲线，又能满足直线区段提速需要。

在机车主电路方面，SS7D 型机车一改此前 SS7 系列机车一段全控桥加一段半控桥主电路的传统，转而采用 SS4G、SS6B、SS8 等机车业已成熟应用的不等分三段半控桥主电路，电制动也由再生制动改为加馈电阻制动，实现了交直流传动电力机车主电路的标准化与简统化。机车设有两组主电路，中间转向架上的两台牵引电机分属前后两组主电路，机车牵引时向两组各三台牵引电机并联供电，有利于充分发挥黏着、防止发生空转。同时，SS7D

已显残破的 SS7D 0022 号机车牵引旅客列车行驶在宝成铁路江油段（2018.3）

SS7D 型机车端部转向架

型机车采用了与 SS7C 型机车相似的列车供电装置，采用两路独立供电方式，每路供电电路额定功率 400kW，额定电压为 DC 600V。控制系统方面，SS7D 型机车在 SS7 系列机车中首次采用微机控制，可通过微机系统实现牵引、制动、防空转、自动过分相和向列车供电等多项机车控制功能。此外，SS7D 型机车还一改传统机车侧墙大面积百叶窗通风方式，首次采用独立通风系统，可有效降低车内负压、保持车内清洁并减少积尘，是中国铁路机车发展过程中的全新突破。

为了保证机车高速行驶的需要，SS7D 型机车重新设计了外形，在传统 SS7 系列机车外观基础上采用微流线化头型，在降低空气阻力的同时，依然不失棱角分明的刚性之美，在中国的准高速机车中独树一帜，因此也获得了“变形金刚”的独特爱称。

配属与运用

2001 年，在通过铁道部科技成果鉴定后，SS7D 型机车开始批量生产。截至 2002 年停产，大同厂共计生产 SS7D 型机车 59 台（车号 0001 ~ 0058、0631），全部配属西安机务段运用。其中 0631 号机车曾被命名为“钢人铁马号”，是西安机务段第四代“钢人铁马号”机车。

下线初期，SS7D 型机车主要由西安机务段西郑快车队运用，担当陇海铁路宝鸡—西安—郑州间的客运牵引任务，并在 2001 年 10 月第四次大提速后成为陇海铁路郑州—宝鸡段特快列车的主型牵引机车。2003 年 12 月，在中国铁路第五次大面积提速前的牵引试验中，SS7D 型机车又作为主型提速机车之一，参与了陇海铁路西安—兰州往返和京广铁路长沙—北京西间的单程提速试验，期间最高运行速度达 173.5km/h。

2006 年，随着铁路生产力布局调整，原宝鸡机务段整合入西安机务段和新丰镇机务段后，西安—广元间机车交路随之贯通，SS7D 型机车也取代 SS6B 型机车成为宝成铁路北段上的主型机车。随着机车中国铁路机车长交路的进一步推行，2007 年，SS7D 型机车直通成都，贯通宝成铁路全程交路。2010 年起，SS7D 型机车开始以西安为支点直通武昌、上海，贯通陇海铁路与京广、京沪铁路的长交路运用。

2015 年后，随着西安机务段 HXD3D 型机车的增配，SS7D 型机车执行的长交路逐渐减少，东向交路已从上海、武汉缩短回郑州。目前，SS7D 型机车主要执行西安—郑州、西安—宝鸡—成都、西安—安康—达州—成都和西安—神木间的客运交路，依然是西安铁路局的主型客运机车之一。

SS7D 0027 和 SS7D 0631 号机车并排停放在原西安机务段内（2002.10）

SS7D 型机车牵引旅客列车行驶在包西铁路绥德段（2021.7）

SS7D 型机车牵引旅客列车驶过宝成铁路清江 2 号桥（2018.3）

矫健的“美女”

韶山7E型电力机车

下线时间	2001年
最高速度	170km/h
轴式	C0-C0
机车功率	4800kW
制造工厂	大同厂、大连厂

停放在兰州西机务段兰州车间内的 SS7E 型机车（2020.8）

韶山7E 型电力机车（车型代号 SS7E）是大同厂在 SS7D 型机车基础上研发生产的 C0-C0 轴式 170km/h 提速机车，是中国铁路第五次大提速的主力机型。

南北车竞争的产物

从 20 世纪 90 年代末开始，铁路系统开启了打破政企合一行业体制的改革研究。国内主要机车车辆修造企业所隶属的中国铁路机车车辆工业总公司（简称中车公司）与铁道部脱钩。2000 年 9 月，经国务院批准，根据构建竞争主体、避免重复建设的精神，决定将中车公司拆分为中国北方机车车辆工业集团公司（简称中国北车集团）和中国南方机车车辆工业集团公司（简称中国南车集团）两家国有大型集团公司，由铁道部划归为国资委管理。2002 年 7 月，新的北车集团和南车集团正式成立，划分完成。

在客运电力机车领域，划分至南车集团的株洲厂于 1998 年成功研制了 C0-C0 轴式、最高速度 170km/h 的 SS9 型机车；划分至北车集团的大同厂则在 1999 年下线了 B0-B0-B0 轴式、最高速度 170km/h 的 SS7D 型机车。虽然 SS7D 在试运行和投入运用后都显示出良好的技术性能，但其 B0-B0-B0 轴式结构客观存在着走行部设备多、检修相对困难等问题。因此大同厂决定在 SS7D 型机车基础上，研发生产 C0-C0 轴式、最高速度 170km/h 的新型电力机车，在提速客运电力机车领域与株洲厂竞争。

SS7E 型机车正面

根据铁道部科技司《关于下达“韶山7E型电力机车设计任务书”的通知》要求，在北车集团组织下，北车集团下属大同厂、大连厂与南车集团下属株洲所联合设计开发了韶山7E型电力机车（车型代号SS7E）。2001年12月30日，首台样车SS7E 0001号机车竣工下线。2002年1月，机车在北京铁科院环形铁道试验基地完成了机车称重、制动等试验。2002年2月起，SS7E 0001号机车配属西安机务段进行运用考核，在陇海铁路郑州—西安—宝鸡间执行长交路客运牵引任务。2002年6月，SS7E 0001号机车在京广铁路郑州—广水间进行了动力学试验，最高瞬时速度达200.3km/h，各项安全和平稳性指标均符合标准。截至2002年9月20日，SS7E 0001号机车完成20万公里运用考核，取得良好考核指标。2002年10月，同属北车集团的大连厂试制出第二台SS7E型机车（SS7E-7001）。同月，SS7E 0001号机车在环形铁道试验基地完成型式试验并通过了铁道部科技成果鉴定。

值得一提的是，SS7E型机车是中国铁路进入21世纪后定型并批量生产的第一款电力机车，也是中国韶山系列交直流传动电力机车中最后一款定型车型。作为南北车分家后定型的第一款机车，SS7E拉开了机车车辆工业南北竞争的序幕，也见证了中国韶山系列电力机车最后的辉煌。

SS7E 型机车主要技术概况

作为交直流传动提速客运电力机车，SS7E型机车延续了SS7D型机车部分成功技术和成熟部件，170km/h最高速度、4800kW持续功率和21t轴重等主要技术指标也一脉相承。但SS7E型机车虽延续了大同厂SS7系列机车的编号序列，却一改此前SS7系列机车Bo-Bo-Bo轴式的最大特征，采用Co-Co轴式。这也成为SS7E与SS7D型机车最大的不同之处。

■ SS7E 型 0001 号机车下线初期曾采用暗红色涂装。图为运用考核期间停靠宝鸡站（2002.9）

■ SS7E 型机车司机室

■ SS7E 型机车转向架

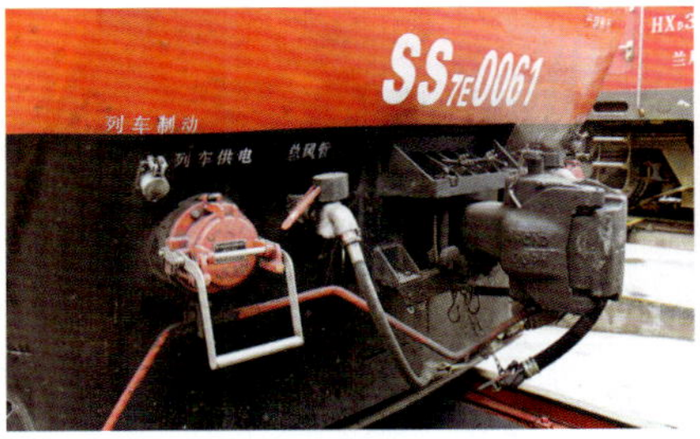

■ SS7E 型机车列车供电插座和总风管

■ SS7E 型机车制造信息铭牌

SS7E 型电力机车外观示意图

■ SS7E 型机车外观示意图

为满足170km/h最高运行速度需要，SS7E型机车将轴重控制在21t，对车体、转向架、变压器等主要部件都进行了轻量化设计。走行部为两台三轴转向架，牵引力和制动力通过低位牵引杆传递；车轮为整体辗钢车轮，转向架加装抗蛇行减振器和二系垂向减振器；牵引电机采用架悬式全悬挂、轮对空心轴六连杆传动方式，降低簧下质量。车体侧墙上部设有沿纵向整齐排列的立式百叶窗，空气经百叶窗进入车内风道后再进入各机组，实现独立通风。机车采用耐低温设计，增设的防寒功能，可以在包括高寒地区在内的中国大部分干线铁路上完成提速客车牵引任务。

SS7E 0017 号机车牵引北京西—兰州的 T75 次停靠兰州站（2004.07）

配属兰州机务段的 SS7E 型机车段标

机车主电路方面，SS7E 型机车采用了与 SS7D 型机车相同的不等分三段半控桥整流调压电路，采用无级调速和无级磁场削弱，电制动方式为加馈电阻制动。机车设有两组主电路，分别向前后两台转向架分别供电；牵引电机采用与 SS7D 型机车相同的 ZD120A 型，为带有补偿绕组的 6 极他复励直流电机，单台功率 800kW；两路独立直流 600V 列车供电系统，可为旅客列车的空调、采暖、茶炉、照明等提供电源。控制技术方面，SS7E 型机车采用微机控制系统，对机车牵引、制动、防空转防滑保护、自动过分相、向列车供电和机车保护等进行控制。

车体外观方面，SS7E 型机车一改 SS7D 棱角分明的头型结构，采用大三维曲面过渡流线化头型，将尖点下移，在有效降低风阻的同时，其圆润矫健的外形也让人耳目一新。加之大红色的外观配色，让 SS7E 型机车不仅留下了“美女”的爱称，更成为铁路上一道亮丽的风景线。

模块化 SS7E 型机车

在 SS7E 型机车基础上，大同厂还在“标准化、模块化、系列化、信息化”原则下生产了两台模块化 SS7E 型电力机车。模块化 SS7E 型机车的主电路系统、辅助供电系统和主要技术性能均与 SS7E 型机车相同，主要区别在于采用模块化设计理念，即将功能相对独立的部分作为一个功能模块进行设计。同时，模块化 SS7E 还对设备布置、通风系统、控制系统、辅助系统、变压器等进行多项技术升级。

模块化 SS7E 型机车一改此前韶山系列电力机车双侧走廊设计，采用 600mm 宽的贯通式中间走廊，设备随中间走廊斜对称布置。最重的牵引变压器由壳式变压器改为芯式卧放变压器，并悬吊在机车底架下方，使整车的重心降低，保证机车平稳运行的同时利于牵引力的发挥。分布式的计算机网络系统，可针对每个电气设备的故障及状态信息进行检测、记忆和显示，信息化程度明显提高。

模块化 SS7E 6002 号机车牵引特快列车行驶在西长铁路上（2005.10）

模块化 SS7E 型电力机车外观示意图

模块化 SS7E 型机车外观示意图

SS7E 型机车牵引去往十堰的特快列车驶出武昌站（2010.9）

SS7E 型机车牵引旅客列车运行在包兰铁路白银段（2015.8）

存放在昆明机务段中的 SS7E 6001 号机车（2011.8）

2003 年 12 月底，首台模块化 SS7E 型机车在大同下线，其外观与 SS7E 型机车保持一致，车身涂装则采用银灰底色加蓝色线条，更加清新。2005 年，两台模块化 SS7E 型机车（车号 6001、6002）配属郑州机务段，除执行部分管内短交路旅客列车试验运行任务外，亦在京武快车队执行部分北京—郑州—武汉长交路提速客车牵引任务。2007 年 7 月，两台模块化 SS7E 型机车在返回大同厂大修过程中，底色涂装由银灰色改为白色，司机室挡风玻璃也由下线初期的整幅式改为与 SS7E 型机车相同的两块式。大修后的模块化 SS7E 型机车后转配昆明局，在短暂牵引管内短途列车后封存。由于铁路技术政策调整，模块化 SS7E 型机车除两台样车外并未投入批量生产。目前 SS7E 6001 号机车作为展示机车存放在昆明机务段中，SS7E 6002 号机车则依然处于封存状态。

配属与运用

在通过铁道部科技成果鉴定后，2003 年，大同厂获得首批 45 台 SS7E 型机车生产任务。首批次 SS7E 型机车率先配属西安机务段和兰州机务段（后并入兰州西机务段），用于陇海铁路郑州—西安—兰州段牵引动力升级和提速需要。在 2004 年 4 月 18 日进行的中国铁路第五次大面积提速中，SS7E 被定为主型提速机车之一，承担兰州—郑州和西安—北京间特快列车与直达特快列车的牵引任务。此后，SS7E 型机车又相继配属郑州、重庆南、济南、徐州、武昌南等机务段，承担京广、陇海、渝怀、京沪、（东）沪昆、包西、太中银等提速干线的列车牵引任务，与 SS9 型电力机车共同成为既有铁路主型提速机车。值得一提的是，在兰新铁路武威至嘉峪关段电气化改造后，兰州西机务段的 SS7E 型机车曾通过跨局轮乘方式，执行以兰州为支点，上海—兰州—嘉峪关间半肩回式超长交路，上海—嘉峪关间

模块化 SS7E 型机车配属信息

单程交路长达 2955km，创中国交直流传动电力机车交路长度之最。

截至 2006 年，大同厂共制造 140 台 SS7E 型机车（车号 0001~0140）和 2 台模块化 SS7E 型机车（车号 6001、6002），大连厂也少量生产了 4 台 SS7E 型机车（车号 7001~7004）。随着 HXD1D 与 HXD3D 等交流传动客运电力机车的大规模下线，SS7E 型机车后逐步集中配属西部地区的西安机务段和兰州西机务段。截至 2024 年，除个别机车因故报废外，其余 SS7E 型机车均已集中配属兰州西机务段和迎水桥机务段，在陇海、兰新、兰渝、包兰等干线上，执行兰州—郑州—徐州、兰州—成都 / 重庆、兰州—嘉峪关—敦煌、中卫—太原等方向的客运交路，依然是西北地区的主型客运电力机车之一。

SS7E 型机车牵引北京西—成都的 T7 次列车驶出北京西站（2004.8）

SS7E 型机车牵引特快列车驶过京广铁路良乡站（2011.4）

SS7E 0125 号机车牵引京沪铁路直达特快列车驶入丰台站 (2009.3)

停放在郑州机务段的模块化 SS7E 6001 号机车（2006.7）

SS7E 型机车牵引沪藏 T165 次列车行驶在宝鸡西关大桥上 (2009.10)

SS7E 型机车双机重联牵引旅客列车行驶在宝成铁路江油段（2018.3）

中国首款准高速电力机车

韶山8型电力机车

下线时间	1994 年
最高速度	170km/h
轴式	Bo-Bo
机车功率	3600kW
制造工厂	株洲厂

SS8 0062 号机车牵引 25Z 型客车行驶在西长铁路上 （2012.03）

韶山8 型电力机车（车型代号 SS8）是中国第一款成熟客运电力机车和第一款最高速度达 170km/h 的准高速电力机车，开启了中国铁路高速化的序幕。

时速 200 公里零的突破

1990 年，中国第一款客运电力机车——SS5 型机车下线。同年，铁道部下达《广深线准高速铁路科研攻关及试验计划的通知》，从线路工程、通信信号、机车车辆和调度指挥等多方面开启广深铁路准高速改造的准备工作。由于最高速度 140km/h 的 SS5 型机车无法满足广深准高速铁路 160km/h 的目标速度，因此需要在其基础上研发一款全新的准高速机车。1991 年，在铁道部《关于下达广深线准高速 SS8 型电力机车设计任务书》的文件要求下，株洲厂和株洲所开始共同研制开发韶山 8 型准高速客运电力机车（车型代号 SS8）。这一研发计划同时也被列入“八五”国家重点科技攻关项目。

结合广深铁路实际需要和当时铁路主要技术政策调整，1993 年，修订版设计任务书对 SS8 型机车的技术方案进行了多项改进。1994 年 12 月，SS8 0001、0002 号两台样车先后下线。因广深铁路尚未完成电气化改造，两台机车于 1995 年 8 月交付韶关机务段，在京广铁路郴州至韶关段进行运用考核。

SS8 型机车正面

1996 年 4 月，完成运用考核的两台样车回厂进行重大技术改造，改用轮对空心轴传动和 900kW 牵引电机。同年 5 月至 10 月，改造后的 SS8 型机车在北京铁科院环形铁道试验基地完成型式试验，最高试验速度达到了 187km/h，不仅实现了中国铁路试验速度新的突破，也自此开启了“破纪录”之旅：1996 年 11 月，SS8 型机车在京广铁路郑州—漯河段提速试验中，最高速度达到 185.3km/h，创当时中国运营铁路最高运行速度纪录；1997 年 1 月，在环形铁道试验基地进行的高速综合试验中，SS8 型机车的最高速度达到 212.6km/h，使中国首次跨越高速铁路 200km/h 速度等级门槛；1998 年 6 月 24 日的提速试验中，SS8 0001 号机车在京广铁路许昌至小商桥间达到 239.7km/h 的惊人速度，创造了当时的“中国铁路第一速”。1997 年 2 月，SS8 型机车通过铁道部科技成果鉴定，投入批量生产，并在同年荣获国家科技进步二等奖和铁道部科技进步特等奖。

■ SS8 0071“党员号”机车在改造前的北京南站整装待发（2005.12）

SS8 型机车主要技术概况

采用 B0-B0 轴式的 SS8 型机车在原设计任务书中仅要求在 SS5 型机车基础上改变传动比以提高最高运行速度。但经过多次设计调整和升级改造，最终定型时的 SS8 型机车除最高速度由 SS5 的 140km/h 升级为 170km/h 外，在主电路、转向架、牵引电机、控制系统及外形结构等多方面都进行了全面升级，技术性能与稳定性都得到大幅提升，成为中国第一款成熟客运电力机车。

■ SS8 型机车转向架

■ SS8 型机车司机室

■ SS8 型机车机械间

■ SS8 型机车风管与供电插座

机车主电路方面，SS8 型机车采用了 SS3-4000 型和 SS4G 型机车已装车应用的不等分三段半控桥主电路，实现了主电路的简统化和标准化。转向架电机并联独立供电，牵引电机无级磁场削弱，可实现全运行区无级调速；取消功率因数补偿装置，提高主电路的可靠性并减少机车重量；电制动由 SS5 型机车的再生制动调整为加馈电阻制动，减少过分相时产生电流冲击的同时，提升低速区电制动力。

SS8 型电力机车外观示意图

■ SS8 型机车样车下线时曾采用的红色涂装示意图

■ SS8 型机车标准涂装外观示意图

牵引电机方面，SS8 型机车样车下线时曾采用与 SS5 型机车相同的

曾配属京局庄段的 SS8 2001 号机车停放在北京西机务段内（2002.8）

SS8 0001 号机车纪念铭牌（王铮 摄）

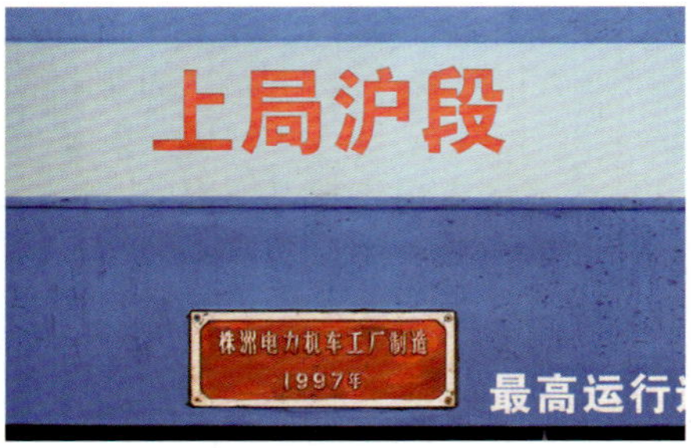

封存前配属上海机辆段的 SS8 2001 号机车段标

ZD107 型六极串励直流牵引电机，持续功率 800kW。回厂改造后，改用 ZD115 型带补偿绕组的六极串励直流引电机，持续功率提升至 900 kW，整车功率亦提升至 3600kW。SS8 型机车也因此成为我国交直传动韶山系列机车中单轴功率最大的一款车型。改造定型后的 SS8 型机车摒弃了样车下线时采用的与 SS5 型机车相同的电机空心轴传动，改为轮对空心轴六连杆弹性传动，提高了高速运行时的稳定性。牵引电机架悬式全悬挂，有效降低了转向架簧下重量。这些也成为未来我国提速客运电力机车的通用配置。后期 SS8 型机车还加装了直流 600V 列车供电系统，并进行了双管供风改造，具备牵引直供电车辆和新型提速车辆的条件。

控制系统方面，SS8 型机车采用微机控制系统取代了 SS5 型机车的电子模拟控制，成为首款采用微机控制的国产电力机车。系统由微机柜及司机室操纵台液晶屏等组成，可对机车牵引、制动、防空转防滑保护、空电联合制动、列车供电等进行控制，具有诊断、监测和故障记录等功能。

外观方面，SS8 型机车在国内首次通过风洞模拟试验优化头型设计，采用后倾角为 26.15° 的楔形头型，刚柔并济，可有效降低机车高速运行时的风阻。样车下线初期曾短暂采用红色涂装，回厂改造后则改为蓝白相间涂装，极具辨识度。此外，早期下线的 SS8 型机车挡风玻璃曾采用大窗设计，但因高速运行时曾被异物击中爆裂，后期下线机车不仅将挡风玻璃改小，玻璃厚度也相应增加。早期机车在大修中也相应改为小窗结构，保证运行安全。

出师未捷的“SS8B”

为适应京广铁路山区路段客运提速需要，并响应陇海铁路郑州—西安段提速机车选型要求，株洲厂于 1997 年 8 月向铁道部呈报《关于生产 SS8 型（150km/h）客运提速机车的报告》，并在内部称之为 SS8B 型机车。同年，两台 SS8 型（150km/h）机车样车下线，但并未采用新车型号，仅通过车号（2001、2002）加以区别。新机车

改造前，还未增加供电插座的大窗版 SS8 0040 号机车在北京西站等待挂车（2004.1）

SS8 型机车牵引特快列车驶出北京西站，与京广高铁进站中的 CRH380AL 型动车组交会（2013.4）

SS8 型机车牵引快速列车行驶在京广铁路英德段（2013.11）

■ SS8 型机车牵引旅客列车驶过武汉长江大桥（2009.10）

■ SS8 型机车曾是“京武快车队”的主力车型

通过调整齿轮传动比，将最高速度降低到 150km/h 的同时，提高了启动牵引力和持续牵引力，以适应长大坡道列车运行需要。

1998 年 6 月，SS8 2001 号机车在陇海铁路郑州—三门峡西间进行了提速试验。虽运行时间相较于当时陇海铁路其他机车有所缩短，但试验结果不如 4800kW 的 SS7 型机车。最终西陇海铁路提速决定使用大同厂新研制的 SS7C 型机车，而 SS8 2001 和 2002 号机车最高速度则改回 170km/h，与普通 SS8 型机车混用。SS8 型（150km/h）机车的昙花一现，让“SS8B”成为了永远的传说。

配属与运用

1997 年，SS8 型机车投入批量生产。由于此时广深铁路尚未完成电气化改造，原本为广深铁路提速而研制的 SS8 型机车率先落户郑州。1997 年 4 月 1 日，中国铁路实施第一次大面积提速，株洲厂首批交付郑州机务段 SS8 型机车 35 台，承担京广铁路郑武段提速列车牵引任务。1998 年，广深铁路、京广铁路京郑段电气化完工。2001 年，京广铁路武广段电气化完工。SS8 型机车作为这些线路电气化改造后的主型客运电力机车，大量配属在北京西、石家庄、郑州、长沙、广州等机务段，牵引旅客列车奔驰在北京—广州—深圳铁路大动脉上。截至 2001 年停产，SS8 型机车累计生产 245 台（车号 0001~0243；2001~2002），在中国铁路前四次大提速中发挥了巨大作用。值得一提的是，1999 年起，SS8 型机车开始牵引内地与香港间的直通旅客列车，2004 年后曾因受电弓问题中断数年，至 2008 年再度恢复，直至 2020 年 1 月因新冠疫情直通车停运，是中国铁路唯一进港运行的电力机车。

2007 年后，部分 SS8 型机车改配上海机务段和南昌机务段，以满足沪昆铁路上海—长沙段电气化后旅客列车牵引需要。部分郑州机务段配属的 SS8 型机车也于京沪铁路电气化通车后担当上海—郑州的机车交路。此外，唐山、邯郸等机务段，也曾配属 SS8 型机车，用于牵引京秦、邯长等铁路上的旅客列车。随着使用年限增长及 HXD1D 型与 HXD3D 型两款交流传动客运电力机车的大规模使用，近年来 SS8 型电力机车已开始大规模封存或退役。截至 2024 年底，北京局集团公司和上海局集团公司的 SS8 型机车均已退出运营，广州局集团公司和郑州局集团公司则还有数量不多的 SS8 型机车继续发挥着余热。不久的将来，这款中国铁路的提速功臣也将淡出历史的舞台，成为我们永久的回忆。

■ SS8 型机车牵引旅客列车行驶在沪昆铁路浦阳江特大桥上（2009.10）

SS8 0186 号机车牵引九广直通车驶过港铁东铁线九龙塘站（2013.10）

SS8 0173 号机车牵引九广直通车驶入香港红磡站（2013.10）

6 轴客运电力机车的开山之作

韶山9型电力机车

下线时间	1998 年
最高速度	170km/h
轴式	Co-Co
机车功率	4800kW
制造工厂	株洲厂

配属沈局沈段的 SS9 0028 号机车停放在北京机务段（2010.8）

韶山9 型电力机车（车型代号 SS9）是中国第一款 6 轴准高速客运电力机车，可满足较大坡度线路上大编组旅客列车的提速需要。

扩展铁路提速范围

SS8 型机车多次刷新速度纪录，为中国铁路提速作出了巨大贡献。但 SS8 型机车最初只是为牵引广深准高速铁路小编组城际列车而设计。4 轴 3600kW 的 SS8 型机车在平原线路上牵引 18~20 辆大编组长途列车已显吃力，到了坡度更大的丘陵和山岭路段牵引旅客列车，最高速度仅能达到 60~100km/h，无法发挥提速效果。为扩展既有铁路提速范围，1998 年，铁道部下达《韶山 9 型客运电力机车设计任务书》，要求株洲厂和株洲所通过加大机车功率、提高牵引力的方式，研制一款可以满足较大坡度线路上牵引旅客列车提速至 160km/h 的干线客运电力机车，即韶山 9 型机车（车型代号 SS9）。

SS9 型机车正面

1998 年 6 月至 8 月，株洲厂相继完成 SS9 型机车的技术设计和施工设计。1998 年 12 月 26 日，SS9 0001、0002 号两台样车剪彩下线。1999 年初，两台样车相继赴郑州机务段进行运用考核，担当京广铁路北京至武昌间快速列车的牵引任务。同年 7 月底，两台样车在完成总计 30 万公里运用考核后，于 10 月底在北京环形铁道试验基地完成整车型式试验。11 月，SS9 0001 号机车在京广铁路郑州—广水间的动力学试验中，最高试验速度达 190km/h，达到了设计任务书的要求。1999 年 9 月和 2000 年 4 月，SS9 0001 号机车还两次在郑州—天水区段担当陇海铁路提速试验牵引机车，最高速度达到 150km/h。2000 年 3 月，SS9 型机车通过了部科技成果鉴定，于 2001 年开始批量生产。

SS9 型机车主要技术概况

SS9 型电力机车是在 SS8 和 SS6B 型机车成熟技术基础上，遵循简统化、标准化、系列化的原则研发生产客运电力机车，最高速度 170km/h。与采用 B0–B0 轴式的 SS8 型机车不同，SS9 型机车为 C0–C0 轴式 6 轴机车，持续功率提升至 4800kW，启动牵引力、持续牵引力、电制动功率分别比 SS8 型机车增加 36.1%、34.1% 和 48.1%。因此 SS9 相比 SS8 型机车拥有更强大的牵引、制动和高速动力学性能，更适于在包括大坡度线路在内的干线铁路牵引提速旅客列车。

电气方面，SS9 型机车延续了后期韶山系列机车标准化的不等分三段半控桥相控调压主电路，采用晶闸管分路进行无级磁场削弱，电制动方式为加馈电阻制动。最初 SS9 型机车曾计划采用 SS6B 型机车的 ZD114 型电机，后根据铁路机务部门的要求，改用 SS8 型机车的 ZD115 型电机，以便于互换、检修和组织配件。由于 ZD115 型电机功率可达 900kW，因此 SS9 型机车虽然持续功率定为 4800kW，但实际最大功率可达 5400kW，日常运用中具备一定的功率冗余。

为拥有更好的动力学性能，SS9 型机车将轴重由 SS8 的 22t 降低为 21t，对车体、变压器、转向架等各主要部件均作了轻量化设计。转向架采用延续自 SS8 型机车的轮对空心轴六连杆传动，牵引电机架悬式全悬挂，牵引力由平拉杆牵引装置传递。控制系统方面，SS9 型机车延续了 SS8 成熟的微机控制系统和逻辑控制单元（LCU）技术，取代了传统的继电器

■ SS9 0016 号机车牵引快速列车驶出哈尔滨站（2010.3）

■ SS9 型机车司机室

■ SS9 型机车转向架

■ SS9 型机车改造后的交流 380V 列车供电插座

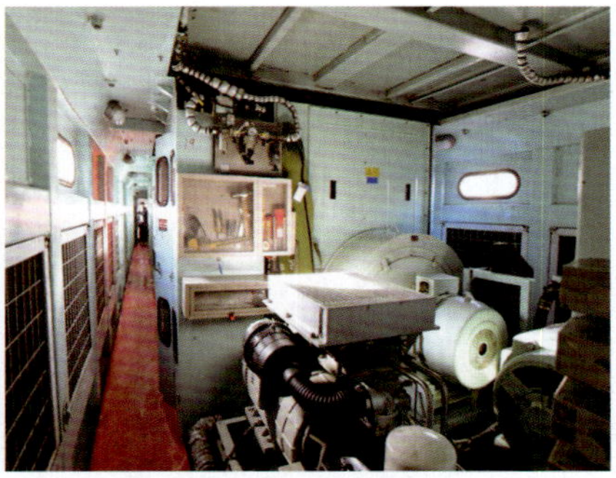

■ SS9 型机车双侧走廊式机械间

SS9 型电力机车外观示意图

■ SS9 型机车电力机车外观示意图

停放在大连机务段内的 SS9 0011 号机车（2012.12）

配属沈阳机务段的 SS9 型机车段标

布线逻辑控制电路，由微机直接控制接触器等外部负载，大大简化了机车的有触点控制电路，提高了可靠性。此外，SS9 型机车装备了 2 套完全独立的直流 600 V 列车供电系统，可向旅客列车提供空调、采暖、茶炉、照明等所需的电力。2015 年后，部分配属沈阳局的 SS9 型机车将列车供电制式改为交流 380V，并将供电插座改涂灰色以示区别，是中国铁路为数不多的可向车辆交流供电的电力机车。

在外观方面，SS9 型机车也极具特色。机车的头型突破了传统以平面为主的多棱角外形设计。司机室正面为倾斜角 63.85° 的倾斜平面，在底架的上平面处形成了突出的鼻端，通过降低鼻端高度增加了司机室的长度。机车外形全部采用圆弧过渡，配以青色底色和橙色条纹，动感十足。

配属与运用

SS9 型机车通过科技成果鉴定后，两台样车返回郑州机务段用于牵引京广铁路京武段快速列车。为了满足 2001 年 8 月通车的哈尔滨—大连铁路电气化改造用车需求，2001 年起株洲厂开始批量生产 SS9 型电力机车。截至 2002 年 5 月，SS9 型电力机车共制造 43 台（车号 0001 ~ 0043），初期全部集中配属沈阳机务段，用于哈大铁路本线提速列车及普通旅客列车交路，两台样车也随之改配。为了适应东北地区的严寒气候，全部 SS9 型机车都进行了专门的防寒改造。2007 年后，部分 SS9 型机车改配上海机务段，用于京沪、沪杭、浙赣铁路电气改造后替换内燃机车，执行以上海为中心，北达北京、西至株洲的长交路旅客列车牵引任务。2018 年后，少量沈阳机务段的 SS9 型机车改配通辽机务段，用于大郑、平齐等铁路电气化改造后牵引列车。

转配上海机辆段的 SS9 型机车段标

配属上局沪段的 SS9 0001 号机车在上海站等待挂车（2018.05）

SS9 0033 号机牵引旅客列车在京哈铁路哈尔滨段冒雪前行（2010.3）

SS9 0003 号机车牵引上海—北京 T104 次列车开往北京站（2007.4）

中国交直流电力机车的巅峰

韶山9改进型电力机车

下线时间	2002 年
最高速度	170km/h
轴式	Co-Co
机车功率	4800kW
制造工厂	株洲厂

SS9G 0207 号机车牵引旅客列车驶过丰台站（2009.3）

韶山9 改进型电力机车（车型代号 SS9G）是在 SS9 型机车基础上，采用多项新技术和新设计理念制造的改进车型，是中国交直流传动电力机车的“巅峰之作”。

SS9 的改进车型

SS9 型电力机车技术先进，性能优良，投入使用后在坡度较大的哈大铁路上发挥了重要作用。由于哈大铁路电气化机车需求时间紧，任务重，SS9 型机车在设计方面还有改进空间。针对 SS9 型机车在运用中出现的技术问题和实际运用需要，2002 年，在完成第一批 43 台 SS9 型机车后，株洲厂按照“模块化、标准化、系列化”原则，在延续基本技术指标的情况下，从第 44 号 SS9 型机车起进行了多项改进，称为韶山 9 改进型机车（车型代号 SS9G）。

虽然 SS9G 型机车在技术和外观上都有多项改进，但规范车型仍为 SS9 型，车辆编号也相应延续。为与早期 SS9 型机车加以区分，部分技术刊物和《铁路机车概要》等书籍中，明确使用 SS9G 作为改进后 SS9G 型机车

SS9 和 SS9G 型机车头型对比

的车型代号，其中字母“G”即为“改”字汉语拼音的首字母。“韶九改”也成为日常运用中对新款机车的习惯称谓。

SS9G 型机车主要技术概况

SS9G 型机车延续了 SS9 型机车的主要技术参数，最高速度 170km/h，轴式 C0-C0，持续功率 4800kW，轴重 21t，牵引和制动特性保持不变。不等分三段半控桥相控调压主电路、加馈电阻制动、ZD115 型牵引电机、轮对空心轴六连杆传动和牵引电机架悬式全悬挂等技术方案与设备也完全沿袭。相比之下，SS9G 型机车主要在通风系统、设备布局、主变压器、司机室布局和车体外观等方面进行了改进。可以说，SS9G 型机车集中了当时我国电力机车的全部先进技术，可谓我国交直流电力机车的巅峰之作。

SS9G 型机车最大的改进在于通风系统。原 SS9 型机车采用的是此前韶山系列机车常用的自然通风方式，空气通过机车侧墙大面积百叶窗进入车体，自然除尘后为各车内设备冷却降温。这种方式不仅车内负压较大，且易造成机车内部设备积尘，降低设备使用寿命。SS9G 型机车改为采用已在 SS7D 和 SS7E 型机车上成功应用的独立通风方式，冷却风通过侧墙夹层和滤网进入车体，并根据冷却对象不同分为四大通风支路。各个通风支路都有独立的进风口和风道，冷却相应发热电气设备后，再通过各自出风口从车底排出。这一改进有助于降低车内负压，改善机车防尘效果及防寒性能。

车内布局方面，SS9G 型机车机械间一改原 SS9 型机车传统的双侧式走廊布局，转而采用 600mm 宽的中间贯通式走廊，在国内量产机车中率先采用这一先进的布局形式。车内设备采用斜对称布置，以利于轴重分配。屏柜及各部件采用模块化设计，便于部件维护和更换。为实现贯通式走廊布局，SS9G 型机车将原放置于机械

■ 朝阳下，SS9G 0198 号机车牵引武昌—北京西的 Z12 次列车驶入北京西站（2009.7）

■ SS9G 型机车司机室

■ SS9G 型机车转向架

■ SS9G 型机车风管和供电设备

■ SS9G 型机车中间走廊机械间

SS9G 改进型电力机车外观示意图

■ SS9G 型机车外观示意图

■ SS9G 型 0045 号机车下线初期曾采用蓝色涂装

■ SS9G 型机车通过京哈铁路通州北运河大桥（2008.3）

■ 沈阳机务段是 SS9G 型机车主要配属段

■ 配属北京机务段的 SS9G 型机车段标

间中部的立式牵引变压器改为卧式结构，悬挂安装于车体下方，降低了机车重心高度，提高运行稳定性。列车供电设备则一改此前各元件在机车不同电器柜中分散布置的方式，设置集中式列车供电柜，集中安装整流装置及其控制系统，提高了列车供电系统的可靠性。2017 年，沈阳机务段对 SS9G 0090 号机车的列供系统进行了改造，增加了交流 380V 供电插座，成为国内首台具备双制式列车供电系统的机车。

在车体外形方面，SS9G 型机车进一步优化了流线型设计，采用圆弧微流线头型外观，在有效降低风阻的同时也进一步提升了机车外形的美观性和艺术性。机车颜色也从 SS9 型机车的冷色基调，改为采用红白相间的车身涂装，其鲜艳色彩在牵引列车运行时上格外引人注目。同时，SS9G 型机车对司机室也进行了标准化设计，增加了饮水机和冰箱，并优化司机室暖风系统，改善了司乘人员工作环境。司机室仪器仪表根据功能实现了模块化设计，可满足长交路条件下单司机值乘的要求。

配属与运用

2002 年 6 月，首台 SS9G 型机车在株洲下线，并于同年开始批量生产。首批 SS9G 型机车率先配属沈阳机务段，用于补充哈大铁路客运机车牵引能力。2003 年，北京机务段、北京西机务段和广州机务段也开始配属 SS9G 型机车，牵引京秦铁路和京广铁路高等级旅客列车。其中，部分配属北京机务段和沈阳机务段的 SS9G 型机车加装了 TVM430 信号系统，用于执行同年 10 月 12 日开通的秦沈客运专线（现京哈铁路秦沈段）旅客列车的牵引任务。在 2011 年秦沈客运专线拆除 TVM430，改用 CTSC-2 列控系统前，SS9G 型机车是唯一具备秦沈客运专线运行条件的机车车型。

■ SS9G 0202 号机车牵引大连—汉口的 K371 次行驶在京广铁路孝子店

SS9G 型机车牵引北京—南京西的 K161 次列车跨越北京护城河（2010.10）

SS9G 0183 号机车牵引大连—汉口的 K371 次列车行驶在京广铁路信阳段（2010.4）

■ SS9G 型机车牵引北京西—九龙的 T97 次列车行驶在北京机务段北京西车间外（2010.4）

■ 2004 年 SS9G 型机车刚刚配属武昌南机务段时的段标

2003 年 12 月，在中国铁路第五次大面积提速前的牵引试验中，SS9G 型机车作为主型提速机车之一，担当了北京—哈尔滨和北京—长沙段试验列车的牵引任务，期间最高运行速度达 173.1km/h，运行状况良好。在 2004 年 4 月 18 日进行的中国铁路第五次大面积提速中，中国铁路首次开行 18 对最高速度 160km/h 的直达特快列车。其中，SS9G 型机车承担了北京至哈尔滨、长春、武汉和长沙间共计 7 对直达特快列车的牵引任务。其中武昌南机务段承担 4 对京武直达特快列车牵引任务，SS9G 型机车也成为武昌南机务段配属的首款提速客运电力机车。

2006 年，随着京沪、胶济、沪杭、浙赣等铁路电气化改造完工，上海、济南和南昌机务段相继配属 SS9G 型机车，执行相关线路电气化改造后旅客列车的牵引任务。2007 年 4 月 18 日中国铁路第六次大提速后，由 SS9G 型机车担当的北京—广州间特快列车交路拉通，单程运行距离达 2294km。2012 年集包二线通车后，集宁机务段曾在 2013 年至 2014 年间，短期配属少量 SS9G 型机车，用于在包头—呼和浩特—张家口间牵引快速旅客列车。在 HXD1D 与 HXD3D 型机车大规模下线前，SS9G 型机车一直作为京沪、京广和京哈方向的主型提速客运电力机车，在中国铁路第五次和第六次大提速中发挥了重要作用。

截至 2006 年停产，株洲厂共制造 171 台 SS9G 型机车（车号 0044~0213，0004），其中 SS9G 0004 号机车为原 SS9 0004 号机车因事故报废后补造。2018 年后，部分原配属沈阳机务段的 SS9G 型机车改配至通辽机务段和白城机务段，用于电气化改造后的大郑铁路和平齐铁路。目前，部分 SS9G 型机车已封存退役，其余运用中的 SS9G 型机车除少量牵引特快和直达特快列车外，更多转而牵引快速旅客列车和普通旅客列车，发挥着自己的余热。

■ SS9G 型机车制造和大修信息铭牌

■ SS9G 型机车牵引直达行邮通过郑州站（2006.8）

SS9G 0181 号机车牵引北京西—三亚的 Z201 次列车行驶在京广铁路飞来峡段（2013.11）

SS9G 型机车双机重联牵引特快列车驶过宜万铁路野三河大桥（2011.6）

中国主型交直传动电力机车技术参数表

车型代号	**SS$_1$（含6Y$_1$）**	**SS$_2$**	**SS$_3$**	**SS$_3$-4000**	**SS$_{3B}$**
用途	客货	客货	客货	客货	货
轴式	C$_0$-C$_0$	C$_0$-C$_0$	C$_0$-C$_0$	C$_0$-C$_0$	2(C$_0$-C$_0$)
传动方式	交一直	交一直	交一直	交一直	交一直
轴重（t）	23	23	23	23	23
持续功率（kW）	3780	4440	4320	4320	8640
最高速度（km/h）	90	100	100	100	100
持续速度（km/h）	43	49.7	48	48	48
启动牵引力（kN）	487.4	530	490	490	941.8
持续牵引力（kN）	301.1	314.8	316.7	316.7	635.6
整流调压电路	单拍全波整流桥	一段整流桥	双拍全波整流桥	不等分三段半控桥	不等分三段半控桥
调压方式	低压侧有级调压	高压侧有级调压	级间相控调压	相控调压	相控调压
电制动方式	一级电阻制动	一级电阻制动	二级电阻制动	加馈电阻制动	加馈电阻制动
牵引电机型号	ZD101	ZQ-800	ZD103	ZD103A	ZD103A
牵引电机悬挂方式	滑动抱轴承式半悬挂	滑动抱轴承式半悬挂	滑动抱轴承式半悬挂	滑动抱轴承式半悬挂	滑动抱轴承式半悬挂
车钩中心距（mm）	20368	21336	21416	21416	42832
车体宽度（mm）	3106	3107	3100	3100	3100
落弓后机车高度（mm）	4740	4750	4700	4700	4740
转向架固定轴距（mm）	4600	4670	4300	4300	4300
转向架中心距（mm）	10400	10600	11200	11200	8200
制造工厂	株洲厂	株洲厂	株洲厂、大同厂	株洲厂、大同厂 资阳厂、太原厂	株洲厂、大同厂 资阳厂、大连厂
首台制造年份	1958	1969	1978	1992	2002
累计制造数量	826	1	677	836	357

车型代号	**SS4**	**SS4G**	**SS4B**	**SS4C**	**SS5**
用途	货	货	货	货	客
轴式	2(B0-B0)	2(B0-B0)	2(B0-B0)	2(B0-B0)	B0-B0
传动方式	交一直	交一直	交一直	交一直	交一直
轴重 (t)	23	23	23	25	21.5
持续功率 (kW)	6400	6400	6400	6400	3200
最高速度（km/h）	100	100	100	100	140
持续速度 (km/h)	51.5	51.5	50	51.5	80
启动牵引力（kN）	628	628	628	628	235
持续牵引力 (kN)	436.5	437	450	437	137
整流调压电路	经济四段半控桥	不等分三段半控桥	不等分三段半控桥	不等分三段半控桥	一段全控桥 加一段半控桥
调压方式	相控调压	相控调压	相控调压	相控调压	相控调压
电制动方式	二级电阻制动	加馈电阻制动	加馈电阻制动	加馈电阻制动	再生制动
牵引电机型号	ZD105	ZD105A	ZD114	ZD105A	ZD107
牵引电机悬挂方式	滑动抱轴承式半悬挂	滑动抱轴承式半悬挂	滚动抱轴承式半悬挂	滑动抱轴承式半悬挂	电机空心轴全悬挂
车钩中心距（mm）	32832	32832	32832	32832	16716
车体宽度（mm）	3100	3100	3100	3100	3100
落弓后机车高度（mm）	4775	4775	4775	4775	4677
转向架固定轴距（mm）	3000	2900	2900	2900	2900
转向架中心距（mm）	8200	8200	8200	8200	8500
制造工厂	株洲厂	株洲厂、大同厂 资阳厂、大连厂	株洲厂	株洲厂	株洲厂
首台制造年份	1985	1993	1995	1997	1990
累计制造数量	158	>1400	267	2	2

续上表

车型代号	SS6	SS6B	SS7	SS7B	SS7C
用途	客货	客货	客货	货	客
轴式	C0-C0	C0-C0	B0-B0-B0	B0-B0-B0	B0-B0-B0
传动方式	交一直	交一直	交一直	交一直	交一直
轴重（t）	23	23	23	25	22
持续功率（kW）	4800	4800	4800	4800	4800
最高速度（km/h）	100	100	100	100	120
持续速度（km/h）	48	50	48	44	76
启动牵引力（kN）	485	485	485	485	310
持续牵引力（kN）	351	337.5	351	385	220
整流调压电路	两段半控桥	不等分三段半控桥	一段全控桥加一段半控桥	一段全控桥加一段半控桥	一段全控桥加一段半控桥
调压方式	相控调压	相控调压	相控调压	相控调压	相控调压
电制动方式	加馈电阻制动	加馈电阻制动	再生制动	再生制动	再生制动
牵引电机型号	ZD112	ZD114	ZD111	ZD111	ZD120
牵引电机悬挂方式	滚动抱轴承式半悬挂	滚动抱轴承式半悬挂	滚动抱轴承式半悬挂	滚动抱轴承式半悬挂	滚动抱轴承式半悬挂
车钩中心距（mm）	21416	21416	22016	22016	22016
车体宽度（mm）	3100	3100	3105	3105	3105
落弓后机车高度（mm）	4700	4754	4752	4755	4744
转向架固定轴距（mm）	4300	4300	2880	2880	2880
转向架中心距（mm）	11200	11200	7100+7100	7100+7100	7100+7100
制造工厂	株洲厂	株洲厂、大同厂	大同厂	大同厂	大同厂
首台制造年份	1991	1994	1992	1997	1998
累计制造数量	53	201	113	2	171

车型代号	**SS7D**	**SS7E**	**SS8**	**SS9**	**SS9G**
用途	客	客	客	客	客
轴式	B_0-B_0-B_0	C_0-C_0	B_0-B_0	C_0-C_0	C_0-C_0
传动方式	交一直	交一直	交一直	交一直	交一直
轴重（t）	21	21	22	21	21
持续功率（kW）	4800	4800	3600	4800	4800
最高速度（km/h）	170	170	170	170	170
持续速度（km/h）	96	96	100	99	99
启动牵引力（kN）	245	245	210	286	286
持续牵引力（kN）	171	171	126	169	169
整流调压电路	不等分三段半控桥	不等分三段半控桥	不等分三段半控桥	不等分三段半控桥	不等分三段半控桥
调压方式	相控调压	相控调压	相控调压	相控调压	相控调压
电制动方式	加馈电阻制动	加馈电阻制动	加馈电阻制动	加馈电阻制动	加馈电阻制动
牵引电机型号	ZD120A	ZD120A	ZD115	ZD115	ZD115
牵引电机悬挂方式	轮对空心轴全悬挂	轮对空心轴全悬挂	轮对空心轴全悬挂	轮对空心轴全悬挂	轮对空心轴全悬挂
车钩中心距（mm）	22016	22016	17516	22216	22216
车体宽度（mm）	3105	3105	3100	3100	3105
落弓后机车高度（mm）	4772	4744	4628	4720.5	4720.5
转向架固定轴距（mm）	2880	4300	2900	2900	4300
转向架中心距（mm）	7100+7100	11570	9000	11570	11570
制造工厂	大同厂	大同厂、大连厂	株洲厂	株洲厂	株洲厂
制造年份	1999	2001	1994	1998	2002
累计制造数量	59	146	245	43	171

和谐
HX_D2B0291

国产交流传动电力机车

交流传动电力机车也称交—直—交传动电力机车，具有功率高、牵引力大、黏着性能好、维护简便等诸多优点，是电力机车的发展方向。20 世纪 90 年代后，中国铁路开启交流传动电力机车的探索与尝试，并试制了多款交流传动电力机车的原型车和样车。

2004 年后，在国务院“引进先进技术、联合设计生产、打造中国品牌”的方针指导下，通过“引进、消化、吸收、再创新”的发展思路，中国铁路构筑了 HXD1、HXD2、HXD3 三大“和谐”系列交流传动电力机车技术平台，打造了包括 6 轴 7200kW、6 轴 9600kW 和 8 轴 9600kW 在内的完整电力机车谱系，覆盖客运提速和货运重载等不同运用场景，在短时间内让中国电力机车全面实现交流化和现代化。

2019 年后，在和谐系列电力机车基础上，中国铁路又开发了新一代“复兴”系列电力机车，为铁路客运产品升级和货运重载提供了新的装备支持。

HXD1D 0354 号机车牵引旅客列车驶过兰新铁路的向日葵花海（2015.7）

FXSY 0001 号机车牵引宝鸡—天津的 T57 次列车驶过京沪铁路黄村段（2023.11）

HXD1C 型机车牵引货物列车驶过陇海铁路宝天段的火红金秋（2017.10）

苍翠掩映舞阳河（2022.8）

HXD1 型机车牵引列车蜿蜒在准朔铁路的丹霞地貌间（2021.8）

夕阳下，HXD2 型机车牵引 2 万吨重载列车驶入大秦铁路郑重山隧道（2015.9）

HXD1D 型机车双机重联牵引旅客列车行驶在兰新铁路门源段的万里花海上（2015.7）

丰沙铁路上的 HXD2 型机车牵引货物列车驶过碧波万顷的官厅水库（2020.8）

HXD3D 0136 号机车牵引 25Z 型旅客列车行驶在西长铁路上（2015.2）

HXD3 0496 号机车牵引旅客列车行驶在北京东便门角楼下（2015.6）

新 HXD1 型机车双机重联牵引万吨列车驶过呼准鄂铁路黄河特大桥（2019.9）

HXD1C 型机车双机重联牵引货物列车行驶在南昆铁路罗平段的晨曦春色间（2017.3）

大秦铁路上的 HXD1 型机车牵引列车飞跨驶过京通铁路上的怀密号动车组（2020.10）

修葺一新的 HXD2 型机车在中车大同公司交车线上整装待发（2022.7）

HXD1C 型机车牵引军运列车行驶在雪山脚下（2016.11）

HXD3D 型机车牵引旅客列车飞驰在沪昆铁路湘黔段的青山绿水间（2022.8）

"毛泽东号"机车牵引长沙—北京西的 Z2 次列车驶过清晨的良乡站（2020.4）

HXD3CA 型机车牵引货物列车驶过滨绥铁路横道河子站（2023.7）

■ HXD2 型机车牵引 2 万吨重载列车行驶在山花烂漫的大秦铁路上（2012.4）

交流传动电力机车原型车

AC4000 型电力机车

下线时间	1996 年
最高速度	120km/h
轴式	B0-B0
机车功率	4000kW
制造工厂	株洲厂

■ 刚刚下线时的 AC4000 型机车（资料图）

AC4000 型电力机车是中国首台交流传动电力机车原型车。虽因技术原因最终未能投入批量生产，但依然为中国交流传动电力机车发展积累了宝贵的经验。

交流传动的前期研究

20 世纪 60 年代起，随着晶闸管技术的诞生和电子电力技术的发展，联邦德国、苏联、日本和英国等国家纷纷开启交流传动内燃机车与电力机车的研制。具有牵引功率大、黏着系数高、牵引电机结构简单免维护等诸多优点的交流传动机车迅速成为铁路机车发展的主要方向，并在 20 世纪 80 年代后成为发达国家的主流机车。

发达国家牵引动力的技术迭代也促进了中国交流传动技术的起步和发展。早在 20 世纪 70 年代，株洲所就开始进行交流传动技术的研究。但由于交流传动技术难度大、科技性强，加之当时中国基础电子电工技术薄弱，因此当时电力机车的技术重点放在提高交直传动电力机车的可靠性方面，交流传动技术未能实现实质性突破。20 世纪 80 年代后，株洲所开始进行交流传动机车地面系统的研究，并先后试制出 200 kW 和 300 kW 传动系统。在此基础上，1989 年，株洲所和铁科院开始联合研制 1000 kW 交直交传动地面试验系统，并于 1992 年通过了铁道部成果鉴定，中国交流传动机车研制初露曙光。

■ AC4000 型机车正面

交流传动原型车的诞生

1991年，在“高速铁路运输新技术研究”的总项目下，作为“八五”国家重点科技攻关项目，铁道部与国家计委签订了“交直交传动电力机车研制”专题合同。随后，铁道部与株洲厂签订了4000 kW交直交传动电力机车（原型车）研制合同，与株洲所、铁科院签订了“4000 kW交直交电力机车性能参数及其电传动系统的研制”等多项技术研究合同。中国交流传动电力机车开发的序幕正式开启。

1992年5月，株洲所提出了《4000 kW交直交传动电力机车原型车技术建议书》报铁道部。同年12月，交直交传动电力机车原型车通过铁道部技术审查。1994年至1995年，株洲所承担的原型车电传动部分相继投入生产，并进行模拟实验。株洲厂也开始进行机械部分设计，并于1995年下半年开始投产。1996年6月19日，中国第一台交流传动电力机车原型车正式下线。机车被命名为AC4000，其中“AC”代表交流电传动，“4000”代表机车功率为4000 kW。

AC4000型机车采用交—直—交电传动，最高速度120 km/h，轴式B0–B0。机车使用四象限变流器、PWM牵引逆变器为三相异步牵引电机供电，装有微机控制系统，具有工况监控和故障诊断检测功能，电制动采用再生制动。主变流器采用不对称快速晶闸管，辅助电路则采用GTO变流器供电。AC4000装用了全新的卧式牵引变压器，车内布局采用中间走廊和双边走廊混合布置模式。其中辅助室采用两侧走廊，变流器室则采用贯通式中间走廊，设备斜对称布置。通风系统采用车体通风和独立风道通风混合模式。

AC4000下线后，经调整试验，于1997年初在北京环形铁道试验基地试运行，期间最高试验速度达到121 km/h。后于1998年上半年赴西南交通大学牵引动力国家重点实验室进行考核试验。在试验过程中，AC4000暴露出中间直流电压尖峰异常、启动牵引力振荡、电网谐波较多、牵引特性曲线没有恒功区等诸多技术问题，机车关键设备和系统设计都存在不足，难以实现正常运行。在完成各项试验后，AC4000型机车返回株洲厂封存。2020年，这台中国电力机车发展史上值得纪念的机车，在简单修整后转移至株洲中国动力谷工业园区安放，以静态保存的方式供后人参观纪念。

停放在株机公司内的AC4000型机车（2014.2）

AC4000型机车转向架

AC4000型机车铭牌

AC4000型机车制造工厂铭牌

AC4000型机车车身标识

AC4000型电力机车外观示意图

AC4000型机车外观示意图

中国第一款商用交流传动电力机车

DJ（熊猫）型电力机车

下线时间	2000 年
最高速度	200km/h
轴式	Bo-Bo
机车功率	4800kW
制造工厂	株洲厂

■ DJ(熊猫) 型电力机车（资料图）

DJ(熊猫)型电力机车是中国首款 200 km/h 级交流传动客运电力机车，通过与阿德兰兹公司合作，采用关键部件国外采购、机车整机国内生产的方式研发制造，是中国我国第一款投入商业运用的交流传动电力机车。

中外合作的结晶

1996年，广深铁路与Adtranz公司（也译为阿德兰兹公司，2001年并入庞巴迪公司）签订合同，通过租赁方式引进了瑞典铁路X2型摆式动车组。1998年8月28日，X2型摆式动车组在刚刚完成电气化改造的广深铁路上以“新时速”品牌投入运用，取得了良好效果，交流传动的优越性凸显。

在这一背景下，国产交流传动电力机车的研制也加快了步伐。1998年8月，铁道部与株洲厂签订合同，由株洲厂联合株洲所、铁科院、西南交通大学等单位，借鉴国外经验，开展交流传动高速客运电力机车的研制工作。由于此前AC4000型机车自主研发的交流传动系统存在诸多问题，无法实现商业运用，新型机车决定采用关键部件国外采购、机车整机国内生产的方式制造，在“引进、消化、吸收”原则下，通过与Adtranz公司合作的方式解决交流传动电力机车的核心技术难题。

■ 2001 年时停放在郑州机务段中的 DJ 0001 号机车（荣新岩 摄）

新型机车被定型为DJ（熊猫）型电力机车（简称DJ型机车），其中“D”代表电力机车、“J”代表交流传动。这种以机车技术特征汉语拼音首字母组合构成车型代号的方式，一改此前“东风”“韶山”“前进”等国产机车具有时代特色的命名风格，是世纪之交多款新型机车和动车组常用的命名方式。DJ型机车为交流传动客运电力机车，采用B0–B0轴式，持续功率4800 kW，轴重20.5 t，具有黏着性能好、恒功率范围宽、功率因数高和节省能耗等优点。特别是机车单轴功率达1200 kW，突破了传统交直流电力机车单轴1000 kW的功率限制，具备更好的牵引能力。机车最高设计速度为200 km/h，不仅可以在既有提速铁路上单机牵引160 km/h准高速旅客列车，还具备在高速铁路和客运专线上双机重联牵引200 km/h跨线旅客列车①能力。

整体布局方面，DJ型机车在国内率先采用先进的机械间贯通式中间走廊布局，主要技术设备斜对称分布。牵引变流器由四象限变流器、中间直流电路和牵引逆变器组成，采用了以大功率IGBT元件为基础的智能功率模块IPM，可实现牵引电机单轴控制。网络控制系统采用由Adtranz公司研发的分布式“MITRAC”微机网络控制系统，符合列车通信网络的国际标准。在外观上，DJ型机车采用了准流线型的车头，蓝白相间涂装，列车车身喷有株洲厂“九方”品牌标志，因此也常被称为“九方”号。走行部装有两台全新设计的高速转向架，轮对空心轴传动，牵引电机架悬式全悬挂。

试验与运用

2000年6月25日，首批两台DJ型机车（车号0001、0002）竣工。DJ型机车出厂后，先后前往北京环形铁道试验基地和西南交通大学牵引动力国家重点实验室，进行安全评估试验和整车滚动振动试验。2000年12月，DJ型电力机车开赴广深铁路进行运用考核。2001年6月，两台DJ型电力机车配属郑州铁路局，纳入郑州机务段京武快车队担当京广铁路北京—郑州—武汉间客运交路，成为我国第一款投入商业运用的交流传动电力机车。因部分设备不够稳定，且机车交流传动系统和微机控制系统均为进口，发生故障时需外方厂家协助维修，成本较高，最终DJ型机车并未量产。随着铁路技术政策调整，2004年底，两台DJ型机车停用并封存于郑州机务段至今。值得一提的是，在DJ型机车技术平台基础上，株洲厂还批量制造了8台DJJ1型“蓝箭”号动力集中动车组动力车，成为DJ型机车价值新的延续。

■ 封存于郑州机务段内的 DJ 型机车（2022.9）

■ DJ 型机车车身标识

■ DJ 型机车制造信息铭牌

■ DJ 型机车转向架

■ DJ 型机车车灯和供电插座

DJ（熊猫）型电力机车外观示意图

■ DJ（熊猫）型电力机车外观示意图

① 2000 年前后，为充分发挥既有铁路能力和传统机车车辆优势，中国高速铁路早期规划普遍按照本线高速列车和跨线中速列车混跑设计。其中本线列车最高运行速度 250~300 km/h，采用动车组运行。跨线中速列车最高运行速度 200km/h，则采用传统机车车辆模式，与既有铁路跨线直通运行。

国产化交流传动电力机车

DJ2（奥星）型电力机车

下线时间	2001年
最高速度	200km/h
轴式	B0-B0
机车功率	4800kW
制造工厂	株洲厂

DJ2（奥星）型电力机车停放在北京西机务段内（2004.1）

DJ2（奥星）型电力机车是在DJ型机车基础上研发的国产交流传动客运电力机车，采用中国自主研制的牵引变流器、交流牵引电机和微机控制系统，是中国第一款拥有自主知识产权的交流传动电力机车。

交流传动机车的国产化

1998年12月，铁道部提出“十年转换”工程，争取在10年时间内实现中国电力机车由直流传动向交流传动的转换，并在2000年成功下线了具备商用能力的DJ型交流传动电力机车。但DJ型机车交流传动系统等关键部件采用进口方式，不仅成本高昂，且国内厂家不掌握核心技术和自主知识产权。为了实现交流传动技术国产化，2000年，铁道部下达了新的客运电力机车研制计划，由株洲厂与株洲所联合研制具有自主知识产权的交流传动客运电力机车，即DJ2（奥星）型电力机车（简称DJ2型机车）。

DJ2 0002号机车牵引特快列车行驶在西长铁路上（张迅 摄 2004.7）

DJ2型机车延续了DJ型机车的主要技术指标，采用B0-B0轴式，持续功率4800 kW，最高运行速度200 km/h，轴重增加至21 t。在牵引18辆旅客列车的情况下，DJ2单机在平直线路上运行速超过160 km/h，在12‰坡道上仍可按

100 km/h运行；双机牵引列车时在平直线路上运行速可达200 km/h，12‰坡道上可达158 km/h，牵引性能相比同时代的SS8型机车大幅提升，同时具备牵引既有铁路提速列车和高速铁路快速跨线列车的能力。

总体布局方面，DJ2型机车采用贯通式中间走廊，设备布局按集成化和模块化原则设计，司机室屏柜布局与DJ型机车相同。走行部沿用了DJ型机车的高速转向架结构并进行了改进设计，牵引力和制动力通过中间低位推挽式牵引装置传递。采用六连杆轮对空心轴弹性传动装置，牵引电机架悬式全悬挂，降低了簧下重量和轮轨作用力。

相比于DJ型机车，DJ2型机车最大的变化在于采用了株洲所开发的国产交流传动系统替代Adtranz公司的进口系统，包括大功率主变流器、异步交流牵引电机、微机网络控制系统等。交流传动系统的核心器件——牵引变流器采用国产GTO水冷变流器，替代了进口IGBT元件为基础的智能功率模块IPM，在接口上考虑了将来可以与IGBT元件互换升级。牵引电机采用了在DJ型机车进口牵引电机基础上，改进设计的国产鼠笼式三相异步牵引电机。微机网络控制系统也同样借鉴了DJ型机车的“MITRAC”系统，采用国产分布式微机网络控制系统，具有控制、通信、诊断显示功能。

试验与运用

2001年9月21日，首台DJ2型电力机车（DJ2 0001号）与DJF1型“中原之星”电力动车组在株洲厂同日下线。为庆祝北京成功申办2008年奥运会，DJ2型机车被命名“奥星”号，意为奥运之星。2001年12月至2002年4月，DJ2 0001号机车先后赴北京环形铁道试验基地和广深铁路，分别进行了安全评估试验和高速动力学性能试验，最高试验速度达240 km/h。2002年6月，DJ2 0001号机车配属郑州铁路局郑州机务段进行运用考核，纳入京武快车队担当京广铁路北京—郑州—武汉间的客运交路。2002年9月，株洲电力机车厂又生产了DJ2 0002号和DJ2 0003号两台机车，于2003年3月配属郑州机务段投入运用考核。由于技术尚不完善，加之铁路技术政策调整，2005年8月，3台DJ2型机车在累计完成103万公里运行考核后，封存于郑州机务段至今。

■ DJ2 0001 号机车牵引特快列车北京西站待发（张迅 摄 2003.11）

■ DJ2（奥星）型机车司机室

■ DJ2（奥星）型机车转向架

■ DJ2（奥星）型机车车身标识

■ DJ2（奥星）型机车受电弓

DJ2（奥星）型电力机车外观示意图

■ DJ2（奥星）型电力机车外观示意图

北车大同旗下交流传动电力机车样车

DJ3（天梭）型电力机车

下线时间	2002 年
最高速度	200km/h
轴式	Bo-Bo
机车功率	4800kW
制造工厂	大同厂

■ 停放在郑州机务段中的天梭 0001 号机车（2006.6）

DJ3（天梭）型电力机车是由中国北车集团牵头，大同机车厂制造的国产交流传动电力机车，是世纪之交中国自主研发交流传动电力机车的代表车型之一。

北车集团研发的交流传动电力机车

进入2000年后，原隶属铁道部的中国铁路机车车辆工业总公司与铁道部脱钩，进而拆分为中国北车集团与中国南车集团，旗下各主机厂也针对市场需求展开竞争与合作。2001年，DJJ2型“中华之星”高速动车组开始研制，头尾两台动力车由隶属南车集团的株洲厂和隶属北车集团的大同厂分别制造。大同厂也借此实现交流传动电力机车制造零的突破。在此基础上，为了与株洲厂的DJ2型机车竞争，由北车集团牵头，大同厂与株洲所、西南交通大学合作，在“中华之星”高速动车组基础上，联合研发200km/h交流传动电力机车，即DJ3（天梭）型电力机车（简称“天梭”号机车）①。

■ “天梭”号机车正面

“天梭”号机车原计划用于秦沈客运专线牵引200km/h级高速跨线客车，或在既有干线牵引160km/h准高速旅客列车，因此主要技术指标与同时期的DJ和DJ2

①因 DJ3（天梭）型机车是北车集团研发项目，非铁道部立项开发，因此在机车下线后，铁道部一直没有给与预期中“DJ3”的车型代号，试运行期间车身也只喷涂了“天梭 0001”作为车号，至停运封存都未明确 DJ3 的车型。直到中国铁路总公司运输局机务部 2016 年编写的《铁路机车概要（交流传动内燃、电力机车）》一书中，才从官方层面明确其车型为 DJ3（天梭）型电力机车。本文基于运用习惯简称其为“天梭”号机车。

型机车相似，采用B0-B0轴式，持续功率4800 kW，最高运行速度200 km/h，轴重20.5 t。“天梭”号机车采用贯通式中间走廊，主要设备斜对称布置，预留安装TVM430信号设备空间；司机室布局满足铁道部标准化司机室要求；车顶装有德国进口DSA250型高速受电弓；通风方式为车顶夹层进风加车内独立通风，避免灰尘进入。外观方面，“天梭”号机车采用流线化头型，蓝白相间涂装，车身两侧喷有中文“天梭”标识，机车英文名称“Tech-Speed”则喷绘于车下裙板处。走行部设有两台两轴高速转向架，驱动装置为空心轴双侧六连杆机构，轮对采用空心轴和轻型辐板式整体辗钢车轮，牵引装置为中间推挽低位斜拉杆，牵引电机架悬式全悬挂。

与DJ2型机车相似，“天梭”号机车同样采用了株洲所开发的国产交流传动系统。机车装有两台牵引变流器，每台牵引变流器由两个四象限变流器和一个牵引逆变器组成。四象限变流器与牵引逆变器采用完全相同的水冷GTO功率模块，每个牵引逆变器向一个转向架的两台牵引电机供电，实现架控控制。牵引电机为JD121型三相交流异步电机，控制系统为国产分布式微机网络控制系统。

试验与运用

2002年12月26日，“天梭”号机车在大同机车厂完成组装。因非典疫情影响，直到2003年10月，“天梭”号机车才送往北京环形铁道试验基地进行型式试验和性能试验。2004年2月，“天梭”号机车前往郑州铁路局郑州机务段进行运用考核，其间，在2004年8月10日的试运行中最高速度达到180km/h，达到了试验大纲要求。不过，与DJ和DJ2型机车相似，“天梭”号机车的诞生多少有些生不逢时。此时，中国铁路已全面实施跨越式发展，通过“引进先进技术、联合设计生产、打造中国品牌”的总体方针实现铁路装备现代化。在运用考核期间，“天梭”号机车并未承担跨局长途旅客列车和提速列车牵引任务，只负责牵引郑州至漯河、平顶山东、安阳、新乡等方向的短途列车。至2005年10月，仅有的一台“天梭”号机车在完成10万公里运用考核后停用，并封存于郑州机务段至今。

停放在环形铁道试验基地的“天梭”号机车（2004.1）

“天梭”号机车车身标识

“天梭”号机车制造信息铭牌

“天梭”号机车转向架

“天梭”号机车供电插座和总风管

DJ3（天梭）型电力机车外观示意图

DJ3（天梭）型电力机车外观示意图

中国首款交流传动货运电力机车

SSJ3 型电力机车

下线时间	2003 年
最高速度	120km/h
轴式	C_0-C_0
机车功率	7200kW
制造工厂	大连厂

■ 停放在环形铁道试验基地中的 SSJ3 型机车（张迅 摄 2004.5）

SSJ3 型电力机车是大连厂与日本东芝公司合作研发的六轴干线货运电力机车，也称韶山 J3 型机车。作为中国第一款 120km/h 交流传动货运电力机车，SSJ3 型机车为日后 HXD3 型机车的批量生产打下了坚实基础。

中日合作的交流传动货运电力机车

大连机车车辆厂（现中车大连机车车辆有限公司）一直是中国内燃机车制造的龙头企业之一，但直到2001年才通过技术平移方式制造了首台SS4G型交直传动电力机车。几乎同一时期，为满足秦沈客运专线和既有铁路提速需求，株洲厂和大同厂已开始着力研发200km/h交流传动四轴客运电力机车。在进行了深度论证与分析后，大连厂决定与日本东芝公司合作，研发六轴7200kW交流传动货运电力机车，满足铁道部《铁路机车车辆工业科技发展"十五"计划纲要》中研制最高速度120km/h交流传动货运电力机车要求的同时，实现错位竞争。

2001年6月，大连厂正式向铁道部提出六轴交流传动货运电力机车申请，并获得铁道部科技司立项。在此前的大连快轨交通（现大连地铁3号线）地铁车辆项目中，大连厂通过引进地铁车辆交流传动牵引系统，已与东芝公司深度合作。双方进一步商定引进东芝公司电力机车交流传动技术和先进机车生产工艺，打造先进的交流传动电力机车制造平台。2002年9月，大连厂与东芝公司共同出资，在大连保税区成立了大连东芝机车电气设备有限公司，为新型交流传动电力机车提供牵引变流器等技术设备。

新型机车于2002年10月开始技术设计；2003年 12月31日落成；2004年4月26日正式出厂，实现了中国交流传动货运电力机车零的突破。因此时铁道部发展思路调整，此前的"DJ"系列电力机车"前途未卜"，这款新型机车也"另辟蹊径"地命名为SSJ3型电力机车（也称为韶山J3型机车）。其中SS延续了此前"韶山"系列交直流电力机车的车型代号，"J"代表交流传动。这种"嫁接"而来的命名方式之前在DF4DJ、DF8BJ、DF7J等基于传统平台试制研发的交流传动内燃机车中颇为常见，但在中国电力机车命名史上却绝无仅有。这也让交流传动的SSJ3型机车"意外”成为中国最后一款“韶山”系列电力机车。

作为交流传动货运电力机车，SSJ3型机车采用C0-C0轴式，持续功率7200kW，最高速度120km/h，通过增减压铁将轴重在23t和25t间灵活转换。机车采用了集成化、模块化设计，车体采用框架式整体承载结构和标准化司机室，头型则在SS7E型机车基础上进行了部分调整，前窗改为整体玻璃以改善瞭望条件。SSJ3型机车为贯通式中间走廊布局，车内设备布置以平面斜对称布置为主，卧式牵引变压器吊挂在车体下方，通风系统采用独立通风技术。机车采用交—直—交流电传动，使用IGBT为元件的水冷牵引变流器和额定功率1250kW的异步牵引电机。此外，SSJ3型机车还采用了先进的轴控技术——当转向架中某台牵引电机故障时，无需像此前采用架控技术时隔离相关转向架上的全部电机，只需隔离相关故障电机即可，实现冗余控制。这也让SSJ3成为中国铁路继DJ型机车后第二款采用轴控技术的机车。

试验与运用

2004年4月30日至7月29日，SSJ3 0001号机车在铁科院环形铁道试验基地和北同蒲铁路上进行了2个多月的型式试验和动力学性能试验。2004年8月至2005年11月，SSJ3 0001号机车赴大连机务段金州车间，在沈大铁路大连至苏家屯间进行运用考核，担当5000t重载货物列车的牵引任务。在此期间，SSJ3 0001号机车还于2005年5月至6月间前往遂渝铁路，参加了遂渝铁路200km/h提速综合试验。试验过程中，SSJ3型机车牵引3120t空重混编货物列车时，最高速度达到136km/h；牵引2120t双层集装箱列车时，最高速度达131km/h，取得了良好的试验效果。2005年10月，SSJ3 0001完成了在沈阳铁路局进行的20万公里运用考核，并返厂进行拆解检查。拆检结果表明，SSJ3型机车设计合理，整体和各主要部件结构性能良好，能够满足机车运用要求。

2006年至2007年，SSJ3 0001号机车再次被送往环形铁道试验基地，在“提速货车120km/h环行线第二阶段可靠性试验”中负责牵引提速试验货物列车。2008年，机车返厂中修后正式配属苏家屯机务段。2016年后，SSJ3 0001号机车转交沈阳铁路陈列馆保存。虽然仅试制了一台样车，但作为日后HXD3型机车某种意义上的“样车”，SSJ3型机车为大连厂短时间快速实现交流传动电力机车批量化生产奠定了坚实的基础。

■ 现保存于沈阳铁路陈列馆中的 SSJ3 0001 号机车（2017.10）

■ SSJ3 型机车转向架

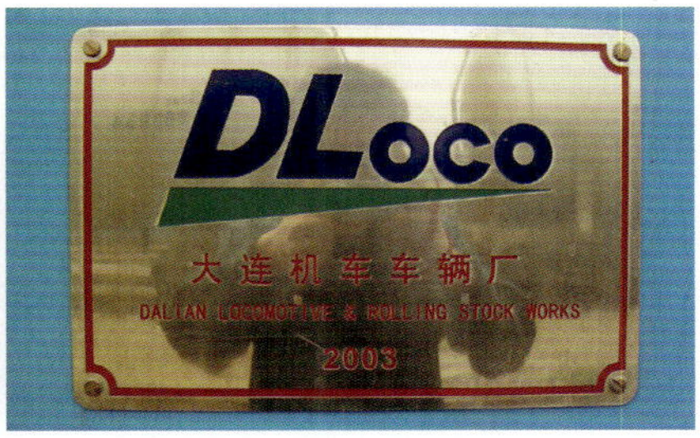

■ SSJ3 型机车制造信息铭牌

■ SSJ3 型机车速度标识

■ SSJ3 型机车车轮与轴箱

SSJ3 型电力机车外观示意图

■ SSJ3 型电力机车外观示意图

大秦铁路的重载力士

HXD1 型电力机车

下线时间	2006 年
最高速度	120km/h
轴式	2（Bo-Bo）
机车功率	9600kW
制造工厂	中车株机

■ 中车株机公司全新下线的 HXD1 0262 号机车（2018.7）

HXD1 型电力机车是由中国铁路在“引进先进技术、联合设计生产、打造中国品牌”方针原则下首批引进的三款电力机车之一，由中车株洲电力机车有限公司和德国西门子公司联合生产，是大秦铁路运输的主力车型。

交流传动机车的国产化

2000年前后，中国铁路为实现牵引动力的交流化与现代化，尝试了自主研发和技术引进两条发展路径。除自主研发的DJ2、天梭等客运电力机车，株洲厂、株洲所和德国西门子公司还通过组建合资公司的方式，采用整车进口+本地组装方式制造了20台DJ1型交流传动电力机车，希望通过技贸结合的形式引进技术。实际运用证明，DJ1型机车虽然技术稳定、性能优良，但也存在技术指标设置过于保守和软件等核心技术依然受制于外方等问题。这些经验和教训都为日后中国铁路交流传动机车的引进提供了重要参考。

2002年，铁道部提出“跨越式发展”思路，力求短时间内缩小铁路机车车辆装备与国际先进水平的差距。2003年7月13日，铁道部部长办公会研究《加快机车车辆装备

■ 刚刚下线的 DJ4 0001 号机车（资料图）

现代化实施纲要》；7月23日，铁道部装备现代化领导小组成立；8月23日，铁道部装备现代化领导小组召开会议，研究引进项目的操作方式与基本思路。2003年11月29日，铁道部部长办公会审议通过《加快机车车辆装备现代化实施纲要》，决定在“先进、成熟、经济、适应、可靠”技术方针指引下，立足国产化、系统引进先进技术、推动自主创新，加快实现机车车辆装备现代化的思路。

此时，铁道部的全新政策也得到了国家层面的认可。2004年1月7日，国务院常务会议通过了《中长期铁路网规划》，提出了“快速扩充铁路运输能力，快速提高铁路技术装备水平”两个核心目标。2004年4月，国务院会议专题研究铁路机车车辆装备有关问题，并印发《研究铁路机车车辆装备有关问题的会议纪要》，明确了“引进先进技术、联合设计生产、打造中国品牌”的基本原则，重点扶持国内六家机车车辆制造企业，采取引进少量原装、国内散件组装和国内生产的项目运作模式。作为选定的六家机车车辆制造企业之一，株洲厂在铁道部的安排下，继DJ1型机车后再次与德国西门子公司合作，开启了全新的交流时代。2004年12月7日，在时任德国总理施罗德访华期间，北京铁路局、中国技术进出口总公司（商务代理），同中国南车集团株洲电力机车厂—西门子股份公司联合体签订合同，正式启动了180台双节八轴重载货运交流传动电力机车和相关技术转让项目。

2005年1至9月，铁道部与株洲厂—西门子联合体先后进行了4次设计联络会，确定了机车的技术方案。2006年2月，首台机车投料生产。根据合同规定，180台机车共分为三个阶段生产。第一阶段48台机车（0001～0048）由西门子公司提供散件，株洲厂负责车体转向架制造和整车组装；第二阶段的22台机车（0049～0070）开始国内制造阶段，南车株洲电机公司承担牵引电机和主变压器的国产化；第三阶段的110台机车（0071～0180）为进一步国产化阶段，西门子公司仅提供牵引逆变器和微机控制系统，株洲厂负责机车整车制造和传动装置的国产化。

■ HXD1 0028 号机车牵引 2 万吨重载列车通过茶坞站（2007.12）

■ HXD1 型机车司机室

■ HXD1 型机车转向架

■ HXD1 型机车连接处

■ HXD1 型机车机械间

HXD1 型电力机车外观示意图

■ HXD1 型电力机车外观示意图

■ 停放在湖东电力机务段内的 HXD1 0094 号机车（2022.7）

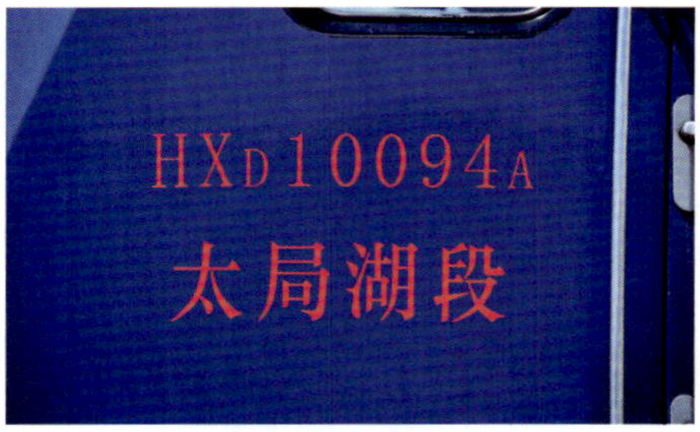

■ HXD1 型机车配属信息

■ HXD1 型机车制造信息铭牌

经过近2年的研发预生产，首台散件进口组装机车于2006年11月8日在中国南车集团株洲电力机车有限公司（原株洲厂更名，现中车株洲电力机车有限公司，简称株机公司或中车株机公司）竣工下线，初期曾定型为神龙号DJ4型。不久后新一代国产大功率交流传动机车统一命名为“和谐”型，株机公司生产的DJ4型机车也改为HXD1型电力机车（也称和谐1型电力机车）。其中“HX”是“和谐”的汉语拼音首字母缩写、“D”代表电力机车、“1”则为株机公司的生产厂商代号。首台机车则由DJ4 0001号改为HXD1 0001号。

2007年1月底，首两台下线的进口散件组装的机车HXD1 0001、0002号机车从株机公司发往北京环形铁道试验基地，并于同年4月完成型式试验和线路试验。2007年5月采用国产化牵引变压器和牵引电机的首台机车HXD1 0049号机车竣工。同年8月，采用国产化传动装置的HXD1 0071号机车竣工。2008年8月，HXD1 0160号和HXD1 0161号两台机车再赴北京环形铁道试验基地，完成了国产化机车的型式试验。同月，铁道部派专家组前往株机公司，分别对HXD1型机车车体、转向架和传动装置的技术转让进行了评审并验收通过。

HXD1型机车主要技术概况

HXD1型机车是在德国西门子公司“欧洲短跑手”（EuroSprinter）机车平台上，结合DJ1型机车在大秦铁路的运用经验而开发研制的干线货运八轴大功率交流传动电力机车。机车采用固定重联设计，由两节相同的4轴机车固定重联组成，轴式2（B0-B0），单轴牵引功率1200kW，整车持续功率9600kW，最高运行速度120km/h。机车制动方式采用轮盘制动和再生制动，在提高制动可靠性的同时还可以有效节能。通过增减压铁，HXD1型机车的轴重可在23t和25t两档间调节，以满足不同需要。

外观方面，HXD1型机车采用了在“欧洲短跑手”ES64F型机车基础上优化而成的微流线型头型。涂装则为蓝白相间，车头和侧面则用红色字体书写有汉字“和谐”与机车车型车号。这也是和谐系列交流传动货物运电力机车的标准涂装。机车采用贯通式中间走廊布局机械间，除技术设备外还设有卫生间、休息室和衣帽柜等生活设施。通风系统采用车体独立通风方式，机车运行时机械间保持微正压工况，改善机车防尘效果及防寒性能。走行部方面，每节机车的两台B0转向架可互换通用；牵引电机采用滚动

■ HXD1 0010 号机车牵引 2 万吨列车行驶在大秦铁路永定河特大桥上（2010.1）

HXD1 0210 号机车牵引 2 万吨列车行驶在大秦铁路永定河特大桥上（2020.8）

HXD1 型机车牵引 2 万吨列车行驶在山花烂漫的大秦铁路上（2013.4）

HXD1 型机车双机重联牵引列车行驶在大秦铁路上（2008.3）

HXD1 型机车制造信息铭牌

轴承抱轴式半悬挂、单边刚性斜齿传动；牵引力或制动力通过中间低位推挽式斜拉杆牵引装置传递。

电气设备方面，HXD1型机车的两节机车各有一套完整的电传动系统。每套系统拥有一个卧式主变压器，通过牵引变压器的4个独立的次边牵引绕组分别向4个四象限变流器供电，每两个四象限变流器并联输出，共用一个中间直流电路。每个直流电路通过一个IGBT水冷牵引逆变器，向一个转向架并联的两台交流牵引电机供电，实现牵引电机架控控制。机车牵引变流柜为西门子公司生产，除牵引逆变器外，辅助变流器也集成其中。HXD1型机车采用JD160型三相异步交流牵引电机，持续功率为1224kW。机车控制系统采用西门子公司开发的“SIBAS 32”32位微机控制系统和TCN列车通信网络，分为中央控制单元CCU和牵引控制单元TCU两大系统。每节机车内部由多功能车辆总线MVB链接全部SIBAS部件，两节车之间通过绞线式列车总线WTB链接。HXD1型机车上还装备了Locotrol分布式动力控制系统和CCB II制动系统，以适应大秦铁路2万吨重载组合列车开行需要。

配属与运用

2007年5月，在首两台机车完成型式试验后，首批4台HXD1型机车（0003~0006）交付太原铁路局湖东电力机务段，在大秦铁路上投入商业运行。在HXD1型机车投入运用前，大秦铁路2万吨煤炭组合列车使用4台SS4G型机车，采用头部一台、中间两台、尾部一台的“1+2+1”方式运行。在HXD1型机车投入运用后，2台机车即可满足一列2万吨组合列车的牵引要求，但理论上须在尾部加挂1台机车为列车充风排风，方可满足长大下坡线路上2万吨列车的制动要求。为提高运用效率，

2007年5月至7月间，铁道部先后组织两次HXD1型机车牵引运行试验，采用“1+1+可控列尾”方式开行2万吨组合列车，取得成功。2007年8月起，HXD1型机车正式在大秦铁路上开始牵引2万吨重载列车，并逐步取代SS4G型机车，与HXD2型机车一起成为大秦铁路的牵引主力。

2008年9月底，首批180台HXD1型机车全部交付完毕，成为大秦铁路主型牵引机车之一。由于技术性能稳定优异，此后HXD1型机车又多次获得增购订单。2009年，第二批40台（0181~0220）交付；2014年，第三批30台（0221~0250）交付；2018年，第四批50台交付（0251~0300）；2021年，第五批50台交付（0301~0350）。截至2022年11月，全部350台HXD1型机车全部配属太原局集团湖东电力机务段，除在大秦铁路本线单机牵引万吨列车、双机牵引2万吨列车外，还在北同蒲、滦港、云冈、准朔等大秦铁路相关集疏运线路上运行。随着HXD2型机车逐步外调至侯马机务段，HXD1型机车已经成为大秦铁路上最核心的牵引动力。

株机公司内刚刚下线，整装待发的 HXD1 型机车（2018.7）

■ HXD1 型机车牵引列车行驶在准朔铁路的的丹霞地貌间 (2021.8)

■ HXD1 型机车双机重联牵引 2 万吨回空列车行驶在大秦铁路桑干河谷段 (2008.11)

HXD1 型机车的国产化

新 HXD1 型电力机车

下线时间	2012 年
最高速度	120km/h
轴式	2（Bo-Bo）
机车功率	9600kW
制造工厂	中车株机，中车资电

■ 兰州西机务段内的 HXD1 1264 号机车 (2020.8)

新 HXD1 型电力机车也称为深度国产化 HXD1 型机车，是在原型 HXD1 型机车基础上，通过换装自主研发牵引变流器和网络控制系统而生产的自主化 HXD1 型机车，广泛运用于中国西南、西北山区铁路和除大秦铁路外的煤炭外运重载铁路上。

HXD1 型机车的国产化

在成功引进并批量生产 HXD1 型机车后，株机公司在 2009 年 1 月和 4 月又分别下线了 6 轴 9600kW 的 HXD1B 型机车和 6 轴 7200kW 的 HXD1C 型机车，并对主要技术设备进行了深度国产化改造。其中，HXD1B 型机车主要运用于东部平原地区铁路干线，牵引 5000~6000 吨级重载货物列车；HXD1C 型机车则主要运用于西部山区铁路，牵引 4000 吨级货物列车。其中 HXD1C 型机车下线后优先配属重庆、兰州西等机务段，在襄渝、宝兰等货运干线上替代原有 SS3 型机车，实现了牵引动力的升级。

■ 新 HXD1 型机车正面

但实际运用中，HXD1C 型机车出现了功率不足的问题：以襄渝铁路为例，在连续 13‰的长大坡道上，HXD1C 单机牵引定数仅为 3500t，遇不良天气时还会发生坡停等事故，影响运输秩序；双机牵引 4500t 货物列车又存在机力浪费。加之山区铁路小半径曲线众多，更适合两轴转向架机车运用，在山区铁路部署 B0-B0 轴式的 8 轴 9600kW 电力机车成为进一步提升山区铁路运力的重要途径。2011 年 5 月，铁道部运输局在襄渝铁路襄阳北—达州间进行了牵引试验，选用

HXD1 0124 号机车牵引 4500t 级试验列车成功完成上下行双向牵引运行，验证了在襄渝铁路采用 HXD1 型机车单机牵引 4500t 重载货物列车的可能。

此时，包括 HXD1 型和 HXD2 型机车在内，中国铁路运用的 8 轴 9600kW 机车全部为大秦铁路及其集疏运线路“专用”，且均为与外国公司通过引进技术而合作生产。经过多年生产与运用，中国铁路在后续机型上已经逐步实现国产化。因此有必要在原有大秦铁路专用机车基础上，研发可广泛适用西部山区铁路和其他煤运重载铁路的“通用版”8 轴重载电机车，并通过深度国产化降低制造成本。

2011 年 3 月，株机公司开启了新一代深度国产化 HXD1 型机车（简称新 HXD1 型机车）的研发。2011 年 10 月，新 HXD1 型机车总体技术方案通过评审；2012 年 2 月首台机车落车；4 月至 6 月样车在国家铁道试验中心（即北京环形铁道试验基地）完成整车型式试验；7 月，首批两台新 HXD1 型机车（HXD1 1001、1002 号）运抵武汉铁路局江岸机务段，开始在京广铁路武汉北—株洲北间进行运用考核，同年 12 月考核完成。2013 年，新 HXD1 型机车通过技术审查，获得型号合格证和生产许可，开始批量生产。同时，通过技术平移，资阳南车电力机车有限公司（株机公司与南车资阳机车有限公司合资成立，简称资电公司，参见本书 153 页）也于 2012 年底试制了首台新 HXD1 型机车（HXD1 6001 号），并于 2013 年 5 月完成整车型式试验，11 月获得生产许可资质，2014 年起批量生产。

HXD1 1123 号机车牵引列车行驶在宝成铁路上 (2018.3)

HXD1 1151 号机车牵引列车行驶在包兰铁路上 (2015.8)

株机公司生产的新 HXD1 型机车铭牌

资电公司生产的新 HXD1 型机车铭牌

新 HXD1 型电力机车外观示意图

新 HXD1 型电力机车外观示意图

■ 三台资阳中车电力机车有限公司生产的新 HXD1 型机车停放在贵阳机务段 (2022.8)

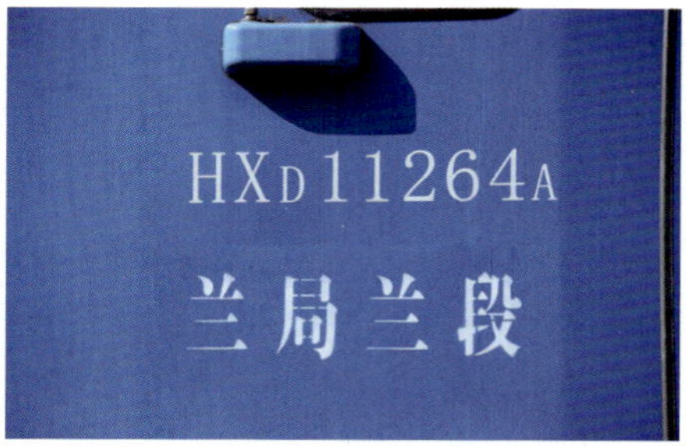

■ 配属兰州西机务段的新 HXD1 型机车段标

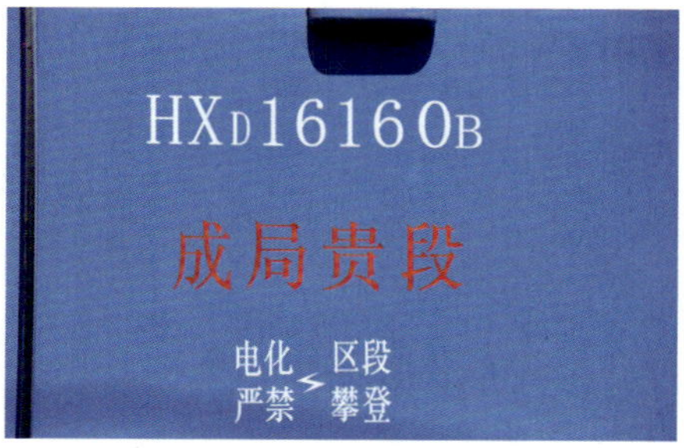

■ 配属贵阳机务段的新 HXD1 型机车段标

新HXD1型机车主要技术概况

新HXD1型机车由两节相同的4轴机车固定重联组成，轴式2（B0-B0），单轴牵引功率1200kW，整车持续功率9600kW，最高运行速度120km/h。不仅基本结构和主要技术参数都与原HXD1型机车相同，新HXD1型机车的牵引变压器、牵引电机和转向架等也与HXD1型机车相同，牵引和制动能力保持一致。与HXD1型机车相比，新HXD1型机车最核心的变化在于选用了国产牵引变流器和网络控制系统，并对外观、牵引控制模式和轴重等进行了优化和改进。

在牵引和控制方面，新HXD1型机车将原型车西门子公司生产的牵引变流器，替换为株洲所研制生产，其模块已在HXD1C型机车上有了大规模成熟应用的国产牵引变流器。机车主电路采用由IGBT模块组成的四象限整流器和逆变器，对牵引、再生制动和辅助供电系统实行连续控制。主变压器4个独立的次边牵引绕组分别向4个四象限整流器供电，每2个四象限整流器并联输出，共用一个中间直流回路。每个中间直流回路同时向3个电压型PWM逆变器（包含两个牵引逆变器和一个辅助逆变器，辅助逆变器集成在牵引变流器柜中）供电，每个牵引逆变器向一个转向架的1台异步牵引电机供电，实现了由原型车牵引电机架控控制向轴控控制的升级。新HXD1型机车的控制系统采用自主研发的DTECS网络控制系统和TCN列车通信网络，具备同型号机车有线重联功能的同时，预留了Locotrol分布式动力控制系统接口，整体控制功能与HXD1型机车一致。

相比于原HXD1型机车轴重可在23t和25t两档间调节，新HXD1型机车将轴重统一为25t，原轴重调节压铁的重量用于增加车体强度。新HXD1型机车的头型进行了全新设计，与原型车相比更加圆润。涂装则调整为浅蓝色车身加白色顶盖，全新的涂装风格在中国和谐系列电力机车中独树一帜，有着“蓝精灵”的昵称。机车司机室也进行了全面改进，采用符合规范化司机室要求的操纵台，并加装6A车载安全防护系统。

■ 新 HXD1 型机车司机室

■ 新 HXD1 型机车转向架

■ 新 HXD1 型机车机械间

■ 新 HXD1 型机车车钩与风管

新 HXD1 型机车双机重联牵引由 C80B 型货车编组的重载列车驶过包西铁路黄河特大桥（2019.8）

HXD1 1219 号机车牵引货物列车行驶在陇海铁路宝兰段上（2021.5）

高原适应性改进HXD1型机车

2022年，株机公司在新HXD1型机车基础上，研制生产了高原适应性改进HXD1型机车。高原适应性改进HXD1型机车的主要技术参数和电气原理与新HXD1型机车基本一致，但针对高原运用环境进行了特别改进。机车在海拔4000m以下时，可在连续最大功率状态下运行不出现功率限制，具有更好的高原适应性。A、B两节机车间联挂风挡由分离式改为整体风挡，密封性更好；司机室侧窗采用多层安全防碎玻璃，具有更好的防紫外线功能；车顶受电弓顶盖等位置使用绝缘顶盖，增强绝缘安全性；真空断路器、隔离开关等车顶高压设备由外置改为车内网侧柜内置，提高高压电路的可靠性；两节车顶间高压连接器调整为高压跳线，重联供电更安全。牵引通风系统则加大风量，增强各系统电气绝缘性能，耐老化性更强，使用寿命更长。

2022年5月，首台高原适应性改进HXD1型机车（HXD1 9001号）出厂并前往国家铁道试验中心测试。同年6月，HXD1 9001、9002号两台机车在格库铁路格尔木南—若羌段完成多项牵引试验，并开始批量生产。高原适应性改进HXD1型机车也成为继HXD1C高原型机车后，中国第二款专门为高原地区设计制造的电力机车。

高原型 HXD1 9001 号机车在国家铁道试验中心等待试验（2022.5）

高原 HXD1 型机车采用车间整体风挡

高原 HXD1 型机车转向架

首台高原 HXD1 型机车制造信息铭牌

高原 HXD1 型机车车钩与风管

配属与运用

2013年起，新HXD1型机车开始批量生产，首批50台机车率先配属武汉铁路局襄阳机务段，用于提升襄渝铁路的牵引定数和运输能力。此后，新HXD1型机车开始大批量生产，截至2024年11月，株机公司已为中国国家铁路集团有限公司（简称国铁集团）下属企业生产新HXD1型机车已超千台。其中标准版新HXD1型机车900余台（1001~1952），分别配属襄阳、安康、新丰镇、株洲、怀化、成都、贵阳、太原、新乡、呼和浩特、包头西和乌鲁木齐等机务段，广泛运用于襄渝、陇海（西安—兰州）、兰渝、宝成、沪昆（株洲—贵阳）、西康、包西、太中银、精伊霍等中西部干线和唐呼、瓦日等煤运通道。高原适应性改进HXD1型机车38台（9001~9038），配属格尔木和大理机务段，用于格库铁路和丽香铁路。此外，2020年4月起，

高原适应性改进 HXD1 型电力机车外观示意图

高原适应性改进 HXD1 型电力机车外观示意图

新 HXD1 型机车牵引货物列车行驶在太中银铁路上（2021.7）

高原适应性改进 HXD1 型机车牵引货物列车驶过丽香铁路虎跳峡特大桥（2024.1）

襄州北机辆段开始配属新HXD1型机车，用于浩吉铁路重载货物列车运输。为加以区分，浩吉铁路新购HXD1型机车采用单独编号，截至2024年11月已配属约300台（5001~5295）。资电公司则为国铁集团生产新HXD1型机车227台（6001~6227），主要配属成都局集团成都机务段和贵阳机务段。为浩吉铁路生产新HXD1型机车10台（6801~6810）。

除国铁系统外，2012年起，株机公司以新HXD1型机车为基础，为神华集团（现国家能源集团）下属各煤运铁路专线批量制造重载货运电力机车。为神华集团初期制造的机车分为2（B0–B0）轴式8轴9600kW机车和3（B0–B0）轴式12轴14400kW机车，并全部命名为“神华号”机车。在株机公司内部，根据机车轴数，国铁系统购买的HXD1称为“铁8轴”，神华集团购买的同型机车则称为“神8轴”或“神12轴”，简称“铁8”、“神8”、“神12”。机车型号和编号方面，神8机车延续了HXD1的机车型号，编号由7001开始。7000系也成为日后企业自管和地方铁路购买各型和谐系列内燃、电力机车的统一号段。神12机车则从8001开始编号，初期内部称为HXD1 8×××，2021年起统一改为CEA1A1型机车。2020年7月，株机公司以CEA1A1型机车为基础，生产了一台6（B0–B0）轴式24轴28800kW的神24机车，因其由6节机车固定重联而被形象地称为“神华6节棍”。神24机车也是目前全球单机功率最大、单机牵引力最大的机车，被称为“动力之王”。

2020年，在神8、神12机车基础上，株机公司又为陕煤集团下属靖神铁路制造了HXD1型“陕煤号”机车。首批下线的陕煤号机车为12轴14400kW机车；2021年第二批制造的机车为8轴9600kW机车。目前这两款机车都配属靖神铁路孟家湾机辆中心，运用在靖神铁路神木西—靖边北间。此外，株机公司于2022年还为孝柳铁路生产了2台8轴9600kW 的HXD1型机车，采用陕煤号机车头型，现已投入运用。

神池南折返段中的“神华号”HXD1 7198 号机车（2020.8）

“陕煤号”12 轴 14400kW 机车（2020.7）

孝柳铁路运用的 HXD1 7298 号机车（2024.11）

新 HXD1 5028 号机车牵引重载列车行驶在浩吉铁路湖北段（2021.6）

“陕煤号”HXD1 型机车牵引货物列车行驶在靖神铁路纳林皋兔—小保当站间（2021.7）

HXD1 家族 9600kW 六轴机车

HXD1B 型电力机车

下线时间	2009 年
最高速度	120km/h
轴式	C_0–C_0
机车功率	9600kW
制造工厂	中车株机

■ 杭州机务段中的 HXD1B 0614 号机车（2022.9）

HXD1B 型电力机车是中车株机公司在 HXD1 型机车基础上研制生产的六轴 9600kW 交流传动电力机车，是中国轴功率最大的电力机车之一，也是华中和华东地区重载货物运输的主力车型。

六轴 9600kW 的大力士

在“引进先进技术、联合设计生产、打造中国品牌”方针原则下首批引进 HXD1、HXD2 与 HXD3 型三款大功率交流传动电力机车后，铁道部于 2006 年制定了六轴 9600kW 大功率交流传动电力机车的技术方案，旨在打造全球功率最大的单组电力机车，全面提升中国铁路运输能力，实现干线货运重载化运输。2007 年 8 月 18 日，铁道部与株机公司正式签订 500 台六轴 9600kW 大功率货运电力机车采购合同，并定型为 HXD1B 型电力机车（也称和谐 1B 型电力机车）。

根据合同，HXD1B 型机车由株机公司负责整车设计和整车组装生产，牵引变流器、牵引变压器、牵引电机和网络控制系统则由西门子公司提供，并在生产过程中实现牵引变压器和牵引电机的国产化。而早在与铁道部的采购合同签订前，株机公司已经提前开展了前期调研和初步设计，并于 2007 年 7 月底与作为大部件供应商的西门子公司签订了相关合作协议。2008 年 8 月，HXD1B 型机车设计工作完成；2008 年 12 月 22 日首台机车落车；2009 年 1 月 16 日正式下线。

■ HXD1B 型机车正面

HXD1B 型机车出厂后被送往北京环形铁道试验基地进行型式试验和综合性能试验。2009 年 4 月，HXD1B 型机车先后在太原铁路局北同蒲铁路和北京铁路局京哈铁路北京至唐山北间成功完成牵引试验。同年 5 月，HXD1B 0002 号机车在北京铁路局管内京哈铁路进行了动力学性能试验，最高试验速度达到 132km/h。2009 年 5 月 24 日，HXD1B 机车完成了型式试验所有项目，于 6 月起开始批量生产。

HXD1B 型机车主要技术概况

HXD1B 型电力机车是在 HXD1 型机车技术平台基础上研发制造的六轴 9600kW 大功率交流传动电力机车，采用 C0-C0 轴式，单轴功率 1600kW，最大启动牵引力 570kN，最大再生制动力 346kN，最高运行速度 120km/h。为了实现轴功率 1600kW 下的有效黏着，HXD1B 型机车的轴重由 HXD1 型机车的 23/25t 可调节提升至 25t，不仅可满足东部平原地区干线单机牵引 6000t 货物列车要求，还可满足长距离、大坡道区间牵引重载列车的需要。

外观方面，HXD1B 型机车的头型结构与 HXD1 型机车基本相同，同时延续了传统和谐系列电力机车蓝白相间的涂装方案。机车采用双司机室设计，车体为带中央贯穿纵梁的整体承载结构，提高了强度和刚度。机械间设中间贯通走廊，主要技术设备斜对称布置，采用预布线和预布管设计，电气屏柜实现了高度集成化和模块化。通风系统则、采用独立通风方式，机车运行时可保持机械间呈微正压状态；整车通风系统有 6 个主要通风支路，相互独立，互不影响；机械间通风采用冬夏季温度调节模式转换设计，改善了机车运用环境。机车走行部为两台满足可互换和模块化要求的 C0 转向架。转向架构架采用“目”字形焊接箱型结构，具有足够的强度与刚度；采用带柔性联轴器的抱轴悬挂驱动系统，改善了电机轴承、驱动齿轮的受力状况；采用低位推挽式双牵引杆传递机车牵引力和制动力，提高机车黏着利用率。

■ 武局江段 HXD1B 0085 号机车牵引货物列车行驶在京广铁路郑武段上（2010.2）

■ HXD1B 型机车司机室

■ HXD1B 型机车转向架

■ HXD1B 型机车机械间

■ HXD1B 型机车制造信息铭牌

HXD1B 型电力机车外观示意图

■ HXD1B 型机车外观示意图

电气设备方面，HXD1B 型机车采用以 IGBT 水冷牵引逆变器为核心的交流传动系统，主电路由主变压器、牵引变流器、牵引电机三大部分构成。主变压器采用卧式结构悬挂于车体下方。接触网输入的 25kV 单相工频交流电在经过主变压器的 4 个牵引绕组降压后，经 4 组四象限整流器整流，向两个独立的中间直流回路供电，并分别对应一个牵引变流器。机车的两台牵引变流器均包含 3 个牵引逆变器和 1 个辅助逆变器，3 个牵引逆变器分别给同一台转向架上

■ HXD1B 0125 号机车在武汉北站整装待发 （2010.3）

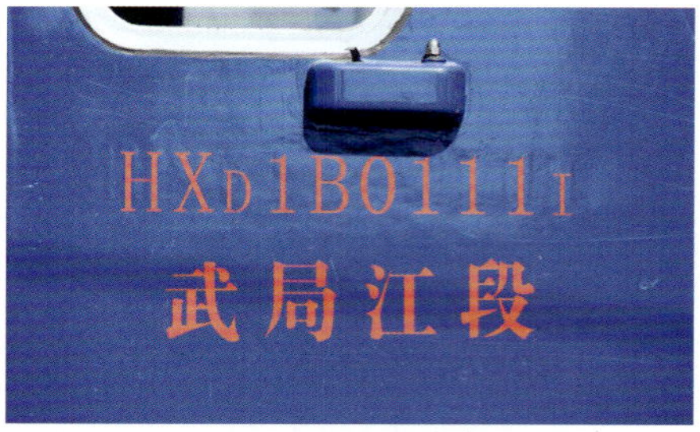

■ 配属江岸机务段的 HXD1B 型机车段标

■ 配属杭州机务段的 HXD1B 型机车段标

3个牵引电机供电，从而实现牵引电机轴控控制，辅助逆变器则为机车提供辅助电源。牵引电机为鼠笼式三相交流异步牵引电机，额定功率达1633kW。控制系统方面，HXD1B型机车延续了HXD1型机车采用的西门子公司开发的“SIBAS 32”32位微机控制系统和TCN列车通信网络，分为中央控制单元CCU和牵引控制单元TCU两大系统。机车内部由多动能车辆总线MVB连接全部SIBAS部件，机车之间可通过绞线式列车总线WTB连接进行重联控制。同时，HXD1B型机车还装备了CCB II制动系统，并预留了分布式动力控制系统Locotrol接口。

配属与运用

2009年，HXD1B型机车在样车型式试验的同时已开始批量生产，并于2009年7月起首批配属武汉铁路局江岸机务段，在京广铁路郑州北—武汉北（武昌南）间投入运营。此后HXD1B型机车又相继配属南昌铁路局向塘机务段，用于京九铁路阜阳北—向塘西间货物列车交路；配属郑州铁路局郑州机务段，用于京广铁路郑州北—新乡、京九铁路商丘—阜阳北、陇海铁路郑州北—徐州北间货物列车交路；补充配属武汉铁路局江岸机务段，用于京广铁路武汉北（武昌南）—株洲北间货物列车交路。至2011年，首批500台HXD1B型机车（车号0001~0500）全部交付完毕。

由于HXD1B型机车的优良性能，2012年8月，南车株洲电力机车有限公司与上海铁路局签订了150台HXD1B型电力机车（车号0501~0650）的销售合同，总金额约33.5亿元人民币。这也是中国铁路3款六轴9600kW交流传动电力机车中，截至目前唯一一款获得二次订单的车型。2012年，这一批次150台HXD1B型机车全部交付完毕。其中除少量机车增配向塘机务段外，全部配属上海铁路局上海机务段，主要负责沪昆铁路南翔—乔司—金华—鹰潭间货运交路和萧甬铁路乔司—宁波北间货运交路。2020年后，随着生产力布局调整，上海局管内HXD1B型机车全部集中配属杭州机务段，负责以杭州为中心，沪昆铁路南翔—金华—鹰潭、宣杭铁路长兴南—乔司、萧甬铁路乔司—宁波北—北仑间货运交路，是长三角地区牵引重载货物列车的主力车型。

■ 郑州机务段中成排停放的 HXD1B 型机车（2022.9）

HXD1B 型机车牵引货物列车驶过京广铁路豫南山区（2010.4）

HXD1B 型机车牵引货物列车驶过京九铁路九江长江大桥（2018.7）

HXD1 家族 7200kW 六轴机车

HXD1C 型电力机车

下线时间	2009 年
最高速度	120km/h
轴式	Co-Co
机车功率	7200kW
制造工厂	中车株机、中车资电、中车戚墅堰

■ HXD1C 0002 号与 0001 号机车在国家铁道试验中心进行测试试验 （2009.07）

HXD1C 型电力机车是中车株机公司在 HXD1、HXD1B 型机车基础上研制生产的六轴 7200kW 交流传动电力机车，是 HXD1 交流传动电力机车平台中运用范围最广、制造数量最多的车型。

采用国产核心装备的货运机车

在“引进先进技术、联合设计生产、打造中国品牌”原则指引下，2004 年和 2007 年，铁道部与株机公司先后签订了 HXD1 型八轴 9600kW 机车和 HXD1B 型六轴 9600kW 两款机车的采购合同，通过技术引进方式与德国西门子公司合作生产，并逐步提高国产化率，搭建了具有国际先进水平的 HXD1 型机车技术平台。但这两款机车中，牵引变流器和控制系统两项关键技术设备均由德国西门子公司提供，国内接受技术转让的企业则为中德合资的株洲西门子牵引设备有限公司，且成本高昂。为了进一步提升核心设备的国产化率，实现完全自主知识产权，2008 年底，铁道部决定由株机公司牵头，自主研发采用国产牵引变流器和控制系统的六轴 7200kW 大功率交流传动货运电力机车。HXD1C 型电力机车（也称和谐 1C 型电力机车）因此应运而生。

■ HXD1C 型机车正面

经过不到半年的设计与研发，2009 年 4 月 30 日，首台 HXD1C 型机车在株机公司落车，并于 6 月 12 日正式下线。6 月 26 日起，HXD1C 0001、0002 号两台样车在北京国家铁道试验中心开展型式试验和综合性能试验。同年 9 月，两台样车被送往成都铁路局，在成渝铁路 300 多个急弯的复杂线路条件下，成功通过规定载荷下的线路试验，试验运行总里程达7000km。9月30日，两台HXD1C型机车样车正式配属重庆机务段，并投入批量生产。

2008年7月，为支持四川震后重建，铁道部与四川省政府签订了《加快推进四川省灾后铁路恢复重建部省会谈纪要》，确定支持南车资阳机车有限公司（原资阳机车厂更名，现中车资阳机车有限公司，简称资阳公司）生产和谐型大功率交流传动电力机车。同年，株机公司与资阳公司合资成立资阳南车电力机车有限公司(简称资电公司)，并于2009年将技术图纸平移至资电公司,使其具备HXD1C型机车生产能力。2009年6月，铁道部与南车集团签订了首批400台HXD1C机车购销合同，其中280台机车由株机公司生产，其余120台由资电公司生产。同月，资电公司制造的首台HXD1C 6001号机车下线。2013年起，当时同属南车集团的戚墅堰机车有限公司（现中车戚墅堰机车有限公司，简称戚墅堰公司）也通过技术平移方式生产HXD1C型机车。2013年8月，戚墅堰公司首台HXD1C 8001号机车下线，这也是戚墅堰公司历史上生产制造的首台电力机车。

HXD1C 型机车主要技术概况

HXD1C型电力机车是在HXD1B型机车技术平台基础上，遵循先进、成熟、经济、使用、可靠的技术原则，按照模块化、标准化、系列化要求设计制造的大功率交流传动货运电力机车。机车采用C0-C0轴式，单轴功率1200kW，整车持续功率7200kW，最高运行速度120km/h，轴重则设计为23t和25t可调节模式。在23t轴重状态下，机车启动牵引力为520kN，最大再生制动力370kN；25t轴重状态下，启动牵引力可达570kN，最大再生制动力400kN，具备良好的牵引性能。

总体布局方面，HXD1C型机车与HXD1C基本一致，采用单节双司

■ 中车戚墅堰公司生产的两台样车 HXD1C 8001、8002 号机车停放在国家铁道试验中心（2013.11）

■ 资阳中车电力机车公司生产的 HXD1C 6353 号机车停放在兰州西机务段内（2020.8）

■ 资电公司 HXD1C 型机车制造信息铭牌

■ 戚墅堰公司 HXD1C 型机车制造信息铭牌

HXD1C 型电力机车外观示意图

■ HXD1C 型电力机车外观示意图

机室设计，机械间为贯穿式中间走廊结构，主要技术设备斜对称布置，并采用模块化结构设计，卧式牵引变压器悬挂于车体下方。通风系统为独立通风设计，车内六大通风支路相互独立，互不影响。车内通过机械间通风机维持微正压，可以有效防止车外灰尘、雨雪等杂物进入车内。

外观方面，HXD1C 型机车采用了与 HXD1C 型机车相同的车体结构与头型设计，仅在部分细节和车顶设备等方面有所区别，涂装方案也延续了和谐系列电力机车传统的蓝白方案。机车走行部为两台可通用互换的三轴转向架，可满足（23+2）t 轴重电力机车的运用要求；驱动系统采用牵引电机抱轴悬挂驱动；牵引装置采用低位推挽式斜拉杆传递机车牵引力和制动力；车轮采用整体辗钢车轮，基础制动为轮盘制动。

相比于 HXD1B 型机车，HXD1C 型机车最核心的变化在于使用了株洲所及其旗下株洲南车时代电气股份有限公司（现株洲中车时代电气股份有限公司，简称时代电气公司）设计制造的国产牵引变流器和控制系统。机车主回路由装有基于 IGBT 模块的四象限变流器和牵引逆变器组成。接触网输入的 25kV 单相工频交流电在经过主变压器变压后，六个牵引绕组分别向两台牵引变流器的六个四象限变流器供电，经四象限变流器整流为直流电后，再分别由六组牵引逆变器转换成频率和电压可变的三相交流电输出，驱动牵引电机，实现轴控控制。牵引电机采用由株洲南车电机股份有限公司（现中车株洲电机有限公司，简称株洲电机公司）研制的 JD160A 型鼠笼式三相异步牵引电机，额定功率 1225kW。控制系统方面，HXD1C 型机车装载了自主研发的 DTECS 网络控制系统和 TCN 列车通信网络，以实现机车的通信、控制、诊断、保护和信息监视功能。

■ 停放在昆明机务段内的 HXD1C 6488 号机车（2021.3）

■ HXD1C 型机车司机室

■ HXD1C 型机车转向架

■ HXD1C 型机车机械间

■ HXD1C 型机车可依靠外接重联线连接

通过 HXD1C 型机车的研发与制造，株机公司全面掌握了交流传动机车电力机车的系统总成、车体、转向架、牵引变压器、牵引变流器、牵引电机、驱动装置、制动系统和牵引控制九大关键技术，打破了国外跨国公司对重载货运电力机车核心技术的垄断。HXD1C 型机车整车国产化率超过 90%，单车成本相比 HXD1B 型机车下降了近 40%，性价比突出，成为我国新一代主型干线货运电力机车。

HXD1C 高原型电力机车

2010 年 12 月，青藏铁路西宁—格尔木段完成电气化改造，成为世界上首条开通的高原电气化铁路。西格段全长 834km，全线平均海拔超过 3000m。在新关角隧道通车前，老关角隧道内的最高海拔达 3692m，是全球电气化铁路的最高点。为配合青藏铁路西格段开通，2011 年 1 月起，共有 68 台 HXD1C 型机车陆续配属青藏公司西宁机务段，投入青藏铁路西格段运营。

HXD1C 型机车牵引货物列车行驶在祁连山脚下的兰新铁路上（2015.8）

两台 HXD1C 高原型机车重联牵引货物列车在即将开通的拉林铁路上进行测试运行（2021.5）

由于原 HXD1C 型机车总体性能和各部件选型均按照运用海拔不超过 2500m 设计，难以完全适应高海拔地区运用需求。2011 年，根据铁道部要求，株机公司在 HXD1C 型机车基础上进行高原环境适应性改进，研发了 HXD1C 型（高原）电力机车（以下简称 HXD1C 高原型机车）。为适应高原地区高海拔、高寒、空气稀薄、高紫外线、多雷电、潮湿有盐雾等特殊环境下的运用需求，HXD1C 高原型机车强化了通风系统，创新了适应高海拔及长大隧道环境条件下的电力机车通风冷却技术；开发了适应高原环境的材料和防护技术，使机车在绝缘性能、冷却系统性能、材料防老化性能、防寒性能等方面得到全面提升。同时，机车还优化了车顶高压设备布局，研发了基于绝缘顶盖、过电压防护的高原高压绝缘技术，可有效防止雷电对机车的冲击。

2011 年底，高原型 HXD1C 3001、3002 号机车下线，并于 2012 年 2 月在国家铁道试验中心完成型式试验。3 月底，两台样车在青藏铁路西宁至格尔木区段完成了环境适应性试验，顺利通过了温升试验、辅助电源试验、自动过分相等关键试验项目，随后配属西宁机务段，进行 10 万公里运用考核。2015 年初，HXD1C 高原型机车获得首批 80 台订单，在青藏铁路西格段投入批量运用，成为中国第一款专为高原铁路设计制造的电力机车。

新一代“八一号”机车

1952 年 4 月，朱德总司令在视察四方机厂（后改名四方机车车辆厂，现中车青岛四方机车车辆股份有限公司）时提出“四方机厂工人要为中国人争气，造出自己的国产机车”。1952 年 7 月 26 日，新中国成立后的第一台国产蒸汽机车“ㄇㄎ 1-2102”（后改名解放型，JF-2102）组装完成，并于 8 月 1 日举行下线典礼，向中国人民解放军建军 25 周年献礼。ㄇㄎ 1-2102 也因此命名为“八一号”机车。作为新中国生产的第一台蒸汽机车，“八一号”机车的下线结束了中国不能自主生产铁路机车的历史①。

■ 停放在格尔木机务段中的高原型 HXD1C 3134 号机车（2021.7）

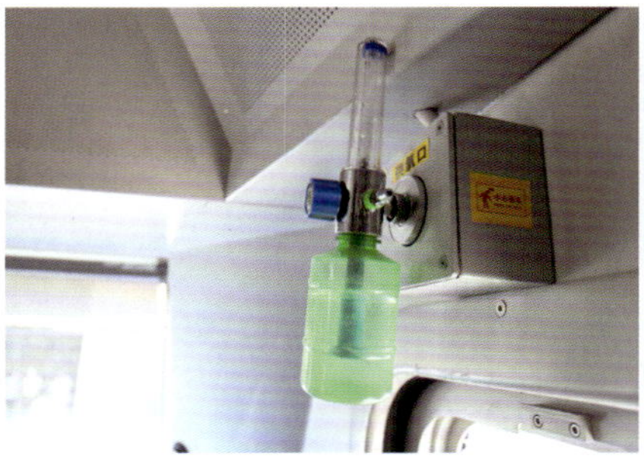
■ 高原型 HXD1C 机车内的司机供氧装置

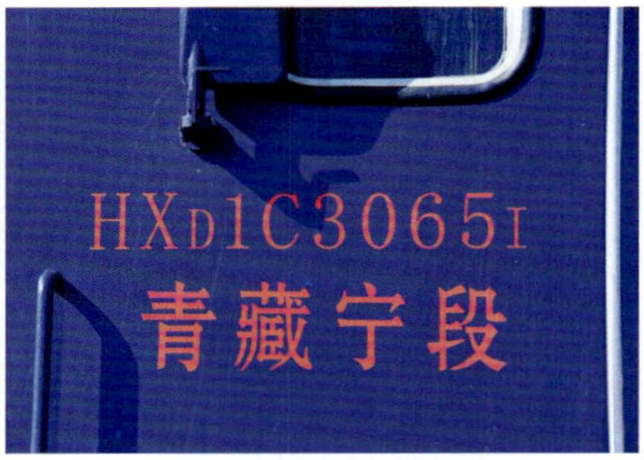

■ 高原型 HXD1C 机车制造信息铭牌

■ 高原型 HXD1C 机车正面

■ 高原型 HXD1C 机车车制造信息铭牌

HXD1C 高原型电力机车外观示意图

■ HXD1C 机车高原型机车外观示意图

“八一号”下线后即奔赴朝鲜战场，并做出巨大牺牲。抗美援朝结束后，“八一号”机车投入新中国建设，后于 1960 年 10 月配属原淮南机务段九龙岗折返段，在淮南、水蚌、大八（大通至八公山）支线等线路上担当

■ 配属合肥机务段的 HXD1C 1927“八一号”机车（2022.9）

■ HXD1C 1927“八一号”机车号牌

■ HXD1C 1927“八一号”机车段标

货运、小运转和调车作业任务。1992年5月30日，在服役近40年后，“八一号”机车在淮南机务段（后并入合肥机务段）光荣退役。

1999年，经铁道部批准，原蚌埠分局将JF-2102“八一号”机车调拨给设于大同机车厂内的中国蒸汽机车协会，永久保存。2010年，在四方厂建厂110周年之际，同车公司将“八一号”机车赠送给青岛四方股份公司，放置于棘洪滩厂区内永久保存。

为了再续“八一号”的辉煌历史，中国铁路上海局集团公司决定在合肥机务段再次挂牌“八一号”机车。2023年9月19日，新一代“八一号”——HXD1C 1927号机车在中车株洲电力机车有限公司下线。9月28日，HXD1C 1927“八一号”机车在合肥机务段举行上线仪式，标志着具有光荣历史的“八一号”机车重新担负起“人民铁路为人民”的光荣使命。

作为传承荣誉的新一代“八一号”机车，HXD1C 1927号机车也成为了继HXD3D 1893“毛泽东号”、HXD1D 1898“周恩来号”、HXD3D 1921“共产党员号”和HXD3D 1886“朱德号”后，和谐系列电力机车中第五台专门生产的挂牌机车。其车号中的1927代表了中国人民解放军建军的年份。为了更好地适应“八一号”铭牌悬挂，HXD1C 1927号机车在车头外观上也进行了特别设计，将普通HXD1C横列的车灯改为与HXD3C类似的纵列设计，别具风格。目前，HXD1C 1927“八一号”机车主要担当合肥东—乔司间华东二通道上的货运线路，并承担春运临客等特殊列车的牵引任务，成为上海局集团机务系统继“周恩来号”后的又一面先进旗帜。

■ HXD1C 1927“八一号”机车挂牌

①. 1952年8月9日发行的“人民日报”曾以《四方铁路工厂制出第一台国产机车》的文章报道过“八一号”下线的新闻。但后有专家考证后认为“八一号”属于“死车复活”，不属于新造。新中国制造的首台蒸汽机车应该是1952年12月下线的JF-2121机车。1999年，由铁道部审议通过的“建国50周年成就展”铁路展区中即采用这一说法。由于年代久远，新中国制造的第一台蒸汽机车到底是“八一号”还是JF-2121，至今仍存在争议。

■ HXD1C 0821 号机车牵引货物列车在江村编组站下发场整装待发 (2024.10)

■ 配属嘉峪关机务段的 HXD1C 型机车段标

■ 配属南宁机务段的 HXD1C 型机车段标

配属与运用

由于经济合理，性能优良，HXD1C 型机车在完成各项试验后快速投入批量生产。首批 60 台机车于 2009 年 10 月起批量配属重庆机务段，满足襄渝铁路二线开通后运量增长的需要。2009 年 11 月 7 日至 8 日，铁道部运输局组织成都、西安、武汉三个铁路局，在襄渝铁路进行跨局长交路货物列车牵引试验，测试 HXD1C 型电力机车的牵引性能、制动性能和动应力，验证 HXD1C 型机车在襄渝铁路牵引 4500t 货物列车的可行性。2009 年底开始，襄渝铁路开始采用 HXD1C 双机牵引 4500t 列车，成都、西安、武汉三局跨局轮乘方式，极大地提高了进出川运力。

截至 2024 年 11 月，HXD1C 型机车已累计生产超过 2000 台。其中株机公司为国铁集团下属企业生产标准版 HXD1C 型机车超过 1000 台（车号 0001~1044，1927）、HXD1C 高原型机车超 200 台（车号 3001~3265）；资电公司生产 HXD1C 型机车超 600 台（车号 6001~6621）；戚墅堰公司生产 HXD1C 型机车 106 台（车号 8001~8106）。此外，株机公司和资电公司还为部分路外和合资铁路制造了数十台 HXD1C 型机车，其中株机公司路外机车编号由 7001 开始，资电公司由 7601 开始。

HXD1C 型机车现广泛运用于中国西南、西北、华中和华南地区。重庆、株洲、怀化、龙川、柳州、南宁、昆明、兰州西、嘉峪关、西宁、乌鲁木齐、哈密、福州、鹰潭、向塘、合肥等机务段都配属有 HXD1C 型机车，广泛运用于成渝、襄渝、达成、京广（岳阳—广州）、广深、京九（向塘—深圳）、湘桂、南昆、广大、陇海（西安—兰州）、兰新、兰青、青藏、沪昆（金华—株洲）、峰福、淮南、皖赣、宣杭等铁路干线。HXD1C 高原型机车则全部配属中国铁路青藏集团有限公司西宁和格尔木机务段，用于青藏铁路西格段、敦煌铁路和格库铁路。广西沿海铁路公司、金台铁路公司、内蒙古伊泰铁路公司和山东高速集团等合资铁路与地方铁路也有配属。目前，HXD1C 型机车仍根据需要持续生产，是中国铁路货运的主力机型。

■ 内蒙古伊泰铁路公司所属的 HXD1C 7052 号机车 (2023.8)

HXD1C 型机车双机重联牵引集装箱班列驶过兰新铁路河口镇黄河大桥（2015.8）

HXD1C 型机车牵引货物列车行驶在湘桂铁路的喀斯特地貌间（2020.11）

HXD1C 6310 号机车牵引货物列车行驶在京广铁路岳阳段（2021.6）

HXD1C 0001 号机车牵引客车车底行驶在成渝铁路上（2022.3）

HXD1C 型机车双机重联牵引货物列车行驶在改造前的青藏铁路关角段（2012.8）

中国快速客运电力机车的主力车型

HXD1D 型电力机车

下线时间	2012 年
最高速度	160km/h
轴式	Co-Co
机车功率	7200kW
制造工厂	中车株机

■ 停放在广州机务段内的 HXD1D 0528 号机车（2024.10）

HXD1D 型电力机车是中车株机公司在 HXD1 技术平台上研发生产的六轴 160km/h 交流传动客运电力机车，是中国目前快速客运机车的主力车型。

姗姗来迟的 160km/h 客运机车

随着 2007 年铁路第六次大提速和 2008 年京津城际铁路开通，中国铁路旅客列车的发展重点逐步转向动车组和高速铁路，既有铁路 140~160km/h 速度等级机车 + 车辆模式的快速旅客列车则不再作为重点发展对象。而首批通过“引进消化吸收再创新”方式生产的数款和谐型机车全部定位于牵引货物列车，最高运行速度仅为 120km/h。因此在铁道部下属国家铁路系统于 2007 年起停止采购交直流传动的韶山系列电力机车后，只能使用此前生产的 SS8、SS7E、SS19 以及 SS9G 等 160km/h 级交直传动客运电力机车担当 140km/h 级特快列车（T 字头）和 160km/h 级直达特快列车（Z 字头）的牵引任务。新造 120km/h 级直供电车体则由具备列车供电功能 HXD3C 型机车牵引。

■ 下线初期，在国家铁道试验中心测试运行中的 HXD1D 0001 号机车，涂装与量产车有所不同（2012.4）

2011 年，铁路技术政策出现重大调整，利用既有铁路和部分新建客运专线大规模增开提速旅客列车重新成为铁路客运发展方向。当时大规模运用的部分交直传动快速客运电力机车经过十余年的高强度运用已逐渐老化，且在石太客专等大坡度线路上牵引大编组旅客列车时，还会因功率不足难以发挥速度优势的情况。此时，再重新生产技术落后的交直传动客运电力机车已不合时宜，中国铁路急需开发全新交流传动快速客运电力机车，以适应发展需要。

事实上，2010 年起，我国主要机车制造企业已开始着手研制 200km/h 级交流传动客运机车。其中，株机公司于 2011 年生产了一台 200km/h 的 6 轴客运交流传动电力机车。这台机车在设计上借鉴了 HXD1B 与 HXD1C 型机车的成熟技术及部件，并根据实际运用经验进行优化设计。机车采用 C0-C0 轴式，轴功率 1600kW，总功率 9600kW，可单机牵引 20 节大编组旅客列车实现 200km/h 最高速度运营。机车除了装有 LKJ2000 监控系统外，还预留了 CTCS-2 设备安装空间和接口，具备在高等级客运专线上运行的能力。虽然这台机车下线后并未投入试验与运用，但它的诞生也为日后株机公司 160km/h 级客运电力机车的快速投产打下了坚实的技术基础。

2011 下半年，根据铁道部《交流传动快速客运电力机车研究》科技研究开发计划，株机公司、时代电气公司和株洲电机公司在 HXD1B 和 HXD1C 型机车技术平台上，正式开启了 HXD1D 型 160km/h 交流传动电力机车（也称和谐 1D 型电力机车）的设计与研发。2012 年 1 月，首台 HXD1D 型机车在株洲落车，并于 3 月 7 日正式下线。同年 3 月至 6 月，HXD1D 型机车样车先后在株机公司、国家铁道试验中心、焦新铁路、太焦铁路及京广铁路上完成了型式试验和线路试验

HXD1D 型电力机车外观示意图

HXD1D 型 0001 号机车外观示意图，机车正面车灯与挡风玻璃周边均为黑色

HXD1D 型 0018 号机车外观示意图，机车正面挡风玻璃周围改为红色，车顶高压设备进行了内藏处理

HXD1D 型机车双机重联牵引旅客列车行驶在兰新高铁门源段的彩虹之间（2017.7）

■ HXD1D 0007 号机车牵引上海—北京的 T110 次驶入丰台站（2014.2）

■ HXD1D 型机车司机室

■ HXD1D 型机车转向架

■ HXD1D 型机车机械间

■ HXD1D 型机车制造信息铭牌

考核，于同年 7 月通过铁道部的试用评审。2012 年 8 月起，HXD1D 0001 号机车配属武昌南机务段进行 30 万公里运用考核，先后在京广铁路和东沪昆铁路上牵引 X103/4 次行邮列车、武昌—深圳 T95/6 次特快列车和武昌—上海南 Z25/6 次直达特快列车。截至 2013 年 8 月底，HXD1D 0001 号机车顺利完成 30 万公里运用考核，总体情况良好，性能稳定。

此后，HXD1D 0002 号机车接替回厂拆解分析的 HXD1D 0001 号机车，继续在武昌南机务段运用考核。同时，设计人员根据运用情况对 HXD1D 型机车继续行了优化设计，并在 2013 年 9 月起将 HXD1D 0003~0007 共 5 台机车配属上海机务段进行为期 3 个月的扩大运用考核。2013 年 10 月，HXD1D 型机车通过了中国铁路总公司组织的技术审查，12 月取得机车型号合格证和生产许可证并正式投入批量生产。2013 年底，首批 30 台 HXD1D 型机车全部交付，随即投入京沪、京广和沪昆等繁忙干线，成为牵引快速旅客列车的主力车型。2014 年，HXD1D 型电力机车获得 2013 年度中国铁道学会科学技术奖特等奖。

HXD1D 型机车主要技术概况

HXD1D 型电力机车是六轴交流传动快速客运电力机车，采用 C0-C0 轴式，单轴功率 1200kW，整车持续功率 7200kW，最高运行速度 160km/h，最高试验速度为 176km/h，持续牵引力 324kN，轴重 21t。机车采用双司机室，机械间为中间贯穿走廊结构，机械间设备布置基本按照斜对称布置的原则进行。牵引变压器采用卧式悬挂结构，与总风缸一同吊装于车底中部。机车采用车体独立通风方式，从侧墙上部进风百叶窗吸入冷风，向发热部件冷却后从车底排出，并维持机械间呈微正压，改善机车防尘效果及防寒性能。

HXD1D 型机车首次采用了双曲面造型的头型结构，不仅在准高速运行时具备良好的气动性能，还可有效降低高速运行时的空气阻力。车体采用整体承载结构型式，根据客运机车的特点采用轻量化设计，优化主承载结构，有效降低机车轴重。机车转向架首次采用了我国自主研制的弹性架悬结构驱动单元，解决了六轴电力机车三轴转向架高速运行时的横向稳定性问题。牵引电机采用顺置布置方式，驱动系统采用已在 SS9G 型等交直传动快速客运机车上成熟运用的空心轴六连杆传动装置，牵引力与制动力则通过推挽式低位单牵引杆传递。机车采用整体车轮，基础制动为轮盘制动。

电气设备方面，HXD1D 型机车采用了与 HXD1C 型机车相似的主电路结构。牵引变压器次边六个独立的牵引绕组分别向两台牵引变流器的六个四象限变流器供电，经每台牵引变流器的三个四象限变流器整流后，由中间直流电路并联向三个牵引逆变器供电，经牵引逆变器转换成频率和电压可变的三相交流后驱动异步牵引电机，从而实现单轴独立控制。牵引变流器采用 3.3kV/1200A 的大功率 IGBT 元件，主辅一体化设计，两个辅助逆变器分别集成在两个牵引变流器柜内，由牵引变流器的中间直流电路供电。牵引变压器次边除设有六个

HXD1D 0681 号机车牵引旅客列车行驶在舞阳河畔的沪昆铁路湘黔段上（2022.8）

经高原适应性改进的 HXD1D 型机车双机重联牵引旅客列车行驶在拉林铁路上（2021.7）

■ 配属上海机辆段的 HXD1D 1898“周恩来号”机车（2022.9）

■ HXD1D 1898“周恩来号”机车号牌

■ HXD1D 1898“周恩来号”机车段标

牵引绕组外，还设有两个列车供电绕组，通过列车供电柜内的相控整流器转变为两路独立的 DC600V 供电线路向列车供电，每路容量 400kW，当一路故障时，另一路可维持供电。

外观方面，HXD1D 型机车一改此前和谐系列交流传动货运机车的蓝白涂装，主色调为象征活力与喜庆的中国红色彩，辅以黑白两色，整体感官靓丽清新，引人注目。值得一提的是，HXD1D 0001 与 HXD1D 0002 两台样车正面的车灯与挡风玻璃周边均为黑色，而后续量产车则将挡风玻璃周边改为红色，有着“黑脸”与“红黑脸”的区别。

第四代“周恩来号”机车

2015 年 5 月 4 日，HXD1D 1898“周恩来号”机车正式上线运行，首发担当 T7606/7605 次特快列车上海至南京段的牵引任务。这是“周恩来号”机车历史上的第三次换型，标志着“周恩来号”机车进入了电力机车新时代。

隶属上海机辆段的“周恩来号”机车诞生于 1978 年 1 月 5 日，曾是中国铁路三大伟人号机车（毛泽东号、周恩来号和朱德号）中唯一的客运机车。在 HXD1D 1898 号机车成为第四代“周恩来号”机车之前，曾先后有 DF3 0058（1978 年 1 月 5 日）、DF4B 2106（1987 年 12 月 28 日）、DF11 1898（1997 年 4 月 1 日）三台机车被先后命名为“周恩来号”机车。HXD1D 1898 号机车也成为“周恩来号”机车历史上首台电力机车。

与前一代“周恩来号”机车 DF11 1898 号机车相同，HXD1D 1898 号机车也是为上海机辆段专门生产的“周恩来号”机车，车号中的 1898 即为周恩来总理诞辰年份。在短暂牵引上海—东至的 T7606/7605 次特快列车后，HXD1D 1898“周恩来号”机车长期在上海与南京间，担当上海—南宁 K1555/6 次旅客列车牵引任务。2021 年 6 月 25 日起，为纪念中国共产党建党 100 周年，中国铁路上局集团公司在上海西—嘉兴间不定期开行 Y701/2 次红色旅游列车，并固定由 HXD1D 1898“周恩来号”机车牵引。截至目前，“周恩来号”机车自命名以来已安全行驶超过 1200 万公里，HXD1D 1898 机车也续写着属于“周恩来号”的光荣与责任。

■ HXD1D 1898“周恩来号”机车挂牌

HXD1D 1898“周恩来号”机车牵引 Y701 次行驶在沪昆铁路嘉兴段（2022.9）

HXD1D 0354 号机车牵引旅客列车行驶在兰新铁路张掖段的向日葵花间（2015.10）

■ 经高原适应性改进的 HXD1D 0321 号机车牵引旅客列车驶过青藏铁路天棚站（2016.11）

■ 配属乌鲁木齐机务段的 HXD1D 型机车段标

■ 配属西宁机务段的 HXD1D 型机车段标

配属与运用

作为新一代交流传动客运电力机车，HXD1D 型机车在单机牵引 20 节旅客列车达到 160km/h 最高速度时，还具备不小于 0.02m/s^2 的加速能力。在切除一台牵引电机时，可牵引列车在 20‰ 坡道起动；切除两台牵引电机时，可在 15‰坡道上起动。加速性能方面，在单机牵引 20 节旅客列车情况下，HXD1D 型机车从 0km/h 加速到 160 km/h 的时间仅为 SS9 和 SS7E 型机车的二分之一，SS8 型机车的四分之一，具备良好的牵引能力。加之具备向列车供电能力，2013 年底在上海机务段完成扩大运用考核后，HXD1D 型机车开始快速批量生产，首批 30 台机车分别配属武昌南、上海和南昌机务段。2014 年，HXD1D 型机车进入快速量产阶段，当年生产机车达 321 台。其中，首批 HXD1D 型机车率先配属兰州西机务段和乌鲁木齐机务段，用于电气化改造后的兰新铁路。随后，广州、杭州、徐州和西宁机务段也于当年先后配属 HXD1D 型机车，用于干线铁路的客运牵引任务。

截至 2022 年底，株机公司已累计为国铁集团生产 HXD1D 型机车 690 台（0001~0689,1893），武昌南、上海、杭州、徐州、广州、南昌、鹰潭、兰州西、乌鲁木齐、郑州、西宁和格尔木机务段等 12 个机务段均有配属，广泛运用在京沪、京广、京九、沪昆、陇海、兰新、干武、包兰、襄渝、宜万、达成、湘桂等既有铁路干线和兰新、石太、衡柳、九景衢等客运专线上，是中国南方和西北地区干线铁路客运与提速列车牵引的主力车型。其中 0321~0350、0685~0689 共计 35 台机车为高原环境适应性改造机车，分别配属西宁、乌鲁木齐和格尔木机务段，主要运用在青藏铁路西格段、格库铁路、精伊霍铁路和拉林铁路等高海拔地区。除国铁系统外，株机公司还为浙江交通集团金台铁路公司生产了 3 台 HXD1D 型机车（车号 7001~7003），用于金台铁路旅客列车的牵引需要。

值得一提的是，在 HXD1D 型机车基础上，2021 年，株机公司生产了 3 台 HXD1D-J 型动力车，用于为拉林铁路开通专门研制的 CR200JS-G 型高原双源动力集中动车组。HXD1D-J 也成为截至目前中国铁路 CR200J 系列动力集中动车组中，唯一一款 6 轴电力动力车。2022 年底，株机公司又生产了 9 台 HXD1D-J 型动力车，用于丽香铁路 CR200J1-D 型高原动力集中动车组。2023 年，株机公司再次新造 4 台 HXD1D-J 型动力车，用于青藏铁路西格段的 CR200J1-D 型高原动力集中动车组。至此，共计下线 HXD1D-J 型动力车 16 台。

■ 由 HXD1D-J 型机车作为电力动力车的高原双源动力集中动车组停靠在林芝站（2021.6）

HXD1D 型机车牵引旅客列车行驶在湘桂铁路柳州段的喀斯特地貌间（2020.11）

HXD1D 0058 号机车牵引快速列车行驶在兰新铁路柳园段的戈壁滩间（2015.7）

HXD1D 型机车牵引旅客列车行驶在衢九铁路鄱阳湖特大桥上（2018.7）

HXD1D 0573 号机车牵引旅客列车行驶在沪昆铁路义乌段（2023.10）

HXD1D 型机车牵引旅客列车行驶在包兰铁路的沙漠戈壁间（2015.8）

中法合作的重载机车

HXD2 型电力机车

下线时间	2006 年
最高速度	120km/h
轴式	2（Bo-Bo）
机车功率	10000kW
制造工厂	中车大同，法国阿尔斯通

HXD2 0067 号机车驶出中车大同公司（2022.8）

HXD2 型电力机车是由中国铁路在“引进先进技术、联合设计生产、打造中国品牌”方针原则下首批引进的三款电力机车之一，由中车大同电力机车有限公司和法国阿尔斯通公司联合生产，是 HXD2 系列机车的开山之作。

法国血统的重载机车

2004年1月7日，国务院常务会议通过了《中长期铁路网规划》，提出了“快速扩充铁路运输能力，快速提高铁路技术装备水平”两个核心目标。同年4月1日，国务院常务会议研究通过了铁路机车车辆装备现代化实施方案，明确提出“加快我国铁路运输装备现代化，要按照引进先进技术、联合设计生产、打造中国品牌的总体要求，力争在较短时间内，使我国机车车辆生产能力达到世界先进水平”的要求。

HXD2 型机车正面

在此前的2003年，大同电力机车有限公司（原大同厂更名，现中车大同电力机车有限公司，简称同车公司或中车大同公司）已被铁道部列为铁路装备行业技术引进重点扶持的六强企业之一，并在铁道部的主导下，先期与法国阿尔斯通公司进行了接触和交流，形成了合作意向。2004年1月，中法两国在巴黎签署了《中法联合声明》，决定建立中法全面战略伙伴关系。同年6月11日，中法两国政府在巴黎签署了航空、航天、核能和交通运输等领域的9个合作协议，其中包括同车公司与阿尔斯通公司签署的大功率交流传动电力机车技术转让及合作生产意向书。

2004年7月29日，国家发改委与铁道部联合印发《大功率交流传动电力机车技术引进与国产化实施方案》，正式开始了新型交流传动电力机车的采购与研发。2005年2月25日，同车公司联合法国阿尔斯通公司在北京与铁道部签订了180台大电力交流传动电力机车采购和技术引进项目合同，合同总价值为72.5亿元人民币，其中中方为35亿元人民币，法方约3.75亿欧元。

根据合同规定，这批新造机车由阿尔斯通公司与同车公司合作研发。2005年3月，同车公司组建工艺代表团赴阿尔斯通公司进行考察，并借鉴国外先进的制造技术，制定技术改造方案。同年5至6月，阿尔斯通公司对同车公司进行了两次全面的评估。2006年9月，首台机车在法国阿尔斯通公司贝尔福厂完成组装，11月底完成机车例行试验。2006年12月18日，首台机车装船离法，并于2007年1月运抵天津港。

在下线初期，这款机车曾被命名为DJ4型电力机车，由6001起编号。而同期株机公司与西门子公司合作生产的大功率交流传动电力机车也同样命名为DJ4型，编号由0001开始。2006年底，铁道部将所有新型大功率交流传动机车统一命名为“和谐型”，株机公司与西门子公司合作生产机车正式定名为HXD1型电力机

■ HXD2 0170 号机车牵引重载列车行驶在大秦铁路上（2015.9）

■ HXD2 型机车转向架

■ HXD2 型机车司机室

■ HXD2 型机车受电弓

■ HXD2 型机车机械间

HXD2 型电力机车外观示意图

■ DJ4 型 6001 号电力机车出厂涂装示意图

■ HXD2 型电力机车外观示意图

■ HXD2 0001 号机车侧墙涂装与波纹板结构（2008.1）

■ 阿尔斯通公司生产的 HXD2 型机车制造信息铭牌

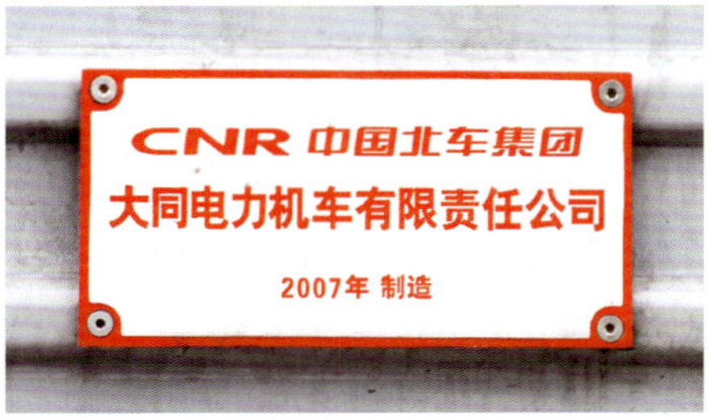

■ 同车公司生产的 HXD2 型机车制造信息铭牌

车，同车公司与阿尔斯通公司合作生产机车则命名为HXD2型电力机车（和谐2型电力机车）。其中“HX”是“和谐”的汉语拼音首字母缩写、“D”代表电力机车、“2”则为同车公司的生产厂商代号。

2007年3月起，首台HXD2型机车开始在铁科院环形铁道试验基地开展型式试验，内容涵盖牵引、制动、动力学、弓网、网络等多方面的37个试验项目。根据合同规定，180台机车中，首批12台机车（车号0001～0012）由阿尔斯通公司位于贝尔福的工厂制造，整车进口，并由阿尔斯通公司向中方进行相关的技术转让；第二批36台机车（车号0013～0048）为散件进口国内组装，由阿尔斯通公司提供主要部件，同车公司组装整车；第三批132台机车（车号0049～0180）为国产化机车。2007年7月，首台散件组装机车交付；同年11月，首台国内制造机车交付。

HXD2型机车主要技术概况

HXD2型机车是在法国阿尔斯通公司“PRIMA”系列交流传动电力机车技术平台上，结合中国铁路实际需要开发研制的八轴交流传动重载货运电力机车。HXD2型机车采用固定重联设计，由两节相同的4轴机车固定重联组成，轴式2（B0–B0），整车持续功率10000 kW，最高运行速度120km/h，是当时世界功率最大的电力机车。机车出厂时轴重25 t，在去掉压铁后轴重可降为23 t，以便合理发挥机车的黏着。同时，HXD2型机车还针对北方天气特别进行了防寒处理，在–40℃环境中可正常运用。

外观方面，HXD2型机车延续了“PRIMA”系列机车的经典头型，车身侧墙也采用了“PRIMA”机车独特的无横梁框架式波纹板结构，极具识别度。HXD2型机车量产车采用和谐系列交流传动货运电力机车标准的蓝白涂装，车头和侧面则用红色字体书写汉字“和谐”与机车车型车号。阿尔斯通公司原装机车在下线初期曾采用车头全蓝涂装，后亦将司机室下方前面板改为白色，与量产车统一。机车走行部为两台可以互换的两轴转向架，牵引力通过低位牵引杆传递，保证机车具有良好的黏着性能。牵引电机采用抱轴式悬挂驱动，基础制动装置采用踏面制动方式。

■ 全新制造的 HXD2 0053 号机车在同车公司整装待发（2008.01）

HXD2 型机车牵引回空列车驶过山花烂漫的大秦铁路京北山区（2012.04）

HXD2 型机车牵引 2 万吨列车驶过大秦铁路延庆段（2019.7）

■ HXD2 0031 号机车牵引重载列车行驶在大秦铁路永定河特大桥上（2010.1）

■ 配属湖东机务段的 HXD2 型机车段标

■ 配属侯马北机务段的 HXD2 型机车段标

整体布局方面，HXD2型机车采用贯通式中间走廊布局机械间，机械间设备按照斜对称原则分别布置在车内两侧，以便均匀分配整车重量。通风系统采用侧墙独立通风方式，由牵引电机、机械间、冷却塔等6个独立通风支路组成。除技术设备外，HXD2型机车在还设有独立的司机生活间，包括卫生间、饮水机、微波炉、卧铺床、衣帽柜等基本生活设施。机械间各设备和布线设计采用基于功能体系的模块化方法，设备的安装、维护和检修更为简便。

电气设备方面，HXD2型机车的两节机车分别装有一台采用瑞士ABB公司技术的卧式牵引变压器，吊装于车底中部。每节机车的牵引电路都包括4套采用大功率IGBT元件构成的独立牵引变流器。每套牵引变流器由一个四象限变流器、一个中间直流电路和一个牵引逆变器组成，分别驱动一台交流牵引电机，实现单轴独立控制。牵引电机为YJ90A型三相六极鼠笼式异步牵引电机，定子采用全叠片无机壳结构，以减轻重量并改善散热。机车采用基于WorldFIP网络通信技术的微机网络控制系统，分为FIP车辆网络和FIP列车网络两级架构，具有完善的控制、监测和检修维护功能。其中车辆网络负责每节机车内部各设备的信息交换，而列车网络则用于两节机车之间的通信。同时，HXD2型机车还装有基于GSM-R的“Locotrol”机车同步操控系统，可实现本务机车和重联机车远程无线同步操作，可满足铁路万吨和2万吨组合列车开行需要。

配属与运用

HXD2型机车下线后，除机车本身的型式试验外，还同步进行了多项综合性能试验和重载列车牵引试验。2007年10月，HXD2型机车在北同蒲铁路进行了2万吨组合列车Locotrol系统及空气制动静态试验；11月，在大秦铁路上进行了Locotrol静态试验和机车牵引万吨单元重载列车运行试验。试验中HXD2型机车运行稳定，各部件工作正常，牵引、制动性能优良。2007年12月4日，HXD2型机车正式投入运用，开始在大秦铁路上担当牵引任务。

2008年1月，为验证HXD2型机车在大秦铁路牵引2万吨组合列车的安全性和可行性，铁道部与太原铁路局于2007年1月8日至15日，于大秦铁路进行了HXD2型电力机车牵引2万吨重载组合列车静态试验。1月16日，HXD2型机车完成了2万吨重载组合列车牵引试验，对牵引性能、制动性能、机车动应力进行了测试，并完成了牵引供电和闸瓦温度监测，确认了HXD2型机车牵引2万吨重载组合列车的可行性。此后，HXD2型机车与HXD1型机车一起，逐步替代此前的SS4G型机车，成为大秦铁路上的主力车型。

至2008年底，全部180台机车下线并交付太原铁路局湖东机务段，投入大秦铁路及周边集疏运铁路万吨单元重载列车和2万吨重载组合列车的牵引任务。2009年后，通过技术改造，HXD2型机车具备与HXD1、SS4G型机车通过Locotrol系统跨平台遥控重联能力，实现了多种机型混合牵引。HXD2型机车与HXD1型机车混合牵引2万吨组合列车也成为了大秦铁路上的常态。

2017年后，随着HXD1型机车的不断增配，部分湖东机务段的HXD2型机车开始转配侯马机务段，担当南同蒲和瓦日等铁路的货物运输与晋煤外运任务。截至2023年底，已有171台HXD2型机车转配侯马。其余的HXD2型机车依然每日驰骋在大秦铁路及其周边的集疏运线路上。

HXD2 型机车牵引货物列车驶过准朔铁路黄河特大桥（2021.8）

HXD2 型机车双机重联牵引列车通过大秦铁路王家湾大桥（2008.11）

HXD2 型机车的国产化

新 HXD2 型电力机车

下线时间	2012 年
最高速度	120km/h
轴式	2（Bo-Bo）
机车功率	9600kW
制造工厂	中车大同，中车大连

HXD2 1539 号机车停放在集宁机务段（2020.6）

新 HXD2 型电力机车也称为深度国产化 HXD2 型机车，是中车大同公司在 HXD2 原型机车基础上，通过换装国产牵引变流器和网络控制系统而生产的自主化 HXD2 型机车，是中国运用最广泛的通用版八轴交流传动货运电力机车之一。

HXD2 型机车的国产化

在成功引进并批量生产 HXD2 型机车后，同车公司又于 2010 年 5 月同时下线了 6 轴 9600kW 的 HXD2B 型机车和 6 轴 7200kW 的 HXD2C 型机车。此时，中国铁路已形成了相对完备的交流传动电力机车体系，HXD1 与 HXD2 两大技术平台均已形成了 8 轴 9600kW、6 轴 9600kW 和 6 轴 7200 kW 车型谱系。但首批 180 台 8 轴 10000kW 的 HXD2 型机车作为技术平台引进机车，大量采用进口部件，成本高昂，最初只用于大秦铁路牵引单元重载列车。为了降低制造成本，实现 8 轴 9600kW 机车在全国铁路的大范围运用，2011 年起，同车公司在永济电机公司（现中车永济电机有限公司，简称永济电机）、大连机车研究所（现中车大连机车研究所有限公司，简称大连所）和大连电力牵引研发中心有限公司（现中车大连电力牵引研发中心有限公司，简称大连电牵）等原北车集团所属公司的支持下，在 HXD2 原型机车基础上，通过对牵引变流器和网络控制系统的自主研发和等同替代，开始了深度国产化 HXD2 型机车的研制。

新 HXD2 型机车正面

2011年3月，在铁道部主导的国产化HXD2型机车项目实施前，同车公司与神华集团（现国家能源集团）下属神朔铁路公司签署了《神朔铁路设备和谐2型电力机车采购合同》，率先开启了HXD2型机车的国产化序幕。相比于HXD2型机车采用阿尔斯通公司的牵引和控制系统，神华HXD2改为采用江苏常牵庞巴迪牵引系统有限公司提供的庞巴迪牵引系统和庞巴迪“MITRAC”微机控制系统，机械设备则延续了HXD2型机车的主要技术特征。2011年底，神华HXD2成功落车；2012年5月，两台神华HXD2型机车（车号7001、7002）交付；同年6月26日在神朔铁路开始投入试运行。

在神华HXD2型机车研发的同一时期，应用于中国国家铁路的新一代深度国产化HXD2型机车（简称新HXD2型机车）的研发也在同步推进。2011年，新HXD2型机车研发开启。2012年8月27日，首台新HXD2型机车在同车公司下线。为了与HXD2原型机车区别，同车公司的新HXD2型机车编号由1001起排序。2012年9月至11月，HXD2 1001号机车在国家铁道试验中心完成整车型式试验。同年12月起，新HXD2在呼和浩特铁路局包头西机务段开始运用考核。2013年6月，新HXD2型机车通过中国铁路总公司技术审查，开始批量生产。2013年，通过技术平移，中国北车集团大连机车车辆有限公司（原大连厂更名，现中车大连机车车辆有限公司，简称连车公司或中车大连公司）开始试制新HXD2型机车。2014年5月，连车公司取得新HXD2型机车生产资质，由编号6001起开始批量生产。

■ 连车公司生产的HXD2 6001号机车在国家铁道试验中心测试（2003.11）

■ 新HXD2型机车车身功率标注

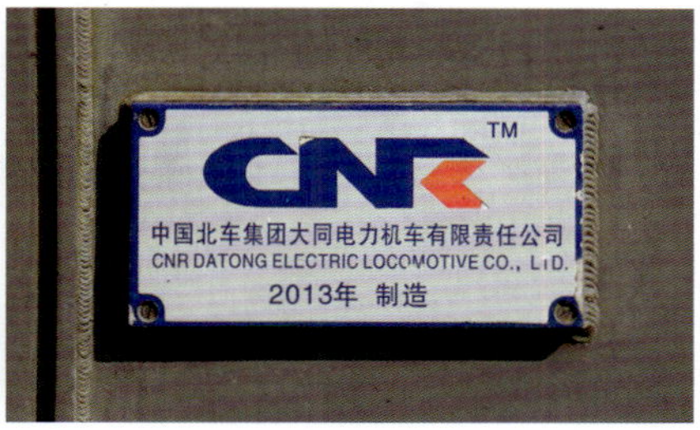

■ 新HXD2型机车制造信息铭牌

■ 国能集团包神铁路的HXD2 7002号机车，可见其侧墙采用的波纹板结构（2023.8）

新HXD2型机车主要技术概况

新HXD2型机车的总体结构、主要性能参数和牵引制动能力与HXD2原型机车基本相同。

机车采用2（B0-B0）轴式，整车由两节相同的4轴机车固定重联组成，最高运行速度120km/h。相比于HXD2原型车，新HXD2型机车单轴牵引功率1200kW，整车持续功率由10000 kW略微降低为9600kW，轴重则由23/25t可调整统一为25t。

牵引系统方面，新HXD2型机车主要采用了永济电机、大连所和大连电牵共同研发的自主化牵引变流器和网络控制系统，简称“北车芯”系统。同时，从2015年连车公司生产的新HXD2型机车开始，部分机车开始使用大连东芝生产的牵引变流器。两款不同的牵引变流器均采用大功率IGBT模块构成，虽牵引电路和底层控制逻辑有所不同，但二者功率性能相同，对外也采用相同的单轴独立控制方式。这也让新 HXD2 成为继 HXD2C 型机车后第二款可同时兼容不同牵引系统的和谐型电力机车。除此之外，新 HXD2 型机车的车内布局、通风系统、转向架、受电弓、牵引变压器和牵引电机等主要技术设备等均与 HXD2 原型车相同。

在车辆外观上，新 HXD2 型机车采用了和谐系列货运电力机车标蓝白准涂装方案，与 HXD2 型机车一致，但头型和车体结构则有明显调整。其中，新 HXD2 型机车头型改为了平顺过渡，不再延续原型车司机室“下凹”的法式风格。除早期生产的两台神华机车（HXD2 7001、7002 号）和两台样车（HXD2 0001、0002 号）外，后期生产的新 HXD2 型机车全部改用了直立侧墙结构，不再使用原型车经典的波纹板侧墙结构。

技术提升 HXD2 型机车

2018 年，《八轴货运电力机车技术提升技术研究》作为中国国家铁路集团有限公司系统性重大项目《重载铁路技术升级深化研究》的子项目正式提出。中车大同公司在 HXD2 和新 HXD2 型机车十余年来运用实践的基础，开始了技术提升 HXD2 型机车的研发。

与新 HXD2 型机车相比，技术提升 HXD2 型机车的轴式、功率、最高运行速度、轴重和头型外观等均保持不

沿用波纹板侧墙结构的首台新 HXD2 型机车样车在国家铁道试验中心测试（2012.11）

新 HXD2 型机车司机室

新 HXD2 型机车转向架

新 HXD2 型机车连接处

新 HXD2 型机车机械间

新 HXD2 型电力机车外观示意图

新 HXD2 型 1001 号机车外观示意图，车身采用 HXD2 系列机车经典的波纹板侧墙结构

新 HXD2 型 1111 号机车外观示意图，车身已改为直立侧墙结构

新 HXD_2 型机车牵引集装箱列车驶过包西铁路包头黄河大桥（2019.8）

HXD_2 1252 号机车行驶在包兰铁路上（2015.8）

新 HXD2 型机车牵引货物列车行驶在丰沙铁路沿河城段（2023.5）

全新制造的技术提升 HXD2 型机车在中车大同公司交车线上准备出厂（2022.8）

变，主要在重载适应性、简统化、可靠性、技术升级换代和修程修制适应性等方面实现技术提升。重载适应性方面，技术提升 HXD2 型机车使用了 102 型钩缓装置，提升动态对中能力和垂向防脱能力；转向架使用橡胶堆结构，提升二系悬挂系统刚度；对二系止挡优化设计，进一步提升重载性能。通过这些调整，技术提升 HXD2 型机车可以承受 2200kN 以上的车钩压力，能够充分满足双机重联牵引万吨列车，以及作为 1+1 组合方式 2 万吨列车中补机的牵引需要。

简统化方面，技术提升 HXD2 型机车采用了标准化设计，与 HXD1 型机车在互联互通、运用操作、部件互换、检修及整备接口、控制逻辑、安全及生活设施等多个方面实现简统。同时，技术提升 HXD2 型机车针对车顶设备布置、电路结构、密封性能、低温性能、防撞性能、牵引变流系统等进行全面系统性优化，实现了对车顶高压设备集中布置提升，机车稳定性、可靠性、可用性大幅提升。技术升级换代方面，技术提升 HXD2 型机车对网络控制系统升级换代，应用了新一代 TCN 网络控制技术。加上标准制动机等新技术新产品的应用，实现关键系统部件自主可控的同时，进一步提升了机车性能。

2019 年 8 月，两台技术提升 HXD2 型机车样车（初期车号为 HXD2 3001、3002）制造完成；同年 12 月 30 日，技术提升 HXD2 型机车通过国铁集团组织的方案评审；2020 年 7 月至 2021 年 5 月，两台机车在国家铁路试验中心和中国铁路郑州局集团管内完成了型式试验和动力学性能试验，项目试验结果均符合试验大纲的评定标准；2021 年 8 月，技术提升 HXD2 型机车通过国铁集团组织的技术评审。

为验证技术提升 HXD2 型机车的重载适应性，国铁集团分别于 2021 年 11 月 25 日至 12 月 8 日和 2022 年 7 月 23 日至 8 月 7 日组织铁科院和相关路局，在唐包铁路十八台至曹妃甸西区间开展了技术提升 HXD2 型机车双机重联牵引单元万吨列车试验及补充试验，确定机车各项运行安全性指标均满足开行

■ 技术提升 HXD2 型机车在国家铁道试验中心测试（2020.7）

■ 技术提升 HXD2 型机车改进后的转向架

■ 技术提升 HXD2 型机车受电弓

■ 技术提升 HXD2 型机车车钩

■ 技术提升 HXD2 型机车制造信息铭牌

技术提升 HXD2 型电力机车外观示意图

■ 技术提升 HXD2 型电力机车外观示意图

■ HXD2 1096 号机车牵引货物列车驶过丰沙铁路雁翅站（2015.9）

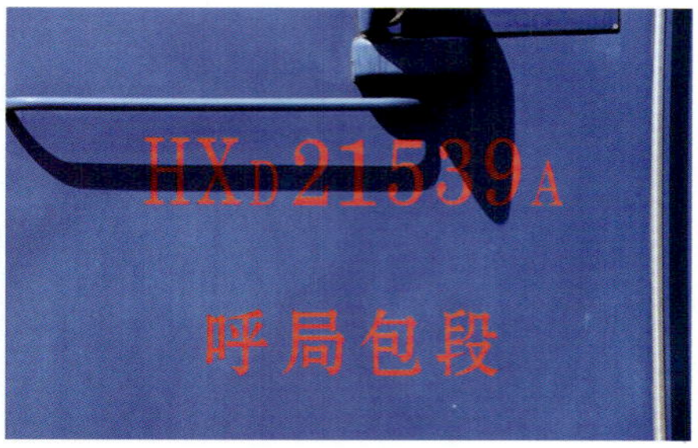

■ 配属包头西机务段的新 HXD2 型机车段标

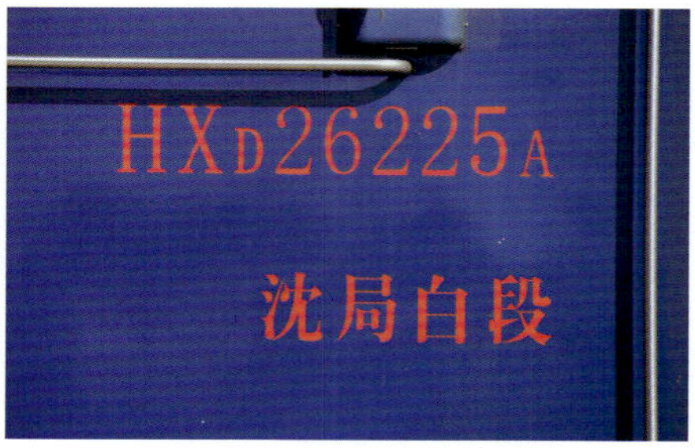

■ 配属白城机务段的新 HXD2 型机车段标

双机重联牵引单元万吨列车的运行安全性要求，验证了机车的良好的重载性能。2022 年，技术提升 HXD2 型机车正式开始批量生产。

配属与运用

2013 年，新 HXD2 型机车开始正式配属。首批机车分别配属西安局安康机务段和呼和局包头西机务段，用于京包铁路蒙煤外运和襄渝铁路运输能力提升。此后，新 HXD2 型机车开始大批量生产。在 2022 年转产技术提升 HXD2 型机车时，中车大同公司已生产新 HXD2 型机车 717 台（车号 1001~1717），中车大连公司生产 247 台（车号 6001~6247），共计 964 台，分别配属包头西、安康、丰台、石家庄、邯郸、成都、新乡、兰州西、迎水桥、通辽、白城等机务段，运用于丰沙、京包、包兰、兰渝、陇海、宝成、西康、襄渝、成昆、邯长、太中银、太焦、通让、平齐等多条铁路干线，在中国东北、华北、西北和西南地区均能看到它的身影，与新 HXD1 型机车共同成为中国运用最为广泛的 8 轴 9600kW 货运电力机车。

2022 年起，技术提升 HXD2 型机车开始批量生产，其中中车大同公司制造的技术提升 HXD2 型机车由样车的 3001 改为由 2001 开始编号，中车大连公司制造的技术提升 HXD2 型机车则由 6301 开始编号。截至 2024 年 11 月，中车大同公司共生产技术提升 HXD2 型机车 152 台（车号 2001~2152），中车大连公司则生产技术提升 HXD2 型机车 56 台（车号 6301~6356），已分别配属呼和浩特、郑州、北京和成都局集团下属机务段，用于补充相关机务段新 HXD2 型机车车队运力。2023 年，中车大同公司为浩吉公司制造技术提升 HXD2 型机车 30 台（车号 5001~5030），配属襄州北机辆段，用于牵引浩吉铁路上的重载列车。目前，技术提升 HXD2 型机车还在持续批量生产中。

除用于国能集团包神铁路的 7001 与 7002 外，中车大同公司 2022 年还为孝柳铁路制造了两台新 HXD2 型机车（7003、7004 号），采用新 HXD2 标准外观和孝柳铁路的特色涂装。至此，中车大同公司共为路外企业制造 HXD2 型机车 4 台。

■ 孝柳铁路上运用的 HXD2 7004 号机车（2024.11）

国能集团的 HXD2 7001 号机车牵引列车驶过包神铁路乌兰木伦河大桥（2021.7）

HXD2 1252 号机车牵引中欧集装箱班列行驶在太中银铁路靖边段（2021.7）

HXD2 家族 9600kW 六轴机车

HXD2B 型电力机车

下线时间	2009 年
最高速度	120km/h
轴式	Co-Co
机车功率	9600kW
制造工厂	中车大同，法国阿尔斯通

■ HXD2B 0416 号机车在丰台机务段等待出库 (2022.11)

HXD2B 型电力机车是在 HXD2 型机车技术平台基础上，由中车大同公司主导设计，法国阿尔斯通公司提供技术支持的六轴 9600kW 交流传动电力机车，是华北和华东地区繁忙干线重载货运的主力车型。

HXD2 平台的六轴大力士

2004 年，铁道部在"引进先进技术、联合设计生产、打造中国品牌"方针原则下，开启了大功率交流传动机车的技术引进工作。为了在短时间内快速提升中国铁路的装备水平，2006 年，在首批三款大功率交流传动电力机车的样车试制阶段，铁道部便制定了第二批六轴 9600kW 大功率交流传动电力机车的技术方案，旨在打造全球轴功率最大的电力机车。

2006 年 10 月，中法两国在北京签署了《中法联合声明》，并共同出席了涵盖科技、能源、铁路运输、航空、航天等领域的多项合作协议签字仪式。签字仪式上，铁道部与法国阿尔斯通公司签署了六轴大功率货运电力机车的生产合作意向书。2007 年 3 月 12 日，同车公司与法国阿尔斯通公司在北京签订了大功率交流传动六轴电力机车项目进口部件采购合同和技术合作合同，并与北京铁路局、中国技术进出口总公司签订了 500 台六轴 9600kW 大功率交流传动电力机车采购合同，总价值 113 亿元人民币。新机车定型为 HXD2B 型电力机车（也称和谐 2B 型电力机车），由同车公司主导设计，法国阿尔斯通公司提供技术支持。

■ HXD2B 型机车正面

根据最初签订的生产合作意向书，阿尔斯通公司将在位于法国贝尔福的工厂完成首批100台机车制造，其余400台机车则由同车公司生产制造。在采购合同和技术合作合同签订后，生产计划改为由贝尔福工厂完成首批10台机车，另有190台以散件形式交付并在中国组装，其余300台则由同车公司生产。由于同车公司HXD2型机车国产化的顺利推进和制造工艺的迅速提升，最终生产计划再次改变，贝尔福公司仅负责制造首批2台机车，其余498台全部由同车公司制造。

2009年夏，由法国贝尔福工厂生产的2台HXD2B型机车下线，并于同年年底分别送往位于捷克的维林环形铁路试验中心和位于奥地利维也纳的阿森纳尔铁路技术试验中心(Rail Tec Arsenal)进行气候试验。与此同时，国产化HXD2B型机车也在紧锣密鼓地推进。2010年5月23日，同车公司举行了HXD2B与HXD2C型机车的剪彩仪式，首台国产化HXD2B型机车下线，并快速进入批量生产阶段。2010年7月，两台阿尔斯通公司生产的HXD2B型机车也运抵中国，在天津港卸船。

HXD2B 型机车主要技术概况

HXD2B型机车是在HXD2型机车技术平台基础上，以阿尔斯通PRIMA6000型机车为原型，遵循先进、成熟、经济、使用、可靠的技术原则，按照模块化、标准化、系列化的要求，结合中国铁路实际设计和制造的六轴9600kW大功率交流传动电力机车。机车采用C0-C0轴式，单轴功率1600kW，启动牵引力584kN，最大再生制动力400kN，最高运行速度120km/h。为了实现轴功率1600kW下的有效黏着，HXD2B型机车的轴重由HXD2型机车的23/25t可调节提升至25t，可单机牵引5000~6000t重载货物列车。机车主要原材料在-40℃低温条件下依然具有良好性能，可满足中国大部分地区环境要求。

HXD2B 0328号机车行驶在京沪铁路黄村段（2023.9）

HXD2B 型机车转向架

HXD2B 型机车司机室

HXD2B 型机车机械间

HXD2B 型机车制造信息铭牌

HXD2B 型电力机车外观示意图

HXD2B 型电力机车外观示意图

外观方面，HXD2B型机车延续了“PRIMA”系列的经典头型结构和独具特色的波纹板侧墙，并采用了和谐系列货运电力机车蓝白色的标准涂装，与HXD2型机车极为相似。HXD2B型机车为双司机室布局，机械间采用中间贯通走廊，主要技术设备斜对称布置，便于均衡机车轴重。机械间中还设有

■ 在风雪中前行的 HXD2B 型机车（2023.12）

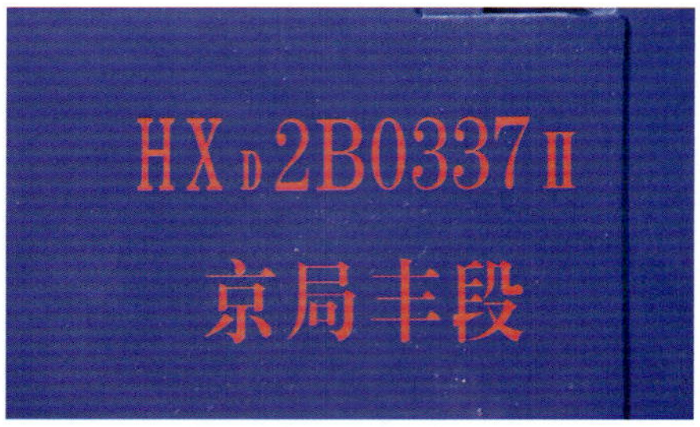

■ 配属丰台机务段的 HXD2B 型机车段标

■ 配属南京东机务段的 HXD2B 型机车段标

卫生间、折叠床、冰箱和微波炉等生活设备。机车采用独立通风系统，共设有牵引电机、冷却塔、辅助变流柜、机械间、压缩机和司机室空调六条通风支路，保证机车及时散热可靠工作的同时，还可为司机提供舒适的工作环境。机车走行部为两台可互换的三轴转向架；基础制动装置为单侧双闸瓦踏面制动单元，并带有闸瓦间隙调节器；牵引装置采用中间推挽式水平短牵引杆与车体连接，传递牵引力和制动力。

HXD2B 型机车的牵引电传动系统主要由网侧电路、主变压器、牵引变流器和牵引电机等组成。整个系统采用单轴独立控制方式，通过交—直—交变流技术对牵引电机进行牵引和再生制动特性控制。每台机车具有 6 套独立控制的变流装置，分别放置在 3 个牵引变流柜中，并与相应的牵引绕组和牵引电机一起组成 6 套独立控制的牵引电传动系统。每组主变流器由一个四象限变流器、一个中间直流电路和一个 PWM 牵引逆变器组成，功率控制模块采用水冷 IGBT 变流模块。HXD2B 型机车的牵引变压器采用了大同 ABB 牵引变压器有限公司制造的组合式变压器，采用卧式结构吊装于车体下方，设计容量高达 12600 kV · A，可满足机车在各种工况下的用电需求。牵引电机采用永济公司引进阿尔斯通公司技术后生产的国产化 YJ90B 型六极三相鼠笼式异步牵引电机。电机额定功率 1634kW，定子采用全叠片无机壳结构，以减轻重量和改善散热。

配属与运用

2010 年 5 月首台国产化机车下线后，HXD2B 型机车快速进入批量生产阶段。2010 年下半年起，首批 180 台 HXD2B 集中配属上海铁路局南京东机务段，在京沪铁路济南—徐州—南京—上海这一最繁忙的区段上牵引重载货物列车。2011 年起，第二批 HXD2B 开始配属北京铁路局丰台机务段，用于京沪、京广等干线铁路的牵引动力升级。

至 2012 年底，全部 500 台 HXD2B 交付完毕（车号 0001~0500）。目前，全部 500 台 HXD2B 型机车分别配属中国铁路北京局集团公司和上海局集团公司下辖的丰台、唐山、石家庄、邯郸、天津、南京东、徐州与合肥八个机务段，用于京沪铁路北京—上海、京广铁路北京—郑州，京哈、津山铁路北京（天津）—唐山（北）—山海关、陇海铁路徐州—连云港等东部繁忙干线，是华北与华东地区繁忙干线重载货运的主力车型。

■ HXD2B 0438 号机车牵引集装箱列车驶过京广铁路良乡站（2020.4）

HXD2B 型机车牵引货物列车驶过京沪铁路南京长江大桥 （2020.9）

HXD2B 型机车牵引货物列车行驶在京沪铁路山东段（2011.6）

两“面”三“芯”

HXD2C 型电力机车

下线时间	2010 年
最高速度	120km/h
轴式	C_0-C_0
机车功率	7200kW
制造工厂	中车大同

■ HXD2C 0146 号机车停放在新乡机务段新南生产区（2024.11）

HXD2C 型电力机车是中车大同公司在 HXD2 型机车技术平台基础上，自主设计制造的 7200kW 交流传动电力机车，在不同批次中分别选用了东芝、庞巴迪和北车芯三款不同的牵引变流系统，实现了整车制造的深度国产化。

HXD2 平台 7200kW 机车

2004 年和 2007 年，在“引进先进技术、联合设计生产、打造中国品牌”原则下，铁道部与同车公司先后签订了 HXD2 型八轴 9600kW 机车和 HXD2B 型六轴 9600kW 两款机车的采购合同，通过引进技术与阿尔斯通公司合作生产，并搭建了具有国际先进水平的 HXD2 型机车技术平台。但这两款机车的核心装置——牵引变流器全部由阿尔斯通公司提供。为此，同车公司在中国北车集团科技研究开发计划项目合同下，在 HXD2 先进技术平台基础上，着手研制采用国产化牵引变流器的 HXD2C 型六轴 7200kW 大功率货运电力机车（也称和谐 2C 型电力机车），以实现交流传动电力机车的进一步国产化。

■ 早期 HXD2C 型机车正面

2010 年 5 月 23 日，首台 HXD2C 型电力机车与首台国产化 HXD2B 型电力机车同日在同车公司举行了下线剪彩仪式。随后，HXD2C 型机车样车被送往北京国家铁道试验中心进行型式试验。2010 年 12 月，HXD2C 型 0001 号机车赴郑州铁路局新乡机务段，先后在新焦、太焦铁路新乡—晋城北间和京广铁路新乡至安阳间进行动力学试验和重载牵引试验。2010 年 12 月，刚刚交付太原机务段的 HXD2C 型 0036 号机车被选为运用考核机车。2011 年 7 月，HXD2C 型 0036 号机车转配新乡机务段，在侯月—新焦—新兖—兖石铁路上牵引 5500t 重载列车，继续运用考核。至 2012 年 4 月，HXD2C 型 0036 号机车完成了 20 万公里运用考核，各项技术设备符合规范。2012 年下半年，HXD2C 型机车完成了铁道部科技司主持的样机鉴定，并取得机车型号合格证和生产许可证。

HXD2C 型机车主要技术概况

HXD2C 型电力机车是在 HXD2B 型机车技术平台基础上研发的六轴 7200kW 交流传动货运电力机车。机车采用 C0-C0 轴式，单轴功率 1200kW，最高运行速度 120km/h，轴重为 23t 和 25t 可调节模式。在 23t 轴重状态下，机车启动牵引力为 520kN，持续牵引力和最大再生制动力 370 kN；25t 轴重状态下，启动牵引力 570kN，持续牵引力和最大再生制动力 400 kN。

总体布局方面，HXD2C 型机车与 HXD2B 型机车基本一致，采用单节双司机室设计。机械间为贯穿式中间走廊结构，车内设备采用模块化结构设计，以斜对称布置为主。通道左右两侧设有机车牵引传动系统、辅助控制系统、制动系统、通风系统等设备，卧式牵引变压器悬挂于车体下方，顶盖设有高压电器设备。机车走行部为两台三轴转向架，总体结构与 HXD2B 型机车转向架基本相同。一系悬挂为双弹簧双拉杆方式配垂向减振器结构，二系悬挂为橡胶堆配横向减振器，牵引力和制动力则通过中间推挽式短牵引杆方式传递。基础制动为踏面制动，每个轮对分别配有一套制动器和储能制动器。牵引电机采用滚动轴承抱轴式半悬挂、单边直齿传动。此外，转向架上还装有采用油气混

■ 新乡机务段内的 HXD2C 0126 号机车（2024.11）

■ HXD2C 型机车司机室

■ HXD2C 型机车转向架

■ HXD2C 型机车车灯

■ HXD2C 型机车车钩与固定重联线

HXD2C 型电力机车外观示意图

■ HXD2C 型 0001 号机车外观示意图

■ HXD2C 型 0221 号机车外观示意图，采用新 HXD2 型机车头型。

在新乡南站下行场刚刚摘车的两台新头型 HXD2C 型机车（2024.11）

HXD2C 型机车机械间

HXD2C 型机车制造信息铭牌

合式技术的缘润滑装置，可减少轮缘磨耗，以适应小半径曲线运行。

在电气设备方面，不同批次的 HXD2C 型机车在保持整车性能统一的前提下，分别采用了大连东芝电气公司提供的东芝牵引系统、江苏常牵庞巴迪牵引系统有限公司提供的庞巴迪牵引系统和永济新时速公司提供的“北车芯（NETC）”系统三种不同的牵引传动系统，于国内首次尝试在统一标准和技术条件下实现机车电传动系统的多家竞争供货，实现机车设计与制造的全面自主化和深度国产化。其中，东芝牵引系统采用两组电路结构完全相同的变流器，每组牵引变流器内设有三个独立的牵引电路。六组牵引电路和控制电路相对独立，分别由牵引变压器的六个牵引绕组供电，再分别给六个牵引电机提供交流变频电源，由此实现单轴独立控制。而庞巴迪电传动系统和北车芯系统结构基本相同，同样采用两组电路结构完全相同的变流器，每组牵引变流器由两个并联的四象限变流器、共用的中间直流电路和三个牵引逆变器及一个辅助逆变器组成。四个并联的四象限变流器分别由牵引变压器的四个牵引绕组供电，六组牵引逆变器和控制电路相对独立，以实现单轴独立控制。

在外观方面，早期的 HXD2C 型机车延续了“PRIMA”系列的经典头型结构和独具特色的波纹板侧墙，并采用了和谐系列货运电力机车蓝白色的标准涂装，单纯从外观看与 HXD2B 型机车几乎没有区别。自 0221 号机车起，HXD2C 型机车的外观设计有了明显变化，虽然侧墙依然保持着传统的波纹板结构，涂装也延续了和谐系列货运电力机车的标准蓝白色的标准涂装，但机车头型不再延续 PRIMA 机车经典的法式风格，改为与新 HXD2 型机车相同的头型结构，与早期机车区别明显。

配属与运用

2010 年 6 月，铁道部与同车公司正式签订了 220 台 HXD2C 型电力机车的采购合同，合同总价格超过 30 亿元，并于 2010 年 8 月起开始批量生产。2010 年 12 月，首批 HXD2C 型机车正式配属太原机务段，投入石太铁路货物运输的牵引任务。2011 年 5 月起，太原机务段所有 HXD2C 型电力机车陆

两种不同头型的 HXD2C 型机车停放在新乡机务段新南生产区（2024.11）

HXD2C 型机车牵引货物列车驶入新乡南站（2024.11）

HXD2C 型机车双机牵引货物列车驶过侯月铁路九女仙湖路段（2024.11）

HXD2C 0093 号机车牵引货物列车停靠在新乡南站（2024.11）

配属新乡机务段的 HXD2C 型机车段标

配属大同地方铁路的 HXD2C 型机车段标

续调拨给郑州铁路局新乡机务段，担当侯月—新（乡）荷（泽）兖（州）日（照）煤炭运输通道的重载货物列车牵引任务。部分 HXD2C 型机车也曾短暂配属郑州铁路局洛阳机务段。

2012 年至 2014 年，铁道部（中国铁路总公司）又分批次与同车公司签订了 115 台采用新头型的 HXD2C 型机车采购合同。连带首批采购的 220 台机车，国铁系统共计采购 HXD2C 型机车 335 台（车号 0001~0335），至 2016 年全部交付完毕。这 335 台机车中，共有 265 台采用大连东芝电气公司的电传动系统（车号 0001~0167，0221~0243，0251~0270，0281~0335），50 台采用大连东芝电气公司的电传动系统（车号 0168~0217），20 台采用北车芯（NETC）电传动系统（车号 0218~0220，0244~0250，0271~0280）。一款机车，两种头型，三种电传动系统，这种“两面三芯”的外观与系统也成为 HXD2C 型机车最大的特点与不同。

目前，国铁集团所属的全部 335 台 HXD2C 型机车全部集中配属新乡机务段，除侯月—新焦—新兖—兖石铁路通道外，还以新乡为支点，在焦柳铁路月山—洛阳北—襄阳北、京九铁路菏泽—阜阳北和陇海铁路商丘北—徐州北等区段牵引货物列车。

除此之外，中国铁路太原局集团有限公司下辖非全资子公司——大同地方铁路有限责任公司，也于 2014 年采购了 40 台 HXD2C 型机车（车号 7001~7040），并租赁给太原局集团运用。这 40 台机车名义上属于地方采购，因此采用了地方铁路 7000 系的车号序列，但实际运用中配属侯马北机务段，在南同蒲铁路侯马北—太原北间执行货物列车牵引任务。

2014 年后，中国铁路总公司逐步调整技术政策，新造八轴货运电力机车只保留 HXD1 与 HXD2 两款车型，新造六轴货运电力机车则只保留 HXD1C 与 HXD3C 两款车型。中车大同公司通过技术平移批量生产 HXD3C 型六轴货运电力机车，HXD2C 型机车则逐渐停产。

HXD2C 7007 号机车停放在侯马北机务段介休整备车间内（2024.11）

侯月铁路上的 HXD2S 型机车牵引货物列车驶出太行山（2024.11）

夕阳下，HXD2C 型机车牵引货物列车行驶在新菏铁路上（2024.11）

永磁直驱的技术储备

HXD2D 型电力机车

下线时间	2013 年
最高速度	160km/h
轴式	C0–C0
机车功率	7200kW
制造工厂	中车大同

永磁直驱 HXD2D 0001 号机车停放在中车大同公司内（2022.7）

HXD2D 型电力机车是中车大同公司在 HXD2 型机车技术平台基础上生产的 160km/h 交流传动快速客运电力机车，后经技术改造成为我国首款永磁直驱客运电力机车。

北车集团高速机车的探索

2005 年 10 月，为了在铁路技术装备“引进、消化、吸收、再创新”的过程中占据更多主动，中国北车集团启动了“大功率交流传动电力机车牵引及控制系统研制”项目，由同车公司、永济电机和大连电牵等单位成立联合项目组，开展大功率交流传动电力机车牵引及控制系统的研制。同时，北车集团决定研制一台时速 200km、轴功率 1600kW 的移动装备为平台，用来验证这项电力牵引核心技术的研究成果。

停放在中车大同公司内的 DJG2 型 200km/h 交流传动客运机车（2022.7）

2009 年 12 月，北车集团主导的大功率交流传动电力机车牵引及控制系统研制项目通过评审，并于2010年在同车公司成功装车。试验机车被命名为DJG2型，其中“D”代表电力机车、“J”代表交流传动、“G”代表高速机车。DJG2型电力机车采用B0-B0轴式，应用了当时世界上电压等级最高的IGBT器件，牵引变流器的输出功率达到1640kW，单轴轮周功率1600kW，整车功率6400kW，最高设计速度200km/h，最高理论试验速度可达220km/h。由于这台机车只是北车集团主导的技术研发项目，且当时铁道部发展交流传动电力机车主要侧重牵引货物列车，因此DJG2型电力机车未能出厂，试验后便封存在同车公司至今。但这台试验机车在当时不仅成为北车集团高速机车新的探索，也为日后应用于“北车芯”牵引系统的成功研制打下了基础。

■ 下线初期的HXD2D 0001号机车在国家铁道试验中心（2015.12）

HXD2D型机车的研发

2007年铁路第六次大提速后，铁道部着力在提速后的既有线开行200km/h动车组列车，并开始大规模修建高速铁路。在这一背景下，通过“引进、消化、吸收、再创新”方式生产的交流传动电力机车全部为120km/h货运电力机车或客货两用电力机车。140~160km/h提速客车则由原有的直流传动快速客运电力机车担当。2011年后，由于多重原因，铁道部技术政策出现调整，决定在既有提速铁路和部分客运专线上增开160km/h提速列车，因此急需开发新一代160km/h级交流传动提速客运电力机车。在这一背景下，2012年，同车公司与铁道部签订了《机车车辆关键技术自主创新深化研究——160km/h交流传动电力机车关键技术研究》科技开发研究合同，研发HXD2D型交流传动客运电力机车（也称和谐2D型电力机车）。

■ HXD2D型机车转向架

■ HXD2D型机车制造信息铭牌

■ HXD2D型机车正面

HXD2D型电力机车外观示意图

■ HXD2D型机车外观示意图

HXD2D型机车是在“同车公司HXD2系列机车技术”平台基础上，通过自主创新和集成设计研发而成的六轴交流传动快速客运电力机车。机车采用C0-C0轴式，单轴功率1200kW，整车持续功率7200kW，最高运行速度160km/h，最高试验速度为176km/h，轴重21t。

整体布局方面，HXD2型机车为双司机室布局，机械间设中间走廊，设备按斜对称原则布置。预布线和预布管设计则便于检修维护。采用侧墙独立通风方式，机械间设有差压传感器以及冬夏季调节转换装置，可改善机车运用环境。机车走行部为两台三轴转向架，驱动系统采用六连杆空心轴传动，牵引电机为架悬挂。牵引装置采用中间推挽式低位牵引杆结构；基础制动为轮盘制动。电气系统方面，HXD2D 型机车使用 IGBT 元件组成水冷变流器，变流器系统采用此前已在 HXD2C 和新 HXD2 型机车上成功应用的“北车芯（NETC）”系统。采用大扭矩三相交流异步牵引电机，具有功率大、恒功率速度宽、黏着性能好、功率因素高、能耗低等特点。机车网络控制系统采用原北车集团自主研发的微机网络控制单元，可实现整车控制、检测、诊断和辅助维护等功能。同时，HXD2D 型机车设有列车供电柜，拥有两路独立的 DC600V 供电电路，是 HXD2 系列机车中唯一具备向旅客列车供电能力的机型。

2013 年 9 月，首台 HXD2D 型机车样车在同车公司下线。机车采用了红色，这一和谐系列交流传动客运电力机车的主色调，辅以黑色和灰色作为配色，头型则采用圆润设计，亦不失刚劲。不过，HXD2D 型机车颇有些“生不逢时”。2013 年后，中国铁路总公司技术政策逐步调整，交流传动电力机车由此前的 HXD1、HXD2 与 HXD3 三大技术平台，逐步调整为六轴、八轴货运电力机车和六轴客运电力机车分别只保留两种技术平台。此时，HXD1D 与 HXD3D 型机车已完成试验并开始批量生产。因此首台 HXD2D 下线后一直存放在同车公司厂内，直到 2015 年底才在车身正式喷涂 HXD2D 0001 号的车型车号，并赴北京国家铁道试验中心开展型式试验。2018 年，HXD2D 0001 号机车赴宝鸡进行线路试验，随后返厂拆解。

■ 永磁直驱 HXD2D 0001 号停放在国家铁道试验中心（2020.4）

■ 永磁直驱 HXD2D 型机车转向架

■ 永磁直驱 HXD2D 制造信息铭牌

■ 永磁直驱 HXD2D 型机车侧墙

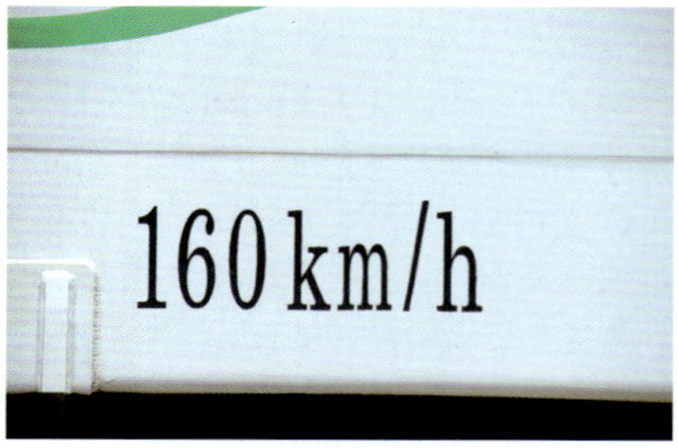

■ 永磁直驱 HXD2D 型机车速度信息

永磁直驱 HXD2D 型电力机车外观示意图

■ 永磁直驱 HXD2D 型机车外观示意图

首台永磁直驱电力机车

2018 年前，中国铁路所有交流传动机车均采用异步电机驱动技术。由于异步电机驱动系统中存在齿轮箱，不可避免有约 2% 的齿轮传动效率损失，也存在驱动噪声、润滑、密封等方面的问题。近年来，随着高性能永磁材料技术的发展，永磁同步电机技术已从基础研究转向产品的推动应用阶段。永磁电机本身具有结构简单、功率因数高的优点，并可通过挠性板联轴器实现轮对直驱，取消齿轮箱，

■ 永磁直驱 HXD2D 型机车正面

■ 永磁直驱 HXD2D 型机车落车（中车大同公司提供）

■ 永磁直驱改造后的 HXD2D 0001 号机车（2023.8）

因此永磁直驱技术也被认为是下一代驱动技术的发展方向。此前，中国已研制出应用永磁电机的城轨样车，但采用永磁直驱技术的大功率机车还是空白。

在此背景下，2017 年 10 月，中车大同公司联合中车永济电机公司与中国铁路总公司签订了《机车车辆关键提升研究——大功率机车永磁直驱驱动技术研究》科技研发计划课题合同，着手研究永磁直驱电力机车。2018 年 5 月，“交流传动电力机车装用永磁直驱系统设计方案”在永济电机公司获得通过。2018 年 11 月 1 日，换装了全新永磁直驱牵引系统的 HXD2D 0001 号机车下线，正式开启了中国铁路技术装备的永磁直驱新时代！

永磁直驱 HXD2D 型机车主要技术参数未作大的调整，采用 C0-C0 轴式，单轴功率 1200kW，整车持续功率 7200kW，最高运行速度 160km/h。机车主电路延续了 HXD2D 型机车成熟的两整三逆共用中间回路的电路结构，每台机车设有两台变流柜。同时变流器的中间回路给机车辅助变流器提供电源。为避免极端工况下永磁电机反电势冲击牵引逆变器，牵引逆变器与牵引电机间增设了隔离接触器。永磁电机采用卧式、内转子、空心轴结构，两端轴承支撑安装。冷却方式为定子强迫风冷、转子封闭结构。电机通过端面齿传力盘与挠性板联轴器连接。永磁直驱驱动系统采用挠性板联轴器的直驱传动结构。联轴器一端与车轮连接，另一端与电机输出轴连接，牵引电机输出的扭矩通过挠性板联轴器直接传递至车轮，取消了齿轮箱。

外观方面，永磁直驱改造后的 HXD2D 0001 号机车保留了原车的车体结构，涂装则改为纯白底色和绿色配色涂装，加之绿色树叶的变形腰线，寓意“静享清新，亲近自然”。2019 年，永磁直驱 HXD2D 型机车前往北京国家铁道试验中心开展型式试验。2021 年 11 月，永磁直驱 HXD2D 型机车前往宝鸡，在西安局集团管内陇海铁路宝天段、西宝段和银西高铁进行了荷载牵引、曲线通过、逐级提速和冲高等试验，最高速度达到 176km/h，技术状态良好。试验证明，改用永磁直驱技术后，机车效率由 85% 提升至 90%。取消齿轮箱后，直驱联轴器结构简单，装配及拆卸方便，不再需要更换橡胶关节、齿轮油等工作，免维护周期可达 C6 修，可有效降低全寿命周期维护成本。

大连厂与东芝公司的合作结晶

HXD3 型电力机车

下线时间	2006 年
最高速度	120km/h
轴式	Co-Co
机车功率	7200kW
制造工厂	中车大连、中车大同、二七机车、日本东芝

HXD3 0765 号机车停放在迎水桥机务段（2024.9）

HXD3 型电力机车是由中国铁路在“引进先进技术、联合设计生产、打造中国品牌”方针原则下首批引进的三款电力机车之一，由中车大连机车车辆有限公司和日本东芝公司联合设计生产，是中国首款批量生产的六轴交流传动电力机车。

首款六轴和谐电力机车

进入 21 世纪后，此前国内内燃机车制造的龙头企业——大连机车车辆厂开始布局转型生产电力机车。2001 年，大连厂通过技术平移方式制造了首台 SS4G 型交直传动电力机车。此时，株洲厂和大同厂已开始着力研发 200km/h 交流传动四轴客运电力机车。为了实现错位竞争，2001 年 6 月，大连厂向铁道部提出研发六轴交流传动货运电力机车申请。2002 年 9 月，已改名为中国北车集团大连机车车辆有限公司的大连厂与日本东芝公司共同出资，在大连保税区成立了大连东芝机车电气设备有限公司，为新型交流传动电力机车提供牵引变流器等技术设备。2003 年 12 月 31 日，连车公司与东芝公司合作生产的首台交流传动电力机车——SSJ3 型电力机车下线，实现了交流传动货运电力机车零的突破。

HXD3 型机车正面

在连车公司自行研制 SSJ3 型机车的同时，铁道部提出“跨越式发展”思路，力求短时间内缩小铁路机车车辆装备与国际先进水平的差距。2003 年 11 月 29 日，铁道部部长办公会审议通过《加快机车车辆装备现代化实

■ 曾定型为 DJ3 的首台原装进口 HXD3 停放在连车公司内（关宏 摄 2006.7）

■ 首台原装进口车的东芝制造铭牌及时间（关宏 摄）

■ 生产中的 DJ3 型电力机车（关宏 摄）

DJ3 型电力机车外观示意图

■ DJ3 型机车外观示意图

施纲要》，要求在立足国产化的同时，系统引进先进技术，推动自主创新，加快实现机车车辆装备现代化。国家层面，2004 年 1 月 7 日，国务院常务会议通过了《中长期铁路网规划》，提出了“快速扩充铁路运输能力，快速提高铁路技术装备水平”两个核心目标。同年 4 月 1 日，国务院常务会议研究通过了铁路机车车辆装备现代化实施方案，明确了“引进先进技术、联合设计生产、打造中国品牌”的基本原则，重点扶持国内六家机车车辆制造企业，采取引进少量原装进口、国内散件组装和国内生产的项目运作模式。

由于在 SSJ3 型机车项目上已有先期合作，作为选定的六家机车车辆制造企业之一，连车公司在铁道部的安排下，与日本东芝公司在新框架下开始了进一步合作。2004 年 10 月 27 日，铁道部与连车公司和东芝公司联合体在北京签订了《大功率交流传动电力机车采购和技术引进项目》合同，联合体共同获得了 60 台六轴大功率交流传动货运电力机车的订单，合同总金额 12.4 亿元人民币。其中中方为 5.5 亿元人民币，日方约 6.9 亿元人民币。

根据合同规定，首批 60 台机车分为三个阶段生产。其中首 4 台机车（车号 0001~0004）由大连机辆公司提供车体、转向架等部件，东芝公司总装，并整车进口至中国；12 台机车（车号 0005~0016）为散件进口国内组装，由东芝公司提供核心电气设备，连车公司负责车体、转向架等系统的制造和整车组装；最后 44 台机车（车号 0017~0060）为国内制造，国产化率可达 85%。

2005 年，六轴大功率交流传动货运电力机车项目进入执行阶段，车型初定为 DJ3 型。同年，车体、转向架等由连车公司生产的进口机车协作件完工并发往日本组装。2006 年 3 月 5 日，首台进口 DJ3 型机车抵达连车公司，开始进行改造和再组装。7 月 13 日，首台机车完成厂内试验，赴北京国家铁道试验中心进行限界、电磁兼容、车载网络和主电路保护等第一阶段型式试验。随后，DJ3 0001 号机车赴新乡机务段，在京广、太焦和新焦铁路上完成了机车在 23t 和 25t 轴重下的运行安全性、平稳性和曲线通过能力等线路试验，最高运行速度达到 132km/h。最后，DJ3 0001 号机车再次回到国家铁道试验中心，完成了 23t 和 25t 轴重下的牵引性能、制动性能试验和雷电冲击试验等第二阶段型式试验，总试验项目达到 33 项。

2006 年 9 月 5 日，首台国产化 DJ3 型机车（DJ3 0017）完成总组装。2006 年 10 月，DJ3 型机车短暂改型为 SL1 型（神龙 1 型），车身涂装也从 DJ3 的白绿相间调整为蓝底白字，并在车身侧面绘有书法字体的“神龙”二字。2006 年 11 月，铁道部将通过

■ 曾改型为 SL1 的首台国产化 HXD3 0017 号机车（关宏 摄 2006.7）

■ 定型神龙型机车时的车身书法（关宏 摄）

■ SL1 型电力机车车钩与风管（关宏 摄）

引进消化吸收生产的新一代国产大功率交流传动机车统一命名为“和谐”型，连车公司生产的 DJ3 型机车最终定型为 HXD3 型电力机车（也称和谐 3 型电力机车）。其中“HX”是“和谐”的汉语拼音首字母缩写、“D”代表电力机车、“3”则为连车公司的生产厂商代号。短短几个月内，首台机车也经历了由 DJ3 0001 到 SL1 0001 再到 HXD3 0001 的改变。

由于 SSJ3 型机车的研发与合作基础，HXD3 型机车自项目伊始便进展迅速。2006 年 12 月 8 日，首批 HXD3 型机车下线仪式在大连举行。至 2006 年底，连车公司已完成总装 45 台。2007 年 1 月，首批 HXD3 型机车配属到段并投入运用。2007 年 3 月，首批 60 台 HXD3 型机车全部交付，是中国铁路通过引进消化吸收生产的新一代国产大功率交流传动机车中，首款批量投入运用的车型。

作为首款下线的交流传动货运机车，HXD3 型机车还参与了多次货物列车牵引试验。2007 年 5 月，HXD3 0003 号和 0009 号机车参与了京沪、陇海、胶济、沪昆等线路的双层集装箱列车牵引试验。同年 7 月，HXD3 0018 号机车参与了丰台西—石家庄间的罐车提速试验。两次试验最高速度都达到 132km/h，验证了新一代货运列车机车车辆提速运行的可行性。

2007 年 1 月，首台国产化 HXD3 0017 在国家铁道试验中心完成型式试验，各项性能优良。2008 年 9 月 25 日，连车公司和东芝公司合作生产的首批 60 台 HXD3 型机车通过了铁道部运输局组织的《技术转让合同》考核验收。2008 年和 2010 年，HXD3 型机车分别荣获中国铁道学会科学技术一等奖和国家科学技术进步一等奖。

SL1 型电力机车外观示意图

■ SL1 型机车外观示意图

HXD3 型机车主要技术概况

HXD3 型机车是在 SSJ3 型机车基础上，结合日本东芝公司 EH500 型电力机车成熟技术平台研发生产的大功率交流传动货运电力机车。机车采用 C0-C0 轴式，单轴牵引功率 1200kW，整车持续功率 7200kW，最高运行速度 120km/h，是中国铁路首批三款引进技术生产交流传动电力机车中唯一一款六轴机车。机车标准轴重为 23t，可以通过增加压铁提高到 25t。为满足国内全境范围运用的需求，机车可适应 -40℃ ~ 40℃的环境温度。

外观方面，HXD3 型机车延续了 SSJ3 型机车的外观与头型结构，涂装则为和谐系列交流传动货物运电力机车标准的蓝白涂装，车头和侧面则用红色字体书写有汉字“和谐”与机车车型车号。车体采用框架式整体承载结构及模块化设计，两端各设有一个司机室；机械间设备以平面斜对称

HXD3 型机车牵引旅客列车行驶在陇海铁路宝兰段（2010.10）

HXD3 0215 号机车牵引行包列车行驶在京广铁路浉河大桥上（2009.7）

HXD3 型机车牵引旅客列车通过京广铁路郑州黄河大桥（2011.4）

HXD3 型机车双机重联牵引货物列车运行在宝成铁路神沙河大桥上（2010.6）

■ HXD3 0114 号机车行驶在京广铁路信阳段（2010.4）

■ HXD3 型机车司机室

■ HXD3 型机车转向架

■ HXD3 型机车机械间

■ HXD3 型机车车钩和风管

HXD3 型电力机车外观示意图

■ HXD3 型 0001 号机车外观示意图

■ HXD3 型 0480 号机车外观示意图，车顶空调有所不同

布置为主，屏柜化成套安装，并设宽700mm 的中央通道。每台机车车顶设有两台 DSA-200 型单臂式受电弓，高压隔离开关、真空断路器等高压设备也布置在车顶上方。机车采用车体独立通风方式，维持机械间呈微正压并实现司机室换气，可改善机车防尘效果及防寒性能。走行部方面，每台机车装有两台结构相同的C0转向架，牵引电机采用滚动抱轴承半悬挂结构，基础制动装置采用轮盘制动，装有轮缘润滑装置。牵引力和制动力通过低位推挽式水平牵引拉杆传递，确保机车具有良好的黏着性能。

电气设备方面，每台 HXD3 型机车装有两套牵引变流装置，每套牵引变流装置内都包括三组牵引变流器和一组辅助变流器。每组牵引变流器由一个四象限整流器、一个中间直流电路和一个电压型 PWM 牵引逆变器组成，并分别对应一台牵引电机。牵引变压器的六个次边牵引绕组分别向六条相同的交—直—交电路供电，实现牵引电机的单轴独立控制。HXD3 型机车采用永济电机生产的 YJ85A 型鼠笼式三相异步牵引电机，额定功率为1250kW。采用微机网络控制系统，实现了逻辑控制、自诊断功能，并可实现机车的网络重联功能。

配属与运用

HXD3 型机车技术稳定，性价比高。加之与为大秦铁路重载运输专门研制的 HXD1、HXD2 型机车不同，HXD3 型机车定位于牵引普通干线电气化铁路重载列车，因此需求巨大。2006 年 5 月，在首批 60 台机车还未下线前，连车公司便再次获得铁道部180 台 HXD3 型机车采购合同。经原北车集团内部协调，同属原北车集团的北京二七机车厂（简称二七厂）也在连车公司的技术支持下，开始组装和制造 HXD3 型机车。2006 年 12 月28 日，首台由二七厂组装的 HXD3 型机车下线，车号与连车公司生产的HXD3 混排。

HXD3 0818 号机车牵引货物列车驶过京沪铁路张夏站（2015.5）

2008 年 2 月，连车公司获得铁道部 400 台 HXD3 型机车订单。2009 年 10 月，北车公司再次获得铁道部 400 台 HXD3 型机车订单。在这批订单中，除连车公司和二七厂外，同为北车集团旗下的同车公司也获得了 150 台 HXD3 型机车订单，车号由 8001 起排。2010 年 6 月，连车公司再次获得铁道部 390 台 7200kW 机车订单，其中 350 台为带有列车供电装置的 HXD3C 型客货通用电力机车，其余 40 台 HXD3 型机车则全部交由二七厂生产。

随着 HXD3C 型机车的量产，2012 年二七厂最后一批 40 台 HXD3 型机车交付完毕后，HXD3 型机车也随之停产。从 2006 年到 2012 年的 6 年间，HXD3 型机车累计生产达 1090 台，成为国内首款产量破千的和谐型交流传动机车。其中，连车公司和二七厂共生产 940 台（车号 0001~0940，含二七厂组装生产的 213 台），同车公司生产 150 台（车号 8001~8050）。

在运用方面，HXD3 型机车在下线初期主要配属上海铁路局南京东机务段和武汉铁路局江岸机务段，用于京沪铁路济南西—南京东—南翔段和京广铁路最繁忙的郑州—武汉段。2008 年下半年，丰台机务段也开始配属 HXD3 型机车，用于京广铁路丰台西—郑州北段和京沪铁路丰台西—济南西段。2009 年 4 月，为支持四川汶川大地震的灾后重建，西安局新丰镇机务段调入部分 HXD3 型机车，用于西康、襄渝铁路货运增量和宝成铁路秦岭北坡段补机牵引任务，HXD3 型机车第一次投入西北地区运用。

虽然是一款货运机车，但最高速度 120km/h 的 HXD3 型机车同样具备牵引非提速旅客列车的能力。2008 年春运时，HXD3 型机车首次执行临时旅客列车牵引任务，开启了和谐型机车牵引旅客列车的先河。2008 年下半年，随着直供电 25G 型列车的增加，SS8、SS9 和 SS7E 等交直流传动客运机车需要转而牵引直供电旅客列车。此时，交直流传动客运机车已全面停产。为了弥补客运机车的不足，部分客运机务段开始转配或临支 HXD3 型机车，用于牵引 120km/h 级非直供电旅客列车。2008 年 12 月起，上海机务段率先开始支配南京东机务段的 HXD3 型机车，担当部分沪昆铁路上海南至株洲间的旅客列车交路。2009 年 4 月，合宁—合武与石太客运专线开通时，除直供电列车外，运行其上的其他普速旅客列车也全部由 HXD3 型机车担当。在客货通用 HXD3C 型机车大规模配属前，沈阳、北京、郑州、南昌、上海、西安、兰州西、西安、长沙等客运机务段都曾配属或支配 HXD3 型机车，牵引非直供电旅客列车。

2009 年后，6 轴 9600kW 的 HXD1B、HXD2B 与 HXD3B 型机车开始大量交付，京沪铁路全线和京广北段等干线铁路实现动力升级，HXD3 型机车则逐步调往西部地区。2012 年 HXD3C 型机车批量配属后，HXD3 型机车也逐步退出了旅客列车牵引交路。截至 2024 年 2 月，全路 HXD3 型机车已集中配属在济南西、青岛、哈尔滨、邯郸、洛阳、新丰镇和迎水桥等 7 个机务段，主要在京沪（济南局管内）、胶济、蓝烟、滨洲、邯黄、陇海（郑州—西安间）、宝成、包西、太中银和包兰铁路迎水桥—银川等线路和区段运行。

HXD3 型机车迎着朝阳牵引旅客列车行驶在西长铁路上（2012.12）

HXD3 型机车牵引旅客列车行驶在宁蓉铁路合宁段上（2010.7）

HXD3 型机车双机重联牵引货物列车驶出包西铁路神木西站（2021.8）

庞巴迪技术的落地与吸收

HXD3B 型电力机车

下线时间	2008 年
最高速度	120km/h
轴式	Co-Co
机车功率	9600kW
制造工厂	中车大连

■ HXD3B 0030 号机车停放在丰台机务段内（2010.3）

HXD3B 型电力机车是中车大连公司与庞巴迪公司联合开发的六轴 9600kW 电力机车，是中国铁路首款下线的六轴 9600kW 电力机车，也是国内唯一一款引进庞巴迪技术平台开发的铁路机车。

来自庞巴迪的技术加持

在引进首批三款交流传动和谐型机车后，为快速提高铁路装备水平，进一步提升既有铁路干线货物运输能力，铁道部于 2006 年制定了六轴 9600kW 大功率交流传动电力机车的技术方案，旨在打造全球轴功率最大的电力机车。其中，株机公司和同车公司分别在原有 HXD1 与 HXD2 型机车平台上，与外方企业继续合作，开发 HXD1B 与 HXD2B 型机车。而同车公司则在铁道部的统筹安排下，改为与庞巴迪公司合作，通过六轴 9600kW 机车项目的合作，全面引进消化吸收庞巴迪先进机车技术平台。

■ HXD3B 型机车正面

2007 年 2 月 11 日，铁道部、中国技术进出口总公司与同车公司、庞巴迪公司在北京签订了 500 台 HXD3B 型六轴 9600kW 货运电力机车（也称和谐 3B 型电力机车）的采购合同。合同总价值 113 亿元人民币（含庞巴迪公司 3.7 亿欧元份额），并包含技术转让协议。根据合同规定，HXD3B 型机车由同车公司自主设计制造，庞巴迪公司提供技术支持。机车的牵引及控制系统由庞巴迪公司提供，除初期部分设备在欧洲工厂生产外，其余由庞巴迪在中国的合资公司——江苏常牵庞巴迪牵引系统有限公司生产，实现核心装备的国产化。

HXD3B 型机车采购合同签署后，项目进入快速推进阶段。2008 年 9 月，机车进入试制阶段。2008 年 12 月 29 日，首台 HXD3B 机车下线剪彩，成为中国铁路首款下线的六轴 9600kW 电力机车。在完成厂内调试后，HXD3B 0001 号机车于 2009 年 2 月 7 日在沈大铁路大连—瓦房店区间进行了首次正线牵引试验。2 月 14 日，HXD3B 0001 号机车被送往国家铁道试验中心进行型式试验。同年 4 月，HXD3B 0001 号机车先后前往广铁集团管内京广、沪昆铁路和太原铁路局管内北同蒲铁路，进行了高速动力学试验和小曲线动力学试验等牵引试验。2009 年 7 月，HXD3B 完成全部型式试验，9 月起开始批量生产。

■ HXD3B 0034 号机车牵引货物列车接近黄村站 (2011.6)

■ HXD3B 型机车司机室

■ HXD3B 型机车转向架

■ HXD3B 型机车机械间

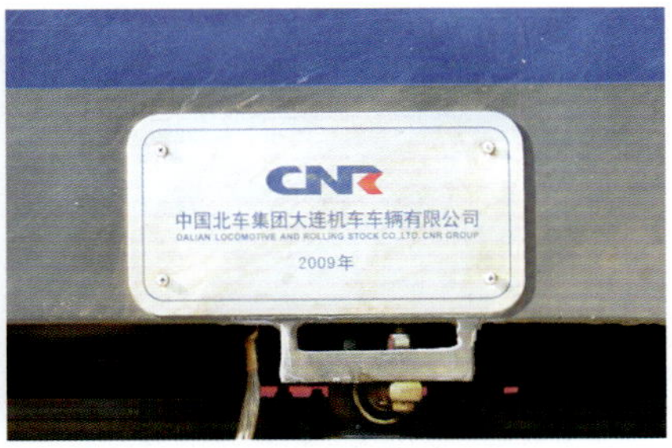

■ HXD3B 型机车制造信息铭牌

HXD3B 型机车主要技术概况

HXD3B 型电力机车是以 HXD3 型电力机车为技术平台，并借鉴了庞巴迪公司为瑞典卢基矿业公司（LKAB）制造的 IORE 型电力机车的先进技术。机车采用 C0-C0 轴式，单轴功率 1600kW，整车功率 9600kW，最高运行速度 120km/h，轴重 25t。机车最大启动牵引力 570 kN，最大再生制动力 480kN，具有单机功率大、牵引再生制动能力强、节能环保、维护量少等特点。

外观方面，HXD3B 型机车参考了原型车的头型结构，拥有相对分明的棱角和细节处的圆滑过渡，更加富有货运电力机车的刚劲气势。涂装则延续了传统和谐系列货运电力机车蓝白相间的一贯风格。整体布局方面，HXD3B 型机车采用模块化设计，机车两端各设有一个司机室。机械间内设备沿 600mm 中间走廊两侧平行布置，采用导轨安装方式固定，主要技术设备斜对称布置。采用预布线、预布管技术，车内中间走廊的下层排列制动管路，中间层和上层排列动力电缆，控制导线及光缆排布在侧墙的线槽内，以降低电磁干扰，提高控制系统可靠性。机械间内设有高压柜，真空主断路器、接地开关、高压隔离开关等高压设备集成在高压柜内，极大地降低了雾、雪、粉尘等不良天气条件下高压设备的故障率。牵引变压器采用卧式悬挂结构，吊装于车底中部。机车走行部为两台结构相同的三轴转向架，采用整体辗钢车轮，基础制动方式为轮盘制动。牵引装置采用低位推挽式倾斜单牵引杆，牵引电机为滚动抱轴悬挂，单级斜齿轮传动。

HXD3B 型电力机车外观示意图

■ HXD3B 型机车外观示意图

HXD3B 型机车的交—直—交电传动系统采用 3 组 IGBT 水冷变流器。牵

■ 停放在苏家屯机务段中的 HXD3B 0322 号机车（2020.12）

引变压器次边六个独立的牵引绕组，分别向三台主变流器的六个四象限变流器供电，每两个四象限变流器并联后共用一个中间直流电路，每个中间直流电路同时向两个牵引逆变器供电。每台牵引逆变器对应一台牵引电机，实现单轴独立控制。牵引电机采用庞巴迪 Mitrac TM–3800 F 型四级三相鼠笼式异步电动机机，额定功率 1632kW。控制系统方面，HXD3B 型机车采用了庞巴迪 Mitrac 分布式微机网络控制系统，可实现逻辑控制、自诊断功能和机车网络重联功能。同时，机车还装备了 CCB II 制动系统，并预留了分布式动力控制系统 Locotrol 接口。

配属与运用

2009 年 10 月，HXD3B 0001、0002 号机车正式配属南京东机务段，在京沪铁路担当重载货物列车的牵引任务。根据最初规划，HXD3B 批量下线后将批量配属南京东机务段，替换原有 HXD3 型机车，在运输最为紧张的京沪铁路上担当货物列车牵引任务。但由于京九铁路北段（北京—南昌）电气化改造工程于 2009 年 12 月提前完成，铁道部决定调整首批 HXD3B 型机车配属。2009 年 11 月，首批 HXD3B 型机车抵达丰台机务段。HXD3B 0001、0002 号机车则在阜阳机务段进行司机教学后改配丰台机务段，与其他 HXD3B 型机车共同担当京九铁路北段丰台西 / 南仓—阜阳北间货物列车的牵引任务。

2010 年 2 月起，沈阳铁路局苏家屯、大连和锦州机务段也开始批量配属 HXD3B 型机车，投入京哈、沈大、沟海、沈山等铁路运用，在大连—沈阳—哈尔滨和沈阳—山海关间担当货物列车牵引任务。2010 年 7 月，北京铁路局石家庄电力机务段开始配属 HXD3B 型机车，在京九、石德等线路上牵引货物列车。2018 年大郑、平齐铁路完成电气化后，沈阳铁路局 HXD3B 交路延长至通辽、霍林河、白城和大安北等站，运行交路遍及沈阳局集团管内各条电气化铁路。

2012 年 2 月，500 台 HXD3B 型机车全部交付（车号 0001~0499，1893）。其中，HXD3B 1893 号机车作为第五代“毛泽东号”机车，于 2010 年 12 月 26 日投入使用。HXD3B 1893 号机车初期曾作为包乘机车担当京九铁路货物运输任务，2014 年 7 月 1 日后则改为牵引北京西—安庆的 K1071/1072 次旅客列车。这也是“毛泽东号”机车历史上首次图定牵引旅客列车。2014 年 12 月 26 日，“毛泽东号”换型为 HXD3D 1893 号机车。HXD3B 1893 号则纳入丰台机务段 HXD3B 机队，担当京九铁路货物运输交路。

■ 原“毛泽东号”HXD3B 1893 号机车段标铭牌

■ 原“毛泽东号”HXD3B 1893 号机车车号牌

■ 第五代“毛泽东号”HXD3B 1893 号机车牵引旅客列车行驶在京九铁路上（2014.11）

HXD3B 型机车牵引货物列车行驶在京沪铁路京津段（2020.8）

HXD3B 型机车在大安北站等待挂车（2023.7）

首款具备直供电功能的和谐型机车

HXD3C 型电力机车

下线时间	2010 年
最高速度	120km/h
轴式	Co-Co
机车功率	7200kW
制造工厂	中车大连、中车大同、中车二七

■ HXD3C 0945 号机车停放在北京机务段内（2014.11）

HXD3C 型电力机车是中车大连公司设计制造的六轴 7200kW 客货通用电力机车，也是和谐系列电力机车中首款具备向列车直供电能力的车型。

客货通用交流传动电力机车

2004 年第五次大提速后，随着采用机车直供电的 25T 型客车的成功运用，中国铁路包括 25T 型和 25G 型等新造客车全面转向 DC 600V 直供电制式，此前由空调发电车（KD）供电的 AC 380V 制式旅客列车几乎不再新造。但由于直供电技术发展较晚，当时中国铁路只有 SS7C、SS7D、SS7E、SS8、SS9（G）五款客运电力机车和 DF4DF、DF11G 两款客运内燃机车具备向旅客列车直供电的能力。而自 2006 年和谐系列交流传动电力机车的全面引进并批量生产后，中国铁路也不再采购交直传动的韶山系列客运电力机车。随着东部京沪、胶济、陇海等提速铁路的全面电气化，SS7E、SS8、SS9 等快速客运电力机车既要牵引提速列车，又要牵引直供电列车，日常运用已捉襟见肘。同时，空气弹簧、真空集便器和气动塞拉门等旅客列车新设备也需要具备双管供风能力的机车牵引，进一步加剧了客运机车运用紧张的状况。

■ HXD3C 型机车正面

为了缓解客运机车运用的紧张局面，2008 年 11 月起，上海铁路局率先将 HXD3 型机车投入沪昆铁路上海（南）—株洲间的图定旅客列车的牵引任务。2009 年春运后，江岸、丰台、南京东三个配属 HXD3 型机车的机务段也纷纷开始将其投入京沪、京广、沪昆等干线铁路图定旅客列车的牵引交路中。但HXD3型机车是作为货运机车研制，不具备向旅客列车供电能力，无法牵引直供电列车，应用范围受到限制。

鉴于当时铁路运输对直供电客运机车的迫切需求，2009年，连车公司开始在HXD3型和HXD3B型机车基础上，研发具备向DC 600V旅客列车供电能力的HXD3C型客货通用交流传动电力机车（也称和谐3C型电力机车）。2010年3月16日，HXD3C型机车通过铁道部组织的设计评审会；4月1日，车体下料开工；6月3日进入总组装；6月30日机车座轮，机车总组装完成，正式下线。在厂内完成总装、调试和整车试验后，首台机车于7月24日上线试运行。8月2日，HXD3C型机车样车开始在国家铁道试验中心进行整车型式试验。期间，HXD3C 0001、0002号两台样车还分别在新乡、沈阳等地进行了客货列车牵引等线路试验，最高试验运行速度达到132km/h。10月底，全部型式试验和列供试验完成，机车各项指标满足设计要求。

HXD3C型机车主要技术概况

HXD3C型机车是以HXD3型货运电力机车技术平台为基础，借鉴HXD3B型机车先进技术和设计理念研发生产的客货通用大功率交流传动电力机车。机车主要技术参数与HXD3型机车基本相同，采用C0-C0轴式，单轴功率1200kW，整车持续功率7200kW，最高运行速度120km/h，轴重设计为23t和25t可调节模式。牵引旅客列车时，HXD3C型机车轴重为23t，启动牵引力520kN，最大再生制动力370kN，是世界范围内启动牵引力最大的客运电力机车。牵引货物列车时，HXD3C型机车可将轴重增加至25t，启动牵引力可达570kN，最大再生制动力400kN，具备牵引5000~6000t货物列车的能力。同时，HXD3C型机车借鉴了SS9型机车成熟的列车供电技术，通过增加变压器供电绕组、列车供电柜、供电连接器、客货转换开关和双管供风等设备，可向旅客列车提供风源和DC 600V电源，具备牵引提速列车和直供电列车能力，是首款真正意义上具备旅客列车牵引能力的和谐型电力机车。

■ HXD3C 0086号机车牵引旅客列车行驶在太焦铁路上（2011.5）

■ HXD3C型机车司机室

■ HXD3C型机车转向架

■ HXD3C型机车受电弓

■ HXD3C型机车供电插座

HXD3C型电力机车外观示意图

■ HXD3C型机车外观示意图

HXD3C型机车牵引传动系统采用交—直—交电传动形式，采用IGBT水冷变流机组、矢量控制等技术，具有牵引力大、恒功率速度范围宽、功率因数高等特点。机车主电路结构与HXD3型

HXD3C 0513 号机车牵引客车驶过京包铁路鸡鸣山脚下（2013.4）

机车基本相同，牵引变压器次边6个独立的牵引绕组分别向2个牵引变流柜的6个四象限牵引变流器供电，6个四象限牵引变流器独立向6台牵引电机供电，实现机车单轴独立控制。牵引电机采用在HXD3型机车基础上改进的YJ85A1型鼠笼式三相异步牵引电机，额定功率为1250kW。走行部方面，HXD3C型机车装有两台结构相同的三轴转向架，延续了HXD3型机车的主要结构与驱动装置。每台转向架由构架、轮对装配、轴箱、电动机悬挂装置、基础制动装置、支承装配、牵引装置和附件装配等组成。牵引电机采用滚动抱轴承半悬挂结构，牵引力的传递采用低位牵引，保证机车具有良好的黏着性能。基础制动装置采用轮盘制动，停车制动采用储能制动器，装有轮缘润滑装置。

在牵引系统、制动系统和转向架等主要技术架构方面延续HXD3型机车特点的同时，HXD3C型机车还借鉴了HXD3B型机车诸多先进设计经验。如采用预布管线设计将主电路、辅助电路、控制电路线缆分别布置于独立的线槽中，以降低电磁干扰，提高控制系统可靠性；设置高压电器柜，将真空主断路器、接地开关、高压隔离开关、避雷器、高压电压互感器、高压电流传感器等高压电器集成在高压柜内，从而极大地降低雾、雪、粉尘等条件下的高压设备的故障率，提高机车的可靠性；通风系统采用车顶夹层独立风道的通风技术，通风冷却系统通过顶盖夹层进风，牵引通风机组由6个改为2个，为列供系统的安装提供了必要的空间，在不改变机车长度的情况下具备了为列车供电等功能。这也让HXD3C型机车在HXD3型机车基础上提高了设计合理性和运用可靠性。同时，HXD3C型机车的外观也延续了HXD3B型机车的头型结构，总体风格棱角分明而细节之处圆滑过渡，只在车头色块和路徽、车号位置等方面有细节调整。

HXD3C型客运机车采用全新设计的JQFP-10160/25型主变流器，变压器次边设有2个列车供电绕组，分别向两个完全相同的列车供电柜供电。通过解耦设计，解决了牵引绕组、列车供电绕组的互耦问题。列车供电柜通过相控整流将供电绕组输出的单相交流电整流为稳定的DC 600 V电源，供电功率为2×400kW。两组供电柜相互独立，当一组故障时，另一组可以维持供电，以提高可靠性。由于主变压器需向供电绕组供电，当列供系统不工作时，机车可实现7200kW满功率牵引；当列供系统工作时，牵引功率则降低为6400 kW。

HXD3C 型机车制造信息铭牌

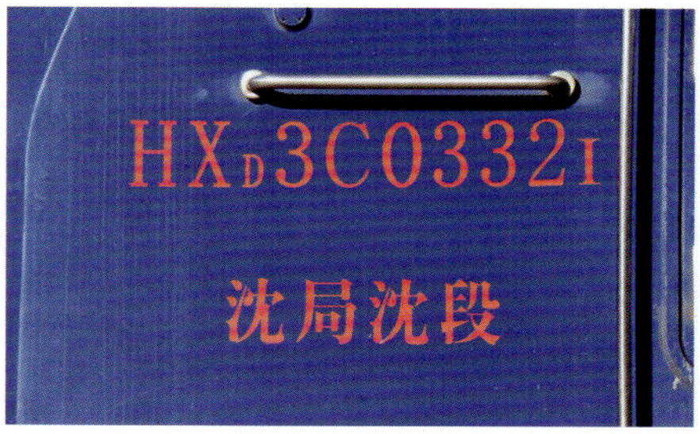

配属沈阳机务段的 HXD3C 型机车段标

HXD3C 0152 号机车牵引特快列车停靠宜万铁路野三关站（2011.6）

HXD3C 型机车牵引旅客列车驶过丰沙铁路落坡岭水库（2015.9）

HXD3C 型机车牵引旅客列车驶过鹰厦铁路来舟富屯溪大桥（2023.8）

HXD3C 型机车牵引快速列车行驶在陶赖昭松花江大桥上（2011.3）

HXD3C 0796 号机车牵引集装箱列车驶过武汉黄鹤楼（2021.6）

HXD3C 型机车牵引旅客列车行驶在峰福铁路车盘大桥上（2018.7）

配属齐齐哈尔机务段的 HXD3C A8166 号机车（2019.10）

纯货运版的 HXD3CA 型机车

2012 年，在最后一批 HXD3 型机车交付后，二七公司开始转产制造 HXD3C 型机车，自 6001 起编号。此时，HXD3C 型机车已批量生产数百台，HXD1D、HXD3D 等 160km/h 级客运电力机车也已下线，客运机车紧张状态已初步缓解。因此，二七公司生产的 HXD3C 型机车作为货运电力机车生产制造，未设置列车供电装置。2014 年起，连车公司也开始制造不带列车供电设备的 HXD3C 型货运机车，自 8001 起编号。为了便于区分带有列车供电的客运型和不带列车供电的货运型机车，无列车供电的 HXD3C 货运型机车车号前增加字母“A”，连车公司制造的首台车即为 HXD3C A8001 号机车。由于机车车身车型与车号连写，机车运用部门也习惯性称 HXD3C 型货运机车为 HXD3CA 型机车，以示区别。但严格意义上讲，HXD3CA 只是日常运用中的“俗称”，并非全新车型代号。

在技术方面，HXD3CA 型货运机车与 HXD3C 型客运机车仅在列车供电设备方面有所区别。除取消了列车供电柜、供电连接器、客货转换开关等列车供电相关设备外，HXD3CA 型机车选择了与 HXD3 型机车相近的 JQFP2-9000/25（DL）型主变压器，不再单独设置列车供电绕组，可满足货物列车牵引需要。

配属与运用

2010 年 6 月，铁道部与连车公司签订了首批 200 台 HXD3C 型机车供货合同，后追加 150 台，共计 350 台。2010 年 9 月 25 日，首批 HXD3C 型机车交付沈阳机务段运用。至 2010 年底，连车公司已下线 HXD3C 型机车 200 台。2011 年 6 月，首批 350 台 HXD3C 全部交付，极大地缓解了当时客运机车运用紧张的状况。

此后，HXD3C 型机车进入快速批量生产阶段。截至 2014 年底，国铁系统总计配属 HXD3C 型客运机车 1065 台（车号 0001~1065），成为继 HXD3 型机车后，第二款制造数量破千的和谐系列交流传动电力机车车型。大同地方铁路公司也于 2014 年起分批购买了 15 台 HXD3C 型客运电力机车（车号 7001~7015），由太原机务段支配使用，担当韩原铁路的客运列车牵引任务。2014 年后，随着 HXD1D 与 HXD3D 型 160km/h 客运电力机车的批量投产，

HXD3CA 型机车取消供电插座

HXD3CA 型机车机械间

HXD3C A8655 号机车牵引全列 JSQ6 凹底双层运输汽车专用车（2023.5）

HXD3CA 型机车双机重联牵引货物列车行驶在神大铁路秃尾河特大桥上（2021.7）

中车大同公司生产的 HXD3C A6188、A6168 号机车停放在大理机务段（2024.1）

老挝老中铁路公司所属的 HXD3CA 型机车双机重联牵引货物列车在磨丁口岸站整装待发（2023.3）

老中铁路公司车体侧面的 LCR 标志

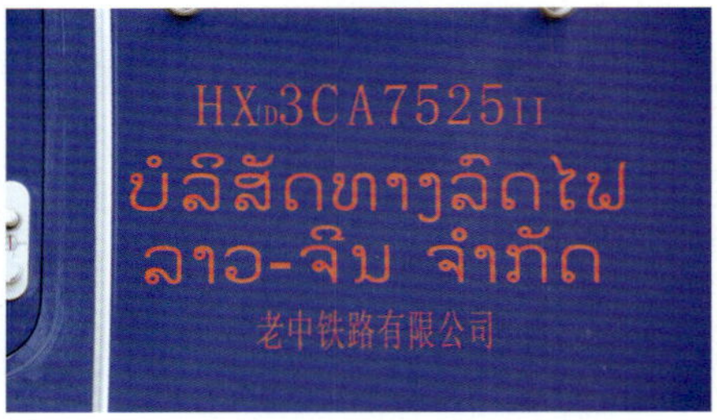

老中铁路公司 HXD3C A7525 号机车双语配属信息

除地方铁路需要外，国铁系统已不再采购 HXD3C 型客运机车。近年来，随着 CR200J 动力集中动车组的快速生产，客运机车数量相对富余，部分 HXD3C 型客运机车也在增加压铁后转为货运机车，与 HXD3CA 型机车混用。即使如此，HXD3C 型机车依然是目前中国铁路运用最为广泛的客运电力机车。除兰州局集团公司和青藏公司外，其他 16 个铁路局集团公司的 32 个机务段均有 HXD3C 型机车配属，广泛运用于国内各条电气化铁路干线上。

2014 年起，连车公司开始批量生产不带列车供电设备的 HXD3CA 型货运电力机车。2015 年后，中车大同公司通过技术平移方式开始生产 HXD3CA 型机车。截至 2024 年 11 月，国家铁路系统已累计配属 HXD3CA 型机车超千台。其中，中车大连公司生产 926 台（车号 A8001~A8926），二七公司生产 65 台（车号 A6001~A6065），中车大同公司生产 124 台（车号 A6101~A6214），分别配属哈尔滨、牡丹江、齐齐哈尔、丰台、邯郸、洛阳、襄阳、江岸、新丰镇、济南西、青岛、柳州、昆明、大理、乌鲁木齐和库尔勒等机务段，在滨洲、滨绥、京沪、京广、陇海、包西、焦柳、汉丹、胶济、湘桂、广大、中老昆万、南疆等多条铁路干线上担当货物列车牵引任务。国铁系统外，中车大连公司还为大同地方铁路公司、国能集团、大唐电力等地方铁路和专用铁路制造了近百台 HXD3CA 型机车，自 7501 起编号。其中，自 2022 年起，国能集团新朔铁路公司和相关联运单位购买了 48 台 HXD3CA 型机车，用于大准、准池等重载铁路煤炭运输。目前，HXD3CA 型机车仍根据需要持续生产，与 HXD1C 型机车共同成为中国铁路 6 轴交流传动货运机车的主型机车。

值得一提的是，HXD3C 型机车不仅行驶在中国的万里铁道线上，也同样作为主力机车运行在中老铁路老挝段（磨丁—万象）上。2021 年和 2023 年，老挝老中铁路公司共分两批购买了 6 台带直供电功能的 HXD3C 型客运电力机车（车号 7016~7021），以及 16 台不带直供电功能的 HXD3CA 型货运电力机车（车号 A7525~A7535、A7563~A7567），用于牵引中老铁路老挝段普速旅客列车和货物列车。与其他出口机车单独设置车型、车号不同，中老铁路老挝段运行的 HXD3C 与 HXD3CA 型机车采用了与中国铁路相同的车型和车号体系，列车涂装也延续了和谐系列货运电力机车的蓝白涂装，只是将车头的中国铁路路徽替换为老中铁路“LCR”的英文标识，以及将车身上的“和谐”汉字改为“LCR”英文标识。同时，机车内外部的信息标记等均采用中老两国文字，以方便老挝籍铁路司乘人员使用。

中车大连公司搬迁至旅顺新厂区前，在沙河口老厂区生产的最后一批 HXD3CA 型机车（2022.11）

■ 国能集团新朔铁路公司的 HXD3CA 型机车双机重联牵引返空列车行驶过大准铁路大红城站（2023.8）

■ HXD3CA 型机车驶出中老铁路友谊隧道（2023.3）

中车大连旗下客运电力机车的旗舰车型

HXD3D 型电力机车

下线时间	2012 年
最高速度	160km/h
轴式	Co-Co
机车功率	7200kW
制造工厂	中车大连、中车大同

■ HXD3D 型机车停放在北京机务段北京西车间（2014.5）

HXD3D 型电力机车是中车大连公司在 HXD3B 与 HXD3C 型机车基础上研制生产的六轴 160km/h 交流传动客运电力机车，是目前中国铁路快速客运机车的主力车型之一。

HXD3 技术平台 160km/h 客运机车

2006 年后，随着和谐系列交流传动电力机车的批量生产，铁道部下属的国家铁路系统原则上不再采购交直流传动电力机车。2007 年中国铁路第六次大提速和 2008 年京津城际铁路开通后，动车组和高速铁路逐渐成为铁路客运发展的主要方向，机车 + 车辆模式的传统旅客列车不再重点发展。京沪、胶济、东陇海、东沪昆（沪杭—浙赣）等东部干线全面电气化改造后，中国铁路只能依靠超长交路和货运电力机车替代等方式，缓解交直传动客运电力机车运紧张的状况。

实际上，早在 2007 年，中国北车集团便将 200km/h 六轴交流传动客运电力机车研发课题交由连车公司负责。2008 年至 2009 年，连车公司与庞巴迪公司合作，完成了 200km/h 六轴 9600kW 交流传动客运电力机车的技术研发，并上报铁道部有关部门。但此时铁道部基于动车组和高速铁路的发展趋势，将货运机车作为交流传动机车的发展重点，快速客运电力机车暂未列入明确研发计划。2010 年，HXD3C 型客货两用机车下线，部分 120km/h 级直供电列车转由 HXD3C 型机车牵引，客运机车紧张的状况

■ HXD3D 型机车正面

有所缓解。但大量 140~160km/h 级提速列车依然需要 SS7E、SS8 和 SS9 等交直传动客运电力机车牵引，且交直传动客运电力机车功率有限，难以在大坡道线路上牵引快速列车达速运行。例如太中银铁路开通后，此前由北京出发，经京广、陇海去往西安、兰州方向的部分提速列车，改由石太客专、太中银和包西铁路运行。因功率不足，SS7E 型机车牵引（直达）特快列车在石太客运专线部分长大坡道上的运行速度甚至低于 80km/h，已难以满足日常运输的需求。

2011 年初，铁路技术政策做出调整，利用既有铁路和部分新建客运专线大规模增开提速旅客列车被再次提上议事日程。此时，再重新生产技术落后的交直传动客运电力机车已不合时宜，铁道部也明确提出研发 160km/h 六轴 7200kW 交流传动快速电力机车，作为未来客运牵引的主力车型。在这一背景下，连车公司正式开始了 HXD3D 型 160km/h 交流传动电力机车（也称和谐 3D 型电力机车）的设计与研发。

2011 年 4 月，新型机车完成方案设计。7 月，连车公司组织召开了“160km/h 交流传动六轴 7200kW 客运电力机车”设计评审会。2011 年 11 月，机车通过铁道部科技司、运输局和计划司组织的《交流传动快速客运电力机车设计任务书》评审。同月，首台机车车体完成喷漆并进入总装厂房开始组装。2012 年 3 月，HXD3D 0001 号机车正式下线。2012 年 4 月，HXD3D 型机车样车发往北京国家铁道试验中心，开始型式试验。2012 年 8 月 10 日 ~14 日，HXD3D 在郑州局管内完成机车线路型式试验，最高速度达 176km/h。

HXD3D 型电力机车外观示意图

HXD3D 型机车样车外观示意图

HXD3D 型机车量产车外观示意图

HXD3D 型机车牵引旅客列车驶出北京（2019.5）

2011 年，铁道部下发了《关于明确新型机车车辆产品分类原则及运行考核作业考核里程和时间要求的通知》（铁科技【2011】206 号文），明确了新型号机车需进行为期 1 年及 30 万公里运用考核后方可批量生产。在完成线路试验后，HXD3D 0001、0002 号两台机车配属沈阳机务段，开始在沈大（大连—沈阳北）和京哈铁路（北京—沈阳—哈尔滨）上进行运用考核。2012 年 9 月 10 日起，HXD3D 0002 率先在沈阳—大连间牵引旅客列车试运行。2012 年 11 月 18 日起，HXD3D 0001、0002 两台机车开始在京哈铁路哈尔滨—北京间牵引 X105/6 次行邮列车。2013 年 1 月，HXD3D 0001 赴哈尔滨完成低温型式试验。2013 年 3 月，HXD3D 0002 转赴兰州西机务段，于同年 4 月起在兰新铁路兰州—嘉峪关间继续进行运用考核。2013 年 8 月，HXD3D 型机车顺利完成运用考核，于 9 月起交付使用并批量投入生产。

■ 采用样车涂装的 HXD3D 0001 号机车在国家铁道试验中心准备试验（2012.4）

■ HXD3D 型机车司机室

■ HXD3D 型机车转向架

■ HXD3D 型机车制造与维修信息铭牌

■ HXD3D 型机车受电弓

HXD3D 型机车主要技术概况

HXD3D 型电力机车是六轴交流传动快速客运电力机车，采用 C0-C0 轴式，单轴功率 1200kW，整车持续功率 7200kW，最高运行速度 160km/h，最高试验速度为 176km/h，最大启动牵引力 420kN，持续牵引力 324kN，轴重 21t，可在 -40℃ ~ +40℃环境温度下正常运行。HXD3D 型机车集合了 HXD3 系列电力机车的先进成熟技术，针对 160 km/h 运行速度及旅客列车牵引需求进行改进和优化，具有启动牵引力大、恒功率速度范围宽、黏着性能好、功率因数高等特点。同时，机车设有双路 DC600V 电源，可满足旅客列车运行中的用电需求，具备牵引提速列车和直供电列车能力。

整体布局方面，HXD3D 型机车采用双司机室，机械间内设有 600mm 宽中央通道，通道左右两侧设有主变流装置、通风机、空气压缩机等设备。除受电弓、车顶避雷器和接地装置外，其余网侧高压电器均安装在机械间高压柜中。机车总体设计采用高度集成化、模块化的设计思路，电气屏柜和各种辅助机组分功能斜对称布置在中间走廊的两侧；采用了规范化司机室，有利于机车的安全运行。机车采用独立通风方式，通过顶盖夹层进风，各系统独立通风冷却，同时考虑了司机室换气和机械间微正压。

外观方面，HXD3D 一改此前和谐系列交流传动货运电力机车蓝白色的标准涂装。样车刚刚下线时，曾以橙红和橙黄色为主色调，侧墙则采用曲线构成的彩虹涂装。量产后，包括样车在内的所有机车均改为深红色主色调，挡风玻璃周围配以棕红色色块。机车外形充分考虑空气动力学影响因素，在参照 HXD3C 型机车结构形式的同时，整体外观采用小流线造型，前围板和排障器圆滑过渡，以适应高速行车需要。车体钢结构采用轻量化桁架式整体承载结构，在客运机车 21t 轴重减重设计要求下满足规范要求。转向架方面，HXD3D 型机车采用二、三位牵引电机对置布置，减小了簧间质量的转动惯量，提高机车动力学性能。驱动装置则采用橡胶关

HXD3D 0375 号机车牵引旅客列车行驶在大青山脚下的京包客运专线上（2019.8）

HXD3D 0383 号机车牵引旅客列车行驶在沪昆铁路凯里段（2022.8）

■ HXD3D 1893“毛泽东号”机车牵引 T1 次旅客列车行驶在京广铁路西道口段（2015.1）

■ HXD3D 1893 号机车悬挂的“毛泽东号”挂牌

■ HXD3D 1893 号机车“毛泽东号”机车段标

节半刚性架悬结构，轮对空心轴驱动，承载式齿轮箱，牵引装置采用低位推挽牵引杆牵引，基础制动采用轮盘制动，可满足 160km/h 速度等级要求。

电气设备方面，HXD3D 型机车采用了与 HXD3C 型机车相似的主电路结构。机车采用交—直—交传动，牵引变压器次边的六个独立的牵引绕组分别向六组牵引变流器供电。全车六组牵引变流器分别放置于两个牵引变流柜中，每组牵引变流器都由一台四象限变流器，一个中间直流电路和一台牵引逆变器构成。每组牵引变流器单独给一台牵引电机供电，以实现单轴控制和最佳黏着利用。机车设有两组辅助变流器，分别位于两组牵引变流柜中，同时具备变压变频（VVVF）和定压定频（CVCF）两种工作方式，由机车主变流器辅助绕组输入电源，为机车冷却、供风和调节环境等供电。牵引变压器次边除设有六个牵引绕组和两个辅助绕组外，还设有两个列车供电绕组，通过列车供电柜内的相控整流器转变为稳定的 DC600V 电压向旅客列车供电。机车设置的两个列车供电柜采用两路独立供电方式向列车供电，总功率 2×400kW，当一路故障时，另一路可维持供电。通过变压器增容设计，HXD3D 型机车在列供系统工作时牵引功率可保持 7200kW 不降低，以保证牵引大编组直供电列车时能够实现 160km/h 速度运行。

第六代“毛泽东号”机车

2014 年 12 月 25 日，在毛泽东主席诞辰 121 周年前夕，HXD3D 1893 号机车作为第六代“毛泽东号”机车，首发牵引北京—长沙的 T1 次列车驶出北京站，正式开启在首都北京与毛主席故乡湖南省会长沙间长交路旅客列车的牵引任务。这也是“毛泽东号”机车历史上的第五次换型。作为丰台机务段，这座北京铁路局最大货运机务段的荣誉与骄傲，历史上的“毛泽东号”一直为货运机车。HXD3D 1893 号机车也成为“毛泽东号”历史上唯一一款客运机车。

2016 年 5 月 15 日，北京—长沙间的 T1/2 次特快列车升级为 Z1/2 次直达特快列车，以最高速度 160km/h 运行，并将始发终到站重新调整至北京西站，每隔三天由“毛泽东号”HXD3D 1893 机车牵引，并形成定例。直至 2024 年 1 月 10 日，由于北京—长沙的 Z1/2 次列车升级为 D1/2 次动力集中动车组，HXD3D 1893 “毛泽东号”机车改为每日牵引北京西—邯郸的 K7709/7710 次列车，不再担当跨局列车任务。

■ 刚刚到达丰台机务段的 HXD3D 1893 号机车与第五代“毛泽东号”HXD3B 1893 号机车同框（2014.12）

停放在哈尔滨机务段内的 HXD3D 1886 “朱德号” 机车（2019.10）

配属沈阳机务段的 HXD3D 1921 “共产党员号” 机车（2023.5）

停放在迎水桥机务段中的 HXD3D 0035 “雷锋号” 机车（2024.9）

西安机务段中的 HXD3D 0631 “钢人铁马号” 机车（资料图）

HXD3D 1893 “毛泽东号” 机车牵引 T1 次旅客列车驶过京广铁路良乡站（2015.5）

■ HXD3D 0023 号机车牵引特快列车行驶在西长铁路上（2014.2）

■ 配属昆明机务段的 HXD3D 型机车段标

除“毛泽东号”机车外，2016 年 7 月，沈阳铁路局将配属沈阳机务段，以中国共产党成立年份作为车号的 HXD3D 1921 号机车命名为“共产党员号”。2017 年，中车大连公司为哈尔滨机务段制造了 HXD3D 1886 号机车，于 2017 年 9 月 1 日被正式命名为“朱德号”，接替原有的第四代“朱德号” SS4 1886 号机车，成为第五代朱德号机车。2017 年 3 月 3 日，迎水桥机务段将从兰州西机务段转配而来的 HXD3D 0035 号机车命名为新一代“雷锋号”机车。2018 年 4 月 28 日，西安机务段举行仪式，由 HXD3D 0631 号机车接替 SS7D 0631，成为第五代“钢人铁马号”。在普遍采用轮乘制的今天，HXD3D 型机车也成为拥有“挂牌机车”最多的和谐系列交流传动电力机车。

配属与运用

功率达 7200kW 的 HXD3D 型机车具有良好的技术性能，可以保证在平直道上牵引 20 辆编组旅客客车达到 160km/h 的最高运行速度，剩余加速度不小于 0.02 m/s^2。在动力损失 1/6 时，仍能在 18‰的坡道上启动。与交直流客运电力机车相比，HXD3D 型机车 0~160km/h 加速时间缩短近了 50%。由于技术性能优越，在完成运用考核后，HXD3D 型机车开始批量生产。2013 年 12 月底前，HXD3D 首批订单的 40 台机车便全部交付，分别配属沈阳、西安和兰州西机务段，增加东北和西北地区旅客列车牵引能力。

随后，HXD3D 型机车进入快速批量生产阶段，截至 2024 年 3 月已累计制造 742 台。中车大连公司已为国铁集团生产 HXD3D 型机车 696 台（车号 0001 ~ 0693、1886、1893、1921），分别配属哈尔滨、三棵树、牡丹江、沈阳、北京、丰台、呼和浩特、西安、济南、南昌、重庆、昆明、兰州和迎水桥等 14 个机务段。中车大同公司也通过技术平移方式，于 2016 年至 2017 年制造了 HXD3D 型机车 43 台（车号 8001 ~ 8043），分别配属沈阳机务段和太原机务段。此外，中车大连公司在 2015 年为广西沿海铁路股份有限公司生产了两台 HXD3D 型机车（车号 7001、7002），用于牵引北海—防城港城际列车。2024 年，中车大连公司还为吉林铁道职业技术学院生产了一台教学用 HXD3D 型机车，车号 7003。

作为中国铁路目前两款主型客运电力机车之一，HXD3D 型机车广泛运用于京沪、京广、京九、京包、京哈、陇海、兰新、沪昆、滨洲、滨绥、石太客专、太中银、包西、包兰、胶济等干线铁路，是我国东北、华北、西北和西南地区的主型客运电力机车。值得一提的是，自 2014 年 7 月至 2020 年 10 月间，昆明机务段的 HXD3D 型机车曾在昆明—北京西间担当一机直达的超长交路，机车单程交路长达 3174km，是中国铁路历史上最长的单机牵引交路。

■ 中车大同公司生产的 HXD3D 8024 号机车驶入上海机辆段（2024.10）

HXD3D 0312 号机车牵引大理到丽江的双层城际列车驶过洱海之畔（2021.3）

HXD3D 0111 号机车牵引旅客列车行驶在夕阳下的包兰铁路长流水展线上（2020.8）

中车大连八轴 9600kW 货运机车样车

HXD3A 型电力机车

下线时间	2012 年
最高速度	120km/h
轴式	2（Bo-Bo）
机车功率	9600kW
制造工厂	中车大连

■ HXD3A 0002 号机车停放在北京环形铁道试验基地（2014.1）

HXD3A 型电力机车是中车大连公司在 HXD3 技术平台基础上研发的八轴 9600kW 货运机车，目前尚未批量生产。

HXD3 技术平台八轴货运机车

2006 年和 2008 年，连车公司分别与东芝公司和庞巴迪公司合作，批量生产了 HXD3 型六轴 7200kW 机车和 HXD3B 型八轴 9600kW 机车，并继续研发了 HXD3C 型客货两用机车和 HXD3D 型快速客运电力机车。为了打造完善的 HXD3 技术平台，连车公司接受铁道部科技司“机车车辆关键技术自主创新深化研究——八轴交流传动电力机车关键技术研究”项目，在 HXD3 型机车技术平台基础上研发八轴交流传动货运电力机车。

2011 年，连车公司全面开启了新八轴电力机车的设计工作，并于同年 9 月初步完成了总体方案设计，确定了机车的技术参数和性能。2012 年 1 月，机车完成连车公司内部的方案评审和技术设计；9 月完成全部设计；10 月 18 日首台机车顺利座轮，开始调试。新机车下线初期曾被命名为 HXD3E 型，后最终定型为 HXD3A 型电力机车（也称和谐 3A 型电力机车）。2013 年 6 月，HXD3A 0001 号机车赴北京国家铁道试验中心进行型式试验。同年 10 月赴郑州铁路局新乡机务段，在新乡南—晋城北和新乡—安阳间进行动力学试验。2015 年至 2016 年，HXD3A 0001 和 0002 号两台样车赴兰州西机务段，在陇海铁路新丰镇—兰州西间投入 20 万公里运用考核。2016 年 6 月，两台样车完成运用考核，回厂拆解检查，各项结构均满足大纲要求。2019 年 6

■ HXD3A 型机车正面

月，国家铁路局向中车大连公司颁发 HXD3A 型机车设计许可证和制造许可证。

2014 年后，中国铁路总公司调整技术政策，新造六轴、八轴货运电力机车和六轴客运电力机车均只保留两大技术平台，其中八轴货运电力机车选了新 HXD1 与新 HXD2 两大平台，因此 HXD3A 型机车并未投入批量生产。2022 年 10 月，两台 HXD3A 样车在唐包线完成双机万吨牵引试验。2023 年起赴国能集团新朔公司，并于 2024 年起在大准铁路上牵引货物列车。

HXD3A 型机车主要技术概况

HXD3A 型机车为八轴 9600 kW 交流传动货运电力机车，采用 2（B0–B0）轴式，单轴牵引功率 1200kW，整车持续功率 9600kW，最高运行速度 120km/h，轴重 25t。机车由两节相同的单司机室四轴机车固定重联组成，每节机车的前端设有一个司机室，后方设有 600mm 宽中央通道的机械间，其通道左右两侧设有主变流装置、通风机、冷却塔、空气压缩机等设备，主变压器悬挂于车体下方。车内设备布置以平面斜对称布置为主，设备成套安装，有利于机车的重量分配和机车的制造、检修和部件的互换。

HXD3A 型机车两节车各自配备相同而独立的电气系统，其网侧电路可通过车顶高压连接器相连，既可固定重联运用，也可解编后各自独立运，并具有外重联功能。机车主电路与 HXD3 型机车相近，每节机车设有两个主变流柜，共 4 组牵引变流单元，可实现单轴控制。网络控制系统采用集中式控制技术，以控制主机为中心，集中采集信息和执行指令的输出控制，用于指挥和协调机车牵引系统、辅助供电系统、制动系统、重联功能以及其他辅助功能。机车安装 2 套完全相同的控制系统 TCMS，分别位于 A、B 节车。机车内部的牵引变流器、辅助变流器等采用 RS485 总线方式与 TCMS 进行信息交换，而制动系统采用 MVB 总线实现与 TCMS 的通讯，外重联机车之间采用以太网实现信息传递。

外观方面，HXD3A 采用与 HXD3C 型机车相同的头型结构，细节处略有调整。车身涂装沿用了和谐系列货运电力机车的蓝白涂装风格，但白色色块在车头处采用三段弧形造型，车尾向内向后收缩，更富变化。

HXD3A 0002 号机车停放在海勒斯壕南机务段（2024.2）

HXD3A 型机车转向架

HXD3A 型机车车钩

HXD3A 型机车风管和重联插座

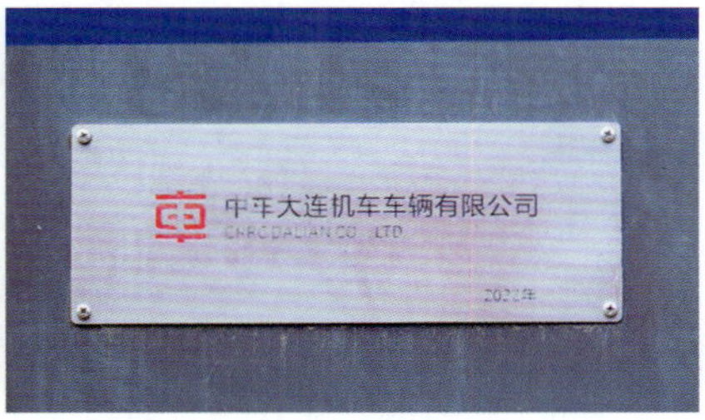

翻新后的 HXD3A 型机车制造信息铭牌

HXD3A 型电力机车外观示意图

HXD3A 型机车外观示意图

HXD1 平台八轴快速客运电力机车

FXD1 型电力机车

下线时间	2015 年
最高速度	160km/h
轴式	2（Bo-Bo）
机车功率	11200kW
制造工厂	中车株机

■ FXD1 0002 号机车停放在兰州西机务段兰州车间（2023.7）

FXD1 型电力机车是株机公司在 HXD1 技术平台上研发生产的八轴快速客运电力机车，下线初期曾定型为 HXD1G 型机车，是 CR200J1 型动力集中电动车组动力车的原型机车。

中国首款八轴客运电力机车

2011 年起，铁道部调整技术政策，在既有提速铁路上逐步恢复增开传统机辆模式提速列车，并于 2012 年相继下线了 HXD1D 和 HXD3D 两款 160km/h 级六轴客运电力机车。同时，铁道部还通过降低高速铁路建设标准、增建机车车辆运用设施等方式，规划在新建和在建高速铁路上大规模开行机辆模式普速旅客列车。但新建高速铁路主要针对动车组设计，纵断面坡度大、坡道长，加之最高运行速度 160km/h 的普速机车车辆与 250 km/h 动车组共线运行时相互影响较大。为此，铁道部于 2012 年 12 月提出 200 km/h 速度等级快速客运电力机车研制计划，以适应当时的发展需要。

■ FXD1 型机车正面

2014 年 7 月，株机公司与中国铁路总公司签订《和谐型机车关键技术自主深化研究——八轴交流传动快速客运电力机车研制》科技研究开发计划，正式开启项目研发工作。在与中国铁路总公司进行深入技术交流和工作汇报后，2015 年初，新型机车设计方案通过中国铁路总公司评审。同年 5 月，株机公司完成施工图设计，开启样机试制。2015 年 7 月，株机公司新一代八轴快速客运电力机车样车正式下线，命名为 HXD1G 型机车（也称和谐 1G 型机车）。8月，首台HXD1G型机车完成厂内试验，并于9月送往北京国家铁道试验中心开始型式试验。同年12月，HXD1G 0002号机车也被送往国家铁道试验中心。至2017年初，两台HXD1G型机车样车完成型式试验。同年5月，HXD1G 0001、0002号机车赴广州机务段进行10万公里运用考核，于5月7日起在武昌—石龙间牵引X111/2次行邮列车。10万公里运用考核完成后，两台机车于2017年10月转配兰州西机务段，担当经由兰新高铁进出新疆普速列车的牵引任务。

在30万公里运用考核全部完成后，两台HXD1G型机车样车于2018年5月返厂进行拆解分析。2018年11月28日，HXD1G型机车作为“时速160公里动力集中电动车组”的组成部分，获得由国家铁路局颁发的型号合格证和制造许可证，取得批量生产条件和商业运营资格。同年年底，为打造复兴号品牌战略，国铁集团将HXD1G型机车更型为FXD1型机车，其中“FX”是“复兴”的汉语拼音首字母缩写、“D”代表电力机车、“1”则为株机公司的生产厂商代号。2018年12月24日，在北京国家铁道试验中心举行的中国铁路科技创新成就展上，变更车型后的FXD1-0002正式亮相。2018年12月25日，国家铁路局下达行政许可决定书，将HXD1G的型号合格证和制造许可证正式变更为FXD1型。

■ FXD1型机车刚下线时以HXD1G型号在国家铁道试验中心等待测试（2015.9）

■ FXD1型机车司机室

■ FXD1型机车车身连接处

■ FXD1型机车转向架

■ FXD1型机车车灯

FXD1/HXD1G型电力机车外观示意图

■ HXD1G型0001号电力机车出厂涂装示意图

■ FXD1型0002号电力机车出厂涂装示意图

■ FXD1 0001 号机车停放在兰州西机务段兰州车间（2020.8）

■ 配属兰州西机务段的 FXD1 型机车段标

■ FXD1 型机车制造信息铭牌

中国首款八轴客运电力机车

FXD1 型电力机车是八轴交流传动快速客运电力机车，采用 2（B0–B0）轴式，单轴功率 1400kW，整车持续功率 11200kW，启动牵引力 480 kN，持续牵引力 424kN，轴重 19.5t。机车构造速度 200km/h，最高试验速度 231km/h，最高运行速度 160km/h，与 FXD3 型机车同为目前世界上牵引功率最大的客运电力机车，能够满足中国普速铁路和高速铁路的运用需求。

整体布局方面，FXD1 型机车由两节配置基本相同的四轴机车固定重联而成。每节机车设有一个司机室，登车门设置在机械间前部，机械间内中间走廊贯穿整台机车。机车采用独立通风方式，共设有牵引风机、冷却塔、机械间、压缩机和司机室空调五个通风支路，具有站台降噪、机械间微正压保持及冬夏季转换等功能。

电气系统方面，FXD1 型机车采用大功率 IGBT 元件的主辅一体化水冷变流器、大容量轻量化混合绝缘牵引变压器和大功率轻量化高速牵引电机等先进技术。整台机车的 A、B 两节机车各自配备了一套完整独立且相同的电传动系统，由一台牵引变压器、一台牵引变流器和四台牵引电机构成，两节机车的网侧高压电路可通过车顶高压跳线相连。同时，FXD1 型机车首次采用基于 IGBT 元件和水冷技术的列车供电系统，相比基于相控整流技术的列供系统提升了系统输出电源的品质及供电效率。

为了适应高速行车需要，FXD1 型机车采用了双曲面准流线头型设计，通过优化头型长细比，加装侧裙板导流防护板，内重联区安装外风挡等来降低空气摩擦带来的损耗及噪声，气动阻力系数相比 HXD1D 降低了 7%。为实现整车轻量化，FXD1 通过增加铝合金材料比例等方式，相比 HXD1D 型机车每延米减重 21%，轴重降低至 19.5t。机车全新设计的 B0 转向架牵引电机采用弹性悬挂、对置布置方式，空心轴六连杆传动，牵引装置采用推挽式低位单牵引杆。基础制动采用轮盘制动。

外观方面，FXD1 型机车采用了延续自“和谐号”动车组的白底蓝色腰线设计，车身侧面用红色字体标注“复兴”二字和车型车号信息。2015 年，在未更名 FXD1 型机车前，HXD1G 型机车便以其独特设计获得“2015 中国创新设计红星奖”。

■ 基于 FXD1 型机车研制的 CR200J1-B 型动力集中动车组停放在昆明车辆段

配属与运用

作为中国铁路牵引功率最大的客运电力机车之一，FXD1 型机车能够牵引 18 辆 25T 型客车在 30‰坡道上启动，可以在 27‰以下的坡道上持续运行。同时，机车在平直线路上牵引 18 辆 25T 型客车达到 200 km/h 运行速度时，依然具备 $0.05m/s^2$ 的剩余加速度，具有良好的牵引性能。同时，机车不仅可以八轴固定重联状态牵引列车，还可由单节四轴机车单独牵引车辆或两节四轴机车分别放置在车辆两端推挽运行，具备良好的适应性，也为日后动力集中动车组的研制打下了坚实的基础。

2019 年，两台 FXD1 型机车正式配属兰州西机务段。由于兰新高铁因地质灾害长期断道，FXD1 型机车转为在既有兰新铁路上牵引旅客列车。2023 年后，FXD1 与 FXD3 型机车主要牵引兰州局集团管内兰州—嘉峪关和兰州—敦煌间旅客列车。

2015 年后，中国铁路总公司不再推行机辆模式普速列车上高速铁路运行，FXD1 型机车在制造 2 台样车后并未投入批量生产。但在 FXD1 和 FXD3 型机车基础上，中国铁路于 2017 年研制开发了 CR200J 系列动力集中电动车组。FXD1 型机车也在改变外观和涂装后，以 FXD1-J 的车号成为 CR200J1 系列动力集中电动车组动力车的原型机车，通过机车车辆一体化的方式丰富了“复兴号”系列动车组的范围，服务中国铁路。

FXD1 型机车牵引旅客列车驶过兰新铁路复线河口镇黄河大桥（2023.7）

株机公司 30t 轴重重载货运机车

FXD1B 型电力机车

下线时间	2013 年
最高速度	100km/h
轴式	2（Bo-Bo）
机车功率	9600kW
制造工厂	中车株机

中国铁路科技创新成就展上的 FXD1B 0001 号机车（2018.12）

FXD1B 型电力机车是株机公司在 HXD1 技术平台上研发生产的 30t 轴重八轴重载货运电力机车，下线初期曾定型为 HXD1F 型机车，是中国轴重最大的电力机车之一。

瓦日铁路 30t 轴重专用机车

瓦日铁路又称山西中南部铁路通道，西起山西吕梁市兴县瓦塘镇，东至山东日照港，于 2014 年 12 月 30 日正式建成通车。瓦日铁路穿越晋豫鲁三省，正线全长 1267km，与太中银、南同蒲、太焦、京广、京沪、京九、青连等 7 大干线铁路互联互通，是继大秦铁路和神朔—朔黄铁路后，中国第三条连接煤炭主产区和大型港口的运煤入海重载运输通道，也是中国第一条按照 30t 轴重设计的重载铁路。

FXD1B 型机车正面

为了配合瓦日铁路通道 30t 轴重系统工程建设，根据铁道部科技司印发的《30 吨轴重交流传动货运电力机车设计任务》，株机公司、株洲所和株洲电机公司于 2012 年 6 月启动了基于 HXD1 技术平台的 30t 轴重重载货运电力机车的研制工作。2013 年底，两台试制的 30t 轴重货运电力机车在株机公司下线，定型为 HXD1F 型机车（也称和谐 1F 型机车）。2014 年 7 月 ~9 月，HXD1F 型 0001 号和 0002 号机车在瓦日铁路完成全部型式试验，并于 2014 年 9 月至 2015 年 1 月间在瓦日铁路长子南—平顺间参与完成了“山西中南部铁路通道重载综合试验”，对 30t 轴重下重载货运列车的牵引、制动、控制和安全等方面进行了全面研究。2015 年 4 月起，HXD1F 型 0001 号和 0002 号机车在瓦日铁路长子南—汤阴东区段进行运用考核。2018 年，两台样车完成运用考核，返厂拆解检查。

2018 年底，为打造复兴号品牌战略，国铁集团将 HXD1F 型机车更型为 FXD1B 型机车，其中“FX”是“复兴”的汉语拼音首字母缩写、“D”代表电力机车、“1”则为株机公司的生产厂商代号。2018 年 12 月 24 日，在北京国家铁道试验中心举行的中国铁路科技创新成就展上，变更车型后的 FXD1B 0001 号机车正式亮相，成为继 FXD1 型 160km/h 八轴快速客运电力机车后，株机公司第二款正式命名的复兴系列电力机车。

由于在 100km/h 最高速度下未达到足够运用考核里程，2019 年 11 月 14 日，国家铁路局批复了“FXD1B（最高运行速度 80km/h）电力机车”的型号许可和制造许可。此后，由于瓦日铁路运量等多方面原因，两台 FXD1B 型机车并未投入正式运营，返厂封存。2023 年 4 月，FXD1B 型

■ 山西中南部铁路通道重载综合试验时的 HXD1F 型机车（中车株机公司提供）

■ 2018 年时返厂拆解检查作业中的 HXD1F 0002 号机车 (2018.7)

■ FXD1B 0001 号机车停放在新乡机务段长子南生产区内（2024.11）

■ FXD1B 型机车司机室

■ FXD1B 型机车转向架

■ FXD1B 型机车车灯

■ FXD1B 型机车机械间

0001 和 0002 号两台机车再赴瓦日铁路长子南运用车间，进行 100km/h 最高速度补充考核，未来计划更换型号许可证并正式投入运营。

FXD1B 型机车主要技术概况

FXD1B 型电力机车是在 HXD1 型电力机车基础上，借鉴此前 HXD1、HXD1B、HXD1C 等成熟机型技术及部件研发的大轴重重载货运交流传动电力机车。机车采用与 HXD1 型机车相同的 2（B0–B0）轴式，由两节相同的 4 轴机车固定重联组成，单轴牵引功率 1200kW，整车持续功率 9600kW。

与 HXD1 型机车相比，FXD1B 型机车最大的不同在于采用大轴重设计，通过增减压铁，轴重可在 27t 和 30t 两档间调节，是中国第一款轴重超过 25t 的干线机车。由于轴重增大，并定位牵引重载货运列车，FXD1B 型机车的最高速度也由 HXD1 型机车的 120km/h 降低为 100km/h。在 27t 轴重下，FXD1B 型机车启动牵引力 820kN，持续牵引力 628kN；30t 轴重下，机车启动牵引力 910kN，持续牵引力 691kN，具有良好的牵引性能。同时，FXD1B 型机车与 FXD2B 型机车实现了机车互联互通和简统化设计，具备重联互控能力，便于日常运用的同时降低了维护成本。

FXD1B 型 0001 号 /HXD1F 型电力机车外观示意图

■ HXD1F 型 0001 号电力机车外观示意图

■ FXD1B 型 0001 号电力机车外观示意图

四台 30 吨轴重复兴机车停放在新乡机务段长子南生产区（2024.11）

总体布局方面，FXD1B 型机车是由 A、B 两节完整的单司机室四轴机车通过机械和电气重联组成的八轴机车，两节机车除机械间内生活设施和通信型号设备略有差异外，其他设备完全相同。机车机械间主要设备按斜对称原则布局，采用中间走廊和预布管线设计。通风系统采用车体独立通风方式，设有牵引电机、冷却塔、车内和司机室空调四条独立通风支路。

走行部方面，FXD1B 型机车采用了在 HXD1 型机车转向架基础上研发的大轴重二轴转向架，在 HXD1 型机车转向架构架基础上，增加了各主要受力板件的厚度，以在轴重和牵引力增加后，提升强度裕量。牵引装置采用中央推挽式双牵引杆低位结构，基础制动采用轮盘制动。同时，机车装备有 ECP（电控空气制动）制动系统，可提高重载列车制动与缓解的连续性。

电气设备方面，FXD1B 型机车的两节机车各配置了一套由牵引变压器、牵引变流器和牵引电机组成的独立牵引传动系统。牵引变压器四个独立的次边牵引绕组分别向四个四象限变流器供电，每两个四象限变流器并联输出，共用一个中间直流电路。每个中间直流电路分别向两个牵引逆变器和一个辅助逆变器供电，每个牵引逆变器向一个转向架的一台异步牵引电机供电，实现牵引电机的单轴控制。主电路整体结构与新 HXD1 型机车基本相同。

外观方面，FXD1B 型机车选用了与新 HXD1 型机车相似的头型结构，其中车灯以上部分完全相同，

配属新乡机务段的的 FXD1B 型机车段标

首台 FXD1B 型机车制造信息铭牌

车灯下方采用了直立设计，增加结构强度。涂装采用深蓝色作为底色，辅以白色顶线设计，与同时期其他和谐系列电力机车有所不同。

FXD1BA 型机车

由于中国 30t 轴重线路范围有限，为充分利用 FXD1B 型机车先进技术平台，持续深化复兴号品牌战略，2022 年起，在国铁集团的统一安排下，中车株机公司基于 FXD1B 型电力机车开展一般改进型设计，结合近年来机车技术的新发展，在机车总体技术参数不变的前提下增加 25t 轴重牵引性能指标，以实现 FXD1B 型机车在 25t 轴重、100km/h 速度条件下的推广应用，打造新一代复兴型八轴货运电力机车。

25t 轴重 FXD1B 型机车同样采用 2（B0–B0）轴式，整车功率 9600kW、最高速度 100km/h 都保持不变。机车在 25t 轴重下，启动牵引力 760kN，最大电制动力 461kN 与新 HXD1 型机车一致，持续速度由新 HXD1 型机车的 65km/h 降低为 60km/h，持续牵引力则由新 HXD1 型机车的 532kN 增加至 576kN。

同时，25t 轴重 FXD1B 型机车与 25t 轴重 FXD2B 型机车进行了进一步的简统化设计，借鉴了动力集中动车组简统化的最新成果，在运用操作接

试验中的 FXD1B 1001 号机车（2023.9）

25t 轴重 FXD1B 型机车转向架

25t 轴重 FXD1B 型机车车钩和风管

25t 轴重 FXD1B 型机车正面

FXD1B 型 1001 号电力机车外观示意图

FXD1B 型 1001 号电力机车样车外观示意图

FXD1B 型 1001 号电力机车量产涂装外观示意图

口统一、部件互换性以及动态重联功能等方面实现进一步提升。

2022 年底，25t 轴重 FXD1B 型机车完成技术方案评审及施工图设计；2023 年中，2 台 25t 轴重 FXD1B 型机车完成试制和厂内调试。为与 30t 轴重 FXD1B 型机车区别，两台新造样车下线初期采用 1000 系编号，分别为 FXD1B 1001 号机车和 1002 号机车，并采用了全新的头型结构。2023 年 8 月，两台 25t 轴重 FXD1B 型机车样车赴北京国家铁道试验中心进行型式试验。2024 年初，2 台样车赴兰州西机务段，在西陇海铁路进行线路试验。2024 年 9 月起，2 台样车赴通辽机务段进行运用考核。2025 年 1 月，25t 轴重 FXD1B 正式定型为 FXD1BA 型机车，并批量下线。首批 FXD1BA 型机车率先配属中国铁路太原局集团有限公司湖东电力机务段，用于大秦铁路及相关集疏运线路。未来，FXD1BA 型机车也将作为中国铁路新一代重载货运电力机车，发挥更大作用。

等待试验的 FXD1B 1001 号机车（2023.9）

25t 轴重 FXD1B 型机车车灯

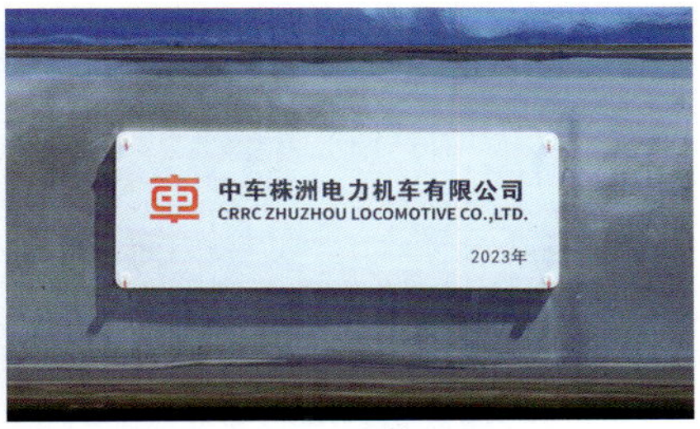

25t 轴重 FXD1B 型机车制造信息铭牌

FXD1B 1001 号机车停放在国家铁道试验中心（2023.9）

中车株机旗下新一代电—电混动调车机车

FXD1H 型电力机车

下线时间	2023 年
最高速度	100km/h
轴式	Co-Co
机车功率	2000kW
制造工厂	中车株机

FXD1H 型机车停放在国家铁道试验中心（2023.8）

FXD1H 型电力机车是中车株机公司开发的接触网—动力电池混合动力调车机车，是纯电调车机车的全新尝试与突破。

电—电混动新调机

随着经济的不断发展，中国提出了以生态保护为根本的绿色经济理念，并于 2020 年 9 月明确提出了 2030 年实现“碳达峰”，2060 年实现“碳中和”的双碳目标，持续推动绿色转型。在“推进轨道交通装备产业智能化、绿色化、轻量化、系列化、标准化、平台化发展，加快新技术、新工艺、新材料的应用”的要求下，发展混合动力机车，减少污染排放成为铁路装备发展新的趋势。

由于调车作业起停频繁，加之速度较低、运行范围有限，混合动力机车更能充分发挥作用。2020 年 12 月 26 日，中车株机公司为陕煤集团靖神铁路生产的 CHA1C 型接触网—动力电池混合动力调车机车（以下简称电电混合动力调车机车）下线。这也是国内铁路运用的首款电电混合动力调车机车。2021 年，中车株机公司又为国能集团朔黄铁路生产了一台电电混合动力调车机车，在黄骅港站执行调车作业任务。

FXD1H 型机车正面

在合资铁路和地方铁路开展混合动力机车研发的同时，中国国家铁路集团有限公司也开始着手各类型混动机车的开发。2021 年底，国铁集团与中车株机公司签署《基于电电混合牵引机车技术应用研究》课题研究。2023 年，新一代电电混合动力调车机车样车在株洲下线，并命名为FXD1H型机车，其中“H”为“混”字的汉语拼音首字母，成为株机公司复兴系列电力机车的第三位成员。在完成各项型式试验和低温、高温试验后，2024年初，FXD1H 0001号机车配属北京机务段开展运用考核，负责北京站客车车底出入库牵引和北京车辆段北京车间编组作业等任务。

FXD1H型机车主要技术概况

FXD1H型机车是一款接触网—动力电池双电源混合动力交流传动调车机车，主要用于客运调车作业，兼顾考虑城市间区域小运转和枢纽站救援作业，可满足所有调车工况的运用需求。机车采用Co-Co轴式，轴重23 t，最高运行速度100km/h。动力方面，FXD1H型机车可选装1100kWh和1650kWh两种容量的磷酸铁锂电池，机车在在接触网供电条件下牵引功率2000kW；在1100kWh动力电池供电条件下牵引功率900kW；在1650kWh动力电池供电条件下牵引功率1400kW。

日常工作中，FXD1H型机车采用接触网条件下静态充电模式，调车作业时则降弓作业，由动力电池驱动列车运行。在接触网下充电时，可在1小时内将动力电池电量由20%充到90%。机车在大型客运车站推送车底作业时，若采用1100kWh动力电池，可持续作业7h；采用1650kWh动力电池，则可持续作业8h。小运转模式下，FXD1H型机车可在作业区间全部覆盖接触网时升弓作业。若采用动力电池驱动，在装配1100kWh动力电池时，FXD1H型机车可牵引1200t货物列车，以90km/h速度运行65km，若装配1650kWh动力电池，同等条件下可运行约95km，具有很强的适应性。

外观方面，FXD1H型机车采用了传动调车机车的外走廊结构，涂装则选用绿色车身+黑色底架配色，凸显绿色环保的特性。这一风格也将成为中国铁路新一代复兴系列内—电、电—电混合动力调车机车的统一配色。同时，FXD1H型机车的司机室空间相比既有调车机车也更加宽敞舒适，车内车外都设有高清摄像头，可全方位检测作业工况和运行工况，提升司机视野，进一步保障作业安全。

作为一款采用接触网和动力电池为动力的新型调车机车，相比传统内燃调车机车，FXD1H型机车具有绿色节能、零排放和低噪声的技术优势，缓解传统调机存在的排放污染和噪声扰民问题，更加适合城市中心区大型枢纽调车作业运用。

FXD1H 型机车在北京车辆段北京车间进行调车作业（2024.5）

FXD1H 型机车司机室

FXD1H 型机车转向架

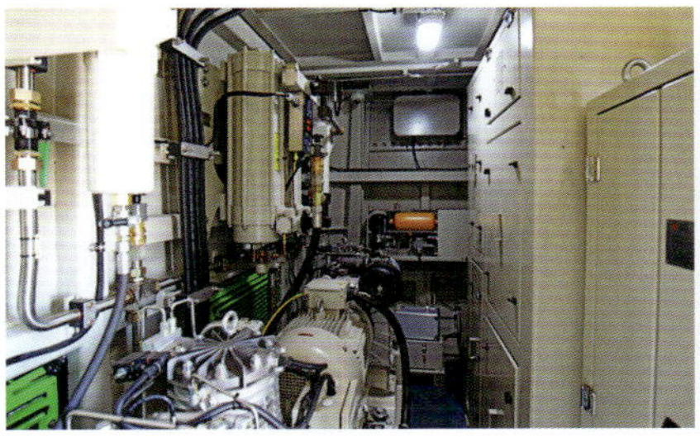

FXD1H 型机车辅助室

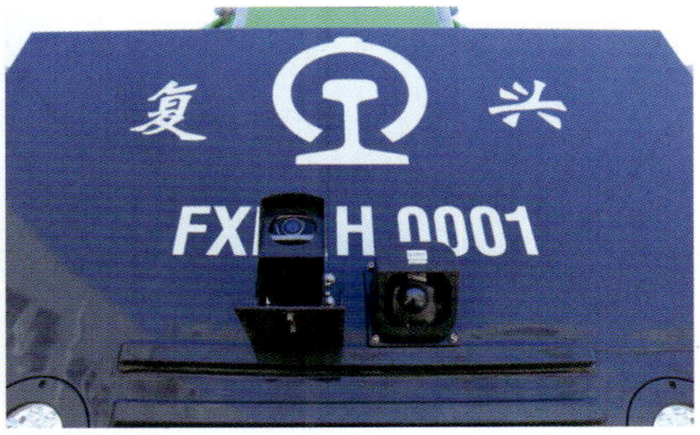

FXD1H 型机车车前摄像头

FXD1H 型电力机车外观示意图

FXD1H 型电力机车外观示意图

中车大同公司 30t 轴重重载货运机车

FXD2B 型电力机车

下线时间	2013 年
最高速度	100km/h
轴式	2（B_0-B_0）
机车功率	9600kW
制造工厂	中车大同

■ 中国铁路科技创新成就展上的 FXD2B 0001 号机车（2018.12）

FXD2B 型电力机车是中车大同公司在 HXD_2 技术平台上研发生产的 30t 轴重八轴重载货运电力机车，下线初期曾定型为 HXD_{2F} 型机车，是中国另一款轴重最大的电力机车。

中车大同公司 30t 轴重重载机车

铁路重载运输是在一定的铁路技术装备条件下，通过采用大功率内燃或电力机车、扩大列车编组长度、提高列车轴重和牵引重量、采用特殊运输组织方式等措施，使牵引重量和输送能力达到一定标准的运输方式。重载铁路输送能力大，单位成本低，与高速铁路同为铁路现代化发展的新趋势。1986 年，国际重载协会（简称 IHHA）正式成立。同年 10 月，在加拿大温哥华召开的第三次国际重载运输会议上确定，重载铁路需满足牵引质量 5000t 及以上、轴重 21t 及以上、年运量 2000 万 t 及以上三个条件中的两项。随着重载运输的发展，国际重载协会在 1994 年和 2005 年又两次修改了重载铁路的定义，对重载铁路做了更严格的规定。根据 2005 年的新标准，重载铁路需满足牵引质量 8000t 及以上、轴重 27t 及以上、在长度不小于 150km 的线路上年运量 4000 万 t 及以上三个条件中的两项。根据最新标准，截至 2010 年，虽然大秦、神朔、朔黄等线路均符合重载铁路标准，但中国轴重 27t 及以上重载运输尚为空白。

■ FXD2B 型机车正面

在此背景下，为了提升晋煤外运能力、提高中国重载铁路技术水平，2009 年 12 月 28 日，山西瓦塘至山东日照的瓦日铁路（又称山西中南部铁路通道）正式动工，并成为中国第一条按照 30t 轴重标准建设的重载铁路。为了配合山西中南部铁路通道30t轴重系统工程建设，根据铁道部科技司印发的《30吨轴重交流传动货运电力机车设计任务》，同车公司牵头开展了基于HXD2技术平台的30t轴重重载货运电力机车的研发工作，并于2013年5月完成了设计。2013年10月16日，首台30t轴重货运电力机车大同下线，定型为HXD2F型机车（也称和谐2F型机车）。2014年初，第二台HXD2F型机车样车下线。2014年7月至9月，HXD2F型0001号和0002号两台样车先在瓦日铁路完成全部型式试验，随后于2014年9月至2015年1月间与HXD1F型机车样车，在瓦日铁路长子南—平顺间共同完成了“山西中南部铁路通道重载综合试验”，对30t轴重重载货物列车的各项技术和工务、供电及安全等多方面技术进行了全面研究，为中国重载铁路技术的进一步提升进行了技术积累和储备。

在完成“山西中南部铁路通道重载综合试验”后，2015年起，HXD2F型0001号和0002号两台样车开始在瓦日铁路长子南—汤阴东站间进行运用考核。至2018年2月，两台样车全部完成20万公里运用考核，返厂拆解检查。

2018年底，为打造复兴号品牌战略，国铁集团将HXD2F型机车更型为FXD2B型机车，其中“FX”是“复兴”的汉语拼音首字母缩写、“D”代表电

FXD2B 0002号机车停放在新乡机务段长子南生产区内（2024.11）

FXD2B型机车司机室

FXD2B型机车转向架

FXD2B型机车机械间

FXD2B型机车车灯

FXD2B型0001号/HXD2F型0001号电力机车外观示意图

HXD2F型0001号电力机车外观示意图

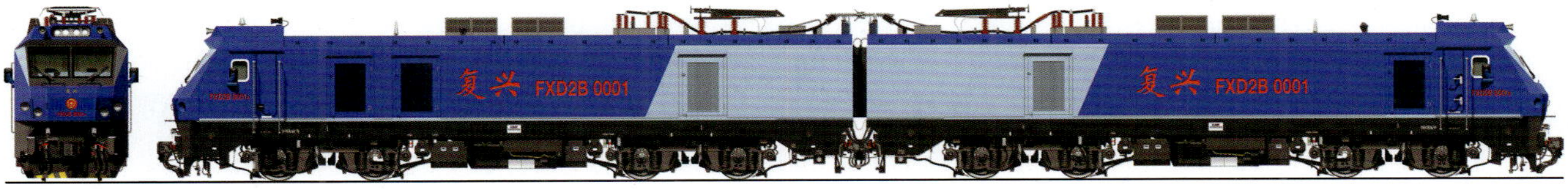

FXD2B型0001号电力机车外观示意图

拆解检查后封存在中车大同公司内的 HXD2F 0001 号机车（2022.7）

力机车、“2”则为中车大同公司的生产厂商代号。2018 年 12 月 24 日，中车大同公司全新制造了一台变更车型后的 FXD2B 0001 号机车亮相中国铁路科技创新成就展。2020 年 1 月 21 日，国家铁路局批复了“FXD2B（最高运行速度 80km/h）电力机车”的型号许可和制造许可。2023 年 4 月，FXD1B 型 0001 和 0002 号两台机车再赴瓦日铁路长子南运用车间，进行 100km/h 最高速度补充考核，未来计划更换型号许可证并正式投入运营。

FXD2B 型机车主要技术概况

FXD2B 型电力机车是在 25t 轴重 HXD2 型电力机车基础上研发生产的 30t 轴重重载货运电力机车。机车采用 2（B0-B0）轴式，整车功率 9600kW。相比 HXD2 型机车，FXD2B 型机车通过增减压铁，轴重可在 27t 和 30t 两档间调节。由于定位牵引重载货运列车，且轴重增大，FXD2B 型机车的最高速度由 HXD2 型机车的 120km/h 降低为 100km/h。在 27t 轴重下，FXD1B 型机车启动牵引力 820kN，持续牵引力 628kN；30t 轴重下，机车启动牵引力 910kN，持续牵引力 691kN，与 FXD1B 型机车相同。同时，FXD2B 型机车还与 FXD1B 型机车进行了机车互联互通和简统化设计，具备重联互控能力。

总体布局方面，FXD2B 型机车由两节基本相同的机车通过机械和电气重联组成，机械间采用 800mm 宽中间走廊结构、斜对称布置；司机室采用单司机座椅双司机值乘方案，设计符合规范化司机室要求。机车车体采用整体承载的框架式焊接结构，能够承受超过 3000kN 的拉伸载荷；配备的 102 型车钩缓冲装置可承受超过 4445kN 的压缩载荷。转向架采用了创新的大传动比驱动系统，新型车轴与车轮材料，基础制动由 HXD2 系列机车的踏面制动改为轮盘制动，热负荷能力大幅提高，更适应重载机车循环制动。与 HXD2 型机车相比，FXD2 型机车转向架不仅重量和强度增加，同时降低了机车中心，提升了运动稳定性和纵向动力学性能。

电气设备方面，FXD2B 型机车的两台样车的网侧高压设备分别采用了“车顶高压设备防护”和“机械间网侧柜”两套不同方案。每节机车各安装有一台悬挂于车体下方的卧式主变压器，每台变压器的四个牵引绕组分别对应一套由一个四象限变流器、一个中间直流电路和一个 PWM 型牵引逆变器组成的牵引变流装置，实现整台机车的单轴控制。

外观方面，FXD2B 型机车采用了全新设计的头型结构，刚劲有力，极富重载电力机车的厚重与气势。涂装采用与 FXD1B 型机车相似的深蓝底色，辅以白色细腰线，整体风格与 HXD2 系列机车风格统一也有所不同。

FXD2BA 型机车

由于运量和需求等多方面原因，30t 轴重 FXD2B 型机车在完成运用考核后，并未投入批量生产。为持续深化复兴号品牌战略，推广 FXD2B 型机车先进技术，2022 年起，中车大同公司开展了 FXD2B 型机车一般改进型设计，研发 25t 轴重 FXD2B 型机车，并同步对机车进行技术状态提升，应用最新技术成果、升级制造工艺、深度实现互联互通与部件简统化、提升机车智能化水平。优化提升后 FXD2B 型机车将不仅适应于重载线路，还可广泛应用于国内各条客货混运电气化铁路干线，扩大适用范围。

配属新乡机务段的 FXD2B 型机车段标

FXD2B 0001 号机车制造信息铭牌

25t 轴重 FXD2B 型机车在轴式、整车功率和最高速度方面都保持不变。由于轴重降低，25t 轴重 FXD2B 型机车延续了新 HXD2 型机车 760kN 的启动牵引力，持续速度则降低至 55km/h，持续牵引力由新 HXD2 型机车的 554kN 增加至 628kN，具备更强的牵引性能。同时，25t 轴重 FXD2B 型机车与 25t 轴重 FXD1B 型机车在机车互联互通、运用操作、互换性部件、检修及整备接口、控制逻辑、安全及生活设施等六个方面实施了进一步的简统化设计，便于日常运用于维护。

2023 年初，25t 轴重 FXD2B 型机车完成技术方案评审及施工图设计；同年年中完成 2 台样车试制和调试。为与 30t 轴重 FXD2B 型机车区别，两台新造样车下线初期采用 1000 系编号，分别为 FXD2B 1001 号机车和 1002 号机车。2023 年 8 月，两台 25t 轴重 FXD2B 型机车样车赴北京国家铁道试验中心进行型式试验；2024 年初赴兰州西机务段完成线路试验。2024 年 9 月起，两台 25t 轴重 FXD2B 型机车样车与两台 25t 轴重 FXD1B 型机车样车赴通辽机务段进行运用考核。2025 年 1 月，25t 轴重 FXD2B 正式定型为 FXD2BA 型机车，并批量下线。首批 FXD2BA 型机车率先配属中国铁路郑州局集团有限公司新乡机务段，用于瓦日铁路及相关集疏运线路。未来，FXD2BA 也将与 FXD1BA 型机车共同成为中国铁路新一代 8 轴重载电力机车的代表车型。

■ 25t 轴重的 FXD2B 1002 号机车停放在国家铁道试验中心（2023.9）

■ 25t 轴重 FXD2B 型机车转向架

■ 25t 轴重 FXD2B 型机车车钩和风管

■ FXD2B 1001 号机车制造信息铭牌

■ 25t 轴重 FXD2B 型机车车灯

FXD2B 型 1001 号电力机车外观示意图

■ FXD2B 型 1001 号电力机车样车外观示意图

■ FXD2B 型 1001 号电力机车量产外观示意图

HXD3 技术平台八轴快速客运电力机车

FXD3 型电力机车

下线时间	2016 年
最高速度	160km/h
轴式	2（B_0-B_0）
机车功率	11200kW
制造工厂	中车大连

■ FXD3 0002 号机车停放在兰州西机务段兰州车间（2020.8）

FXD3 型电力机车是中车大连公司在 HXD3 技术平台上研发生产的八轴快速客运电力机车，曾定型为 HXD3G 型机车，是 CR200J3 型动力集中动车组动力车的原型机车。

中车大连旗下八轴快速客运电力机车

21 世纪初，中国铁路曾开发了 DJ 型（熊猫）、DJ2 型（奥星）和 DJ3 型（天梭）等 200km/h 级交流传动电力机车，计划在既有提速铁路或新建客运专线牵引最高速度 160~200km/h 的旅客列车。2002 年后，中国铁路开启“跨越式”发展模式，着重发展用于货物列车牵引的交流传动机车车型，快速铁路客运产品则采用动力分散动车组执行，交流传动客运电力机车不再作为重点发展方向。2011 年，铁路技术政策再次调整，在既有提速铁路上逐步恢复增开传统机辆模式提速列车，并下线了 HXD1D 型和 HXD3D 型两款 160km/h 级六轴客运电力机车。2014 年，连车公司与中国铁路总公司签订了《和谐型机车关键技术自主深化研究——八轴交流传动快速客运电力机车研制》科技研究开发计划，在 HXD3 系列机车成熟技术基础上，开启新一代八轴交流传动快速客运电力机车的研制工作。

■ FXD3/HXD3G 型机车正面

2016 年 1 月，首台八轴交流传动快速客运电力机车在大连下线，并被命名为 HXD3G 型机车（也称和谐 3G 型机车）。在厂内完成称重、淋雨和库内动车等试验后，HXD3G 0001 号机车于 4 月 13 日出厂，4 月 16 日抵达国家铁道试验中心，开始整车型式试验。同年8月，机车在石太客专完成空气动力学、两车交会和空气动力学等试验；10月，在新乡完成八轴重联和推挽两种方式动力学试验项目。试验过程中HXD3G型机车最高试验速度超过200km/h，并完成了400km/h以上两车交会试验。2017年5月至9月，HXD3G型机车第一阶段10万公里运用考核在北京—徐州间的京九、陇海铁路上进行，牵引黄村—闵行的X105次行邮列车。2017年10月起，HXD3G 0001号、0002号两台样车转配兰州，与HXD1G型机车共同在兰新客运专线上担当旅客列车牵引任务。

2018年8月，完成30万公里运用考核的HXD3G型机车通过技术评审。2018年11月28日，作为“时速160公里动力集中电动车组”的组成部分，HXD3G与HXD1G型机车同日获得由国家铁路局颁发的型号合格证和制造许可证。不久之后，为打造复兴号品牌战略，国铁集团将HXD3G型机车更型为FXD3型机车，其中“FX”是“复兴”的汉语拼音首字母缩写、“D”代表电力机车、“3”则为中车大连公司的生产厂商代号。在2018年12月24日，在北京国家铁道试验中心举行的中国铁路科技创新成就展上，变更车型后的FXD3 0002号机车正式亮相。2018年12月25日，国家铁路局下达行政许可决定书，正式将HXD3G的型号合格证和制造许可证正式变更为FXD3型。

■ FXD3型机车刚下线时以HXD3G型号在国家铁道试验中心等待测试（2016.4）

■ FXD3型机车司机室

■ FXD3型机车车身连接处

■ FXD3型机车转向架

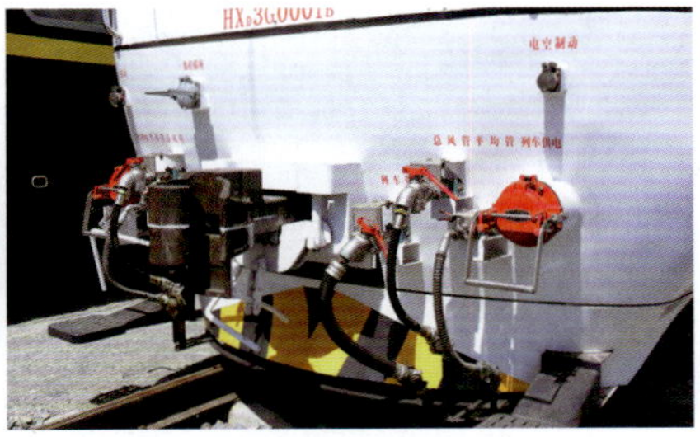

■ FXD3型机车风管和车钩

FXD3/HXD3G型电力机车外观示意图

■ HXD3G型0001号电力机车出厂涂装示意图

■ FXD3型0002号电力机车出厂涂装示意图

■ 型式试验中的 FXD3 型机车 (2016.4)

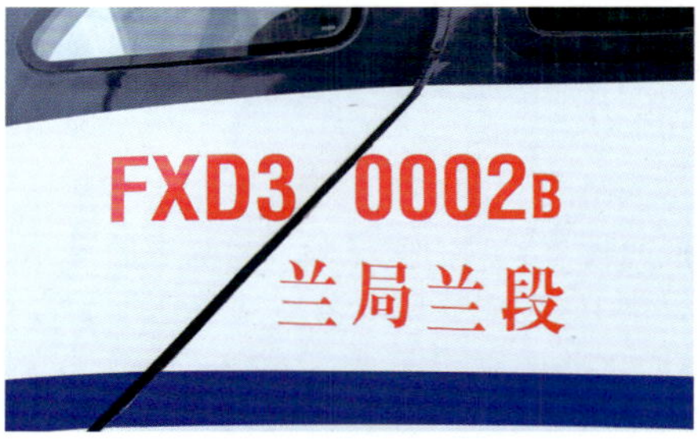

■ 配属兰州西机务段的 FXD3 型机车段标

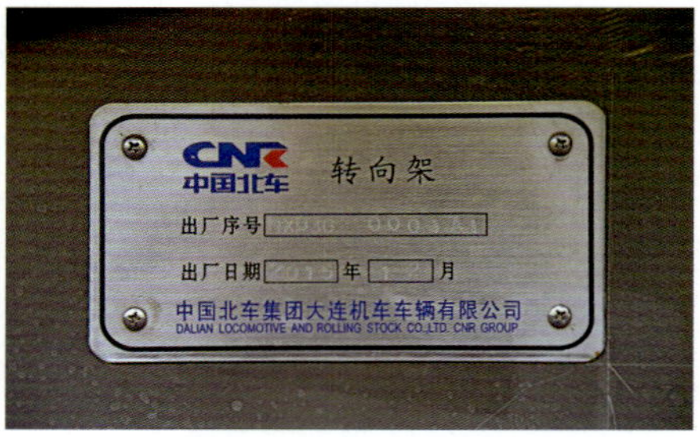

■ FXD3 型机车段标转向架制造信息铭牌

FXD3 型机车主要技术概况

FXD3 型电力机车是八轴交流传动快速客运电力机车，由两节完全相同的单司机室四轴机车固定重联而成，采用 2（B0–B0）轴式，单轴功率 1400kW，整车持续功率 11200kW，最大启动牵引力 480 kN，持续牵引力 424kN，轴重 19.5t。机车构造速度 210km/h，最高运行速度 160km/h。每节机车设有一个司机室，机械间设有 700mm 宽中间走廊，走廊两侧设有牵引变流装置、通风机、空气压缩机等电气设备。主要设备斜对称布局，成套安装，有利于机车质量分配和制造检修。

电气系统方面，FXD3 型机车采用大功率 IGBT 元件水冷变流器、大功率异步牵引电机和卧式变压器。整台机车的 A、B 两节机车各自配备了一套完整独立且相同的电传动系统，由一台牵引变压器、一台牵引变流器和四台牵引电机构成，两节机车的网侧高压电路可通过车顶高压跳线相连。每节机车牵引变压器次边四个独立的牵引绕组分别向四台牵引变流器供电，每台牵引变流器对应一台牵引电机，实现单轴控制。机车辅助电气系统和列车供电系统分别由牵引变压器的两个辅助绕组和两个供电绕组供电。微机网络控制系统分为列车级和车辆级两级网络系统，重联机车之间采用以太网传递信息。

为了将轴重降低为 19.5t，FXD3 型机车对变压器、变流器和牵引电机等都进行了减重设计。全新设计的两轴转向架牵引电机采用对置布置，牵引电机弹性架悬，轮对空心轴驱动，低位推挽牵引杆牵引。通过减重设计，与 HXD3 型机车相比，FXD3 型机车齿轮箱减重 50%，驱动装置减重 17%，有效优化了机车动力学性能。

外观方面，FXD3 型机车采用了圆润的流线化头型设计，以适应高速行车需要。同时，机车采用了与“和谐号”动车组相似的白底蓝色腰线涂装，车身侧面用红色字体标注“复兴”二字和车型车号信息。值得一提的是，在下线初期，HXD3G 型机车为通体白色，辅以两条倾斜蓝色腰线；在完成运用考核，并将车型由 HXD3G 型机车改为 FXD3 型机车时，机车正脸和车身下方由白色改为了黑色，平直单条蓝腰线贯通车体，与 FXD1 型机车风格统一。

■ 基于 FXD3 型机车研制的 CR200J3 型动力集中动车组停放在北京车辆段 (2019.5)

■ FXD3 0001 号机车牵引旅客列车行驶在兰州枢纽的黄河岸边（2023.8）

配属与运用

作为中国铁路仅有的两款固定重联客运电力机车之一，FXD3 型机车性能优异，在牵引 20 节客车以 200 km/h 速度在平直路段运行时，剩余加速度可达 0.03 m/s^2；在 12‰坡道上，可牵引 20 节客车以 160 km/h 速度运行，并满足整列车在 30‰坡道上启动的要求。同时，机车具备单节四轴机车单独牵引车辆，或两节四轴机车分别放置在车辆两端推挽运行的能力，为日后动力集中动车组的研制打下了坚实的基础。

■ FXD1 与 FXD3 在国家铁道试验中心进行联挂试验（2016.4）

2019 年，两台 FXD3 型机车与 FXD1 型机车同期配属兰州西机务段，并在兰新高铁因地质灾害长期断道的情况下，转而牵引既有兰新铁路上的旅客列车。2023 年后，FXD3 型机车主要担当兰州局集团管内兰州—嘉峪关和兰州—敦煌间旅客列车交路。2015 年后，中国铁路不再推行机辆模式普速列车上高速铁路运行，因此 FXD3 型机车在制造 2 台样车后并未投入批量生产。2017 年后，FXD3 型机车通过改造，作为 CR200J 系列动力集中电动车组的动力车之一，在改变外观和涂装后，以 FXD3-J 的车型成为 CR200J3 系列动力集中电动车组动力车的原型机车，并批量投入生产，成为中国普速客运铁路现代化的主要牵引动力。

中车大连旗下新一代电—电混动调车机车

FXD3H 型电力机车

下线时间	2023 年
最高速度	100km/h
轴式	Co-Co
机车功率	2000kW
制造工厂	中车大连

FXD3H 型机车在北京车辆段调车作业（2024.5）

FXD3H 型电力机车是中车大连公司开发的新一代接触网—动力电池混合动力调车机车，与 FXD1H 同为中国铁路新一代电力调机的新尝试。

绿色调机新尝试

近年来，混合动力机车在国内外都有了长足的发展。特别是调车机车领域，传统调车机车基本采用内燃机车，日常作业启停、换向频繁，柴油机负荷变化大，存在柴油燃烧不充分、冒黑烟等高能耗、高排放问题，尤其适合通过采用混合动力的方式降低成本和排放。2015 年中国铁路总公司与中车大连公司签订 3000 马力节能环保调车机车研发合同。2018 年与 2022 年，中车大连公司先后下线了 FXN3B 型（轻混）和 FXN3D 型（重混）两款内电混合动力调车机车，打造了以自主化、模块化、简统化、标准化、平台化为特点的 3000 马力功率等级混合动力调车机车技术平台。

在此基础上，中车大连公司于 2021 年底作为参与单位，参加了国铁集团《基于电电混合牵引机车技术应用研究》课题，并在对北京、上海、广州等铁路局集团有限公司下辖多个机务段深度调研后，完成机车方案设计。2023 年 7 月 20 日，新一代电电混合动力调车样车在大连下线，命名为 FXD3H，其中“H”为“混”字的汉语拼音首字母。在完成各项型式试验后，2024 年，FXD3H 0001 号机车配属北京机务段开展运用考核，负责北京西站客车车底出入库牵引和北京车辆段编组作业任务。

FXD3H 型机车正面

FXD3H型机车主要技术概况

FXD3H型机车是一款采用接触网—动力电池双电源作为动力的交流传动调车机车，主要用于客运调车作业，兼顾小运转及枢纽地区救援作业。机车采用Co-Co轴式，轴重23 t，最高运行速度100km/h。机车采用与传统调车机车相同的单司机室外走廊结构，和FXD1H型机车同为中国国铁系统首次在外走廊机车上设置受电弓。同时，机车与株机公司FXD1H机车进行了简统设计，以降低乘务、检修人员工作量。

整体设计上，FXD3H型机车采用平台化设计理念，底架、引缓冲装置、排障器、司机室等多个主要部件与3000马力重混调车机车（FXN3D）保持一致或仅做细微调整，提高零部件重用率。机车动力电池使用与3000马力重混调车机车相同的动力电池装置，选用磷酸铁锂电池，兼容4组和6组两种电池装车方案，动力电池总容量分别为1268kWh和1902kWh。机车在接触网供电条件下牵引功率为2000kW；在4组动力电池供条件下牵引功率为900kW；6组动力电池供电条件下牵引功率为1350kW。

电气系统方面，FXD3H型机车网侧电路高压部件沿用既有HXD3C和FXD3型电力机车批量运用的成熟部件，主断路器、高压接地开关、柜内避雷器、高压电压互感器、高压电流互感器集中布置在网侧柜内。牵引变压器采用下悬式安装方式，包含高压绕组和牵引绕组，自带冷却系统，满足电—电混合动力调车机车的运行要求。牵引变流系统由2套互为冗余、原理相同的牵引辅助系统组成，其中每套系统包含2组四象限整流器、1组牵引逆变器、3组动力电池充放电装置以及1组辅助系统，牵引电机和制动电阻也选择与3000马力重混调车机车相同的型号，成熟可靠。

日常运用中，FXD3H型机车采用接触网下静态充电，牵车不充电的运用方式。除非作业区间全部覆盖接触网，否则调车作业时仅采用动力电池供电。机车具备再生制动功能，动力制动时，可将动能转化为电能反馈给接触网或为动力电池充电，当未升弓且动力电池电量已满时，可使用制动电阻消耗能量，保证电池安全。

外观方面，FXD3H型机车与FXN3B和FXN3D型机车大致相同，涂装方案也采用了复兴系列调车机车标准的绿色车身+黑色底架配色，辅以蓝白色带。作为新一代混合动力机车的代表，采用纯电设计的FXD3H型机车不仅符合国家的双碳发展战略和技术发展方向，也将极大减少大型铁路客站调车机车作业时产生的噪声和排放，改善大型城市铁路周边的环境。

■ FXD3H 型机车停放在国家铁道试验中心（2023.8）

■ FXD3H 型机车司机室

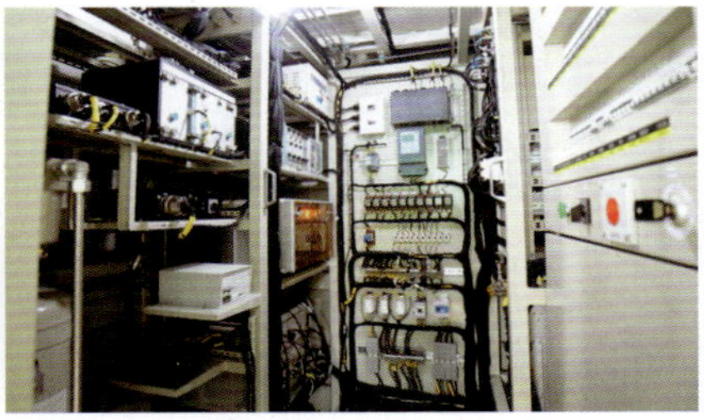
■ FXD3H 型机车低压电气间

■ FXD3H 型机车制造信息铭牌

■ FXD3H 型机车主变压器

FXD3H 型电力机车外观示意图

■ FXD3H 型电力机车外观示意图

中国主型交流传动电力机车技术参数表

车型代号	**AC4000**	**DJ（熊猫）**	**DJ2（奥星）**	**DJ3（天梭）**	**SSJ3**
用途	客货	客	客	客	货
轴式	B0-B0	B0-B0	B0-B0	B0-B0	C0-C0
传动方式	交—直—交	交—直—交	交—直—交	交—直—交	交—直—交
轴重 (t)	23	20.5	21	20.5	23/25
持续功率 (kW)	4000	4800	4800	4800	7200
最高速度（km/h）	120	200	200	200	120
持续速度 (km/h)	60	84	84	85	53.9
启动牵引力 (kN)	325	264	264	262	515/560
持续牵引力 (kN)	240	206	205	203	480.9
牵引变流器功率原件	不对称高压晶闸管	IGBT	GTO	GTO	IGBT
基础制动方式	踏面制动	轮盘制动	轮盘制动	轮盘制动	轮盘制动
电制动方式	再生制动	再生制动	再生制动	再生制动	再生制动
牵引电机型号	-	4FHA7056C	JD116	JD121	JD126A
牵引电机悬挂方式	抱轴式半悬挂	架悬式全悬挂	架悬式全悬挂	弹性架悬	滚动抱轴式半悬挂
车钩中心距（mm）	19016	19000	19000	19440	20846
车体宽度（mm）	3100	3100	3100	3100	3100
落弓后机车高度（mm）	-	4640	4640	4628	4700
转向架固定轴距（mm）	2900	2900	2900	2650	4250
转向架中心距（mm）	10500	10300	10300	10230	10520
制造工厂	株洲厂	株洲厂	株洲厂	大同厂	大连厂
首台制造年份	1996	2000	2001	2002	2003
累计制造数量	1	2	3	1	1

车型代号	HXD$_1$	新 HXD$_1$	HXD$_{1B}$	HXD$_{1C}$	HXD$_{1D}$
用途	货	货	货	货	客
轴式	2(B$_0$-B$_0$)	2(B$_0$-B$_0$)	C$_0$-C$_0$	C$_0$-C$_0$	C$_0$-C$_0$
传动方式	交—直—交	交—直—交	交—直—交	交—直—交	交—直—交
轴重 (t)	23/25	25	25	23/25	21
持续功率 (kW)	9600	9600	9600	7200	7200
最高速度（km/h）	120	120	120	120	160
持续速度 (km/h)	70/65	65	81.9	70/65	80
启动牵引力 (kN)	700/760	760	570	520/570	420
持续牵引力 (kN)	494/532	532	422	370/400	324
牵引变流器 功率原件	IGBT	IGBT	IGBT	IGBT	IGBT
基础制动方式	轮盘制动	轮盘制动	轮盘制动	轮盘制动	轮盘制动
电制动方式	再生制动	再生制动	再生制动	再生制动	再生制动
牵引电机型号	JD160	JD160	1TB2822-0SF02 （进口） YQ-1633（国产）	JD160A	YQ-1224
牵引电机悬挂方式	抱轴悬挂	抱轴悬挂	抱轴悬挂	抱轴悬挂	弹性架悬
车钩中心距（mm）	2×17611	2×17611	22670	22670	22754
车体宽度（mm）	3100	3100	3100	3100	3098
落弓后机车高度（mm）	4708	4708	4720	4780	4780
转向架固定轴距（mm）	2800	2800	4250	4250	4150
转向架中心距（mm）	9000	9000	11760	11760	11760
制造工厂	中车株机	中车株机 中车资电	中车株机	中车株机 中车资电 中车戚墅堰	中车株机
首台制造年份	2006	2012	2009	2009	2012
累计制造数量	350	>1400	650	>2000	690

续上表

车型代号	HXD2	新 HXD2	HXD2B	HXD2C	HXD2D
用途	货	货	货	货	客
轴式	2(B0-B0)	2(B0-B0)	C0-C0	C0-C0	C0-C0
传动方式	交一直一交	交一直一交	交一直一交	交一直一交	交一直一交
轴重 (t)	23/25	25	25	23/25	21
持续功率 (kW)	10000	9600	9600	7200	7200
最高速度（km/h）	120	120	120	120	160
持续速度 (km/h)	70/65	62.4	76	70/65	80
启动牵引力 (kN)	777/714	760	584	520/570	420
持续牵引力 (kN)	514/554	554	455	370/400	324
牵引变流器功率原件	IGBT	IGBT	IGBT	IGBT	IGBT
基础制动方式	踏面制动	踏面制动	踏面制动	踏面制动	轮盘制动
电制动方式	再生制动	再生制动	再生制动	再生制动	再生制动
牵引电机型号	YJ90A	YJ90A	YJ90B	YJ170A(永济) 4FIA7058（庞巴迪）	-
牵引电机悬挂方式	抱轴式弹性半悬挂	抱轴式弹性半悬挂	抱轴式弹性半悬挂	抱轴式弹性半悬挂	永磁直驱
车钩中心距（mm）	2×19075	2×19075	22960	22960	-
车体宽度（mm）	2855	2855	2856	2856	-
落弓后机车高度（mm）	4718	4718	4800	4693	-
转向架固定轴距（mm）	2600	2600	4250	4250	-
转向架中心距（mm）	10060	10060	12320	12320	-
制造工厂	法国阿尔斯通 中车大同	中车大同 中车大连	法国阿尔斯通 中车大同	中车大同	中车大同
首台制造年份	2006	2012	2009	2010	2013
累计制造数量	180	>1200	500	375	1

车型代号	**HXD3**	**HXD3B**	**HXD3C**	**HXD3CA**	**HXD3D**
用途	货	货	客货	货	客
轴式	Co-Co	Co-Co	Co-Co	Co-Co	Co-Co
传动方式	交—直—交	交—直—交	交—直—交	交—直—交	交—直—交
轴重 (t)	23/25	25	23/25	23/25	21
持续功率 (kW)	7200	9600	7200	7200	7200
最高速度（km/h）	120	120	120	120	160
持续速度（km/h)	70/65	68.2	70/65	70/65	80
启动牵引力 (kN)	520/570	570	520/570	520/570	420
持续牵引力 (kN)	370/400	506.7	370/400	370/400	324
牵引变流器 功率原件	IGBT	IGBT	IGBT	IGBT	IGBT
基础制动方式	轮盘制动	轮盘制动	轮盘制动	轮盘制动	轮盘制动
电制动方式	再生制动	再生制动	再生制动	再生制动	再生制动
牵引电机型号	YJ85A	Mitrac TM 3800 F	YJ85A1	YJ85A1	YJ217A
牵引电机悬挂方式	滚动抱轴承式半悬挂	滚动抱轴承式半悬挂	滚动抱轴承式半悬挂	滚动抱轴承式半悬挂	刚性架悬
车钩中心距（mm）	20846	22781	20846	20846	22989
车体宽度（mm）	3100	2950	3100	3100	3100
落弓后机车高度（mm）	4775	4622	4775	4775	4770
转向架固定轴距（mm）	4250	3900	4250	4250	4350
转向架中心距（mm）	10520	12950	10520	10520	12720
制造工厂	日本东芝、中车大连 中车大同、二七机车	中车大连	中车大连	中车大连 中车大同 二七机车	中车大连 中车大同
首台制造年份	2006	2008	2010	2012	2012
累计制造数量	1090	500	1086	>1000	742

续上表

车型代号	HXD3A	FXD1	FXD1B	FXD1H
用途	货	客	货	调小
轴式	2(B_0-B_0)	2(B_0-B_0)	2(B_0-B_0)	C_0-C_0
传动方式	交—直—交	交—直—交	交—直—交	交—直—交
轴重 (t)	25	19.5	27/30	23
持续功率 (kW)	9600	11200	9600	2000（接触网） 900/1400（动力电池）
最高速度（km/h）	120	160	100	100
持续速度 (km/h)	-	95	55/50	-
启动牵引力 (kN)	760	480	820/910	520
持续牵引力 (kN)	532	424	628/691	-
牵引变流器功率原件	IGBT	IGBT	IGBT	IGBT
基础制动方式	轮盘制动	轮盘制动	轮盘制动	踏面制动
电制动方式	再生制动	再生制动	再生制动	-
牵引电机型号	-	YQ-1430	YQ-1225	-
牵引电机悬挂方式	滚动抱轴承式半悬挂	弹性架悬	刚性轴悬	滚动抱轴承式半悬挂
车钩中心距（mm）	2×18890	2×17610	2×17611	-
车体宽度（mm）	3100	3098	3100	-
落弓后机车高度（mm）	-	4750	4699	-
转向架固定轴距（mm）	-	2900	2800	-
转向架中心距（mm）	-	9000	9000	-
制造工厂	中车大连	中车株机	中车株机	中车株机
首台制造年份	2012	2015	2013	2023
累计制造数量	2	2	2	1

车型代号	FXD2B	FXD3	FXD3H
用途	货	客	调小
轴式	$2(B_0-B_0)$	$2(B_0-B_0)$	C_0-C_0
传动方式	交—直—交	交—直—交	交—直—交
轴重 (t)	27/30	19.5	23
持续功率 (kW)	9600	11200	2000
最高速度（km/h）	100	160	100
持续速度（km/h）	55/50	95	13.7
启动牵引力 (kN)	820/910	480	520
持续牵引力 (kN)	628/691	424	490
牵引变流器功率原件	IGBT	IGBT	IGBT
基础制动方式	轮盘制动	轮盘制动	踏面制动
电制动方式	再生制动	再生制动	-
牵引电机型号	YJ245A	YJ227A	-
牵引电机悬挂方式	抱轴式半悬挂	弹性架悬	滚动抱轴半悬挂
车钩中心距（mm）	2×19075	2×18867.5	20330
车体宽度（mm）	3100	3100	3200
落弓后机车高度（mm）	4671	4770	4660
转向架固定轴距（mm）	2600	2800	4050
转向架中心距（mm）	10150	10195	11900
制造工厂	中车大同	中车大连	中车大连
首台制造年份	2013	2016	2023
累计制造数量	2	2	1

045
8K 145 A

进口电力机车

从 20 世纪 60 年代到 21 世纪初，中国铁路曾先后从法国、罗马尼亚、日本、苏联和奥地利进口了 6Y2、6G、6G1、6K、8G、8K 和 DJ1 型 7 种型号的电力机车，用于复杂山区和晋煤外运电气化铁路上。它们不仅在国产电力机车技术水平落后和产量不足的年代，为中国铁路电气化牵引作出了重要贡献，也同样为当年蹒跚学步的电力机车工业提供了重要的技术参考，为中国电力机车发展作出了重要贡献。

8K 104 号机车牵引货物列车宛如铁龙出山（2006.11）

8G 020 号机车牵引货物列车蜿蜒在崇山峻岭间的石太铁路上（2008.10）

■ 6K 075 号机车牵引货物列车驶过陇海铁路杨连弟大桥（2010.5）

8G 052 号机车牵引煤炭大列驶过石太铁路岩会段的绝壁之间（2008.10）

丰台西电力机务段内的 8K 型机车整装待发（2003.8）

DJ_1 型机车与 HXD_3 型机车双机重联牵引列车驶过宝成铁路神沙河大桥（2010.6）

万千绿中一点白（2010.6）

8K 125 号机车牵引列车驶过鸡鸣山脚下的下花园站（2013.4）

DJ1 型机车与 SS6B 型机车重联牵引广元—宝鸡的 6064 次小票车蜿蜒在秦岭山间（2009.9）

DJ1 0020 号机车双机牵引万吨列车行驶在大秦铁路北京段的军都山间（2007.9）

穿越幽州山峡的万仞绝壁（2008.5）

云雾缭绕中，8K 型机车牵引集装箱大列通过丰沙铁路落坡岭大桥（2007.6）

8G 060 号机车双机牵引列车行驶在石太铁路上（2008.10）

DJ1 型机车双机重联牵引万吨列车驶过大秦铁路黑山寨段（2008.3）

新中国首款进口电力机车

6Y2 型电力机车

下线时间	1960 年
最高速度	100km/h
轴式	Co-Co
机车功率	4620kW（持续制）
制造工厂	法国阿尔斯通公司

■ 下线之初，6Y2 13 号机车在法国贝尔福工厂（资料图）

由法国阿尔斯通公司生产的 6Y2 型机车是为满足宝成铁路宝凤段电气化开通，于 1960 年至 1961 年间进口的引燃管整流电力机车，是中国干线电气化铁路上第一款投入批量运用的电力机车。

首款进口电力机车

1952 年动工，1958 年建成的宝成铁路起自陕西省宝鸡市，终至四川省成都市，是继成渝铁路后新中国修建的第二条干线铁路，也曾是进出四川的唯一铁路通道。宝成铁路翻越巍巍秦岭，沿途地形复杂，工程艰巨。特别是自宝鸡至秦岭站间的秦岭北坡区段，宝成铁路沿陡峭的秦岭北坡蜿蜒攀爬，沿清姜河谷地以 30‰的坡度盘旋而上，是中国坡度最大的干线铁路。

由于坡度大、隧道多，加之重要的通道地位，宝成铁路成为中国电气化铁路的第一块“试验田”。1953 年起，

■ 在法国试验运行时的 6Y2 型机车（资料图）

宝成铁路开始进行电气化改造的准备工作。1957 年，经过深入技术经济比选，宝成铁路最终决定选用世界最先进的单相工频（50Hz）25kV 交流供电制式。1958 年 6 月，宝成铁路宝（鸡）凤（州）段 91km 线路电气化改造开工，1961 年 8 月 15 日建成通车，中国电气化铁路至此实现零的突破。

在第一条电气化铁路紧张筹备的同时，电力机车的选型也在紧锣密鼓地进行。1958 年底，模仿苏联 H60 型机车研制的首台国产 6Y1 型机车下线。但受制于当时中国的工业基础和技术条件，6Y1 型机车“引燃管逆弧、调压开关烧损、牵引电机环火”三大技术难题短时间难以解决，无法上线运行。为了保证宝成铁路宝凤段电气化改造顺利开通，铁道部决定进口一批电力机车用于宝凤铁路，作为国产电力机车投产前的过渡。

20 世纪 50 年代时，由于技术难度大，世界范围内具备工频 25kV 电力机车制造技术的国家并不多，6Y1 型机车的原型 H60 型机车性能也并不稳定。加之中苏关系自上世纪 50 年代末开始逐渐交恶，由苏联大规模进口电力机车并不现实。因此，铁道部将目光转向法国。虽然当时中法尚未建交，但时任法国总统戴高乐与中国关系友好，在冷战的大背景下，同意向中国出口先进的电力机车。在这一背景下，1960 年 6 月，铁道部与法国阿尔斯通公司签订了 24 台电力机车采购合同。新型机车最终命名为 6Y2 型，其中“6”代表六轴机车，“Y”代表引燃管整流，“2”代表第二种型号，延续了此前 6Y1 型机车的定型规则。值得一提的是，6Y2 型机车不仅是新中国从国外进口的第一款干线电力机车，也是法国向新中国出口的第一款重型机械设备。6Y2 型机车采购的良好合作，也成了中华人民共和国与法兰西共和国接触的开始，为 1964 年中法两国建立大使级外交关系打下了第一颗道钉。

LOCOMOTIVE ÉLECTRIQUE
A COURANT ALTERNATIF
MONOPHASÉ 25 kV - 50 Hz

Type CC - 6 300 ch
Constructeurs : ALSTHOM - M.T.E. (1)

Parties mécaniques.......... ALSTHOM - S.F.A.C.
Moteurs de traction.......... ALSTHOM - S-W
Equipement électrique.... ALSTHOM - JEUMONT
Ignitrons .... S-W

SINGLE-PHASE
25 kV - 50 C/S A. C.
ELECTRIC LOCOMOTIVE

6 300 HP - Co-Co Type
Developed by : ALSTHOM - M.T.E. (1)

Mechanical part................ ALSTHOM - S.F.A.C.
Traction motors..................... ALSTHOM - S-W
Electrical equipment........... ALSTHOM - JEUMONT
Ignitron rectifiers .... S-W

LOCOMOTORA ELECTRICA DE CORRIENTE ALTERNATIVA MONOFASICA
25 kV - 50 Hz

Tipo CC - 6 300 HP — Constructores : ALSTHOM - M.T.E. (1)

Partes mecánicas : ALSTHOM - S.F.A.C. | Motores de tracción : ALSTHOM - S-W | Equipo eléct. : ALSTHOM-JEUMONT Rectificadores ignitrones...... S-W

(1) Voir note page 12 (1) See note page 12 (1) Ver nota página 12

早年法语版 6Y2 型机车技术资料（资料图）

6Y2 型电力机车外观示意图

6Y2 型电力机车外观示意图

大修后采用墨绿色涂装的 6Y2 型电力机车外观示意图

保存在圣彼得堡铁道博物馆中的苏联 F 型机车（2014.5）

6Y2型机车主要技术概况

6Y2型机车是客货两用干线电力机车，采用引燃管整流，小时功率4800kW，持续功率4620kW，最高速度100km/h，C0-C0轴式，轴重23t，电制动为再生制动。机车以当年法国出口给苏联的F型电力机车为原型，车体和转向架等机械部分参考了法国国铁CC 7100型电力机车，而电气传动部分则借鉴了BB 12000、BB 16000型等法国第一代交流电力机车的牵引控制系统，并根据中国铁路的实际运用条件改进而成。

保存在法国国家铁道博物馆中的 CC7100 型机车（2014.8）

6Y2型机车采用整体承载结构的箱型车体，全车从前至后分别为第一司机室、第一机械室、变压器室、第二机械室和第二司机室。机械室和司机室内设有防寒层和加热设备，两端司机室之间通过右侧直通走廊连接。车内各室均有独立的可拆式顶盖，以便吊装和维修车内各项设备。车体侧墙装有大面积百叶窗和空气过滤器，车顶安装有两台双臂式受电弓。转向架采用无导框式设计。车体和转向架之间采用四个带复原弹簧的中心支承、十二个承受负载的弹性旁承连接。基础制动装置采用双侧双闸瓦制动，并带有闸瓦间隙自动调整器。

与6Y1型机车采用低压侧有级调压不同，6Y2型机车采用高压侧有级调压控制车速，技术难度更大。机车主电路由空气断路器、主变压器、引燃管（水银整流器）、调压开关、牵引电机、平波电抗器、电路保护装置等部分组成。机车采用圆盘式调压开关，主变压器高压侧设有32个调压级，3级磁场削弱。主变压器次边牵引绕组对应一个中抽式电路，经12个10英寸水冷式引燃管整流，转换成方向不变电压变化的直流电（脉流电），再由平波电抗器滤波后集中供电给直流牵引电机。牵引电机为低电压大电流设计的脉流串励电机，定子和转子均为H级绝缘，采用抱轴式半悬挂、单边弹性直齿轮传动。

改造与运用

1960年7月，首批两台6Y2型机车在阿尔斯通公司贝尔福工厂下线。在法国进行测试后，于1960年9月运抵中国，配属宝鸡机务段。同年11月2日，首台6Y2型机车在宝成铁路宝凤段间投入试运行。由于6Y2型机车制造过程中贝尔福工厂因为劳资纠纷而发生罢工事件，影响了生产进度，导致部分机车无法按期交付，因此中法双方在合同额不变的情况下，将6Y2型机车的数量由24台增加至25台作为补偿。1961年3月，全部25台6Y2型机车交付完毕，承担起宝成铁路宝凤段电气化通车初期全部电力牵引任务，成为中国最早投入批量使用的电力机车。

6Y2型机车投入运用后，其稳定的电气系统受到运用部门的好评。但6Y2型机车的再生制动系统在制动时需要将直流电逆变为交流电，使得引燃管和牵引电机都在恶劣条件下工作，增加了负荷，缩短了引燃管和牵引电机使用寿命。1969年起，由于引燃管老化，宝鸡电力机车段（现宝鸡机车检修厂）的工程技术人员使用硅半导体整流器替代引燃管整流，从而摆脱了依赖进口引燃管的局面并节约大量外汇资金，并逐步将再生制动改为电阻制动。到1971年，全部6Y2型机车均完成了改造。此外，6Y2型机车曾采用天蓝底色加黄色腰线的涂装风格。在国内大修后，6Y2改为了深绿基调的“国防色”作为主色调，与SS1型机车统一。

■ 秦岭站的 6Y2 型机车（资料图）

■ 停放在宝鸡机务段的 6Y2 型机车（资料图）

■ 在宝鸡大修作业中的 6Y2 型机车（资料图）

■ 曾经留存在宝鸡机车检修厂内的最后一台 6Y2 08 号机车（资料图）

由于6Y2型机车在宝成铁路上表现良好，为配合宝成铁路全线电气化改造的用车需求，1970年，铁道部再次向阿尔斯通公司订购了40台6G型机车。1973年后，随着6G型机车的全面交付，加之国产SS1型电力机车的批量生产，6Y2型机车逐渐退居二线，主要执行补机牵引任务，并于20世纪80年代起逐步退役。最后一台存世的6Y2 08机车的暮年岁月曾存放在宝鸡机车检修厂内。2007年，这台仅存的6Y2型机车与最后三台存世的6G型机车被全部拆解，仅存一副车号铭牌保存在今天的宝鸡市铁路博物馆中，成为难以弥补的巨大遗憾。

宝成铁路上再续辉煌的法国机车

6G 型电力机车

下线时间	1972 年
最高速度	112km/h
轴式	Co-Co
机车功率	5400kW
制造工厂	法国阿尔斯通公司

6G 60 号机车停放在宝鸡机车检修厂中 (2002.10)

6G 型电力机车是中国铁路为满足宝成铁路全线电气化开通需要，于 20 世纪 70 年代从法国阿尔斯通公司进口的第二款电力机车，为中国相控机车的发展提供了宝贵的经验。

宝成铁路上的第二款法国机车

1961 年 8 月 15 日，宝成铁路宝凤段电气化改造建成通车，中国干线电气化铁路实现零的突破。在建设宝成铁路宝凤段电气化工程的同时，我国还对包（头）白（云鄂博）、丰沙、石太、北同蒲太原至朔州段等铁路行了电气化调查和设计，有的已经动工修建。但在随后数年间，由于国内环境形势的影响，加之当时对铁路电气化价值意义认知不深，上述铁路电气化改造项目纷纷停工。中国铁路电气化建设进入了低谷。

阿尔斯通公司内刚刚制造完成的 6G 054 号机车（资料图）

直到 20 世纪 60 年代中期，由于三线建设的全面开展，入川物资剧增，宝成铁路运力日益紧张。鉴于此前宝凤段电气化取得了巨大的经济效益，对宝成铁路全线进行电气化改造成为提高运输能力的必然选择。1965 年起，铁道部开始对宝成铁路凤州至成都段进行电气化调查，并于 1967 年完成电气化改造初步设计。1968 年 12 月，宝成铁路广元—马角坝段改造率先开工，并于 1969 年建成。此后，马角坝—绵阳、凤州—略阳、略阳—广元段电气化改造也先后于 1970 年、1972 年和 1973 年通车。1975 年 7 月 1 日，随着绵阳—成都段的建成，宝成铁路电气化改造全线通车。

与宝凤段电气化建成时 6Y1 型机车尚未成熟不同，1968 年，中国第一代国产电力机车 SS1 型机车成功下线，结束了不能自主制造电力机车的历史。但此时 SS1 型机车刚刚定型，不仅性能不够稳定，年产量也仅为 20~30 台，能力有限。在此情况下，鉴于此前 6Y2 型电力机车在宝成铁路宝凤段上的良好表现，铁道部决定再次从法国阿尔斯通公司进口一批电力机车，用于宝成铁路电气化改造全线通车后的运输需求。

1971 年 6 月 23 日，中国机械进出口总公司与法国阿尔斯通公司在北京签订了 50 台内燃机车和 40 台电力机车贸易合同。其中前者为 ND4 型内燃机车，后者则被命名为 6G 型电力机车，其中“6”代表六轴，而“G”代表硅整流器。由于 50 台 ND4 型机车的车号为 01~50，40 台 6G 型机车的车号也因此顺延为了 51~90。6G 型机车也因此成为国内为数不多不由 1 号车起排的机车车型。

les locomotives électriques 25 kV - 50 Hz
type Co Co 5350 kW

pour les chemins de fer
de la République Populaire de Chine

caractéristiques générales

Type	Co Co	
Voie	1 435	mm
Longueur entre centres d'attelages	23 020	mm
Largeur de caisse	3 078	mm
Hauteur des pantographes baissés	4 600	mm
Entraxe bogies	12 686	mm
Empattement d'un bogie	4 670	mm
Diamètre roues neuves	1 250	mm
Masse	138	t

Le 15 avril 1970, les Chemins de Fer de la République Populaire de Chine ont commandé au Groupement ALSTHOM - M T E, 40 locomotives électriques à courant monophasé 25 kV - 50 Hz, dont 38 locomotives à freinage rhéostatique et 2 locomotives à freinage par récupération.

PARTIE MÉCANIQUE :

Les caisses et les bogies sont identiques à ceux des 25 locomotives Co Co 6Y2 livrées dix ans auparavant à la République Populaire de Chine, par le même Groupement Français, compte tenu de certaines améliorations techniques expérimentées depuis.

PARTIE ÉLECTRIQUE :

Moteurs de traction : Le choix s'est porté sur une version modernisée du TAO 649 B qui équipait les locomotives 6Y2. On a pu ainsi grâce aux progrès accomplis dans le domaine de l'isolation en particulier, augmenter sa puissance de 35 % tout en conservant un encombrement identique.

Redresseurs : Les techniques les plus modernes ont été mises en œuvre dans l'utilisation des semi-conducteurs au silicium où les constructeurs ont déjà acquis une solide expérience sur le réseau français.

Ces locomotives destinées à des lignes à profils accidentés ont été étudiées en vue de réaliser les performances suivantes :

Remorquer des trains de 850 t à 55 km/h en rampe de 30 ‰ ;

Retenir en freinage rhéostatique des trains de 2 400 t à 80 km/h environ en pente de 12 ‰.

la caisse

La caisse est directement dérivée de celles des locomotives livrées aux Chemins de Fer Chinois en 1960.

La structure de caisse est du type à revêtement travaillant. Les parois latérales sont entretoisées par des tirants en diagonale, renforçant la rigidité de l'ensemble et compensant l'affaiblissement entraîné par les ouvertures nécessaires à la ventilation.

La partie supérieure de la caisse entre les cloisons de cabine est démontable. Elle est constituée de lanterneaux amovibles permettant le montage et le démontage des différents éléments de l'équipement électrique ou pneumatique, rassemblés dans les blocs indépendants.

Sur les parois latérales extérieures de la caisse sont montés des filtres dynamiques à persiennes verticales. Ce système est complété par l'installation de panneaux filtrants, à l'intérieur de la caisse.

L'installation générale de l'équipement et l'esthétique extérieure de la locomotive ont été entièrement revues. Deux couloirs latéraux, spacieux, bien éclairés par des hublots montés sur la superstructure, et par des plafonniers, permettent l'intercirculation et l'accessibilité à l'équipement.

Les cabines de conduite, spacieuses, sont munies de larges baies, offrant une grande visibilité au conducteur.

L'insonorisation de ces cabines a été particulièrement soignée.

ossature de caisse

couloir d'intercirculation

■ 早年法语版 6G 型机车技术资料（资料图）

■ 6G 型机车正面

■ 6G 型机车转向架

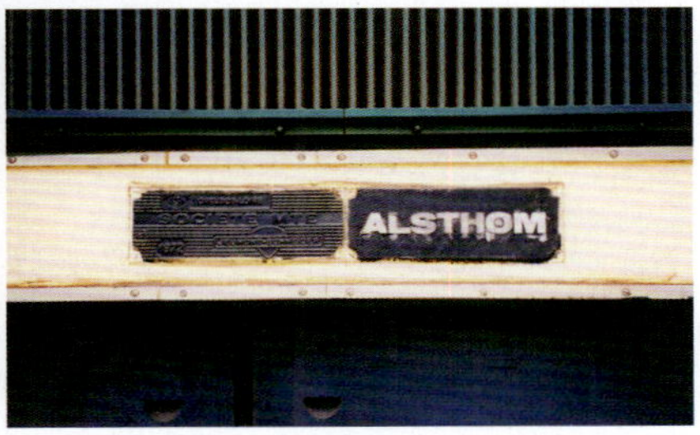

■ 6G 型机车制造信息及铭牌

6G 型电力机车外观示意图

■ 6G 型电力机车外观示意图

6G 型机车主要技术概况

6G 型机车是六轴客货两用干线电力机车，机车持续功率 5400kW，最高速度 112km/h，C0–C0 轴式，轴重 23t，整备重量 138t。总体布局方面，6G 型机车整体共分为 11 个室，以主变压器室居中，其余各室包括司机室、辅助室、电气室、制动电阻室、整流机组室等在两端对称布置，两端司机室由双边贯通式内走廊衔接。机车走行部为两台完全相同的三轴转向架，采用无导框半悬挂结构，每根车轴由一台牵引电机单独驱动，牵引力和制动力通过中心销传递，牵引电机采用抱轴式半悬挂、单边弹性直齿轮传动。

电气设备方面，6G 型机车采用了法国电力机车常用的壳式强迫油循环风冷单相整流变压器。主变压器次边设有 6 个绕组，其中 4 个牵引绕组，2 个辅助绕组。机车主电路采用变压器低压侧调压，两段半控桥相控无级调速。牵引电机为 TAO649C1 型六极、无补偿绕组的直流串励牵引电机，定子和电枢采用 H 级绝缘，额定电压 820V，持续功率 910kW，强迫独立通风冷却。值得一提的是，与 6Y2 型机车相比，6G 型机车取消了劈相机，改以经硅整流器直接输出直流电源供应各种辅助设备，机车上的空气压缩机、通风机等设备均采用直流电动机驱动。这一设置在中国电力机车发展史中极为罕见。

制动系统方面，6G 型机车的基础制动为双侧双闸瓦制动。由于此前 6Y2 型机车在宝成铁路上采用再生制动时，不仅会缩短引燃管和牵引电机寿命，还会降低牵引变电所功率因数，增加电网负荷并对通信线路产生干扰，效果不佳。因此 6G 型机车以一级电阻制动取代了再生制动，轮周制动功率为 4050kW。而最后两台 6G 型机车(89~90)采用再生制动系统以作试验用途，轮周制动功率 4300kW。试验证明相控电力机车的再生制动系统对功率因数略有改善，但仍不可取。这也为日后中国国产交直流电力机车普遍采用(加馈)电阻制动积累了宝贵的经验。

配属与运用

与 6Y2 型机车相同，6G 型机车同样由阿尔斯通公司贝尔福工厂生产。1972 年 7 月起，首批 6G 型机车陆续运抵中国，配属西安铁路局宝鸡机务段。至 1973 年，40 台 6G 型机车全部交付宝鸡机务段，逐步替换下已超负荷使用故障率日益提高的 6Y2 型机车，成为宝成铁路宝鸡—广元段牵引客货列车的主力车型。

在运用过程中，6G 型机车因其操作简便，性能良好而广受好评。机车主变压器、主断路器、牵引电机、制动电阻、单臂式受电弓、辅助电路等

■ 6G 60 号机车曾作为宝鸡机车检修厂中的调车机车使用，是最后一台运用的 6G 型机车（2002.10）

■ 报废后的 6G 58 号机车停放在宝鸡机车检修厂中，还可清晰看到郑局宝段的段标（2002.10）

■ 已报废的 6G 84 号机车停放在宝鸡机车检修厂（2002.10）

20 世纪 90 年代初，宝成铁路秦岭北坡正在下山的货物列车，两台 6G 型机车在前方牵引，一台 6Y2 型机车在尾部担任补机（摘自《中国铁道百年》画册）

部件都具有较高可靠性，故障率远低于同时代的国产 SS1 型机车。同时，6G 型机车也是中国铁路运用的首款以无级调压为特点的交直传动相控电力机车，各项先进技术也为日后 SS3-4000、SS4 型等中国第三代相控电力机车的研制提供了宝贵的参考经验。

6G 型机车牵引旅客列车行驶在广元皇泽寺前（资料图）

20 世纪 80 年末 90 年代初，随着运用年限提升和设备的老化，6G 型机车机破和临修大幅度增加，严重影响运输生产。此时，SS4 型重载电力机车开始逐步配属宝鸡机务段，6G 型机车也因此逐步报废，其余转为担当宝鸡至秦岭段补机任务。到了 20 世纪 90 年代中期，随着宝中铁路建成和陇海铁路运量增加，宝鸡机务段电力机车运用紧张。在此情况下，宝鸡电力机车段（现宝鸡机车检修厂）对 6G 型机车进行了大范围技术改造，延长使用寿命。同时，随着首批 SS6B 型机车的配属，宝鸡机务段的 6G 型机车于 1995 年退出了秦岭补机队，调离最为困难的运输区段，改为担当陇海铁路宝鸡至西安、宝中铁路宝鸡至平凉的客运交路。特别是 1996 年起，6G 型机车作为当时西安分局运行速度最快的电力机车，担当了西安—宝鸡短途特快列车（俗称“西宝小特快”）的牵引任务，充分发挥了运行速度高、启动快、制动快的优点，成为 6G 型机车最后的辉煌。

进入 21 世纪，随着新型电力机车的大量配属，6G 型机车开始加速退役。2003 年后，仅有 6G 58 号、6G 60 号和 6G 84 号三台机车保存在宝鸡机车检修厂内。其中，车况较好的 6G-60 号曾作为段内调车机车使用。2007 年，这三台 6G 型机车与最后一台 6Y2 08 号机车全部报废拆解，让人倍感遗憾。

来自罗马尼亚的匆匆过客

6G1 型电力机车

下线时间	1972 年
最高速度	120km/h
轴式	Co-Co
机车功率	5100kW
制造工厂	罗马尼亚克拉约瓦机车厂

1988 年 3 月，停放在环形铁道试验基地的 6G1 型机车（赤川英而 摄）

在法国进口 6G 型机车的同时期，中国铁路还从罗马尼亚进口了两台 6G1 型机车。这两台 6G1 型机车在其在宝成铁路有过短暂的运用，现已消失在历史的长河中。

来自罗马尼亚的电力机车

1970 年，当时与中国关系良好的罗马尼亚遭受了严重水灾。中国向罗马尼亚提供价值 5000 万元人民币无偿物资援助的同时，还与罗马尼亚政府签订了长期无息贷款协定。根据贷款协议，由中国向罗马尼亚提供各种所需的成套技术项目和设备，而罗马尼亚也以成套设备、单项设备等予以偿还，双方以瑞士法郎进行结算。

6G1 型机车的原型罗马尼亚 060EA 型机车现已改为 40 型机车，依然是罗马尼亚铁路的主力机车(2018.9)

正因如此，中国采用“以货抵债”的方式，于 1971 年采购了首批 50 台罗马尼亚克拉约瓦机车厂（Electroputere SA ）生产的 ND2 型机车（罗马尼亚国内为 060 DA 型柴油机车），并同步考察了克拉约瓦机车厂生产的电力机车。此时，克拉约瓦机车厂正通过瑞典通用电气公司（ASEA 公司）技术授权的方式，以瑞典 Rb 系列电力机车为原型，批量生产 060EA 型电力机车（后改型为 40 型电力机车）。这款机车于 1965 年起开始在罗马尼亚铁路运行，运用效果良好，在 20 世纪 70 年代初出口南斯拉夫后，还曾出口保加利亚等国家。出于试验目的，中国铁路在采购阿尔斯通公司 6G 型机车的同时，也同期购买了两台 060EA 型电力机车，并同样命名为 6G 型机车，即“6 轴硅整流器机车”之意。为与阿尔斯通公司生产的 6G 型机车区别，克拉约瓦机车厂生产的两台 6G 型机车车号别为 6G-101 和 6G-102，并最终被官方定型为 6G1 型机车。在部分文献中，6G1 型机车也被简称为 6G（罗），与 6G（法）区分。

短暂的运用生涯

1973 年，首批 ND2 型内燃机车交付中国铁路的同时，两台 6G1 型电力机车也交付宝鸡机务段，投入宝成铁路运用。作为 6 轴客货两用电力机车，6G1 型机车采用 C0-C0 轴式，持续功率 5100kW，最高速度 120km/h，整备重量 126t，轴重 21t。机车采用双司机室布局，双边贯通式内走廊，主变压器居中，外观则延续了罗马尼亚 060EA 型机车的经典样式。转向架无中心支承，由旁承承载车体重量，牵引杆传递牵引力。牵引电机采用空心轴全悬挂方式，抗振性能好，运行平稳。

电气设备方面，6G1 型机车主电路采用高压侧调压，40 个调速级位统一由硅二极管元件组成的 6 组桥式整流电路整流调压，分别给 6 台牵引电机单独供电，3 级磁场削弱。机车使用的牵引电机采用了空心轴传动、全悬挂、分层电刷、补偿绕组、叠片附加极、分数节距等先进技术，F 级绝缘也更易检修。

■ 1988 年 3 月，北京环形铁道试验基地试车的前进机车和远处的 6G1 型机车（赤川英而 摄）

■ 克拉约瓦机车厂铭牌

■ 罗马尼亚 40 41 型机车车头细节

6G1 型电力机车外观示意图

■ 6G1 型电力机车外观示意图

经过试验与运用，6G1 型机车的各项技术指标基本符合合同要求，各部件工作稳定。机车各项保护系统也完善可靠。试验结果表明，6G1 型机车具备单机在 30‰坡道上牵引 700t 的货物列车，在 12‰坡道上牵引 1600t 货物列车的能力，但更适合在 12‰以下的电气化线路上使用。加之 6G1 型机车的轴重只有 21t，牵引重载货物列车时颇为吃力，因此在进口两台样车后便再无下文。由于备件有限难以组织大修，两台 6G1 型机车在 20 世纪 70 年代末便封存停用。进入 80 年代后，两台 6G1 型机车被宝鸡机务段移交至铁科院，在环形铁道试验基地充当调车机车和试验用车。因缺乏配件难以维修，两台 6G1 型机车最终在 90 年代初报废拆解，像流星一样永远消失在中国铁路发展的历史长河中。

靓丽的法国橙

8K 型电力机车

下线时间	1986 年
最高速度	100km/h
轴式	2（Bo-Bo）
机车功率	6400kW
制造工厂	欧洲五十赫兹集团、株洲厂

■ 丰台西电力机务段中的 8K 048 号机车（2003.8）

8K 型机车是中国在改革开放后进口的第一款电力机车，由以法国阿尔斯通牵头的欧洲五十赫兹集团生产。其先进技术为我国交直流电力机车发展提供了重要的帮助和参考。

技贸结合的法国机车

从 1957 年宝成铁路宝凤段电气化改造动工，到 1977 年 6 月 25 日阳安铁路电气化改造通车，由于对铁路电气化价值认知不足，中国在整整 20 年时间里只建设了宝成和阳安两条电气化铁路。1978 年，中国开始实行改革开放，将工作重心转移到经济建设上来，铁道部也提出了"内电并举，以电为主"的发展战略，电气化铁路得以快速发展。20 世纪 70 年代末到 80 年代初，除襄渝、西陇海、成渝、贵昆等山区铁路电气化改造相继开工外，铁道部更是重点建设了在石太、太焦、丰（台）沙（城）大（同）、京秦和北同蒲等煤炭运输主通道上加紧电气化改造，以缓解晋煤外运的巨大压力。

■ 8K 型机车正面

电气化铁路建设加速的同时，国产电力机车却面临产能不足、技术落后的问题。当时，西欧、日本等发达国家和地区，交直传动电力机车已全面发展为采用无级调速为特点的相控机车，交流传动电力机车技术也有了新的突破。但 1980 年时，我国第一代采用调压开关有级调压的 SS1 型机车经过多年试制改进，才刚刚定型投入大批量生产。且全国只有株洲电力机车厂一家工厂可以制造电力机车，短时间内产能无法满足改革开放后电气化铁路快速发展的需要。

1983年11月，铁道部派出电力机车技术考察组前往欧洲，对英国、法国、瑞士和瑞典四国进行考察，并对国外多款主流电力机车进行深度调研。考察结束后，鉴于当时国产电力机车技术落后和产能不足的实际情况，铁道部于1985年初，启动了中国铁路第一个技术和贸易结合的大型采购项目，通过国际招标、按“技贸合作”方式引进一批大功率电力机车，在满足晋煤外运主通道重载货物列车牵引需求的同时，全面引进国外电力机车先进技术，提高国产电力机车的制造工艺和技术水平。

刚刚下线的8K 001号机车在法国进行测试运行（资料图）

进口电力机车标书发出后，参与招标的公司包括以法国阿尔斯通公司牵头的欧洲五十赫兹集团①、瑞典通用电气公司（ASEA）、美国通用电气公司（GE）、联邦德国西门子公司、捷克斯洛伐克斯柯达公司（ŠKODA）、日本日立、东芝、三菱公司和罗马尼亚克拉约瓦机车厂等7个国家的9家公司。经过多次洽谈和反复比较，最终铁道部选定了欧洲五十赫兹集团推荐的8轴6400kW交直传动电力机车，并命名为8K型机车，其中“8”代表八轴，“K”代表可控硅整流。

五十赫兹集团生产的8K型机车制造信息铭牌

8K 150号机车上的株洲厂制造信息铭牌（孙泽 摄）

1985年3月27日，中国机械进出口公司与欧洲五十赫兹集团在人民大会堂正式签订了150台8K型电力机车采购合同。1986年7月9日，首台8K型机车8K-001在阿尔斯通贝尔福工厂下线，随后在法国国内展

株洲厂生产的8K 149号和8K 150号机车下线剪彩仪式（资料图）

8K型电力机车外观示意图

8K型电力机车外观示意图

①. 欧洲五十赫兹集团是1954年在法国倡议下成立的联合制造商，以法国阿尔斯通公司为首，联合法国电气牵引设备公司（MTE，后并入阿尔斯通公司）、德国西门子公司、德国电器公司（AEG）、瑞士勃朗-鲍威利公司（BBC公司，后与瑞典ASEA公司合并为新的ABB公司）、比利时沙勒罗瓦电气器材公司（ACEC，后并入阿尔斯通公司）等公司组成，旨在推销25kV 50Hz电气化铁路技术和装备。除为中国铁路生产了8K型机车外，欧洲五十赫兹集团还曾为土耳其、印度、葡萄牙、韩国和南非等多个国家提供了多款电力机车、动车组、牵引变电站和通信信号设备。

开测试运行。1987 年初，首批 8K 型机车装船运往中国。

作为通过采用“技贸结合”方式引进先进电力机车项目，1985 年 3 月 27 日，在签署采购合同的当日，中国机械进出口公司便与欧洲五十赫兹集团同步签署了 8K 型机车了技术转让合同。根据合同，除进口机车外，欧洲五十赫兹集团还要向中方转让 8K 型机车的全套图纸资料、文件和资料；转让大功率半导体元件制造技术；转让转向架、牵引电机、主变压器、辅助变压器、电子控制装置、受电弓等关键部件技术。

1985 年 5 月，中国机械进出口公司代表铁道部机车车辆工业总公司与欧洲五十赫兹集团再次签署了合作生产合同，规定 150 台 8K 型机车中，前 148 台由法方生产，最后 2 台则通过技术转让和合作生产方式，在株洲厂完成生产。为了加速技术转让过程，在欧洲五十赫兹集团派遣专家来华指导培训的同时，株洲厂和株洲所也派遣了 18 名技术人员赴欧洲多家工厂考察学习，参与机车设计。1989 年 9 月 26 日，首台国内生产的 149 号 8K 型机车在株洲剪彩出厂。同年 10 月 17 日，最后一台 8K 150 号机车在株洲出厂，全部 150 台 8K 型机车交付使用。

8K 型机车主要技术概况

8K 型电力机车是欧洲五十赫兹集团针对中国铁路实际运用需要，专门设计的一款八轴 6400 kW 干线货运电力机车。机车采用 2（B0–B0）轴式，持续功率 6400kW，最高速度 100km/h，轴重 23t。8K 型电力机车采用固定重联设计，每组机车由 A、B 两节完全相同的四轴机车，通过中间车钩和橡胶连挂风挡连接组成。每节机车为一个完成系统，一般为两节连挂使用，也可单节工作。每节机车均在一端设司机室，另一端设有通过门。通过电气重联控制电缆和重联控制风管，机车驾驶员可在任意一节机车的司机室对全车进行统一控制。

■ 8K 026 号机车牵引货物列车驶过丰沙铁路邢家堡段（2006.12）

■ 8K 型机车司机室

■ 8K 型机车车身连接处

■ 8K 型机车转向架

■ 8K 型机车机械间

■ 8K 135“工人先锋号”机车牵引列车驶入鸡鸣山脚下的下花园站（2005.4）

8K 型机车牵引货物列车驶过丰沙铁路 7 号桥的画面曾是整条丰沙铁路的象征（2010.5）

8K 型机车牵引临客列车驶过丰沙铁路 1 号桥（2012.1）

■ 晨曦间，8K 126 号机车牵引货物列车驶过原张家口南站（2006.7）

■ 早期配属丰台西电力机务段的 8K 型机车段标

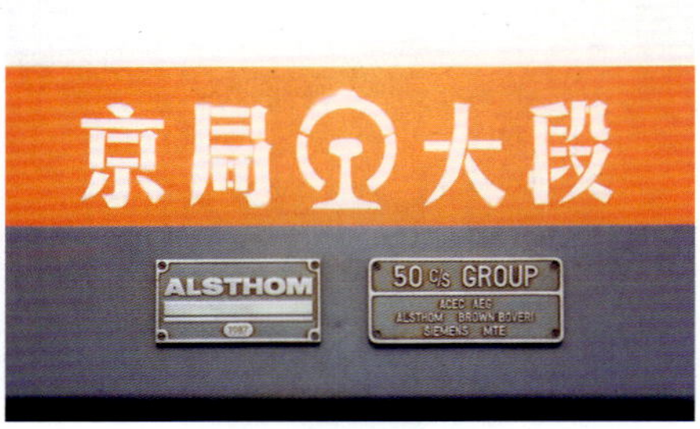

■ 早期配属大同西电力机务段的 8K 型机车段标

8K 型机车的车体采用侧墙与底架联合承载的非对称框架式结构。机械间为贯通式双走廊结构，内设高度集成化的中央柜，机车主整流器、高压和低压电器装置、控制逻辑装置、冷却风机均集中在中央柜内。在中央柜两侧设有功率因数补偿用的电容器柜和电子控制柜。每节机车车顶装有一台单臂受电弓，主断路器、高压绝缘子和高压联接器和接地开关等也设于车顶。车内最重的主变压器安装于车底架下方，以降低机车重心，并缩短与中央柜之间的线缆长度。两节机车各设有两个独立的两轴转向架，机车牵引力与制动力通过中央低位斜拉牵引杆传递，机车牵引点在轨道平面上，动力学稳定性好、黏着利用率高。同时，较小的固定轴距让 8K 型机车更适合在小半径曲线众多的山区铁路牵引重载列车。

电气系统方面，8K 型机车为交—直传动方式，机车主电路为两段串联相控整流桥电路，由一段半控整流桥和一段全控整流桥组成，同时采用晶闸管调节的牵引电机无级磁场削弱电路，具有主电路简单、硅元件数少的优点，可改善机车特性和牵引电机动态换向性能，同时具备再生制动功能。牵引工况时，主电路两段桥串联，相两台牵引电机供电；再生制动工况时，全控桥作为再生逆变桥，半控桥为励磁控制桥。机车辅助电路采用 GTO 辅助逆变器取代了传统机车使用的劈相机，向机车辅助设备提供低压交流电。但因可靠性较差，后更换为国产 IPM（智能功率模块）逆变器。因相控机车功率因数较低，8K 型机车还设有谐波滤波器和功率因数补偿器，在 50% ~ 100% 功率范围内功率因数均可大于 0.9，并降低对电网和信号的干扰。同时，机车还设有防空转装置和轮缘自动喷油装置，以提升牵引性能。

控制系统方面，8K 型机车采用了瑞士 BBC 公司的电子控制系统，对每一个转向架独立供电的相控整流桥进行独立控制，具有较高可靠性。此外，在 8K-136 和 8K-147 两台机车上，还试验安装了微机控制系统 MICAS，通过微型计算机控制机车的牵引、再生制动、无级磁场削弱和因数补偿装置等，此后在 SS4-0038 机车上首次安装国产微机控制系统积累了经验。

■ 行驶在京张铁路上的 8K 047 号机车（2013.4）

山花间行驶的 8K 型机车（2009.3）

8K 094 号机车牵引空车通过下花园（2008.10）

■ 8K 001 号机车退役后作为展示机车收藏在丰台机务段内（2022.11）

■ 站段合并后配属丰台机务段的 8K 型机车段标

■ 站段合并后配属湖东机务段的 8K 型机车段标

配属与运用

为配合丰沙大铁路电气化开通，1983 年，北京地区第一个电力机务段——丰台西电力机务段建成，初期曾配属 SS1 型机车。1987 年 4 月 2 日，前三台 8K 型机车运抵丰台西电力机务段，并迅速替代 SS1 型机车，成为丰沙大铁路上的主力车型。在首批配属丰台西电力机务段后，后续新造 8K 型机车则配属至同样为丰沙大铁路电气化改造而新建立的大同西电力机务段。截至 1989 年 10 月，150 台 8K 型机车全部下线。因其一身靓丽的橙色涂装，8K 型机车也被铁路干部职工亲切地称为“法国橙”，在其近 30 年的运用过程中，成为丰沙大铁路上最独特的一抹亮色。

由于性能先进，8K 型机车在投入运用后，大幅提高了丰沙大铁路的运输能力。1988 年，丰沙大铁路沙城至张家口段完成了上行重车方向 8124 万吨的货运密度，其中晋煤完成 6700 万吨，创造了当时中国客货混运铁路货运量的历史最高纪录。

2005 年 3 月，中国铁路撤并铁路分局，并拆分成立太原、西安和武汉铁路局。同年底，中国铁路开启了大面积的站段合并工作。原丰台西电力机务段和大同西电力机务段，相继并入丰台机务段和湖东机务段。随着大秦铁路运量提升和 2011 年集张铁路建成通车，配属丰台机务段的 8K 型机车主要改在丰台—张家口间运用，配属湖东机务段的 8K 型机车则主要改为承担北同蒲铁路和云岗支线的货运牵引任务。2010 年后，8K 型机车随着 20 多年的高强度运用逐渐老化，且零件短缺，维修困难。至 2015 年年底，配属丰台机务段的 8K 型机车全部退役。2016 年 3 月起，配属湖东机务段 51 台的 8K 型机车逐步下线封存。在最后的岁月里，曾经为铁路重载货运而生的 8K 型机车，只负责牵引大同—岢岚的 6823/6824 次绿皮小慢车。2016 年 5 月 24 日，随着 8K 024 号机车引 6824 次列车抵达大同站，8K 型机车的辉煌生涯也告一段落。

作为 20 世纪 80 年代中国铁路引进的先进电力机车之一，8K 型机车不仅在近 30 年的运用过程中为晋煤外运提供了稳定的牵引动力，其先进技术更为 SS3-4000、SS4G、SS5、SS6、SS7 等国产交直传动电力机车的研发提供了重要的参考，其现代制造工艺则影响了后续近 20 年中国铁路机车工业的发展，对中国铁路贡献巨大。2012 年，8K 002 号机车在整修后被中国铁道博物馆东郊展馆永久收藏。8K 001 和 8K 091 号机车则在整修后分别存放于丰台机务段和太原机务段内，成为一个时代不可磨灭的印记。

■ 8K 056 号机车双机重联牵引列车行驶在京张铁路洋河谷地（2008.10）

8K 096 号机车牵引集装箱列车通过向阳口（2007.8）

8K 型机车牵引货物列车傍行在永定河珍珠湖畔（2010.5）

东瀛健将

6K 型电力机车

下线时间	1987 年
最高速度	100km/h
轴式	B0-B0-B0
机车功率	4800kW
制造工厂	日本三菱电机、川崎重工

■ 停放在中国铁道博物馆东郊展馆大库前的 6K 002 号机车（2014.9）

6K 型电力机车是中国铁路于 20 世纪 80 年代从日本引进的六轴相控电力机车，由三菱电机和川崎重工联合设计制造，曾是陇海铁路郑西段的主力机车。

日元贷款下的进口机车

1972 年，时任日本首相田中角荣访华，与中方领导人共同签署《中日联合声明》，两国正式建交。在实现中日邦交正常化的谈判过程中，中国政府采取了“为了中日两国人民的友好关系，放弃对日本战争赔偿要求”的高姿态，而日本则承诺援助中国经济建设。1978 年，中国实施改革开放，将工作重心转移到经济建设上来，急需铁路、港口等基础设施的建设资金。同年，《中日和平友好条约》和《中日长期贸易协议》签署。在这一背景下，1979 年，中日两国签署第一批政府间贷款协议，用于京秦铁路、兖石铁路、秦皇岛港和石臼所港（即日照港）“两港两路”建设，在形式上实现了中日经贸往来的进一步突破。

1984 年，中日两国签订第二批日元贷款协议，用于陇海铁路郑宝段电气化等多项铁路和基础设施建设。根据贷款协议，设备采购需要根据贷款协议相关规定进行，采用国际竞争性招标方式进行。因此，为满足陇海铁路郑宝段电气化改造用车需要，铁道部于 1986 年启动了继 8K 型机车招标后的第二次电力机车国际招标。作为日元贷款项目，此次 240 亿日元的电力机车项目最终由日本三菱电机和川崎重工联合中标，合同包括 80 台六轴相控交直流电力机车和 5 台份机

■ 6K 型机车正面

车配件（最终为 85 台机车）。新款机车被命名为 6K 型电力机车，其中“6”代表六轴，“K”代表可控硅整流，延续了此前 8K 型机车的命名规则。

项目中标后，三菱电机和川崎重工立刻开始了 6K 型机车的设计和制造。项目由三菱电机总负责，三菱电机伊丹制作所提供电气部件，川崎重工兵库工厂制造机械部分并进行总组装，住友金属则生产机车轮轴。1987 年 7 月底，首台机车 6K 001 号机车运抵洛阳机务段，从设计到第一台机车下线仅用了一年多的时间。同年 8 月底，第二批 5 台机车到段。这些机车随即投入已于 1986 年电气化改造完毕的陇海铁路郑州—三门峡西区段。11 月底，6K 型机车已由日本启运装船 5 批次约 40 台。1987 年 11 月至 1988 年 3 月间，6K 001 号机车于北京环形铁道试验基地完成了型式试验。至 1988 年，全部 85 台 6K 型机车悉数交付洛阳机务段，成为陇海铁路郑州至三门峡西区段的主力机车。

6K 型机车主要技术概况

6K 型机车是客货两用交直传动相控电力机车，最高速度 100km/h，轴重 23t，持续功率 4800kW。由于日本多山，且既有铁路采用 1067mm 窄轨轨距，曲线多，半径小，因此日本机车普遍采用两轴转向架，以适应小半径曲线的要求。6K 型机车也延续了这一设计思路，采用了当时我国机车从未采用过的 B0–B0–B0 轴式。机车的三个转向架中，位于司机室下方的两个转向架称为端转向架，可互换使用。而位于机车中部的转向架为中间转向架，结构特殊，相对于车体可实现 230mm 横向偏移。加之两轴转向架的固定轴距仅为 2880mm，相比于传统 C0–C0 轴式的三轴转向架机车，6K 型机车拥有更强的曲线通过能力，更加适应途经山区，小半径曲线众多的西陇海铁路。这也是 6K 型机车最大的特点。

停放在川崎公司兵库工厂内的 6K-001（资料图）

川崎公司兵库工厂中刚刚制造完毕的 6K 型机车（资料图）

6K 型机车端部转向架

6K 型机车中间转向架

6K 型电力机车外观示意图

6K 型电力机车外观示意图

整体布局方面，6K 型机车采用双司机室设计，机械间采用特有的内巡回式“Z”字形走廊，设有两个机械室、两个高压室，中间则为主变压器室。这种独特的不对称布局结构紧凑，但存在重量分配不均衡的问题，因此两端司机室底部都装有压铁，以均衡轴重。机车采用独立通风冷却系统，机械室不会出现负压；惯性过滤器具有自动排尘功能，可减少电气部件积灰尘。

■ 6K 061“五一标兵号”机车牵引洛郑城际列车停靠郑州站（2006.7）

■ 6K 型机车段标和制造信息铭牌

6K 型机车设有两组采用不等分三段半控桥的整流调压的主电路，分别设在机械间中的两个主整流柜中。机车每台转向架都装有两台三菱电机设计制造的 MB-530-AVR 型六极复励直流牵引电机，持续功率 800kW，C 级绝缘。这也是中国铁路机车首次采用采用复励牵引电机。机车工作时，中间转向架上的两台牵引电机分属前后两组主电路，分别与前后端转向架的两台牵引电机并联受电。此外，6K 型机车的主电路中还接有 4 组功率因数补偿装置，电制动为加馈电阻制动，降低对供电和通信系统的干扰。

控制系统方面，6K 型机车全部牵引、制动控制，故障检测、保护、显示和记录功能全部由微机系统控制，是中国铁路第一款全面采用微机控制的电力机车。每台 6K 型机车都有两套独立的 PHAI-16 微机控制系统，每套系统分别由 2 个 16 位 Intel8086 和 2 个 18 位 Intel8085 中央处理器构成。与同时期 8K 型电力机车试装的两套 MICAS 微机系统相比，6K 型机车的 PHAI-16 微机系统虽然在硬件上相对落后，但功能更加全面。

配属与运用

1987 年至 1988 年，85 台 6K 型机车相继配属郑州铁路局洛阳机务段，并以洛阳为支点，投入陇海铁路郑州（北）—洛阳—三门峡西间的运输任务。2004 年三门峡西机务段并入洛阳机务段后，6K 型机车交路亦延长至新丰镇，承担洛阳—新丰镇间货物列车和郑州—洛阳—华山间部分客运列车的牵引任务。在 20 多年的时间里，6K 型机车始终是陇海铁路——这条中国最繁忙的东西向干线上最重要的牵引机型。

到 2010 年前后，随着长时间的高强度运用，6K 型机车已逐渐老迈，陇海铁路郑州—西安间的重载货物列车也逐渐由新配属的 SS3B 与 HXD1C 型机车牵引。2009 年底，焦柳铁路洛阳至张家界区段电气化改造工程全线完工。2010 年 3 月起，6K 型机车与 SS6 型机车共同转直焦柳铁路，在洛阳北（关林）—襄樊北间牵引货物列车，并逐步退出陇海铁路的牵引任务。2013 年下半年，由于老化严重，洛阳机务段开始批量报废 6K 型电力机车。2014 年 3 月 21 日，随着嘉峰至洛阳的 6918/6919 次旅客列车到达洛阳站，6K 型电力机车完成最后一次牵引任务，退出历史舞台。

作为 20 世纪 80 年代“技贸结合”引进的先进电力机车，6K 型机车不等分三断桥的主电路结构，此后在 SS3B、SS4G、SS6B、SS7E、SS8、SS9 等多款电力机车上广泛应用；而 B0-B0-B0 轴式、复励牵引电机等则为 SS7 系列电力机车的诞生打下了基础。可以说，6K 型机车对中国国产交直传动电力机车的发展提供了重要的参考与借鉴。2014 年 6K 型机车退役后，6K 001 号机车一直保存在洛阳机务段中，6K 002 号机车（6K 009 改号）则在整修后被中国铁道博物馆东郊展馆收藏，让后人得以欣赏 6K 型机车曾经的风采。

■ 6K 型机车牵引行包列车行驶在陇海铁路巩义段（2010.4）

6K 型机车牵引嘉峰—洛阳小票车通过焦柳复线黄河特大桥（2011.4）

6K 型机车牵引货物列车行驶在陇海铁路渭南段（2009.9）

来自苏联的大力士

8G 型电力机车

下线时间	1987 年
最高速度	100km/h
轴式	2（Bo-Bo）
机车功率	6400kW
制造工厂	苏联诺沃切尔卡斯克机车厂

8G 067 号机车停放在太原北机务段内（2002.8）

8G 型电力机车是 20 世纪 80 年代末到 90 年代初从苏联进口的重载货运电力机车，曾是山西电气化铁路上的主力车型。

中苏经贸破冰合作

新中国成立初期，中国曾在苏联帮助下，在苏联 H60 型机车基础上，试制了中国首款电力机车 6Y1。但自 20 世纪 60 年代开始，中苏关系急剧恶化，两国基本处于对峙局面。进入 20 世纪 80 年代，苏联方面主动缓和对华关系，中苏沿边贸易也于 1983 年开始逐步恢复。1984 年至 1985 年，中苏两国政府经贸负责人实现互访，并签订了《1986 ~ 1990 年长期贸易协定》等合作协议，两国贸易实现破冰。

与此同时，进入 20 世纪 80 年代以后，由于经济快速发展和铁路建设滞后，铁路运力，特别是晋煤外运能力异常紧张。为了尽快改变晋煤外运的紧张状态，铁道部先后建设了石太、太焦、丰沙大和北同蒲等电气化铁路。但此时中国国产电力机车产能难以满足电气化铁路快速发展的需要，因此，铁道部决定利用中苏贸易协定，通过换货贸易方式，从苏联进口一批大功率电力机车，提升晋煤外运通道能力。

8G 型机车正面

1985 年 8 月，中国代表团前往苏联，与全苏动力机械进出口公司、诺沃切尔卡斯克电力机车厂和全苏电力机车研究与设计院就进口电力机车技术条件进行初步磋商。1986 年 5 月，经过多轮谈判后，中苏双方确定了机车技术条件，并正式签订了 100 台交直传动 8 轴货运电力机车的生产合同。机车被并命名为 8G 型电力机车，其中“8”代表八轴，“G”代表硅整流器。8G 型机车也成为继 8K 和 6K 型机车后，中国铁路于上世纪 80 年代引进的第三款电力机车。

与通过“技贸结合”原则引进的 8K 和 6K 型机车不同，由于当时苏联电力机车水平有限，8G 型机车的技术水平只相当于中国早期 SS1 型机车，因此机车采购过程中并不涉及技术引进，可靠耐用、满足中国铁路重载货运需要是 8G 型机车的最主要目标。根据合同规定，苏联应从 1987 年底开始交付第一台 8G 型机车，至 1990 年底交付完毕。

8G 型机车主要技术概况

8G 型电力机车是以苏联 1979 年开始批量生产、质量稳定的 VL80S（俄语 ВЛ80С）型电力机车为原型，根据中国铁路的实际需要而改进生产的八轴干线货运电力机车，由苏联诺沃切尔卡斯克电力机车厂制造。机车为 2（B0–B0）轴式，持续功率 6400kW，最高速度 100km/h，轴重 23t。

8G 型机车采用固定重联设计，每台机车由两节构造完全相同的四轴机车组成。每节机车设单端司机室，司机室后方为电器间，采用单侧贯通式内走廊。同时，每台 8G 型机车的两端还设有重联装置，可与一台或数台同款机车重联运行。每节机车设有两个完全相同、各自独立的两轴转向架。每台转向架装有两台额定功率 800kW 的六极串励式直流牵引电机，抱轴式半悬挂，双边斜齿轮传动，牵引力和制动力通过低重心斜拉杆传递给车体。

电气设备方面，8G 型机车在很大程度上仍保留了苏联的传统技术，如调压电路仍然采用低压侧调压开关 36 级有级调压方式、二极管中抽式整流电路、级位转换采用过渡电抗器，与我国早期 SS1 型机车类似，技术水平还停留在 20 世纪 70 年代。从机车编号

■ 8G 037 号机车牵引货物列车行驶在石太铁路上（2008.10）

■ 8G 型机车转向架

■ 8G 型机车连接处

■ 8G 型机车制造信息铭牌

■ 8G 型机车重联插座

8G 型电力机车外观示意图

■ 8G 型电力机车外观示意图

■ 石家庄电力机务段中的 8G 010 号机车（2003.8）

■ 配属太原北机务段的 8G 型机车段标

■ 配属侯马机务段的 8G 型机车段标

也可看出，8G 型机车延续了 6G 型机车的字母及意义，与 8K 和 6K 型机车存在技术上的代差。但 8G 型机车采购时按中国要求采用了质量更好的机电部件，可靠程度相对较高。机车电制动则采用二级电阻制动，相比 SS1 型机车具有更好的电制动能力。

配属与运用

1988 年，首批 8G 型机车运抵中国，配属北京铁路局太原铁路分局太原北机务段，与此前配属的 SS1 型机车共同担当石太铁路太原北—阳泉—石家庄间的货物运输任务。同年 7 月，北同蒲铁路太原—原平段通车，8G 型机车亦开始执行北同蒲铁路的牵引任务。1991 年，100 台 8G 型（车号 001~100）机车悉数运抵中国，全部配属太原北机务段。在此后的 20 年间，8G 型机车也成为石太和北同蒲两条“晋煤外运”主通道上最重要的牵引机型。

2003 年，为方便石太铁路机车运用，20 台 8G 型机车由太原北机务段转配石家庄电力机务段。由于石家庄电力机务段缺乏 8G 型机车的使用和维护经验，2005 年初这批机车又恢复配属太原北机务段，但 001、004 号机车在配属石家庄机务段运用期间报废。2005 年 3 月，中国铁路全面撤并铁路分局，原北京铁路局所属太原分局和大同分局合并成立新的太原铁路局。全部配属太原北机务段的 8G 型机车也成为一款太原铁路局独有的“特色机车”。2009 年 8 月，太原铁路局实施生产力布局调整，将太原北机务段整体并入太原机务段，8G 型机车的配属也随之调整。

2010 年底，南同蒲铁路榆次至侯马间电气化改造通车。部分配属太原机务段的 8G 型机车也因此转配侯马北机务段，担当侯马北—太原北间货运列车交路。2011 年初，采用 GSM-R 移动通信系统的太中银铁路建成通车，部分配属太原机务段的 8G 型机车在加装列车综合无线调度通信设备（CIR）后，转至太中银铁路牵引货物列车。2012 年后，随着 20 余年的高强度运用，加之进口配件早已停产，8G 型机车逐步退出运营。2015 年后，全部 8G 型机车都下线封存，拆解退役。为了纪念这款曾在山西铁路上叱咤风云的苏联机车，8G 002 号机车在 2012 年退役后，经整修入藏中国铁道博物馆东郊展馆永久保存；8G 076 号机车则在整修后保存于太原机务段北场，供后人参观怀念。

■ 收藏于中国铁道博物馆东郊展馆的 8G 002 号机车

8G 017 号机车牵引列车通过岩会曲线（2008.10）

8G 047 号机车双机重联牵引列车运行在蜿蜒的石太铁路上（2008.10）

德国血统的"白天鹅"

DJ1 型电力机车

下线时间	2001 年
最高速度	120km/h
轴式	2（Bo-Bo）
机车功率	6400kW
制造工厂	西门子格拉茨工厂、株洲西门子公司

■ DJ1 0002 号机车牵引货物列车驶下秦岭（2010.6）

DJ1 型机车是由德国西门子公司引进的交流传动电力机车，是中国铁路首款进口和批量生产的交流传动电力机车，为日后和谐系列交流传动电力机车的引进和发展提供了宝贵的参考与经验。

西门子的野望

20 世纪 80 年代，中国通过"技贸结合"方式引进了 8K 和 6K 型机车，使得中国交直传动电力机车在短时间内达到了世界 80 年代先进水平，并在 10 年左右的时间里形成了完善的韶山系列交直传动电力机车谱系。但自 20 世纪 70 年代开始，以德国为代表的铁路发达国家已开始对交流传动技术应用于铁路机车进行深入研究。1979 年，德国铁路 BR120 型机车正式投入运营，在全球范围实现了交流传动电力机车零的突破。到 20 世纪 90 年代，德国、法国、日本等发达国家新造电力机车已全面实现交流传动，基本不再生产直流传动电力机车。如何快速实现牵引动力向交流传动转变成为 20 世纪 90 年代中国铁路面临的重要抉择。

1996 年，株洲厂和株洲所依靠自主技术，下线了中国第一台交流传动电力机车原型车 AC4000，但因多项技术问题尚未攻克，AC4000 无法实现商业运行。由于当年 8K 和 6K 型机车的引进获得了极大成功，使我国交直传动电力机车的技术得到飞跃，因此，我国准备重走技贸结合之路，通过进口机车和引进技术，提高我国交流传动电力机车的技术水平。

■ DJ1 型机车正面

在AC4000型机车下线前的1992年，株洲厂和株洲所便已在铁道部的安排下，与德国西门子公司洽谈交流传动电力机车技术合作与引进事宜。1997年3月，利用欧洲政府贷款，中国机械进出口公司和铁道部与西门子公司签订了20台交流传动电力机车采购和技术转移合同。根据合同规定，20台机车中的首3台由西门子欧洲工厂生产，并整车交付中国；其余17台则通过技术转移方式，由西门子与株洲厂在中国的合资公司生产。这也是中国首次与外国企业签订交流传动电力机车生产与技术转让合同。

DJ1型机车双机重联牵引万吨列车行驶在大秦铁路怀来段（2006.11）

DJ1型机车司机室

DJ1型机车转向架

相比于采购合同的顺利签署，西门子与株洲厂和株洲所的合资公司谈判则历经波折。谈判过程中，西门子公司提出了"非竞争性"条款，限制株洲厂从合资公司获得交流传动电力机车技术的同时，还禁止株洲厂与第三方合作生产交流传动电力机车。由于西门子公司提出的条件过于苛刻，虽历经5年，但合资公司谈判始终没有结果。

作为欧洲商界领袖，在急需引进外资和技术的20世纪90年代，西门子公司受到中国政府的超规格的礼遇。西门子与株洲方面的合资公司项目始终受到铁道部、外经贸委、外交部、国家计委的关注。在外界压力下，1998年，株洲厂利用广深铁路购买国产动车组的契机，通过与阿德兰兹公司合作，签订了2台DJ型电力机车和8台DJJ1型蓝箭动车组动力车的供货合同。由于潜在第三方合作的出现，加之铁道部的介入，株洲方面与西门子公司最终敲定了合作方案。1998年11月28日，株洲西门子牵引设备有限公司（简称株洲西门子公司）正式成立，西门子公司、株洲厂和株洲所分别占股51%、32%和

作为列尾补机的DJ1 0001号机车在宝鸡东站等待发车（2002.10）

DJ1型电力机车外观示意图

DJ1型电力机车外观示意图

■ DJ1 0002 号机车牵引列车行驶在大秦铁路昌平段（2007.3）

■ 西门子格拉茨工厂生产的 DJ1 型机车铭牌

■ 株洲西门子公司生产的 DJ1 型机车铭牌

17%。西门子公司提出的“非竞争性”条款则在合资公司生产一定数量的电力机车后不再生效。

由西门子公司引进的 20 台交流传动电力机车最终命名为 DJ1 型机车，其中“D”代表电力机车、“J”代表交流传动。这种以机车技术特征汉语拼音首字母组合构成的车型代号，也是世纪之交多款新型机车和动车组常用的命名方式。2001 年 5 月，DJ1 0001 号机车在位于奥地利的西门子格拉茨工厂下线。2001 年底，在格拉茨工厂（原译格拉兹工厂）生产的首三台 DJ1 型机车经海路运抵中国，并在国内展开进一步试验。2002 年 7 月 8 日，首台国产化 DJ1 型机车在株洲西门子牵引设备有限公司下线。至 2003 年，全部 20 台 DJ1 型机车交付完毕。

DJ1 型机车主要技术概况

DJ1 型机车是德国西门子公司以第二代“欧洲短跑手”（EuroSprinter）系列电力机车为技术平台，在 ES64F 型电力机车（德国铁路 BR152 型电力机车）基础上，专为中国铁路设计制造的双节重联八轴大功率干线货运电力机车。机车采用 2(B0–B0) 轴式，持续功率 6400kW，最高速度 120km/h，持续速度 50km/h，持续牵引力 461kN。机车标准轴重为 23t，可通过增加压铁增加至 25t。

DJ1 型机车采用固定重联设计，由两节完全相同的单司机室四轴机车，通过中间车钩、橡胶连挂风挡、电气及空气重联管线等连接而成，每节机车都是一个完整的系统。司机可在任何一端司机室对两节机车进行控制。车体为焊接式整体承载结构，车内设备采用两侧屏柜化布置，机械间设中央贯通走廊，卧式牵引变压器吊装于车底中部。司机室运用欧洲标准的人机工程学设计，适应单司机执乘，为中国铁路日后推广标准化司机室提供了的重要参考。DJ1 型机车采用了车体独立通风方式，从车顶顶盖夹层风道吸入冷风，向发热部件提供冷却后从车底排出，并维持机械间呈微正压，可改善机车防尘效果及防寒性能。机车走行部为可互换的两轴转向架，采用低位推挽式牵引装置，基础制动为轮盘制动。

电气系统方面，DJ1 型机车均选用了西门子公司生产的变压变频（VVVF）牵引变流器，其核心部件采用了与 ES64F 型电力机车相同的水冷 GTO 功率控制模块。牵引电机为西门子公司的 1TB2624 型 4 级鼠笼式三相异步牵引电机，滚动轴承抱轴式悬挂。DJ1 型机车装载了西门子公司开发的“SIBAS 32”32 位车载智能微

■ DJ1 0013 号机车牵引宝鸡—广元的 6063 次小慢车停靠杨家湾站（2010.6）

DJ1 型机车双机牵引万吨列车驶过大秦铁路茶坞站（2007.12）

双机 DJ1 型机车作为补机推送列车行驶在宝成铁路秦岭北坡上（2010.6）

■ DJ1 0005 号机车牵引 T7 次列车停靠宝成铁路秦岭站（2009.9）

■ DJ1 型机车铭牌

■ 配属新丰镇机务段宝鸡车间的 DJ1 型机车段标

机系统，可实现对机车的调节和逻辑控制，并能够通过人机界面显示故障并进行相关保护，是当时中国铁路最为先进智能微机控制系统。

外观方面，DJ1 型机车采用了在 ES64F 型机车基础上设计的全新头型，在整体圆润的基础上不失线条和棱角。涂装则采用象牙白为底色，辅以蓝色腰线和色块。而圆润靓丽的外观，也让 DJ1 型机车有了“白天鹅”的爱称。

配属与运用

2001 年 12 月起，DJ1 型机车陆续交付使用，逐步配属宝鸡机务段，执行国内电气化铁路技术条件最为恶劣的宝成铁路秦岭段的牵引任务。这里也是当年进口的 6Y2 型和 6G 型等前辈机车曾经“战斗”过的地方。2003 年 6 月，铁道部提出跨越式发展的新思路。其中货运方面，要求大秦铁路在 2002 年实现 1 亿吨运量的情况下，到 2005 年实现年运量 2 亿吨的目标。受当时中国铁路技术条件限制，大秦铁路全线采用交直传动的 SS4 型机车，牵引能力有限。为了快速提升大秦铁路运力，2003 年 7 月 21 日至 27 日，北京铁路局和铁科院合作，在大秦铁路使用两台 DJ1 型电力机车进行了万吨列车牵引及制动试验，取得良好效果。由此，2003 年 8 月起，全部 DJ1 型机车均改配湖东机务段，投入大秦铁路万吨列车的牵引工作，成为当时大秦铁路上最为先进的牵引机型。在大秦铁路的运用过程中，DJ1 型机车虽有着良好表现，但也凸显了 800kW 轴功率设计过于保守、设备部件牵引重载列车强度不足、微机控制系统受制外方无法及时处理故障等多项问题，为日后和谐系列电力机车的引进提供了宝贵的经验教训。

2007 年起，HXD1 和 HXD2 型机车陆续下线，逐渐成为大秦铁路重载列车的主力牵引机型。2009 年上半年，为响应汶川地震灾后重建，DJ1 型机车重新配属至新丰镇机务段宝鸡车间（原宝鸡机务段），再次投入秦岭北坡使用，提升入川铁路运输能力。此时，由于在大秦铁路上多年的超负荷运用，部分 DJ1 型机车已是“带病运行”。同时，2009 年起，DJ1 型机车进入大修期。由于数量仅有 20 台，很多进口部件国产化成本高昂，给大修带来极大困难，后期 DJ1 型机车只能采取换件维修的方式，并逐步退役封存。2013 年末，全部 DJ1 型机车退出运营。此时，距离最后一台 DJ1 型机车下线仅仅过去 10 年，让人倍感叹息。截至 2024 年中，全部 DJ1 型机车均封存于宝中铁路安口南站。期待有朝一日能有部分 DJ1 型机车在整修后得以保留，留下中国电力机车交流化曾经的历史印记。

■ DJ1 0006 号机车牵引小运转列车通过宝成铁路黄牛铺站（2009.9）

DJ1 型机车引货物列车行驶在宝成铁路秦岭北坡展线上（2010.6）

DJ1 型机车双机重联牵引列车行驶在大秦铁路永定河特大桥上（2007.4）

中国进口电力机车技术参数表

车型代号	**$6Y_2$**	**6G**	**$6G_1$**
用途	客货	客货	货
轴式	C_0-C_0	C_0-C_0	C_0-C_0
传动方式	交—直	交—直	交—直
轴重（t）	23	23	21
持续功率（kW）	4620	5400	5100
最高速度（km/h）	100	112	120
持续速度（km/h）	47	47	69.5
启动牵引力（kN）	510.1	519.9	392
持续牵引力（kN）	313.9	353.2	263.6
整流调压电路	中抽式整流电路	两段半控桥	桥式整流电路
调压方式	高压侧有级调压	高压侧调压	高压侧调压
电制动方式	再生制动	电阻制动 / 再生制动	电阻制动
牵引电机型号	TAO-649B2	TAO-649C1	-
牵引电机悬挂方式	抱轴式半悬挂	抱轴式半悬挂	空心轴全悬挂
车钩中心距（mm）	23020	23020	20622
车体宽度（mm）	2968	3078	3000
落弓后机车高度（mm）	4600	4600	4500
转向架固定轴距（mm）	4670	4670	4350
转向架中心距（mm）	12686	12686	10300
制造工厂	法国阿尔斯通	法国阿尔斯通	罗马尼亚克拉约瓦机车厂
首台制造年份	1960	1972	1972
累计制造数量	25	40	2

车型代号	8K	6K	8G	DJ_1
用途	货	货	货	货
轴式	$2(B_0-B_0)$	$B_0-B_0-B_0$	$2(B_0-B_0)$	$2(B_0-B_0)$
传动方式	交一直	交一直	交一直	交一直一交
轴重（t）	23	23	23	23/25
持续功率（kW）	6400	4800	6400	6400
最高速度（km/h）	100	100	100	120
持续速度（km/h）	48	48	50	50
启动牵引力（kN）	628	485	627	700/760
持续牵引力（kN）	471	355	451	461
整流调压电路	一段全控桥加一段半控桥	不等分三段半控桥	中抽式整流电路	-
调压方式	相控调压	相控调压	高压侧有级调压	-
电制动方式	再生制动	加馈电阻制动	二级电阻制动	再生制动
牵引电机型号	TAO-649D	MB-530-AVR	HB-515	1TB2624
牵引电机悬挂方式	滑动抱轴承式半悬挂	滑动抱轴承式半悬挂	滑动抱轴承式半悬挂	抱轴悬挂
车钩中心距（mm）	2×18114	22200	2×17260	2×17616
车体宽度（mm）	2940	3100	3156	3100
落弓后机车高度（mm）	4650	4570	4700	4600
转向架固定轴距（mm）	2780	2880	2900	2800
转向架中心距（mm）	9694	7300+7300	8450	9000
制造工厂	欧洲五十赫兹集团 株洲厂	日本三菱电机 川崎重工	苏联诺沃切尔卡斯克机车厂	西门子格拉茨工厂 株洲西门子公司
首台制造年份	1986	1987	1987	2001
累计制造数量	150	85	100	20

自营和地方铁路电力机车

在中国大陆地区，除中国国家铁路集团有限公司所属国家铁路系统外，还有数量庞大的企业自营铁路和地方铁路。这些自营及地方铁路主要以资源运输，特别是煤炭运输为主，它们或自成体系，或与国家铁路互联互通，是中国大规模铁路网的重要组成。其中，部分运量较大的自营和地方铁路已完成电气化改造。而运行其上的电力机车或技术先进，或涂装鲜明，都极具特色。

“陕煤号”HXD1型机车牵引列车驶过横山红柳河特大桥（2023.8）

天佑京铁配属的 HXD1 型机车牵引列车行驶在朔黄铁路宁武段上（2020.8）

“国能号”CEA1A1 型机车双机牵引列车驶过夕阳下的府谷黄河特大桥（2023.8）

"国能号"机车停放在国能铁路装备公司沧州分公司车间中（2023.6）

山东地方铁路 HXD1C 型机车牵引列车接近大莱龙铁路大家洼站（2024.10）

"神 24"机车牵引万吨列车驶出朱盖塔站（2023.8）

“国能号”HXD1 型机车列车行驶在丰收的华北平原上（2023.6）

山东地方铁路 HXD1C 型机车牵引列车行驶在大莱龙铁路上（2024.10）

"陕煤号"HXD1 型机车牵引重车驶出靖神铁路黄蒿界站（2021.8）

"神 24"机车在神池南站整装待发（2023.8）

从神华号到国能号

国家能源集团系列电力机车

■ “国能号”电力机车整装待发（2023.6）

由原神华集团合并重组的国家能源集团是拥有煤炭、电力、运输、化工等全产业链业务的中央骨干能源企业，拥有超过 2400 公里的自营铁路运输网，是国内除国家铁路系统外最大的铁路运输网络。国家能源集团不仅拥有包括“神华号”和“国能号”在内的多款重载货运电力机车，其线网上运用的多款新能源混合动力机车也是中国机车工业发展的全新探索。

从神华集团到国能集团

位于陕西省西北部和内蒙古自治区南部的神府—东胜煤田总面积约 3.12 万平方公里，地跨陕西省神木市、府谷县和内蒙古自治区鄂尔多斯市东胜区等县市，探明煤炭储量达 2300 亿吨，不仅是中国已发现的最大煤田，也是世界级特大煤田之一。

为开发神府—东胜煤田的煤炭资源，1985 年，国家计委利用煤代油资金（电厂以煤代油，节省原油出口创汇）成立了华能精煤公司，在分别建设神府矿区和东胜矿区的同时，统筹煤炭开采与运输。为了外运神府—东胜煤田开采的煤炭，在华能精煤公司成立的第二年，暨 1986 年 8 月 1 日，由华能精煤公司、内蒙古自治区和陕西省共同出资的包神铁路正式开工。1989 年 10 月 9 日，包神铁路万水泉南至大柳塔段建成通车。这是中国铁路史上第一条由煤炭企业为主体，联合地方修建的干线铁路，开启了日后神华集团庞大重载铁路网的建设序幕。

继包神铁路后，1988 年，神朔铁路动工修建，并于 1991 年到 1996 年间分段建成，为神府—东胜煤田开辟了东向运输的新径路。1995 年 10 月，在华能精煤公司基础上，神华集团有限责任公司（简称神华集团）正式成立，实行煤炭生产、运输、销售一条龙经营。1997 年 11 月 25 日，朔黄铁路和黄骅港全面开工建设。2000 年 5 月，朔黄铁路由神池南通车至肃宁北；2001 年 12 月延伸通车至黄骅港。2004 年 9 月 28 日，朔黄铁路双线电气化开通。至此包神—神朔—朔黄重载运输通道正式贯通，继大秦铁路后，中国“西煤东运”第二大通道全线开通。神华集团在成为国内首家实现“煤、电、路、港、航”一体化能源企业的同时，也发展为世界最大的煤炭开采和经销企业。

2017年8月28日，国务院国资委宣布，批准中国国电集团公司与神华集团有限责任公司合并重组为国家能源投资集团有限责任公司（简称国家能源集团或国能集团）。合并过程采用神华集团更名国家能源集团，并作为母公司吸收合并国电集团的方式。2017年11月28日，国家能源集团正式挂牌。截至2023年底，国家能源集团资产总额达2.1万亿元，煤炭产能6.65亿吨/年，发电总装机3.2亿千瓦，港口吞吐能力2.9亿吨/年，排名世界500强企业第76位。

铁路运输方面，国能集团继承和发展了神华集团庞大的自营铁路系统，截至2023年底，国能集团已建成自营铁路2408公里，拥有中国国家铁路集团有限公司所辖铁路外中国境内最大的自营铁路运输网络。除包神—神朔—朔黄核心通道外，国能集团还建设和运营了大准铁路（大同东—薛家湾）、巴准铁路（巴图塔—点岱沟）、准池铁路（外西沟—神池南）、甘泉铁路（甘其毛都—万水泉南）、塔韩铁路（塔然高勒—韩家村）、黄万铁路（黄骅南—万家码头）、黄大铁路（黄骅南—大家洼）等集疏运线路。

2019年11月27日，国能集团对所辖铁路管理机构进行重组整合。原包神铁路集团公司和神朔铁路分公司合并重组为新的国能包神铁路集团有限责任公司（简称包神铁路公司），负责包神、神朔、甘泉、塔韩四条铁路的资产管理和生产运营；原神华准能大准铁路公司、神华包神铁路集团新准铁路公司合并重组为国能新朔铁路有限责任公司（简称新朔铁路公司），负责准格尔地区大准、准池、巴准三条铁路的资产管理和生产运营；国能朔黄铁路发展有限责任公司（简称朔黄铁路公司）则继续负责朔黄、黄万和黄大铁路的资产管理和生产运营。三大铁路公司分区域运营国能集团铁路网的方式也延续至今。此外，原神华铁路货车运输有限责任公司于2021年最终变更为国能铁路装备有限责任公司（简称铁路装备公司），负责国能集团所有货物列车的检修和各公司机车的大中修工作。

包神铁路是神府—东胜煤田外运的第一条铁路（2023.8）

早期直流传动电力机车

在神华集团成立初期，包神、神朔铁路电气化尚未建成，曾长期使用内燃机车甚至蒸汽机车牵引列车。1999 年 5 月，神朔铁路电气化改造率先动工，并于 2000 年 10 月 30 日建成。因资金实力雄厚，早在 1998 年，神华集团便出资购买了 28 台当时国内最为先进，采用微机控制的 SS4B 型重载货运电力机车，用于即将进行电气化改造的神朔铁路。此后，神华集团下属朔黄、大准、包神等公司机务段也相继配属 SS4B 型机车，执行重载列车的牵引任务。

除本属机车外，神华集团还与中铁一局、中铁三局、中铁四局、铁十五局、铁十六局、铁二十局、京铁运输等公司开展联运合作，由联运单位提供机车、乘务员，神华集团付费购买牵引服务。与神华集团本属的高标准配置 SS4B 型机车不同，早期联运单位电力机车全部为SS4G型机车，外观则采用与 SS4B 型机车相同的涂装样式，与神华集团的 SS4B 型机车执行相同的运输工作。此外，大准、神朔铁路也配属和运用过 SS3 和 SS3 型 4000 系电力机车，用于货运列车的牵引工作。

停放在东胜机务段内的 SS4B 型机车（2023.8）

“神华号”电力机车

随着神府—东胜煤田的持续开发，神华集团所属线路的运输需求持续增加。以神朔铁路为例，1996 年开通时年运量仅为 75 万吨，到 2005 年全线运量突破 1 亿吨，2012 年突破 2 亿吨。随着运量增长，神华集团对先进机车车辆也有着强烈的需求。在同一时期，铁道部通过“引进先进技术、联合设计生产、打造中国品牌”的技术路线，已于 2006 年先后下线了 HXD1 和 HXD2 型两款重载电力机车，为大秦铁路实现 4 亿吨年运量提供了必要的装备保证。但此时铁道部并未向自营及地方铁路开放交流传动机车采购权限，因此在 2006 年后，神华集团依然只能选择增购交直传动的 SS4B 型机车，用于满足所属各线运量提升带来的运力需求。

2011 年后，铁道部调整装备政策，全面放开先进铁路装备的采购权限。同年，在 SS4B 项目上一直与神华集团

大准铁路于 1993 年投入运用的 SS3 型机车曾是中国最早一批路外电力机车，采用了独特的蓝色涂装。图中的 SS3 0660 号机车在退出正线运营后曾在大红城站进行装车和调车作业

SS3 0660 号机斑驳的制造信息铭牌

SS3 0660 号机车在停用前依然保留了 SS3 型机车经典的中心销式转向架结构

SS4B 型机车牵引煤炭重车驶过包神铁路万水泉南站（2023.8）

神朔铁路运用的 SS3 型 4000 系机车牵引煤炭重车驶过包神铁路石圪台装车站（2021.8）

"神华号"CEA1A1 型机车行驶在朔黄铁路肃宁段上（2023.6）

"神华号"HXD1 型机车牵引两万吨组合列车行驶在朔黄铁路上（2020.8）

有着深度合作的株机公司，在深度国产化 HXD1 型机车基础上开启了“神华号”交流传动货运电力机车的研发工作。由于神华集团各相关运煤线路技术标准不同，“神华号”机车采用了以动力单元为基础灵活编组的思路，在 HXD1 型机车技术平台上分别研制了 8 轴 9600kW 和 12 轴 14400kW 两款机车。在株机公司内部，根据机车轴数，将两款机车分别称为“神 8 轴”和“神 12 轴”，简称 “神 8”和“神 12”机车。

在技术方面，“神 8”机车完全延续了深度国产化 HXD1 型机车的主要技术特点，采用 2（B0-B0）轴式，轴重 25t，整车功率 9600kW，最高速度 120km/h。相比于国铁 HXD1 型机车，“神 8”机车采用了全新的头型设计和涂装方案，优化了司机室和驾驶台设计，并增加了无线重联 LTE 数据传输设备，可实现多台机车的无线重联同步牵引。“神 12”机车则是在“神 8”机车基础上，在头尾两节带司机室的 A、B 节机车中间，增加一节不带司机室的 C 节机车，通过机械和电气重联的形式组成一台 3（B0-B0）轴式，总功率达到 14400kW 的 12 轴电力机车。这也是中国机车发展史上第一次出现不带司机室的“中间动力车”。由于轴数和功率增加，“神 12”机车的启动牵引力、持续牵引力和最大电制动力分别增加至 1140kN、798 kN 和 691 kN，大幅提高了重载牵引能力，是当时世界上功率最大、牵引能力最强的电力机车。

■ 肃宁北机务段内的“神华号”HXD1 7224（2023.6）

■ “神华号”机车司机室

■ “神华号”机车转向架

■ “神华号”机车车灯和金属鎏金标牌

■ 早期“神华号”机车制造信息铭牌

“神华号”8 轴电力机车外观示意图

■ 神华集团涂装的“神华号”8 轴电力机车外观示意图

■ 国家能源集团涂装的“神华号”8 轴电力机车外观示意图

2012年4月和7月，首台“神8”和“神12”机车分别落车进入调试阶段。在根据用户要求对司机室等部分进行优化提升后，2012年11月，株机公司与神华集团正式签署首批“神8”和“神12”机车的生产合同，“神华号”进入批量生产阶段。

因技术上与国铁新HXD1型机车基本无异，“神8”机车直接延续了HXD1的车型编号，车号则由7001起重新编排，也称“神华号”HXD1型机车。7000系号段日后也成为企业自管和地方铁路购买新型交流传动内燃、电力机车的标准号段。但“神12”由于轴式和功率都发生了变化，因此很长时间内都未明确机车型号，只以“神12”的说法替代，车号则由8001起编排，与同属国能集团的“神8”机车区分。2015年，中国中车集团成立后，着手制定了非国铁机车新的命名规则，并在这一规则下将“神12”机车命名为CEA1A1型。其中，“C”为中国中车CRRC英文缩写首字；“E”代表动力为电力；第一个“A”代表交流传动；第一个“1”为中车株机公司代号；第二个“A”代表机车型号序列；第二个“1”代表这一型号下的第一款车型。2017年7月，国家铁路局批复了CEA1A1型机车的型号许可证和生产许可证。但直到2021年，CEA1A1的车型代号才正式喷绘在了“神12”机车的车身上，明确了与“神华号”HXD1型机车车型的不同。

2013年，首批“神华号”HXD1型机车先后配属朔黄铁路和神朔铁路，主要替代SS4B和SS4G型机车担当万吨列车的牵引任务。2014年，朔黄铁路利用“神华号”HXD1型机车开展2万吨重载列车牵引试验并取得成功，并于2016年起常态化开行。除神华/国能集团自购机车外，相关联运单位后续也购买了部分“神华号”HXD1型机车，与神华/国能集团自购机车担当相同的牵引任务。截至2024年9月，神华/国能集团及联运单位先后共配属“神华号”HXD1型机车超200台(车

■ 配属朔黄公司的CEA1A1 8006号机车停放在神池南折返段内（2020.8）

■ 包神公司神朔铁路运用的CEA1A1 8603号机车停放在朱盖塔机务分段内（2023.8）

■ “神华号”HXD1型机车和天佑京铁公司HXD1型机车并排停放在黄骅港折返段（2024.10）

"神华号"HXD1 型机车牵引煤炭列车行驶在大准铁路上（2020.6）

3 台"神华号"HXD1 型机车牵引万吨列车行驶在神朔铁路上（2023.8）

■ “神华号”CEA1A1 8626 双机重联牵引万吨列车在朱盖塔站整装待发（2023.8）

■ “神华号”机车原神华集团标识

■ “神华号”机车现国家能源集团标识

■ “神华号”HXD1 型机车车型和车号信息

■ “神华号”CEA1A1 型机车车型和车号信息

■ 早期采用双块挡风玻璃的“神华号”HXD1 7010 号机车停放在乌兰木伦折返所（2023.8）

■ 天佑京铁轨道运营有限公司所属 HXD1 7190 停放在神池南折返段（2020.8）

■ 天佑京铁所属 HXD1 型机车喷涂的京局丰段段标

■ 天佑京铁所属 HXD1 型机车铭牌

号 7001~7041、7072~7189、7192~7230、7239~7240、7243~7247、7256），其中部分机车近年通过增加 C 节中间车的方式变更为 CEA1A1 型机车。值得一提的是，中国铁路北京局集团有限公司下辖子公司——天佑京铁轨道运营有限公司（原北京京铁运输有限公司）作为朔黄铁路的联运公司之一，也于 2013 年和 2017 年分两批购买了 31 台 HXD1 型机车用于朔黄铁路的联运工作。这 31 台机车虽然同样采用地方及自营铁路的 7000 系编号（车号 7042~7070、7190~7191），但外观和主要技术设备则与国铁新 HXD1 型机车统一。国铁蓝色新 HXD1 型机车牵引重载列车行驶在国能集团线路上的画面也成为朔黄铁路上一道奇特的风景。

朱盖塔机务分段内的“神 8”与“神 12“机车（2021.8）

“神华号”CEA1A1 型机车同样于 2013 年投入运用，率先应用于神华集团运量最大的朔黄铁路，用于提升万吨或两万吨列车的牵引能力。截至 2024 年，朔黄铁路公司共配属“神华号”CEA1A1 型机车 30 台（车号 8001~8020、8033~8042），全部为一次性新造 12 轴机车。2020 年起，包神铁路公司通过在既有“神华号”HXD1 型机车基础上，增加 C 节的方式改造了部分 CEA1A1 型机车，车号也随之发生变化。其中，包括隶属东胜机务段，运用于包神铁路的机车 10 台（车号 8601~8610）；隶属神木北机务段 / 朱盖塔机务分段，运用于神朔铁路的机车 18 台（车号 8611~8628）；隶属联运公司的，用于神朔铁路的机车 20 台（车号 8508~8523、8526~8529）。同样在

3 台“神华号”HXD1 型机车重联牵引重载列车在朱盖塔站整装待发（2021.8）

“神华号”12 轴电力机车外观示意图

神华集团涂装“神华号”12 轴电力机车外观示意图

国家能源集团涂装“神华号”12 轴电力机车外观示意图

2020年，新朔铁路公司将所属全部9台“神华号”HXD1型机车改造为“神华号”CEA1A1型机车，车号则未加调整（车号7149~7157），用于大准、巴准和准池等线路。

“国能号”电力机车

2020年7月，中车株机公司为神朔铁路研发的24轴28800kW“神24”机车上线。“神24”机车不仅拥有“单机功率最大、单机牵引力最大、长度最长、轴数最多”四项世界记录，其刚劲的雄狮造型也让它在外观圆润的“神华号”机车间显得格外引人注目。而在2017年神华集团重组后，也更加着重体现国家能源集团的新品牌。在这一背景下，国能集团与中车株机公司合作，2022年9月28日，正式下线了“国能号”交流传动电力机车，实现了牵引动力的全新升级。

“国能号”电力机车延续了“神华号”机车以动力单元为基础灵活编组的技术思路，分为“国能号”HXD1型8轴9600kW机车和“国能号”CEA1A1型12轴14400kW机车两种车型。两款机车的主要设备、技术参数和牵引特性等都与同轴式“神华号”机车相同。与“神华号”机车相比，“国能号”机车最大的变化在于采用了全新的外观设计，在“神24”基础上优化的“猛虎”仿生头型，与传统“神华号”机车头型形成鲜明对比。

■“国能号”HXD1 1011号机车停放在肃宁北机务段内（2023.6）

■“国能号”机车司机室

■“国能号”机车转向架

■“国能号”机车机械间

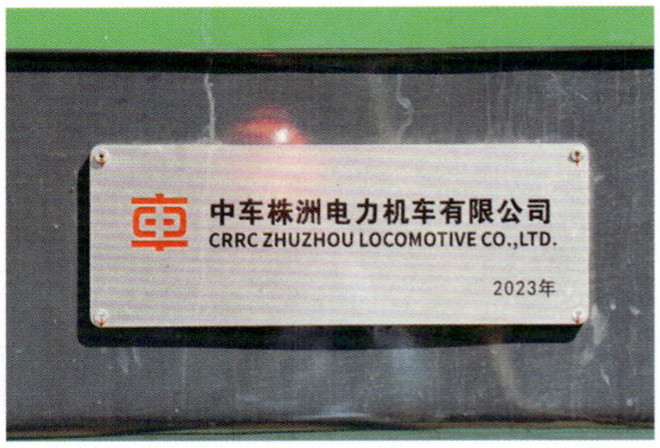

■ 首批“国能号”机车制造信息铭牌

“国能号”HXD1型电力机车外观示意图

■ 朔黄铁路公司所属“国能号”HXD1型1002号电力机车外观示意图，车身未喷机车型号标识

■ 新朔铁路公司联运单位中铁四局所属“国能号”HXD1型7283号电力机车外观示意图

■ “国能号”CEA1A1 型机车双机牵引万吨列车驶过神朔铁路府谷黄河大桥（2023.8）

■ “国能号”CEA1A1 8633+8634 双机牵引万吨列车在神朔铁路燕家塔站整装待发（2023.8）

"神华号"与"国能号"机车并排停放在肃宁北编组站内（2023.6）

"国能号"HXD1 1001 号机车牵引重车抵达黄骅港站（2023.6）

除外观外，“国能号”在技术细节上也进行了部分升级。如牵引变流器采用主变+辅变+冷却一体式结构设计，实现了小型化和轻量化，电容分离设计有效降低了信号干扰，提升了机车性能稳定；高压设备集中设置于高压柜中，减少了日常维护工作量；机车增加“天眼”定位系统，采用北斗卫星定位、多数据融合关键技术，实现高精度定位和与地面数据的互联互通，进一步增强机车安全性能。同时，“国能号”机车还搭载了智能自动驾驶、障碍物检测、地面远程监视控制等技术，进一步实现了重载货物列车的智能化运营。

“国能号”CEA1A1 2024 号机车驶入黄骅港折返段（2024.10）

2023 年 1 月，配属包神铁路公司的“国能号”CEA1A1 型机车上线运营。首批配属包神铁路公司“国能号”CEA1A1 型机车共计 8 台（车号 CEA1A1 8629~8636），全部用于牵引神朔铁路万吨重载列车。2023 年 5 月 9 日，配属朔黄铁路公司的“国能号”HXD1 型电力机车投入运用。这批“国能号”HXD1 型机车共计 11 台，原出厂编号为 HXD1 7262~7272，在投入运用前车号改为 HXD1 1001~1011，于此前的“神华号”HXD1 加以区别。同年 7 月，配属朔黄铁路公司的“国能号”CEA1A1 型机车投入运用。这批机车在下线初期曾在厂内临时由 9001 起编号，在国能铁路装备有限责任公司沧州机车车辆维修分公司整备改造后，车号变更为 2001 起排，至 2024 年 9 月共计投入运用 31 台（车号 2001~2031）。除此之外，新朔铁路公司的联运单位中铁四局于 2023 年配属 3 台“国能号”HXD1 型机车（车号 HXD1 7281~7283），用于

以 9000 系临时编号，刚刚抵达国能铁路装备公司沧州分公司，尚未增加 C 节动力车的朔黄铁路“国能号”CEA1A1 型机车（2023.6）

神朔铁路运用的“国能号”CEA1A1 型机车车号

朔黄铁路运用的“国能号”HXD1 型机车车号

“国能号”CEA1A1 型电力机车外观示意图

包神铁路公司所属的“国能号”CEA1A1 型 8635 号电力机车外观示意图

朔黄铁路公司所属的“国能号”CEA1A1 型 2004 号电力机车外观示意图，车顶设备更加简约

■ “国能号”智能重载电力机车在国家铁道试验中心等待测试（2024.9）

大准、准池铁路。朔黄铁路公司联运单位中铁一局，于 2024 年 4 月配属 4 台“国能号”HXD1 型机车（车号 HXD1 7284~7287），用于朔黄铁路重载列车牵引。

“国能号”智能重载电力机车

2024 年 5 月 9 日，由朔黄铁路公司与中车株机联合研制的新一代“国能号”智能重载电力机车于株洲下线。机车采用全新的永磁直驱技术，2（B0–B0）轴式，单台最大牵引功率 10400kW。

新一代“国能号”智能重载电力机车应用大功率碳化硅变流器、大转矩永磁牵引电机、大牵引力直驱转向架等

■ “国能号”智能重载电力机车正面

■ “国能号”智能重载电力机车转向架

■ “国能号”智能重载电力机车受电弓

“国能号”智能重载电力机车外观示意图

■ “国能号”智能重载电力机车外观示意图

3 台“神华号”HXD1 型机车重联牵引货物列车驶过神朔铁路丹霞地貌间（2023.8）

联运单位中铁一局所属的两台“神华号”CEA1A1 型机车采用组合列车方式运行在神朔铁路上（2023.8）

HXD2 7001 号机车牵引货物列车接近包神铁路乌兰木伦站（2023.8）

“神华号” HXD1 型和 HXD2 型机车在包神铁路石圪台装车站整装待发（2021.8）

全新技术，搭载自动驾驶系统、集成化操纵台、一体化智慧大屏、人工智能语音交互系统、抬头显示功能、360 度全景影像等构成的智能座舱。同时，机车还配备了动力电池包，可在无电区自备动力行走。目前，这款新一代“国能号”智能重载电力机车尚在试验中，并计划在未来成为朔黄铁路下一代主力车型。

包神铁路 HXD2 型电力机车

2011 年 3 月，在“神华号”HXD1 型机车项目启动前，神朔铁路分公司便与同车公司签署了《神朔铁路设备和谐 2 型电力机车采购合同》，第一时间着手采购大功率交流传动电力机车。2011 年底，神华 HXD2 型机车落车；2012 年 5 月，两台神华 HXD2 型机车（车号 7001、7002）交付；同年 6 月 26 日在神朔铁路开启试运行，成为神华集团最早投入运用的交流传动电力机车。

为神朔铁路制造的两台 HXD2 型机车是同车公司在首批通过“引进、消化、吸收、再创新”模式制造的 HXD2 型机车后，制造的首款国产化 8 轴交流传动电力机车。机车在 HXD2 系列机车中首次采用新头型设计，侧墙则延续了传统 HXD2 型机车独特的波纹板侧墙结构。相比采用阿尔斯通公司牵引和控制系统的 HXD2 型机车，神华 HXD2 型机车在制造时选用江苏常牵庞巴迪牵引系统有限公司提供的庞巴迪牵引系统和庞巴迪“MITRAC”微机控制系统，其他主要技术参数与 HXD2 型机车无异。

2020 年至 2021 年，中车大同公司对 HXD2 7001、7002 号两台机车进行了 C5 级大修。由于原车运行 7 年

HXD2 7001 号机车牵引列车驶入朱盖塔编组站（2023.8）

HXD2 型机车波纹板结构上的国能集团标识

HXD2 7002 制造和大修信息铭牌

HXD2 7002 号机车停放在乌兰木伦折返所（2023.8）

包神铁路 HXD2 型电力机车外观示意图

包神铁路 HXD2 型电力机车外观示意图

■ 朔黄铁路双源制调车机车停放在黄骅港折返段内（2024.10）

■ 双源制调车机车正面

■ 双源制调车机车司机室

■ 双源制调车机转向架

■ 双源制调车机车制造信息铭牌

■ 双源制调车机车机械间

双源制调车机车外观示意图

■ 双源制调车机车外观示意图

后部分设备已趋于老化，在C5大修过程中，结合国产化和统型化需求，两台神华HXD2型机车对牵引、制动和网络控制等系统进行了全面调整。例如，牵引系统由庞巴迪牵引系统更换为时代电气公司牵引系统；制动系统由法维莱公司制动机替换为DK-2型制动机；网络控制系统由庞巴迪“MITRAC”微机控制系统替换为时代电气公司网络系统。机车机械间和司机操纵台也随之优化。2021年底，两台更新后的神华HXD2型机车完成试验后，在包神铁路上正式投入运营。

朔黄铁路双源制调车机车

2022年年中，中车株机公司为国能集团朔黄铁路公司生产的双源制混合动力调车机车运抵黄骅港折返段。这也是继2020年为陕煤集团靖神铁路生产“陕煤号”双源制调车机车后，中车株机公司第二次为路外用户生产的电—电双源混动调车机车。

朔黄铁路双源制电力调车机在外观与技术方面与“陕煤号”双源制调车机车基本一致，机车型号也同为CHA1C。机车采用与“陕煤号”双源制调车机车相同的“雄狮”头型，涂装则延续国能集团机车标准的蓝、白、绿风格。机车以HXD1C型机车为基础，采用双端司机室和中央内走廊的总体布置，轴式Co-Co，轴重25t，最高运行速度100km/h，可由接触网和钛酸锂动力电池双源供电。接触网模式下，CHA1C型机车牵引功率为2400kW；动力电池模式下牵引功率为2000kW，在绿色环保的同时可满足重载牵引的需求。同时，朔黄铁路CHA1C型机车具备自动驾驶控车系统和调车安全防护功能，可进一步提升调车作业的智能化水平。

2022年8月，朔黄铁路公司对CHA1C型双源制调车机车进行了首次在段检查。10月，机车开启线上试验。2023年5月，机车完成黄骅港站调车作业自动驾驶控制系统联调联试。目前，CHA1C 型双源制调车机车日常配属朔黄铁路黄骅港折返段，并在黄骅港站进行调车作业。

新朔公司氢能源调车机车

和传统调车机车相比，氢能源机车采用氢燃料电池 + 动力电池提供动力，没有二氧化碳和颗粒物排放，是新一代绿色动力的发展前沿。2021 年，中车株机公司和新朔铁路公司合作研制的国内首台大功率氢能源动力调车机车下线，填补了国内干线氢能源调车机车的空白。

新硕铁路氢能源调车机车采用 C0-C0 轴式，最高速度 100km/h，整车功率 2400kW。机车采用氢燃料电池和动力电池双源供电，可实现纯电、纯氢、氢电混合多种模式运行。其中，装载有总容量达 758kWh 的动力电池可为整车提供 2000kW 功率输出，氢燃料机组可为提供 400kW 功率输出。在低负载状态下，只使用氢燃料电池即可驱动机车前进，并可同步为动力电池充电；在高负载状态下，

■ 新朔铁路公司氢能源调车机车（2023.8）

氢能源调车机车外观示意图

■ 氢能源调车机车外观示意图

■ 停放在海勒斯壕南机务段外的氢能源机车（2023.8）

■ 新朔铁路公司氢能源接触网作业车（2023.8）

氢燃料电池和动力电池可共同驱动机车，最高功率达 2400kW；电制动状态下，机车动能还可转化为电能储存在动力电池中。机车最大启动牵引力达 560kN，可满足平直轨道上牵引万吨列车，在 4‰上坡道牵引 5000 吨列车的负载要求。机车氢气容量 5880L，满载氢气条件下可连续运行 12h，续航里程 800km，兼顾了调车机长续航和短时大功率的需求。

2022 年 9 月，氢能源机车在新朔铁路公司海勒斯壕南站进行了试验运行。2024 年初，位于海勒斯壕南机务段外的巴图塔加氢站建成。同年 4 月，氢能源机车在新朔公司巴准铁路四道柳站首次完成万吨装车试验，以氢气为能量供应，牵引 105 辆 C80 车辆恒速走行 2km，也标志着我国重载铁路大功率氢能源动力装备的市场化运用取得关键性突破。除氢能机车外，中车株机公司还同步为新朔公司研发了一款氢能源接触网作业车，增加了更多轨道交通领域氢能源车辆的应用场景。

■ 氢能源机车正面

■ 氢能源机车转向架

■ 氢能源机车速度和制造信息铭牌

新朔公司 HXD3C 型电力机车

2013 年 9 月，连车公司中标神华集团的大功率交流传动内燃机车采购项目，为神华集团生产 HXN3 型大功率内燃机车，开启了与神华集团的合作之路。2021 年初，中车大连公司为国能集团相关线路生产的 HXD3CA 型货运机车下线，并于 3 月率先配属新朔铁路公司联运单位之一的中铁十五局。此后，中铁一局、中铁二局、中铁四局、中铁十六局、中铁二十局等新朔铁路公司联运单位也相继配属

HXD3CA 型机车，用于以点岱沟站为支点的大准、准池和巴准铁路。2022 年 8 月，新朔铁路公司自有 HXD3CA 型机车也配属到位，投入运用。

在外观上，联运公司所属的 HXD3CA 型机车与国铁运用的 HXD3CA 型机车完全相同，司机室下方喷绘铁路路徽，车身侧墙喷绘“和谐”二字和机车车型车号；新朔铁路公司自有 HXD3CA 型机车则在司机室下方和机车侧墙喷绘国家能源集团品牌标识，以示区别。

在技术方面，国能集团新朔铁路公司运用的 HXD3CA 型货运机车与国铁集团配属的 HXD3CA 型货运机车完全一致，整车功率 7200kW，最高速度 120km/h，且不设列车供电插座。在日常运用中，新朔铁路公司管内各单位的 HXD3CA 型机

■ 采用国能集团标识的 HXD3C A7550 号机车停放在新朔铁路点岱沟机务段内（2023.8）

国家能源集团 HXD3C 型电力机车外观示意图

■ 国家能源集团 HXD3C 型电力机车外观示意图

■ HXD3C 型机车双机牵引重车驶过大准铁路黄河特大桥（2023.8）

在中车大连公司内试验中的干调一体混动机车（2024.8）

干调一体混动机车正面

干调一体混动机车转向架

干调一体混动机车制造信息铭牌和功率标识

干调一体混动机车外观示意图

干调一体混动机车外观示意图

车通常两台重联运行，总牵引功率14400kW，与一台CEA1A1型机车相同。但两台HXD3C型机车只需两台主变压器、两套完整高压及牵引设备和4台转向架，相比三节机车重联组成，需要三台主变压器、三套完整高压及牵引设备和6台转向架的CEA1A1型机车更具成本优势。截至2024年9月，新朔铁路公司及相关联运单位共配属HXD3CA型货运机车48台，其中新朔铁路公司配属6台（车号A7547~A7552）、相关联运单位配属42台（车号A7519~A7524、A7536~A7546、A7553~A7562、A7568~A7582），成为新朔铁路公司下辖大准、准池和巴准铁路交流传动电力机车的主力车型。

新朔公司干调一体混动机车

国能集团新朔铁路公司下辖大准、新准、准池等线路衔接着大量煤炭装车专用线。由于接触网对装车作业存在干扰，因此大部分装车线都采用内燃机车作业，各装车站不仅需配备专用内燃机车和乘务员，装车作业完毕后还需换挂、试风等作业后才能开车，降低了列车周转和作业效率。为了提高装车效率，在 HXD3CA 型机车项目上与新朔铁路公司有着良好合作关系的中车大连公司在 HXD3C 型机车成熟技术平台上，为新朔铁路公司专门研发了一款双源制干（线）调（车）一体混动机车，用于解决无接触网煤炭装车线“最后一公里”的牵引需求。

双源制干调一体混动机车基于 HXD3C 型机车成熟技术平台升级研发，轴式 C0-C0，最高速度 120km/h，轴重 25t。机车采用接触网＋动力电池双源供电模式，配备总容量 1268kWh 的磷酸铁锂动力电池。在接触网模式下，机车具备与 HXD3C 型机车相同的 7200kW 牵引能力，在同时为动力电池充电情况下，最大牵引功率也可达到 6400kW，可双机牵引万吨列车。

在动力电池模式下，电池最大放电功率可达 1800kW，30 分钟持续放电功率 1200kW，具备牵引 5000 吨级列车在 30km/h 速度下运行 30km 以上的能力，可满足非电气化专用线装车作业需要。

双源制干调一体混动机车动力电池采用空调液冷方式，提升动力电池系统寿命。特别设计的动力电池管理系统打破“灭火”理念，通过准确的温度检测，采用环保降温材料，提前实施降温措施，防止电池热失控，并设有动力电池热保障系统。根据运用场景需求，机车设有弓网模式、电池模式、混合模式、低恒速模式、定速模式、动力电池制动模式等多种控制策略，根据不同运用场景智能转换动力源控制及机车运用模式。

同时，机车还具备智能辅助驾驶功能，可实现机车智能设备代替人工操作完成自动唤醒、自动起车、自动调速、自动停车等功能，大幅减轻司机劳动强度，减少人工操纵失误，提升舒适性和安全性。在智能驾驶模式下，机车可实现 95% 以上控车率，运行速度提升 17.5%。通过上述设计，机车可突破干线电力机车传统运营模式，实现一台机车兼顾干线运输和装卸车作业的干调一体化运输模式，在提高运营效率的同时，实现全程零排放目标。

2022 年，双源制干调一体混动机车在中车大连公司下线。2023 年，机车在国家铁道试验中心进行了型式试验，随后返回大连完成了各项高低压试验。2024 年 9 月，机车交付新朔铁路公司，即将开展运用考核。目前，国家铁路局尚未批复新型机车的车型。也期待这款突破性的双源制干调一体混动机车能够早日完成运用考核，投入批量生产。

国家能源集团系列电力机车技术参数表

车型代号	SS3	SS4B	HXD1	CEA1A1	神 24	智能重载机车	HXD2	双源制调车机车	氢能源调车机车	HXD3C	干调一体混动机车
用途	货	货	货	货	货	货	货	货	货	货	货
轴式	C0-C0	2(B0-B0)	2(B0-B0)	3(B0-B0)	6(B0-B0)	2(B0-B0)	2(B0-B0)	C0-C0	C0-C0	C0-C0	C0-C0
传动方式	交一直	交一直	交一直一交	交一直一交	交一直一交	交一直一交	交一直一交	交一直一交	交一直一交	交一直一交	交一直一交
轴重 (t)	23	23	25	25	25	25	25	25	25	25	25
持续功率 (kW)	4320	6400	9600	14400	28800	10400	9600	2400 接触网 2000 动力电池	400 氢燃料电池 2000 动力电池	7200	6400 接触网 1800 动力电池
最高速度（km/h）	100	100	120	120	120	120	120	100	100	120	120
制造工厂	中车株机	中车株机	中车株机	中车株机	中车株机	中车株机	中车大同	中车株机	中车株机	中车大连	中车大连
首台制造年份	1991	1999	2012	2012	2020	2024	2012	2021	2021	2021	2022
累计配属数量	约 15	265	>200	>100	1	1	2	1	1	48	1

注 1：制造数量截至 2024 年 10 月，含联运单位机，含已退役机车；注 2：首台制造年份为配属国能集团相关线路机车制造时间。

世界铁路的动力之王

"神 24" 电力机车

下线时间	2020 年
最高速度	120km/h
轴式	6（Bo-Bo）
机车功率	28800kW
制造工厂	中车株机

■ "神 24" 机车牵引列车在神池南站整装待发（2023.8）

"神 24"电力机车是国家能源集团下属神朔铁路上运用的一款 24 轴 28800kW 大功率电力机车，是世界上单机功率最大、单机牵引力最大、长度最长、轴数最多的电力机车，是当之无愧的"动力之王"。

中国最困难的重载铁路

神朔铁路西起陕西省神木县的大柳塔站，与包神铁路相连，东至山西省忻州市的神池南站，与朔黄铁路相接，并在神池南站设联络线引入朔州站，与国铁北同蒲铁路连通，是国能集团路网中承东启西的核心线路。由于建设时间早，跨越黄河，翻越吕梁山，盘旋在晋陕峡谷间的神朔铁路采用了大坡度设计，重车方向（大柳塔—神池南）最大坡度达到 12‰，是大秦铁路和朔黄铁路重车方向最大坡度的三倍，可谓中国"最艰难"的重载铁路。但作为神府东胜煤田最重要的外运通道，神朔铁路的年运输需求却高达 3 亿吨，因此提升神朔铁路运能，成为提升整个国能集团煤炭运输网络运输能力的核心与关键。

■ "神 24" 机车正面

神朔铁路万吨列车的进化

在电气化改造后，神朔铁路主要采用 SS4B/SS4G 型机车双机重联牵引 5000t 列车的运行模式。随着运量增加和机车无线重联技术的成熟，2009 年 10 月 12 日，神朔铁路首次采用由 SS4B 型机车牵引的"2+2" 模式万吨组合列车，即 2 组 5000t 列车头尾相接，全列车由头部 2 台 SS4B/SS4G 型机车和中部两台SS4B/SS4G型机车共4台机车牵引，实现了万吨列车的从无到有。“神华号”交流传动电力机车下线后，2013年3月20日，神朔铁路利用三台“神8”机车（“神华号”HXD1型机车），成功进行了“2+1”模式牵引万吨组合列车的试验，即两台“神8”机车在前，一台“神8”机车作为中补机，替代此前4台SS4B/SS4G型机车。采用这一模式后，虽然减少了机车运用数量，但万吨列车依然为两组5000t列车组合方式，不仅需要在朱盖塔或神木北站进行组合作业，在抵达神池南站后，还需要在摘掉中补机后重新组合成连续的万吨列车进入朔黄铁路，或4列5000t列车重新组成2万吨列车后进入朔黄铁路，增加了编组作业时间。

为了实现万吨列车的整列运行，神朔铁路进行了大量试验，于2016年3月16日成功开行了神华号“3+0”模式牵引108辆C80组成的万吨列车，即3台“神8”机车在头部重联，牵引整列万吨重载列车，减少了朱盖塔、神木北和神池南站的编组作业，大幅提高了运输效率。随着“神8”机车“3+0”模式的成功运用，3台9600kW机车在列车头部重联牵引，总功率达28800kW的集中牵引技术成功实现，机车集重、车钩强度和长大坡道制动等一系列技术难题全部迎刃而解，神朔铁路单元重载列车的开行进入了新时代。

不过，采用“神8”机车“3+0”模式牵引万吨列车，虽然可通过无线重联装置由最前端的机车操纵全列车，但因为监控运行、巡检等需要，每组机车都需配备司机值乘，全列需要三组司机，人员成本较高。为了进一步提升人员作业效率，2020年9月起，“神12”机车（“神华号”CEA1A1型机车）在神朔铁路投入运用，通过两台“神12”机车同比替换3台“神8”机车，实现“2+0模式”牵引万吨列车，在保持轴数和总牵引功率不变的情况下，可减少一组作业司机，进一步优化了运营效率。

■ 采用“2+2”模式，由4台SS4B/SS4G型机车牵引的万吨列车行驶在神朔铁路上（2023.8）

■ 采用“3+0”模式，由3台“神8”机车牵引的万吨列车行驶在神朔铁路府谷段（2021.8）

■ 采用“2+0”模式，由2台“神12”机车牵引的万吨列车驶过在神朔铁路府谷黄河大桥（2021.8）

世界功率最大的电力机车

为了在运量增加的情况下进一步优化人员配置，降低运输成本，2018 年，国家能源集团向中车株机公司提出了新需求：研制一台 24 轴的重载电力机车，以期采用“1+0”模式在神朔铁路牵引万吨列车，完成此前“3+0”模式“神 8”机车或“2+0”模式“神 12”机车的牵引任务，在保证牵引功率的同时进一步减少司机班组，提升运输效率。

经过 2 年时间的研发生产，2020 年 7 月 29 日，突破纪录的 24 轴重载货运电力机车在株洲下线。机车延续了此前“神 8”与“神 12”的习惯叫法，被习惯称为“神 24”机车。“神 24”机车是在“神 12”CEA1A1 型机车基础上研发而来，相当于两台“神 12”机车固定重联，整台机车由 6 节动力车组成，每节动力车设有两台 4 轴转向架，整车为 6（B0–B0）轴式，单轴功率 1200kW，整车功率 28800kW，最高速度 100km/h，最大启动牵引力 2280kN，最大持续牵引力 1956 kN，整车长度 106m，包揽了“单机功率最大、单机牵引力最大、长度最长、轴数最多”四项机车领域的世界纪录。

由于“神 24”机车整车功率高达 28800kW，若沿用此前 12 轴机车集中受流、分散供电的方式，受电弓和高压隔离开关等高压电器设备都将无法满足超大电流需求，因此“神 24”机车创造性地参考了动力分散动车组的分散供电方式，将机车拆分为两个动力单元，且两个动力单元高压设备不重联，运行时每个动力单元均升起一个受电弓，以保证安全运行。

■ 建党百年涂装的“神 24”机车停靠在朱盖塔站（2021.8）

■“神 24”机车司机室（惠晓辉 摄）

■“神 24”机车转向架

■“神 24”机车车身国家能源集团标识

■“神 24”机车党员先锋号标识

在机车网络控制方面，“神 24”机车车辆级采用多功能车辆总线（MVB），列车级采用绞线式列车总线（WTB）。其中车辆级 MVB 总线与既有 12 轴电力机车保持一致，无需进行验证；列车级 WTB 总线则相较 12 轴电力机车增加一倍，节点数达到 6 个，对相关技术要求更高。为

“神 24”型电力机车外观示意图

■“神 24”型电力机车外观示意图

"神 24"机车牵引列车从朱盖塔站出发（2023.8）

"神 24"机车牵引货物列车驶过神朔铁路燕家塔段（2021.8）

■“神 24”机车在朱盖塔站转线（2023.8）

■“神 24”机车制造信息铭牌

此，国能集团和中车株机公司也做了相应的技术储备：2014 年，两台“神 12”机车在朔黄铁路通过了外重联型式试验；2017 年，在株洲进行了 WTB 网络在 832 m 长度的通信测试，验证了在 106 m 长“神 24”机车上通过绞线式列车总线（WTB）进行全车网络控制的可行性。此外，新一代网络控制技术还可动态识别机车 16 轴、20 轴和 24 轴等不同编组形式，实现大功率机车的“灵活编组”。同时，“神 24”机车还搭载了全新的“列车大脑”，可以实现自动起车、自动驾驶、自动调速、自动停车等智能驾驶功能，运行过程中无需人工操纵。“神 24”机车还首次在电力机车上运用了基于北斗卫星定位的自动过分相系统，提高运行效率。通过站场安装的北斗定位差分基站的配合，神 24 型机车在停车时，车头与对标线误差可控制在 0.5 m 以内。

在外观方面，“神 24”机车选用了与“陕煤号”机车相同的“雄狮”头型，棱角分明，气质俊朗，凸显了重载机车的厚重感和力量感。车身涂装延续了国能集团机车蓝、绿、白的主色调，并对细节进行调整，体现了“奉献清洁能源、建设美丽中国”的企业愿景，传递着独特的工业设计之美。“神 24”的头型和涂装风格，也为日后“国能号”新头型与新涂装奠定了基础。

神朔铁路新动力

“神 24”机车下线后，首先在国家铁道试验中心完成了各项型式试验。2021 年 6 月 25 日，“神 24”机车上线试运行，并开启 20 万公里运用考核，在神朔铁路朱盖塔站至朔黄铁路神池南站间采用“1+0”模式，单机牵引万吨重载列车。2022 年 9 月 28 日，在顺利完成一年期考核和 20 万公里运用考核后，“神 24”机车投入正式运行。截至 2024 年 8 月底，“神 24”机车已累计牵引货物列车超过 1000 万吨，累计走行超 53 万公里。

在车型方面，截至 2024 年 10 月，“神 24”机车尚未获得国家铁路局批复的车型编号。在国家能源集团内部文件中，将此车称为 CEA1E 型机车，但车身涂装和新闻中均未公开使用过这一车型代号。由于仅此一台，在日常运营中，车站和司机通常用“2401”机车指代“神 24”机车，意为 24 轴 1 号车。随着国家能源集团“国能号”品牌战略的推行，新闻中也越来越多地将这台机车称为“国能号”24 轴机车。也期待“神 24”机车早日获得国家铁路局的生产许可证和正式车型编号，并在神朔铁路上投入批量运用。

■“神 24”机车在朱盖塔站挂车（2023.8）

“神 24”机车牵引列车驶入燕家塔装车站（2021.8）

“神 24”机车牵引列车驶过神朔铁路杨伙盘煤矿（2023.8）

靖神铁路上的黑金刚

“陕煤号”交流传动电力机车

“陕煤号”HXD1 7234 号机车驶过靖神铁路孟家湾站 (2020.8)

“陕煤号”交流传动电力机车是陕西煤业化工集团有限责任公司下辖靖神铁路上运用的重载货运电力机车，是除国能集团外，中国自营铁路重载铁路电力机车另一代表。

陕煤集团与靖神铁路

陕西煤业化工集团有限责任公司（简称陕煤集团）是陕西省政府依托陕西丰富的煤炭资源，将省内煤炭企业重组整合而成的国有特大型能源化工企业。自 2004 年成立以来，陕煤集团已形成“煤炭开采、煤化工、燃煤发电、钢铁冶炼、机械制造、建筑施工、铁路物流、现代服务”等多元互补的产业格局。其中，为开发和运输陕北地区丰富的煤炭资源，陕煤集团以下辖的陕西铁路物流集团有限公司为主体，建设和运营了靖神、红柠、榆横和冯红（建设中，也称神瓦铁路）四条承担陕煤外运任务的重载铁路，总计里程约 580km，成为继国能集团所辖铁路网外，中国又一大自营煤炭铁路运输系统。

“陕煤号”HXD1 型机车正面

在陕煤集团所辖铁路网中，2017 年 6 月开工建设的靖神铁路当属其中最重要的一条。靖神铁路南起浩吉铁路靖边北站，北至包西铁路神木西站，为国铁Ⅰ级电气化铁路，是蒙西至华中地区铁路煤运通道重要的集疏运线路，也是中国“北煤南运”战略通道的重要组成部分。线路正线全长 244km，沿线共设有小保当、曹家滩、大海则、金鸡滩四座煤炭装车站，在孟家湾站设有机车整备与检修中心。靖神铁路由陕西铁路物流集团有限公司所属陕西靖

神铁路有限责任公司(简称靖神公司)建设和运营，多家单位参与联运。2019 年 9 月 27 日，靖神铁路与浩吉铁路同日建成通车。2020 年1月12日，神木西—孟家湾—小纪汗北段接触网送电成功，2021 年 3 月 9 日，靖神铁路电气化全线开通。

“陕煤号”重载货运电力机车

2019 年建成之初，由于电气化设施尚未建设完毕，靖神铁路普遍使用中铁三局、中铁四局、中铁二十局等联运单位的 DF4B 和 DF8B 型内燃机车牵引货物列车。而随着靖神铁路电气化工程的推进，靖神公司也与中车株机公司签订了首批大功率电力机车的采购合同。2020 年 6 月 16 日，首批“陕煤号”重载货运电力机车在中车株机公司下线。6 月 23 日起，“陕煤号”电力机车分批抵达靖神铁路孟家湾站，正式交付运营。

■ 孟家湾机辆中心检修库（2021.7）

“陕煤号”电力机车是以 HXD1 型机车和国家能源集团 CEA1A1 型机车（“神 12”机车）为基础，为靖神铁路量身定做的重载货运电力机车。由于靖神铁路小保当—靖边北站间重车方向最大坡度为 6‰，为了满足单机牵引万吨列车的要求，靖神铁路首批采购的“陕煤号”机车采用了类似“神 12”机车的三节重联设计。机车以新 HXD1 型机车为基础，在带司机室的

A、B 两节机车中间，增加了一台不带司机室的 C 节机车，通过固定重联方式组成一台 12 轴，3（B0–B0）轴式的电力机车，整车功率 14400kW，最大启动牵引力 1140kN，最高运行速度 120 km/h，总体性能可以满足靖神铁路单机牵引万吨列车的技术要求。“陕煤号”机车整体设计采用了动力单元的设计理念，可根据实际运用需求，灵活地在 12 轴和 8 轴两种形式间转换，实现牵引动力和牵引定数的匹配，以提高运用效率、降低运用成本。

与传统机车相比，“陕煤号”机车还应用了大量智能化技术，依托机车感知网络和车地无线通信，可对整车及关键部件的运行状态进行信息采集和数据处理，并通过车地无线通道传输至地面运维中心。其中部分机车还搭载了智能驾驶系统和故障预测与健康管理系统，进一步提升机车智能化程度的同时，还提高了机车系统的可靠性和安全性。

在外观方面，“陕煤号”机车一改此前新 HXD1 型和“神华号”机车的圆润造型，在国内首次采用了雄狮造型的仿生头型，以体现车运行时勇往直前的坚毅力量。车身配色则使用了磨砂质感的高级黑灰色搭配靓丽的国旗红，黑灰色的基调与陕煤集团的煤炭行业属性相匹配，极具特色。“陕煤号”机车强大的性能、刚毅的外表和极具特色的涂装，也让其有了“黑金刚”的美誉。

■“陕煤号”HXD1 7232 号 12 轴 14400kW 机车在靖神铁路孟家湾站整装待发（2023.8）

■“陕煤号”HXD1 型机车司机室

■“陕煤号”HXD1 型机车转向架

■“陕煤号”HXD1 型机车连接处

■“陕煤号”HXD1 型机车车身标识

陕煤集团与靖神铁路

2020 年 6 月至 7 月，首批 8 台“陕煤号”12 轴机车（HXD1 7231 ~ 7238）运抵靖神铁路。2021 年 3 月，第二批 2 台“陕煤号”12 轴机车抵达孟家湾站（HXD1 7241 ~ 7242）。值得一提的是，此时，中车株机公司基于 HXD1 型机车技术平台制造的 12 轴电力机车虽然已获得了国家铁路局颁发的 CEAEA1 型机车型号合格证和制造许可证，但这一车型名称尚未大规模推广使用。

“陕煤号”12 轴电力机车外观示意图

■“陕煤号”12 轴 14400kW 机车外观示意图

蓝天下，“陕煤号”12 轴 14400kW 机车牵引货物列车行驶在浩吉铁路靖边北—靖边东路段上（2021.6）

“陕煤号”8 轴 9600kW 机车牵引货物列车驶过靖神铁路孟家湾站（2021.8）

因此这10台“陕煤号”12轴电力机车车身上依然喷涂了HXD1的车型标识，车号也在已出厂的HXD1型7000系机车顺序下顺延编排。相比于正式定型前只喷涂车号，不喷涂机车型号标识的“神12”机车，这10台“陕煤号”电力机车不仅是国内首次在12轴机车上喷涂车型标识，也是迄今为止正式编号的HXD1机车序列中仅有的12轴机车，颇为特殊。

随着靖神铁路电气化步入正轨，此前以内燃机车参与运营的相关联运单位也开始根据需要购买电力机车，以满足靖神铁路货物列车牵引需要的同时，降低运用成本。2021夏，中铁三局、中铁四局、中铁十五局和中铁二十局分别从中车株机公司各购买了2台“陕煤号”电力机车，共计8台（HXD1 7248～7255）。由于靖神铁路并非只运行万吨列车，因此从这一批次开始，新购“陕煤号”机车改为双节8轴电力机车，总功率9600kW，同时预留未来增加C节机车提高牵引功率的条件。外观方面，这批由联运单位购买和运用的双节8轴“陕煤号”机车的外观与此前的12轴“陕煤号”完全相同，车身只喷绘了陕煤集团的标识，并未喷绘联运单位信息。

2023年，靖神铁路公司再次购入8台“陕煤号”8轴电力机车（HXD1 7273～7280），以满足靖神铁路日益增长的煤炭运输需求。截至2024年10月，靖神铁路共运用“陕煤号”机车24台，其中12轴机车8台，8轴机车16台，日常全部在靖神铁路孟家湾机辆中心整备和检修，执行神木西—孟家湾—靖边东站间货物列车的牵引任务。

■ 联运单位购买的“陕煤号”HXD1 7252号机车8轴机车停放在靖神铁路孟家湾站（2021.7）

■ 首批“陕煤号”HXD1型机车制造信息铭牌

■ 最新一批“陕煤号”HXD1型机车制造信息铭牌

	“陕煤号”12轴机车	“陕煤号”8轴机车
下线时间	2020年	2021年
最高速度	120km/h	120km/h
轴式	3（Bo-Bo）	2（Bo-Bo）
机车功率	14400kW	9600kW
轴重	25t	25t
制造数量	8台	16台
制造工厂	中车株机	中车株机

“陕煤号”8轴电力机车外观示意图

■ “陕煤号”8轴9600kW机车外观示意图

■ "陕煤号"12 轴 14400kW 机车牵引货物列车驶过靖神铁路纳林皋兔站（2021.8）

■ "陕煤号"8 轴 9600kW 机车牵引货物列车驶过靖神铁路横山红柳河特大桥（2023.8）

混合动力的红金刚

“陕煤号”电—电混动调车机车

■“陕煤号”CHA1C 型 7001 号混动机车停放在孟家湾机辆中心 (2020.8)

“陕煤号”电—电混动调车机车是陕煤集团靖神铁路上运用的一款新能源混动调车机车，也是中国第一款正式投入商业运用的纯电混合动力调车机车。

电—电混动的诞生

陕煤集团下辖靖神铁路为单线电气化铁路。作为陕北地区重要的煤炭外运线路，靖神铁路沿线设有小保当、郭家滩等多个大型环形煤炭装车站。为了降低建设成本并方便装车作业，靖神铁路环形装车线在建设之初并未进行电气化改造，采用内燃机车完成环线装车和调车作业。为了充分利用靖神铁路正线电气化铁路资源，降低作业成本，2020 年，中车株机公司为陕煤集团研发生产了“陕煤号”双源制电力调车机车，为非电气化的装车线提供了全新的动力。

2020 年 12 月 26 日，在首批“陕煤号”重载货运电力机车交付后不久，国内首台采用接触网 + 动力电池双源混动设计的“陕煤号”双源制电力调车机车在中车株机公司正式下线。2021 年，“陕煤号”电—电混动机车在国家铁道试验中心完成型式试验，定型为 CHA1C 型机车，并于同年 7 月交付靖神铁路，成为中国第一款投入商业运用的电—电混动调车机车。

CHA1C 型机车主要技术概况

CHA1C 型电—电混动调车机车采用了双端司机室和中央内走廊的总

■“陕煤号”CHA1C 型机车正面

体布置，轴式 Co-Co，轴重 25t，最高运行速度 100km/h，可由交流 25kV 接触网和直流 1580V 钛酸锂电池双源供电，主要用于煤炭装车作业、车辆编组作业和小运转作业。CHA1C 型机车安装有 1000kWh 容量的钛酸锂动力电池，在接触网和动力电池供电模式下，轮周牵引功率分别为 2400kW 和 2000kW，电制动功率分别为 1800kW 和 1000kW，启动牵引力和持续牵引力则统一为 560kN 和 480kN，具备 5000t 级列车装车、调车和小运转作业能力。

CHA1C 型机车电气系统参考了 HXD1C 型机车的成熟技术，并根据双源供电需要进行了全面升级。机车主电路可分为两路：一路为由网侧高压电路、牵引变压器、牵引变流器、牵引电机等组成的交流供电系统；另一路为由牵引蓄电池、线路电抗器、牵引变流器、牵引电机等组成的直流供电系统。接触网供电模式下，接触网上 25kV 50Hz 交流电源由受电弓引入牵引变压器变压，牵引变压器次边的

■ 型式试验时停放在国家铁道试验中心的“陕煤号”CHA1C 型机车（2021.6）

“陕煤号”电—电混动调车机车外观示意图

■ “陕煤号”电—电混动调车机车外观示意图

■ 在曹家滩煤矿装车作业中的“陕煤号”CHA1C 型机车（2023.8）

■“陕煤号”CHA1C 型机车牵引列车驶出曹家滩装车站（2023.8）

■“陕煤号”CHA1C 型机车陕煤号标识

■“陕煤号”CHA1C 型机车转向架

■“陕煤号”CHA1C 型机车车灯

■“陕煤号”CHA1C 型机车制造信息铭牌

6 个牵引绕组分别向两个牵引变流器的 6 个四象限整流器供电，经四象限变流器整流为直流电后，再分别由六组牵引逆变器转换成频率和电压可变的三相交流电，驱动机车的 6 个交流牵引电机；接触网供电模式下，亦可通过中间直流回路向动力电池斩波充电；而在动力电池供电模式下，由动力电池直接向中间直流回路供电，经牵引逆变器逆变后，向 6 个交流牵引电机供电。CHA1C 型机车还具有有网无网自动切换功能，在通过有网和无网交接区域时，无需停车即可实现接触网模式和牵引蓄电池供电模式的自动切换。机车安装的钛酸锂动力电池充电速度快，可在 1 小时内充满，并采用单体火灾监测系统和主动灭火系统进行双层保护，可随时查询牵引蓄电池单体模组温度与电流、电压值，有效降低火灾风险。

外观方面，CHA1C 型机车不仅沿用了此前“黑金刚”重载电力机车的“雄狮”头型，且同样命名为“陕煤号”。车身涂装则由“黑金刚”的黑灰底色改为整车的“中国红”，整体风格清新靓丽，有着“红金刚”的爱称。至此，两款“陕煤号”机车一大一小，一黑一红，仿佛一对兄妹，也成为靖神铁路上最独特的风景。

配属与运用

目前，陕煤集团共引进“陕煤号”CHA1C 型机车两台，车号 7001、7002。两台机车日常主要在郭家滩站进行调车作业，并经由非电气化线路，牵引列车前往曹家滩装车点进行装车作业。相比传统电力机车，CHA1C 型机车可以摆脱接触网的“束缚”，自由穿梭于有电区和无电区；相比传统内燃机调车机车，则有着零排放、低噪声、无污染等优点，在节能 20% 的同时，每台机车每年还可减少碳排放约 100 吨。

在“陕煤号”CHA1C 型机车投入运用后，中车株机公司又于 2022 年为国能集团朔黄铁路制造了一台 CHA1C 型电—电混动机车。2021 年底，国铁集团也提出了《基于电电混合牵引机车技术应用研究》的课题研究，由中车株机公司和中车大连公司分别研制电—电混动调车机车，并于 2023 年分别下线了 FXD1H 和 FXD3H 型电—电混动调车机车。可以说，两台“陕煤号”CHA1C 型机车作为中国电—电混动调车机车的先驱，为中国调车机车的发展提供了全新的思路与宝贵的探索。

	CHA1C
下线时间	2020 年
最高速度	100km/h
轴式	C0-C0
机车功率	2400kW（接触网）/2000kW(动力电池
轴重	25t
制造数量	2 台
制造工厂	中车株机

“陕煤号”CHA1C 型机车牵引重车驶入郭家滩站（2023.8）

“陕煤号”CHA1C 型双源动力调车机车停放在孟家湾机辆中心（2021.7）

老旧内燃机车的绿色新生

“宁东号”氢能源混合动力改造机车

■ 在中车大同公司内刚刚下线的“宁东号”机车（2023.6）

“宁东号”氢能源混合动力调车机车是国内首台在既有 DF4B 型内燃机车基础上改造生产的氢能源机车，开辟了轨道交通氢能利用的新方式。

氢能机车的全新发展

近年来，碳排放引发的气候变化日益引起世界各国的关注，绿色低碳成为经济转型发展的重要方向。2020 年 9 月，中国明确提出了 2030 年实现“碳达峰”，2060 年实现“碳中和”的“双碳目标”。作为碳排放大户，在交通运输行业方面，中国近年来也提出加快推进低碳交通运输体系建设，推广节能低碳型交通工具的意见。在铁路领域，内燃机车以柴油为动力，在运行中会持续排放二氧化碳、氮氧化物和颗粒物，是铁路运输碳排放与污染物排放的主要来源。特别是部分厂矿专用线，因装车作业需要和建设成本等原因难以电气化，利用氢能源机车替代内燃机车完成调车作业成为铁路低碳减排的新选择。

■ “宁东号”机车正面

目前，交通运输行业氢能利用主要有氢内燃机和氢燃料电池两种方式。其中，氢内燃机的工作原理与传统柴油内燃机和汽油内燃机相似，通过燃烧产生高温做功，将氢气的化学能转换为机械能。因热效率、氢气燃烧控制和材料相容性等方面的技术挑战，氢内燃机只在汽车和大巴车等领域处于样机研制或小批量装车验证阶段，在全球轨道交通行业范围尚未得到应用。而氢燃料电池的工作原理则是通过催化剂作用，在燃料电池的阳极板（负极），将氢原子中的一个电子分离出来，失去电子的氢离子（质子）穿过质子交换膜，到达燃料电池的阴极板（正极）。而电子无法通过质子交换膜，只能通过外部电路到达阴极板，与氧原子和氢离子重新结合为水，从而在外电路中产生电流。由于氢燃料电池是通过电化学反应将氢气的化学能转变为电能，无需燃烧，因此发电效率超过 40%，峰值效率高达 50%~60%，且污染少、噪声小，装置灵活，是交通运输行业氢能利用的主流方式。

不过，氢燃料电池单独作为机车牵引供电装备也存在着先天不足。首先，氢燃料电池功率输出反应时间长，需要约 10 秒钟时间才能从待机至满功率加载，难以适应机车启动、加速等工况的瞬时功率调节需求。且氢燃料电池功率有限，在有限空间内，难以满足大功率铁路牵引需要。同时，氢燃料电池反应不可逆，无法吸收再生制动能量。为了克服氢燃料电池的不足，轨道交通行业普遍采用储能电池与氢燃料电池共同组成混合动力系统，通过储能电池满足整车瞬时功率需求，并吸收再生制动能量，并使氢燃料电池始终工作于高效区间和稳定状态，提高氢能源混合动力系统的效率和可靠性。氢—电混合动力也成为氢能源机车的基本原理。

“宁东号”机车

宁东铁路位于宁夏回族自治区中部，与向西与包兰铁路、向东与太中银铁路、向北与东乌铁路接轨，负责宁东能源化工基地煤炭、油品、化工物资等工业原料和产品的运输重任，是宁夏回族自治区自筹资金、自行修建的第一条地方性铁路。作为宁夏回族自治区重要的能源化工基地，宁东铁路沿线地区通过煤化工产业链可提供丰富的氢气资源。如何充分利用富余氢气资源，实现铁路节能降碳成为宁东铁路的全新考量。

■ 中车大同公司 700kW 氢能源混动调车机车（中车大同公司提供）

■ 中车大同公司 2000kW 氢能源混动调车机车（中车大同公司提供）

■ “宁东号” 机车下线仪式（2023.6）

2021年5月，宁东铁路公司与中车大同公司进行了首次技术对接，明确“以氢为主、锂电为辅”的氢能源机车研发目标；2022年8月，“宁东号”机车顺利落车；2023年3月，“宁东号”机车完成调试试验。2023年6月15日，“宁东号”氢能源机车在中车大同公司正式下线。

事实上，在“宁东号”机车下线前的2021年1月27日，中车大同公司已下线了首台700kW氢能源混动调车机车，并于2021年7月运抵国家电力投资集团有限公司（简称“国家电投”）下属锦白铁路大板东机务段，成为国首台下线并开启运用考核的氢能源混合动力机车。此后，中车大同公司再次制造了一台“电投号”2000kW氢能源混合动力机车，于2023年5月起在锦白铁路上开展牵引试验和运行考核，实现了铁路机车氢能利用新的突破。

相比于此前为国家电投全新生产的两台氢能源机车，“宁东号”采用了旧车改造方式，在原有DF4B 3936号机车基础上，拆除原有柴油机、主发电机等设备，并对老旧内燃机车车体、转向架等部件进行改造修复，延长相关部件寿命后，在原有机车空间内增加储氢设施、氢燃料电池和锂电池，实现了老旧机车的全新升级。

改造后的“宁东号”在机车顶部装配了了800kW氢燃料电池，是全球氢燃料电池装机功率最大的氢能源机车。同时，“宁东号”机车还装备了486kWh动力电池，可满足2000 kW以下不同轮周功率需求。机车电气系统整体采用直—交传动方式，氢燃料电池和动力电池提供的直流电通过牵引变流器逆变为交流电，驱动改造后的交流牵引电机为机车提供牵引动力。日常运用中，在低功率工况下，氢燃料电池提供的电能在驱动列车前进的同时，还可为动力电池机组充电；在高功率工况下，氢燃料电池和锂电池可同时为发挥功率，提高机车牵引能力；在电制动工况下，机车

■ 俯瞰“宁东号”机车，可见车顶布置的氢燃料电池（2023.6）

■ “宁东号”机车司机室

■ “宁东号”机车转向架

■ “宁东号”机车储氢间

■ “宁东号”机车加氢口

■ “宁东号”机车机车号

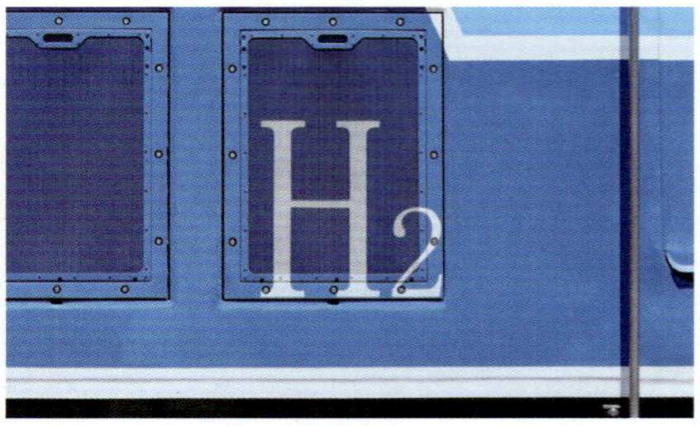

■ “宁东号”机车氢能源标识

“宁东号”氢能源混合动力改造机车外观示意图

■ “宁东号”氢能源混合动力改造机车外观示意图

可将再生制动产生的电能储存在动力电池中，进一步降低机车能耗。

“宁东号”机车的储氢设备放置于原车机械间中，采用铝内胆碳纤维全缠绕气瓶形式储氢罐，总容量可达270kg，最快约2小时即可将储氢罐全部充满。一次加氢完毕后，最长可连续运行约190小时，具备在平直道路上牵引5000t列车能力，可在非电气化铁路上胜任调车和小运转作业的需求。

■“宁东号”机车宁东铁路标识和出厂厂牌

■“宁东号”机车吊装（2022.8）

■在中车大同公司改造中的“宁东号”机车

附录

电化区段
和谐
严禁攀登
HXD10044

①中国铁路机务段、机辆段、机车检修段及机车制造、检修工厂分布示意图

注：1.本示意图内容截止2024年10月。
2.本示意图内容不含中国香港、中国澳门和中国台湾地区。

中国铁路机务段名称	所属路局
哈尔滨机务段	哈尔滨
三棵树机务段	
齐齐哈尔机务段	
牡丹江机务段	
佳木斯机务段	
沈阳机务段	沈阳
苏家屯机务段	
锦州机务段	
大连机务段	
通辽机务段	
白城机务段	
吉林机务段	
梅河口机务段	
北京机务段	北京
丰台机务段	
怀柔北机务段	
天津机务段	
唐山机务段	
邯郸机务段	
石家庄电力机务段	
侯马北机务段	太原
太原机务段	
湖东电力机务段	
呼和浩特机务段	呼和浩特
包头西机务段	
大板机务段	
郑州机务段	郑州
新乡机务段	
洛阳机务段	
武昌南机务段	武汉
江岸机务段	
襄阳机务段	
西安机务段	西安
新丰镇机务段	
安康机务段	
延安机务段	
济南机务段	济南
济南西机务段	
青岛机务段	

中国铁路机务段名称	所属路局
上海机辆段	上海
杭州机辆段	
南京东机辆段	
合肥机务段	
徐州机务段	
南昌机务段	南昌
向塘机务段	
鹰潭机务段	
福州机务段	
广州机务段	广州
海口机辆轮渡段	
长沙机务段	
株洲机务段	
怀化机务段	
汕头机务段	
南宁机务段	南宁
南宁南机务运用段	
柳州机务段	
成都机务段	成都
重庆机务段	
贵阳机务段	
西昌机务段	
昆明机务段	昆明
大理机务段	
兰州西机务段	兰州
嘉峪关机务段	
迎水桥机务段	
乌鲁木齐机务段	乌鲁木齐
哈密机务段	
库尔勒机务段	
西宁机务段	青藏
格尔木机务段	

机车检修段	所属路局
哈尔滨大功率机车检修段	哈尔滨
武汉大功率机车检修段	武汉
西安机车检修段	西安
上海机车检修段	上海
广州机车检修段	广州

机车制造检修工厂	企业所属
中车株洲电力机车有限公司	中国中车
中车大连机车车辆有限公司	
中车大同电力机车有限公司	
中车戚墅堰机车有限公司	
中车资阳机车有限公司	
中车洛阳机车有限公司	
中车太原机车车辆有限公司	
中车兰州机车有限公司	
广州电力机车有限公司	
天津电力机车有限公司	
柳州机车车辆有限公司	南宁局
宝鸡机车检修厂	西安局

图 例
京 丰台机务段
机务段、机辆段名称及所属路局
中车太原机车车辆有限公司
机车检修单位所属路局、企业及机车检修单位名称
中车大同电力机车有限公司
机车制造检修工厂所属企业及名称
哈 齐齐哈尔机务段
齐齐哈尔
哈 佳木斯机务段
佳木斯
哈 哈尔滨机务段
哈 三棵树机务段
哈 哈尔滨大功率机车检修段
哈尔滨
白城
沈 白城机务段
牡丹江
哈 牡丹江机务段
长春
吉林
沈 通辽机务段
沈 吉林机务段
巴林右旗
通辽
梅河口
沈 梅河口机务段
乌 哈密机务段
哈密
中车大同电力机车有限公司
呼 大板机务段
沈阳
沈 沈阳机务段
沈 苏家屯机务段
京 怀柔北机务段
沈 锦州机务段
锦州
京 北京机务段
呼 呼和浩特机务段
呼和浩特
京 丰台机务段
兰 嘉峪关机务段
呼 包头西机务段
包头
京 唐山机务段
嘉峪关
大同
北京
唐山
沈 大连机务段
黄
太 湖东电力机务段
天津
京 天津机务段
大连
中车大连机车车辆有限公司
中车太原机车车辆有限公司
京 石家庄电力机务段
中车天津电力机车有限公司
银川
太原
石家庄
济 济南机务段
中卫
青 西宁机务段
兰 迎水桥机务段
太 太原机务段
济 济南西机务段
青 格尔木机务段
西宁
格尔木
邯郸
河
延安
西 延安机务段
济南
青岛
济 青岛机务段
兰 兰州西机务段
兰州
京 邯郸机务段
中车兰州机车有限公司
新乡
太 侯马北机务段
侯马
郑 新乡机务段
上 徐州机务段
郑州
西安
郑 郑州机务段
上 合肥机务段
洛阳
西 宝鸡机车检修厂
宝鸡
徐州
郑 洛阳机务段
上 南京东机辆段
中车洛阳机车有限公司
西 西安机务段
中车戚墅堰机车有限公司
西 新丰镇机务段
安康
江
西 西安机车检修段
西 安康机务段
襄阳
合肥
南京
常州
上海
上 上海机辆段
上 上海机车检修段
武 襄阳机务段
成 成都机务段
长
武汉
武 江岸机务段
杭州
成都
中车资阳机车有限公司
资阳
武 武昌南机务段
武 武汉大功率机车检修段
上 杭州机辆段
重庆
成 重庆机务段
南 南昌机务段
广 长沙机务段
南昌
鹰潭
成 西昌机务段
向塘
长沙
南 鹰潭机务段
广 怀化机务段
南 向塘机务段
西昌
株洲
怀化
广 株洲机务段
成 贵阳机务段
南 福州机务段
赤尾屿
钓鱼岛
贵阳
中车株洲电力机车有限公司
昆 大理机务段
福州
台北
大理
昆 昆明机务段
昆明
宁 柳州机务段
宁 柳州机车车辆有限公司
台中
柳州
广 汕头机务段
台湾岛
广 广州机务段
汕头
台南
南宁
广州
高雄
宁 南宁机务段
香港
澳门
宁 南宁南机务运用段
东沙群岛
海口
广 广州机车检修段
广 海口机辆轮渡段
中车广州电力机车有限公司
海南岛
广州
南宁
香港
澳门
海口
东沙群岛
三沙
中沙群岛
西沙群岛
南沙群岛
南海诸岛

②中国电力机车段标集锦

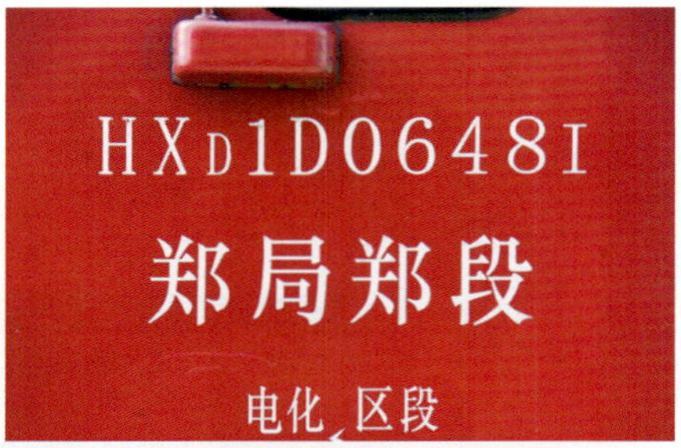

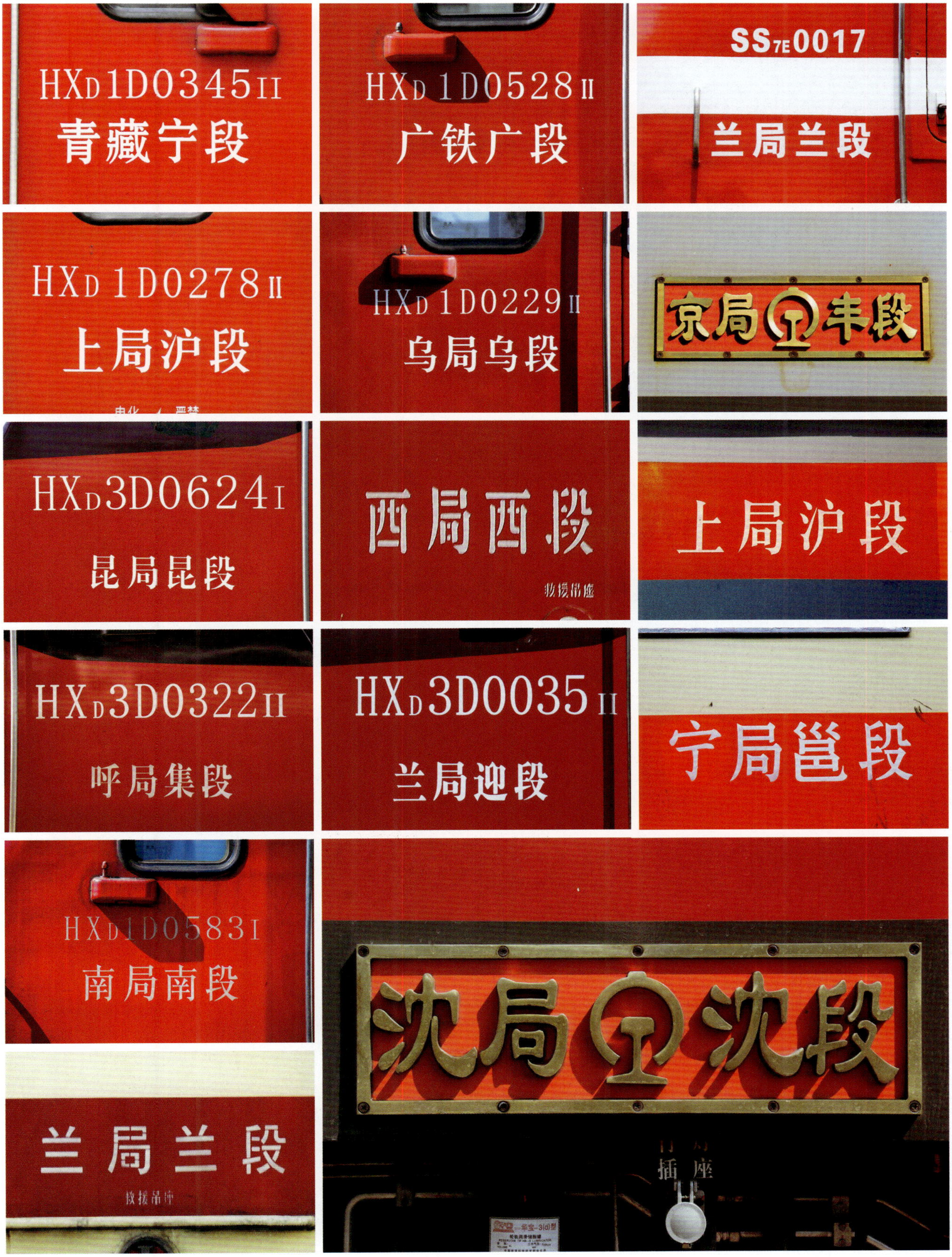
HXD1D0345II
青藏宁段
HXD1D0528II
广铁广段
SS7E0017
兰局兰段
HXD1D0278II
上局沪段
HXD1D0229II
乌局乌段
京局丰段
HXD3D0624I
昆局昆段
西局西段
上局沪段
HXD3D0322II
呼局集段
HXD3D0035II
兰局迎段
宁局邕段
HXD1D0583I
南局南段
兰局兰段
沈局沈段
插座

上局 合段
HXD3B0359I
沈局苏段
HXD21539A
呼局包段
HXD10094A
太局湖段
HXD1C0390I
兰局嘉段
HXD1C0821II
广铁株段
HXD3CA6193I
昆局大段
HXD20156A
太局侯段
HXD1C0909II
宁局邕段
HXD2B0416I
京局邯段
HXD3C0642I
京局京段
HXD3C0715I
广铁长段
HXD1B0502I
上局杭段
HXD1B0111I
武局江段
HXD2C0002I
郑局乡段

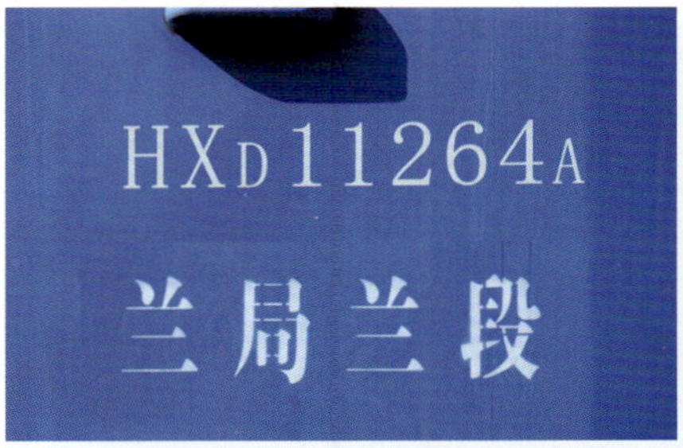
HXD11264A
兰局兰段

HXD17062B
京局丰段

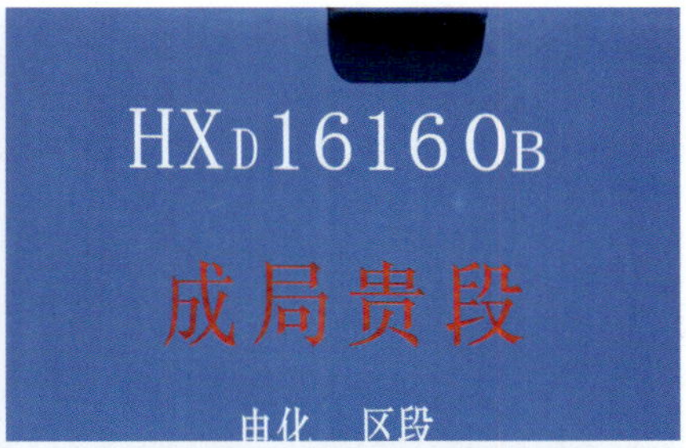
HXD16160B
成局贵段

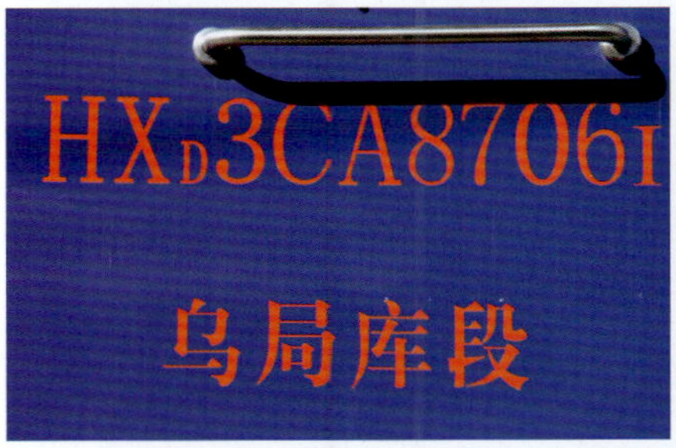
HXD3CA8706I
乌局库段

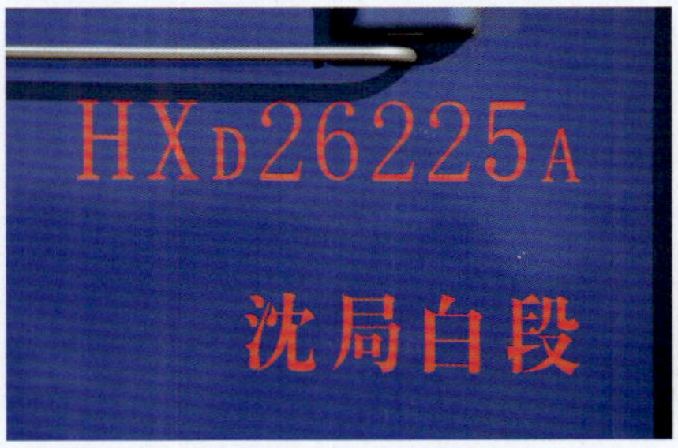
HXD26225A
沈局白段

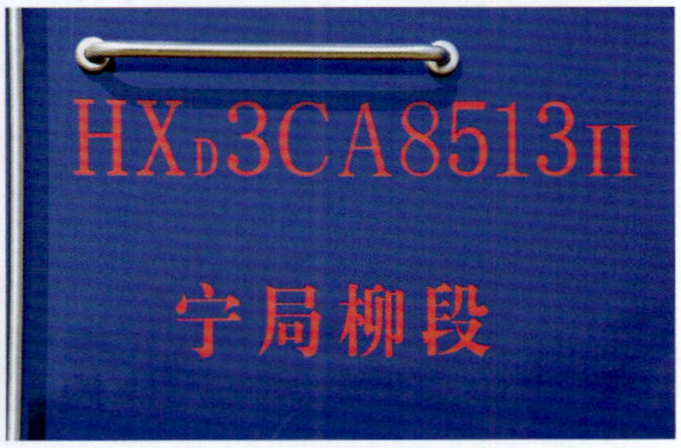
HXD3CA8513II
宁局柳段

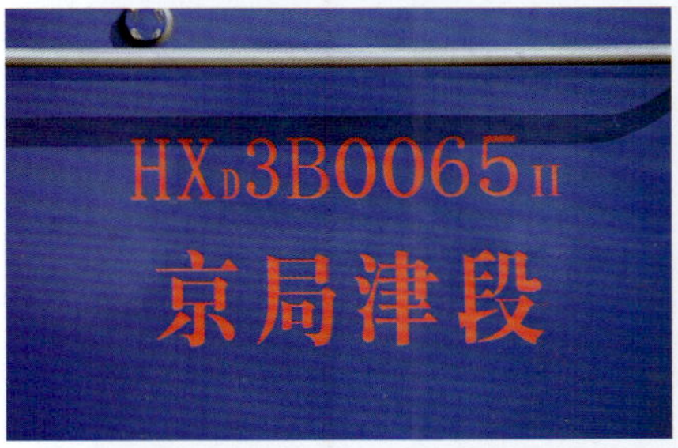
HXD3B0065II
京局津段

HXD3C7004I
大同地铁

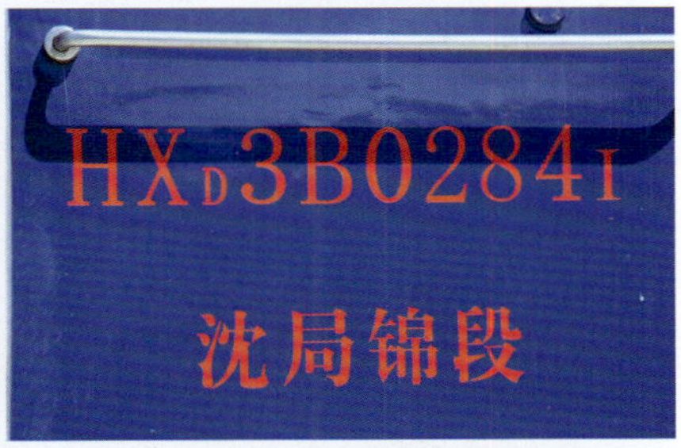
HXD3B0284I
沈局锦段

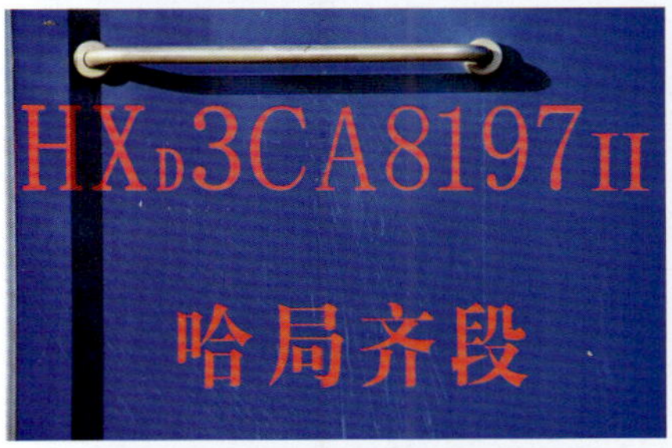
HXD3CA8197II
哈局齐段

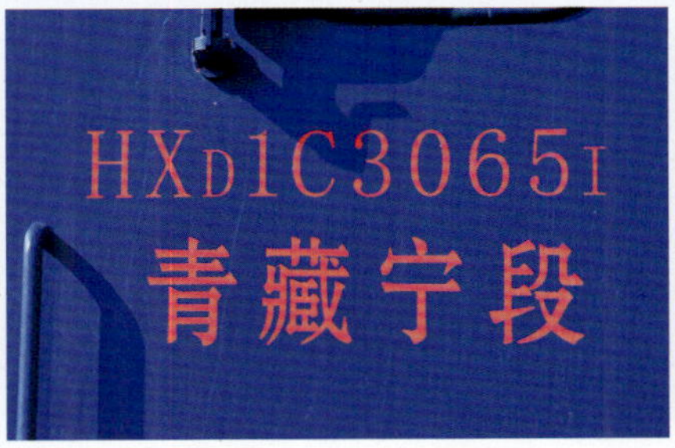
HXD1C3065I
青藏宁段

HXD3C0332I
沈局沈段

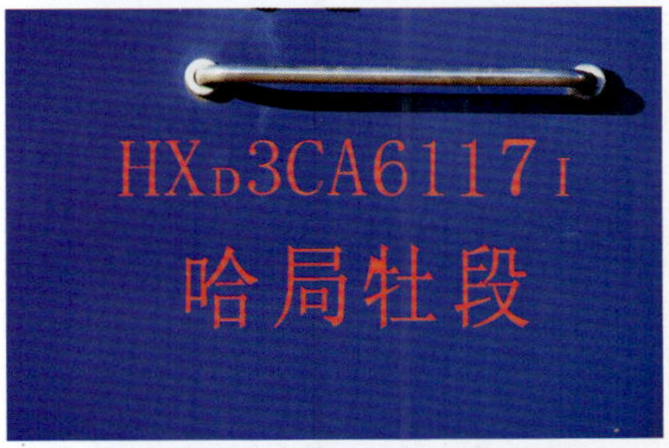
HXD3CA6117I
哈局牡段

哈局齐段

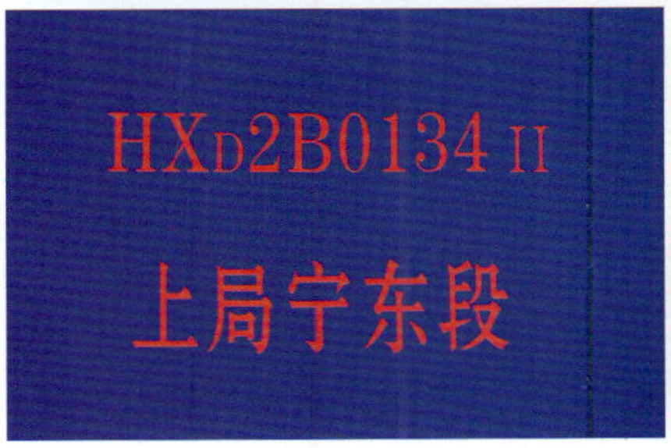
HXD2B0134II
上局宁东段

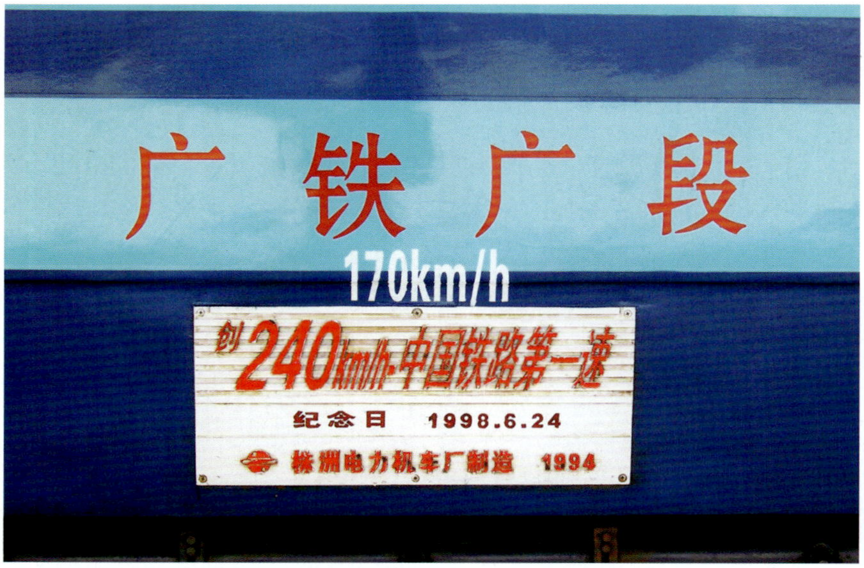
广铁广段
170km/h
创240km/h·中国铁路第一速
纪念日 1998.6.24
株洲电力机车厂制造 1994

成局成段

成局西段

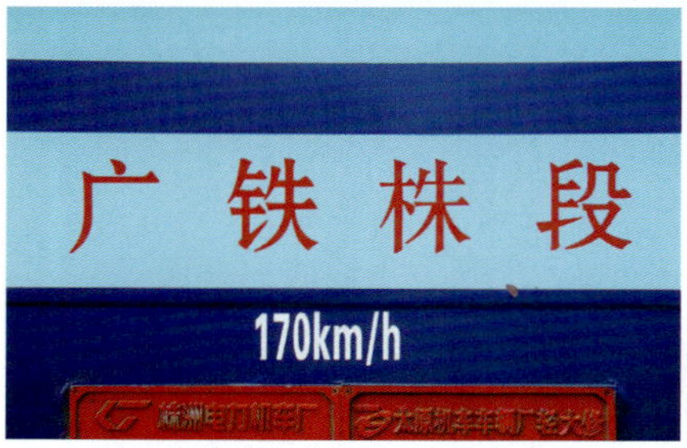
广铁株段
170km/h

京局庄段

西局新段

京局唐段
株洲电力机车厂制造

郑局洛段

西局新段

上局沪段

京局西段
株洲电力机车厂制造
1999年

先锋号
京局庄段

京局 润段

京局 湖段

沈局虎段

太局 太段

京局 石段

I
广铁韶段

韶山 1型
电力机车
株洲电力机车工厂制造

成局 贵段
韶山 1型
电力机车

成局 水段

郑局 两段

京局
韶山 1型
电力机车
保段

京局台段
ALSTHOM
50 c/s GROUP
ACEC AEG
ALSTHOM BROWN BOVERI
SIEMENS MTE

成局重南
救援吊座

宁局柳段

沈局沈段

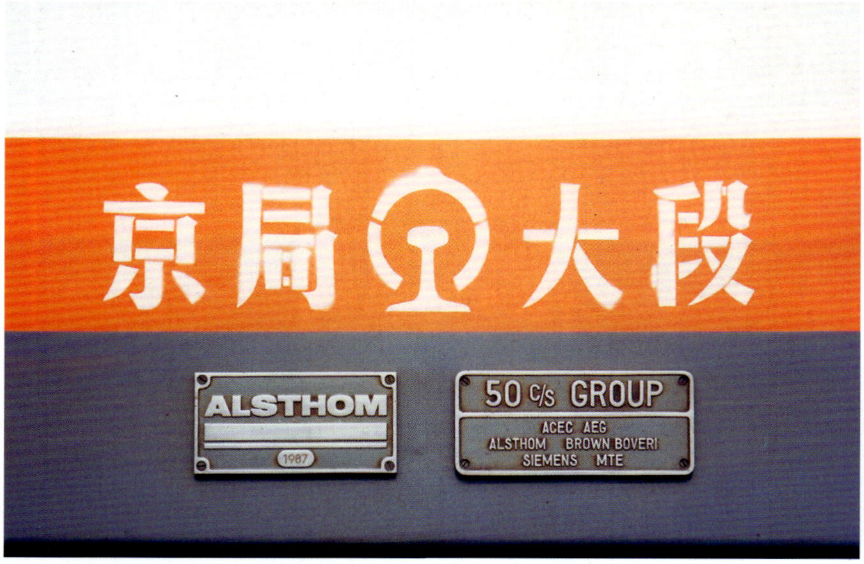
京局大段
ALSTHOM
1987
50 c/s GROUP
ACEC AEG
ALSTHOM BROWN BOVERI
SIEMENS MTE

广铁株段

京局丰段
ALSTHOM
50 c/s GROUP

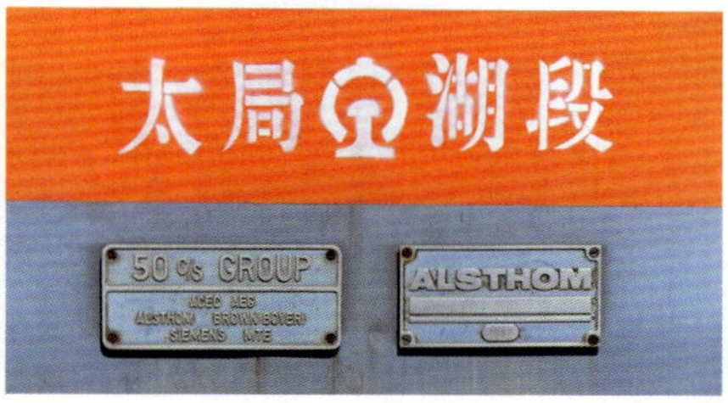
太局湖段
50 c/s GROUP
ALSTHOM

西局 宝段

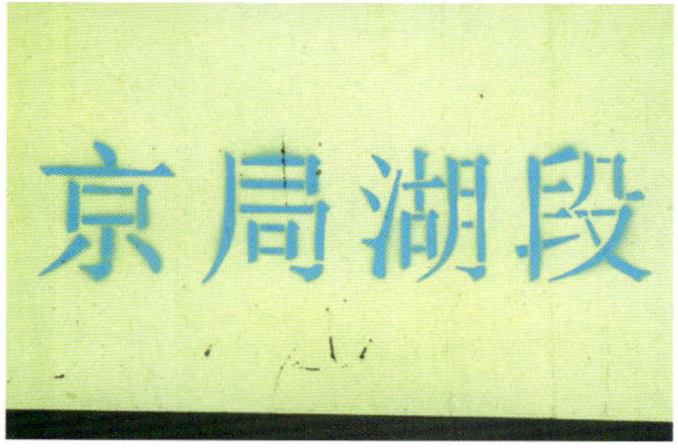
京局湖段

昆局昆段

郑局 乡段

郑局西段
成局峨段
成局六段
郑局六段
成局江段
昆局广段
郑局南段
成局西段
成局重段
郑局 宝段
成局遵段
郑局勉段
韶山 3型
电力机车
郑局安段
兰局天段
呼局包段
韶山 3型
郑局 峡段
兰局武段
广铁怀段
韶山 3型
电力机车

兰局兰段
FXD1 0001B

伊泰

SS7E6001
昆局昆段

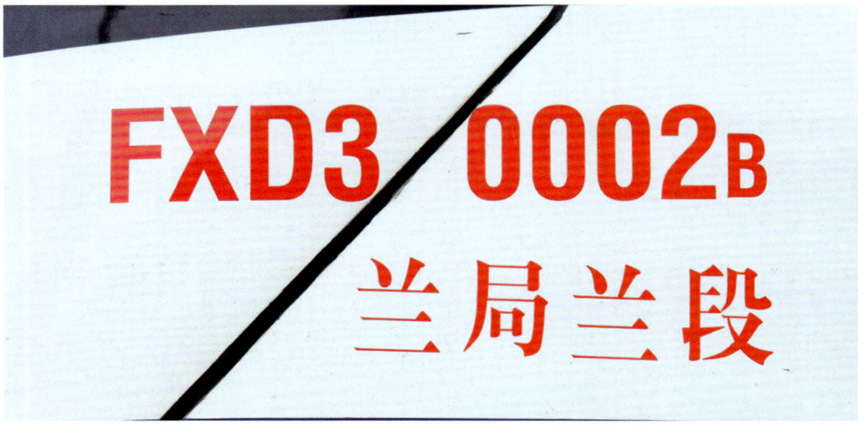
FXD3 0002B
兰局兰段

郑局洛段

沈局苏段

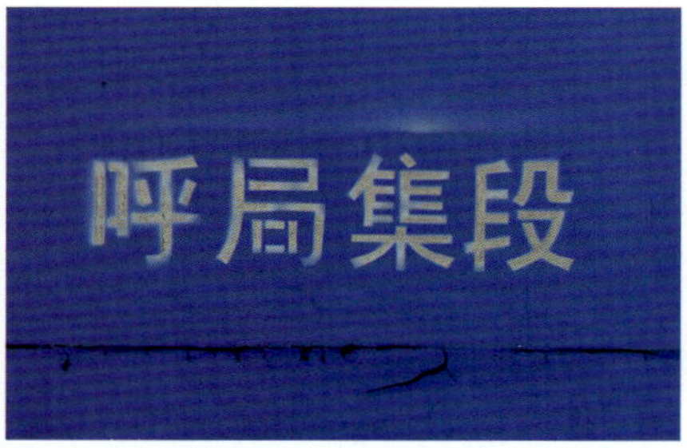
呼局集段

HXD27003B
孝柳铁路
XIAOLIU RAILWAY

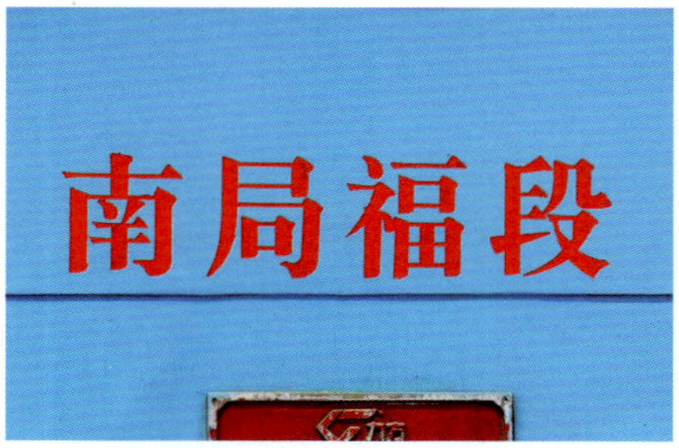
南局福段

西局宝段

太局侯段

京局石段

京局原段

HXD3CA7525II
ບໍລິສັດທາງລົດໄຟ
ລາວ-ຈີນ ຈຳກັດ
老中铁路有限公司

神华集团
SHENHUA GROUP

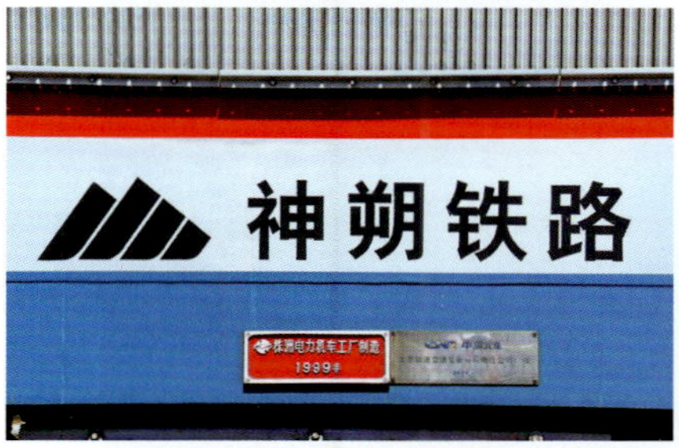
神朔铁路

国家能源集团
CHN ENERGY
神华铁路货车
沧州机车车辆维修分公司大修

朔黄铁路

中铁三局集团
CNR

孝柳铁路
XIAOLIU RAILWAY

包神铁路

CRCC
中国铁建
中铁二十局集团

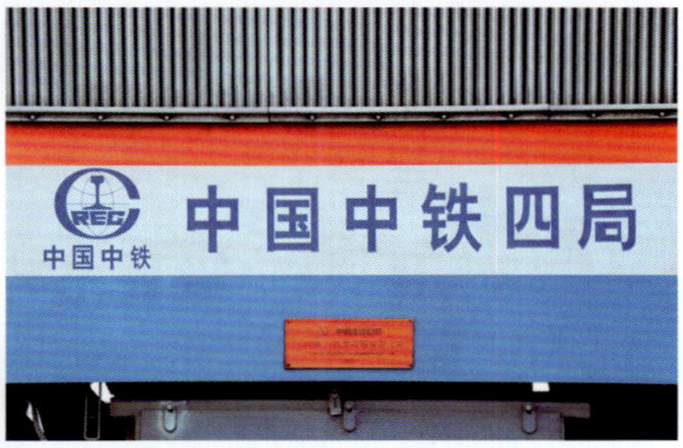
CREC
中国中铁
中国中铁四局

路铁准呼

陕煤集团
100km/h

陕煤集团

③中国电力机车铭牌集锦

三菱電機 川崎重工
1987年

2001
资阳内燃机车厂
KMJWD SS3－8017
昆明铁路局昆明机务段
2015年大修

SIEMENS SGP GRAZ
西门子格拉兹工厂
2001年

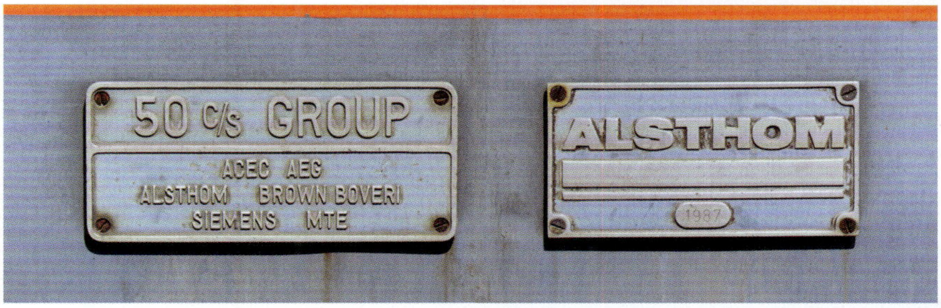
50 c/s GROUP
ACEC AEG
ALSTHOM BROWN BOVERI
SIEMENS MTE
ALSTHOM
1987

SIEMENS STEZ
株洲西门子牵引设备有限公司
2002年

柳州机车车辆厂
2012 大修
大同机车工厂

株洲电力机车工厂制造
1998年
太原机车车辆厂厂修
2005年

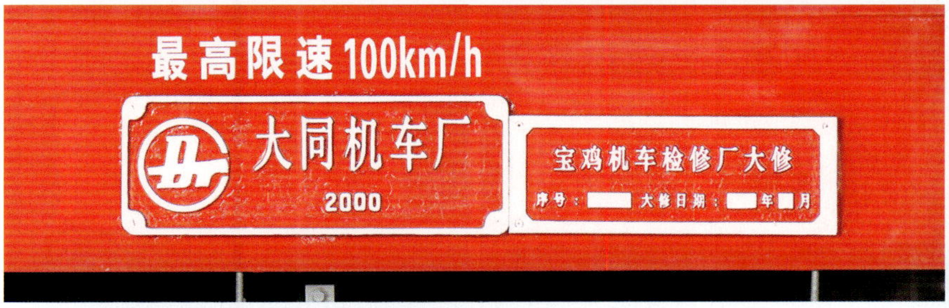
最高限速100km/h
大同机车厂
2000
宝鸡机车检修厂大修
序号： 大修日期： 年 月

九方
株洲电力机车厂制造

中国北车集团
太原机车车辆厂厂修

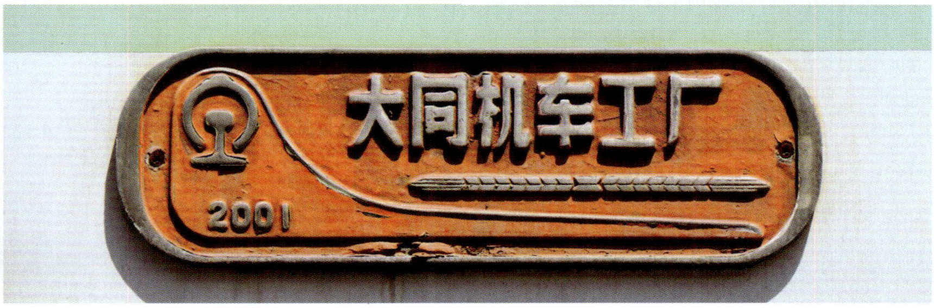
大同机车工厂
2001

CSR 中国南车
南车株洲电力机车有限公司
CSR ZHUZHOU ELECTRIC LOCOMOTIVE CO.,LTD.
2012年

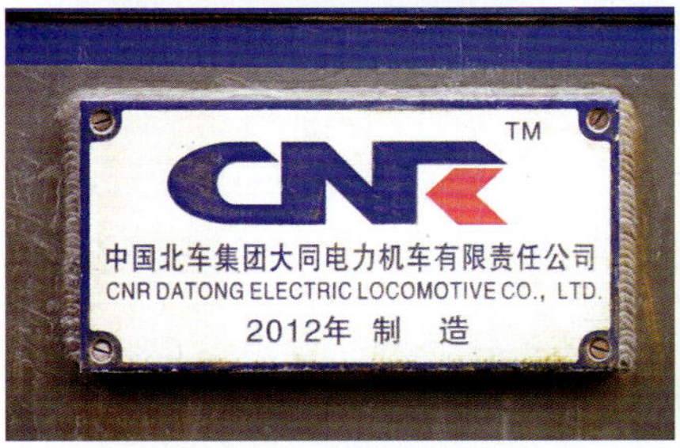
CNR TM
中国北车集团大同电力机车有限责任公司
CNR DATONG ELECTRIC LOCOMOTIVE CO., LTD.
2012年 制 造

CSR 中国南车
南车成都机车车辆有限公司
CSR CHENGDU CO.,LTD.
2015年05月 大修
CSR 中国南车集团
株洲电力机车厂制造
2004年

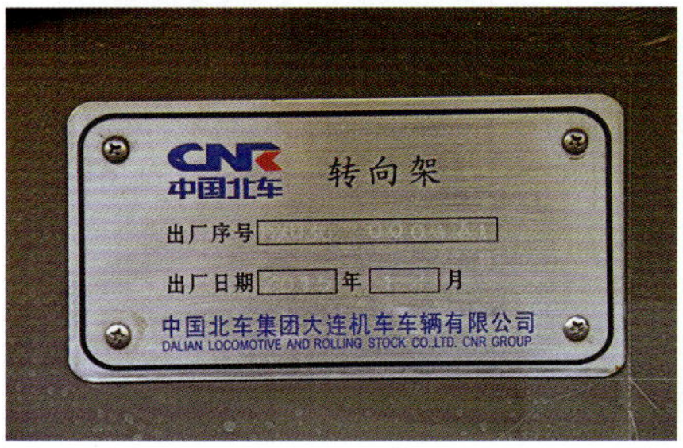
CNR 中国北车
转向架
出厂序号
出厂日期 年 月
中国北车集团大连机车车辆有限公司
DALIAN LOCOMOTIVE AND ROLLING STOCK CO.,LTD. CNR GROUP

CSR 中国南车
南车株洲电力机车有限公司
CSR ZHUZHOU ELECTRIC LOCOMOTIVE CO.,LTD.
2013年

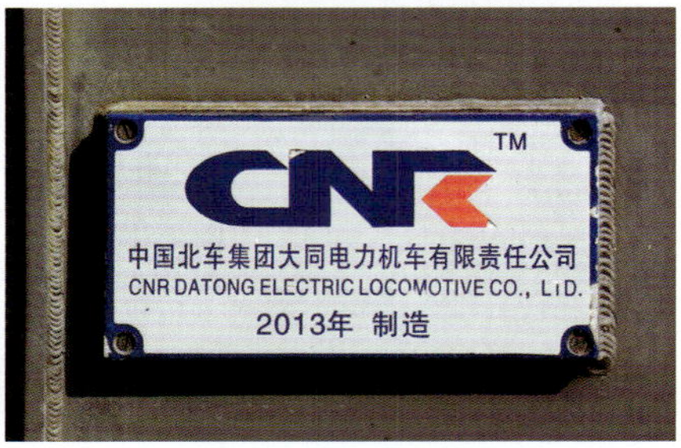
CNR TM
中国北车集团大同电力机车有限责任公司
CNR DATONG ELECTRIC LOCOMOTIVE CO., LTD.
2013年 制造

CSR
南车株洲电力机车有限公司制造
2009年

CNR
中国北车集团大连机车车辆有限公司
DALIAN LOCOMOTIVE AND ROLLING STOCK CO.,LTD. CNR GROUP
2015年

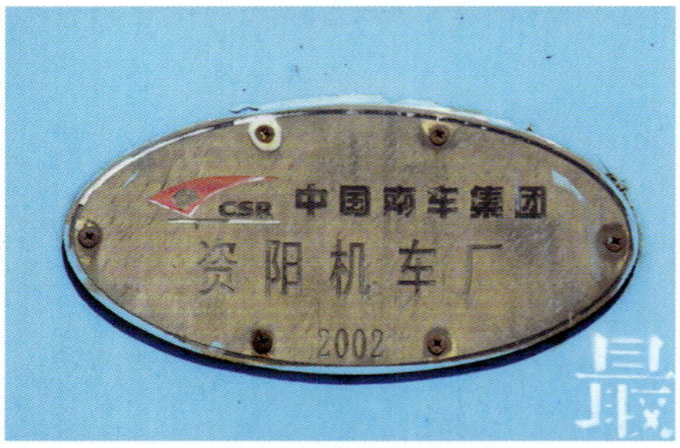
CSR 中国南车集团
资阳机车厂
2002

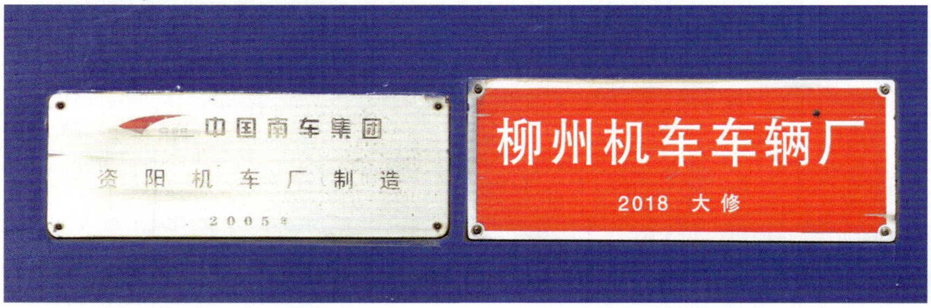
CSR 中国南车集团
资阳机车厂制造
2005年
柳州机车车辆厂
2018 大修

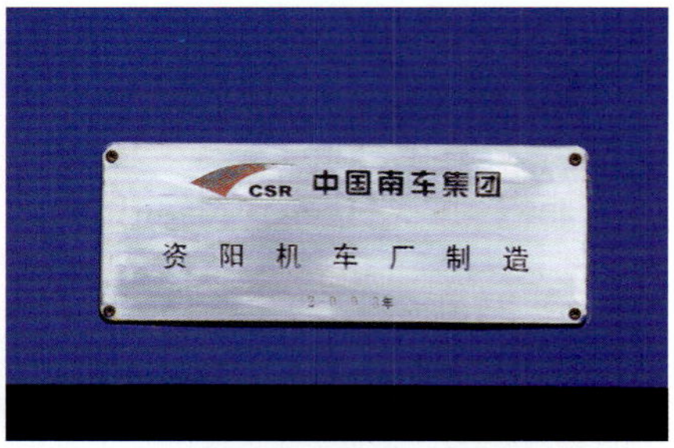
CSR 中国南车集团
资阳机车厂制造

CSR 中国南车
资阳南车电力机车有限责任公司
ZIYANG CSR ELECTRIC LOCOMOTIVE CO.,LTD.
2011年

中车大同电力机车有限公司
CRRC DATONG CO.,LTD.
C6修
2022年
CNR 中国北车集团
大同电力机车有限责任公司
2008年 制造

CNR 中国北车集团
大同电力机车有限责任公司
Datong Electric Locomotive Co.,Ltd
2008年
中国北车集团大同电力机车有限责任公司
2012年 大修
中车大同电力机车有限公司
CRRC DATONG CO.,LTD.
轻大修
2016年

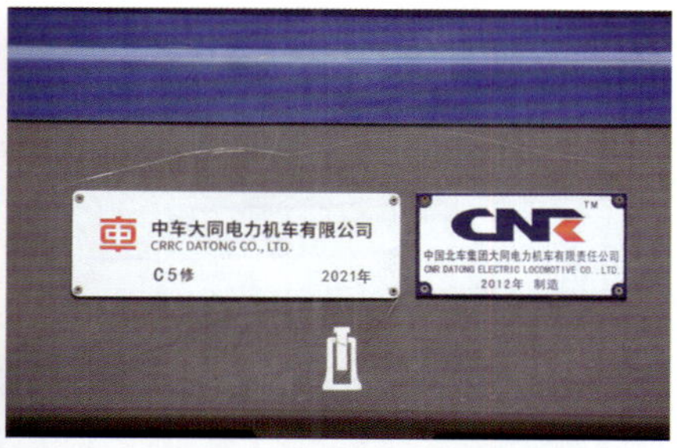

中车大同电力机车有限公司
CRRC DATONG CO., LTD.
C5修
2021年
2012年 制造

中车株洲电力机车有限公司
CRRC ZHUZHOU LOCOMOTIVE CO.,LTD.
2020年

广州电力机车有限公司
GUANGZHOU LOCOMOTIVE CO., LTD.
C6修
2024年
CSR
资阳南车电力机车有限责任公司制造
2010年

中车株洲电力机车有限公司
CRRC ZHUZHOU LOCOMOTIVE CO.,LTD.
2021年

中车大同电力机车有限公司
CRRC DATONG CO., LTD.
2018年

中车大连机车车辆有限公司
CRRC DALIAN CO., LTD.
2023年

中车戚墅堰机车有限公司
CRRC QISHUYAN CO., LTD.
2019年

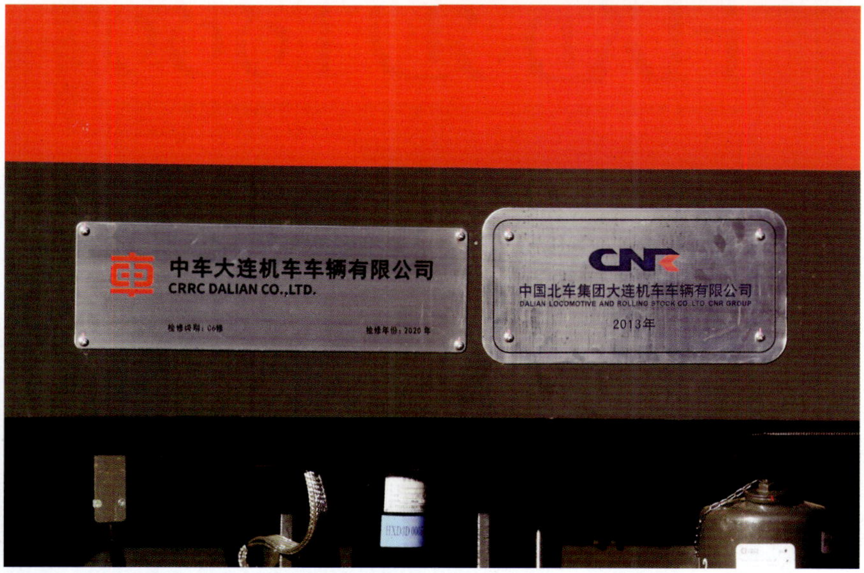

中车大连机车车辆有限公司
CRRC DALIAN CO.,LTD.
中国北车集团大连机车车辆有限公司
2013年

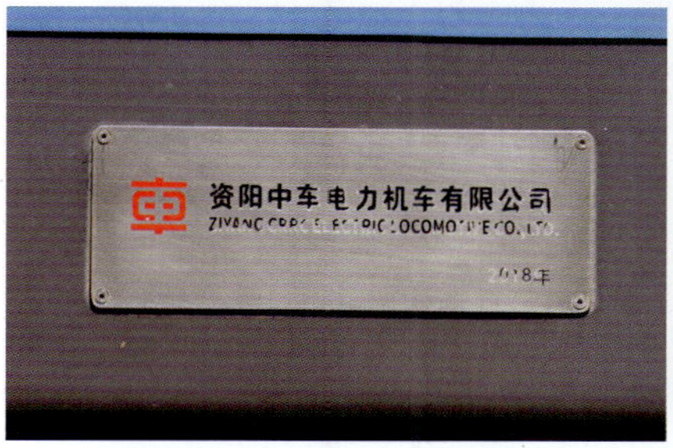

资阳中车电力机车有限公司

神华铁路货车
沧州机车车辆维修分公司大修
2017年09月

国家能源集团
CHN ENERGY
铁路装备公司沧州分公司大修
2023年5月

株洲电力机车工厂制造
1999年

和谐D3B1893 II
韶山1008
SS1 0681
HXD3D1886
SS1 0826
I
SS7 0003
和谐D1D1898 II
和谐D1C1927 I
HXD3CA8161 II

电化区段

SS3B5035
I

8K001B

8G-002A

SS3B0030A

SS4 0006

SS3C0001A

SS3 0001
II

SS4 6001B

SS6B6001

SS3 4545
II

SS6 0002
II

DJ1 0001A

④中国电力机车转向架集锦

SS1 型电力机车转向架

SS4 型电力机车转向架

SS4B 型电力机车转向架

SS3B 型电力机车转向架

SS6B 型电力机车转向架

SS4G 型电力机车转向架

SS6 型电力机车转向架

SS7D 型电力机车转向架

SS7E 型电力机车转向架

SS7 型电力机车转向架

SS9G 型电力机车转向架

SS9 型电力机车转向架

SS8 型电力机车转向架

SS3 型 4000 系电力机车转向架

HXD1D 型电力机车转向架

HXD1 型电力机车转向架

HXD1B 型电力机车转向架

“陕煤号”电力机车转向架

HXD1C 型电力机车转向架

HXD2B 型电力机车转向架

HXD2D 型电力机车转向架

“神华号”电力机车转向架

新 HXD2 型电力机车转向架

技术提升 HXD2 型电力机车转向架

HXD2 型电力机车转向架

永磁直驱电力机车转向架

HXD3A 型电力机车转向架

HXD3D 型电力机车转向架

FXD1B 型电力机车转向架

FXD1 型电力机车转向架

FXD1H 型电力机车转向架

FXD2B 型电力机车转向架

FXD3H 型电力机车转向架

“宁东号”机车转向架

双源制调车机转向架

氢能源机车转向架

“国能号”智能重载电力机车转向架

“陕煤号”CHA1C 型机车转向架

干调一体混动机车转向架

DJ 型电力机车转向架

AC4000 型电力机车转向架

DJ3 型电力机车转向架

8K 型电力机车转向架

6K 型电力机车转向架

DJ2 型电力机车转向架

8G 型电力机车转向架

DJ1 型电力机车转向架

6G 型电力机车转向架

⑤中国电力机车司机室集锦

SS1 型电力机车司机室

SS3B 型电力机车司机室

SS3 型 4000 系电力机车司机室

SS4 型电力机车司机室

SS4G 型电力机车司机室

SS4B 型电力机车司机室

SS7 型电力机车司机室

SS7C 型电力机车司机室

SS7E 型电力机车司机室

SS6B 型电力机车司机室

SS9 型电力机车司机室

SS9G 型电力机车司机室

8K 型电力机车司机室

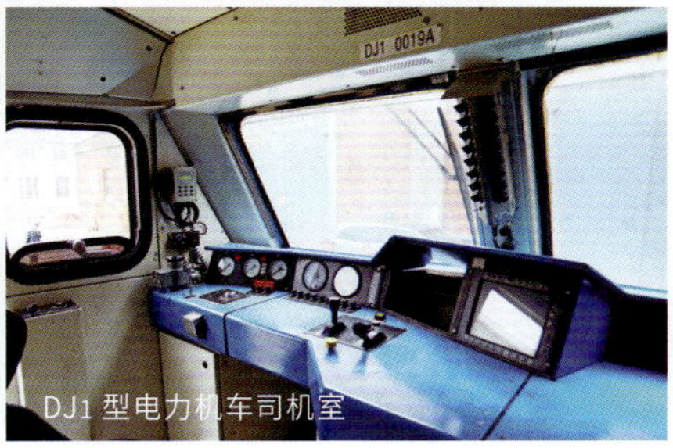

DJ1 型电力机车司机室

DJ2 型电力机车司机室

HXD1 型电力机车司机室

新 HXD1 型电力机车司机室

HXD1D 型电力机车司机室

HXD1B 型电力机车司机室

HXD1C 型电力机车司机室

新 HXD2 型电力机车司机室

HXD2 型电力机车司机室

HXD2B 型电力机车司机室

HXD2C 型电力机车司机室

HXD3 型电力机车司机室

HXD3B 型电力机车司机室

HXD3C 型电力机车司机室

FXD1 型电力机车司机室

FXD3 型电力机车司机室

HXD3D 型“毛泽东号”电力机车司机室

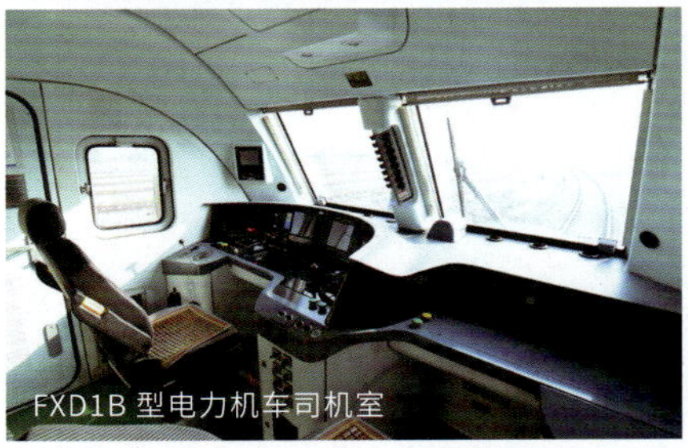
FXD1B 型电力机车司机室

FXD2B 型电力机车司机室

HXD1D 型“周恩来号”电力机车司机室

FXD1H 型电力机车司机室

FXD3H 电力机车司机室

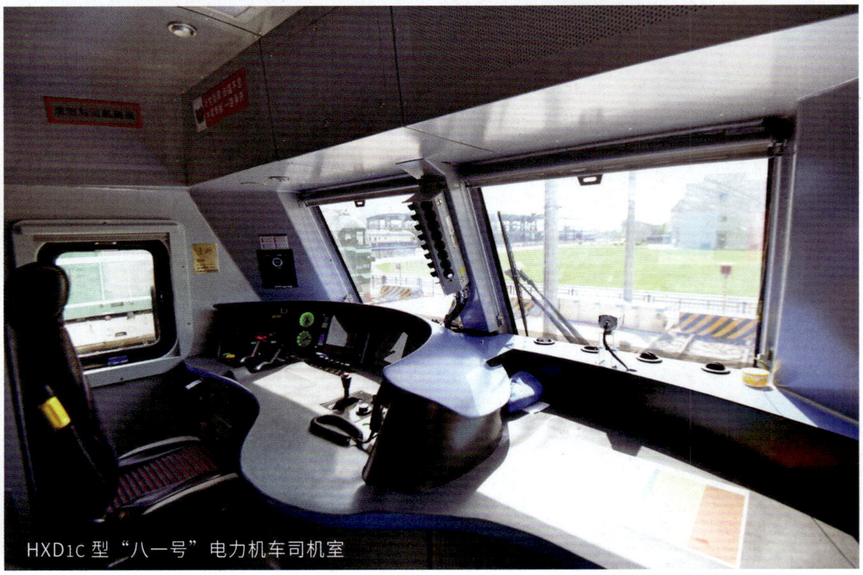
HXD1C 型“八一号”电力机车司机室

“神 24”机车司机室

“神华号”机车司机室

双源制调车机车司机室

“陕煤号”HXD1 型机车司机室

“国能号”机车司机室

“宁东号”机车司机室

⑥名词解释

B

抱轴式半悬挂：电力机车牵引电机悬挂方式的一种，其特点是牵引电机的一侧通过抱轴承支承在机车动轮车轴上，另一侧通过弹性缓冲装置悬挂在机车转向架的构架上。这种悬挂方式结构简单，成本较低，检修方便。但是电动机一半重量直接压在机车轮轴上，且呈刚性连接，使轨道对牵引电机的动力作用加剧。

本务机车：本务机车是在牵引列车时担任本务作业的机车，一般是位于列车首部的机车。一般情况下，采取双机及以上机车牵引时，第一台机车按本务机车计算，第二台及其后机车按重联机车计算。

变压变频（VVVF）：通常是指机车变流器的一种工作形态，其特点是同时调节定子电源的电压和频率，在这种情况下，机械特性基本上平行地上下移动，而转差频率不变。

C

厂修：机车定期检修修程中大修的别称，指对运用的机车，每隔一定的期限，对机车进行全面检查修理，恢复机车基本质量状态的检修工作。

车钩：具有使机车、车辆相互连接、分离，并传递纵向力等作用性能的部件。

机车车钩

串励牵引电机：主极绕组和电枢绕组串联在一条支路的直流牵引电机。其优点是：牵引力和速度能按照机车运行条件自动调节；上坡时有较大的力，平道时有较快的速度；功率变化较小，能充分利用机车上各种电气设备的容量；起动牵引力大。

车站：车站是办理运输业务和技术作业的场所，主要办理列车到发、会让、越行、编组和客货运输等业务。车站按设备和作用分为编组站、区段站、中间站（含会让站和越行站）；按业务性质分为货运站、客运站和客货运站；按作业量和复杂性分为特等、一等、二等、三等、四等和五等站。

货物列车在编组站整装待发

持续速度：机车以全功率长时间连续运行时的最低速度。电力机车和电传动内燃机车的持续速度受电机容许升温的限制。液力传动内燃机车的持续速度受液力传动油容许升温的限制，即受液力传动油冷却装置冷却能力的限制。持续速度下的机车牵引力则称为持续牵引力。

磁场削弱：电力机车通过在牵引电机的串励绕组旁并联几组不同阻值的电阻，由磁场削弱接触器控制这些磁场削弱电阻，以得到不同的磁场削弱级，可以更好发挥机车高速时牵引电机的功率，扩大机车的调速范围。

D

大功率晶闸管元件：晶体闸流管简称晶闸管，是一种对导通电流进行控制的半导体装置。其具有以小电流（电压）控制大电流（电压）的特点，常用于电力机车的牵引控制中。

电空制动：电空制动是电控空气制动概念或系统的简称，是指在空气制动系统的基础上加装电气控制部件而形成的制动系统。其特点是制动作用的操纵控制为“电控”，但制动作用原动力还是压力空气。其优点是可以大大改善列车各个车厢在制动和缓解动作时的一致性，显著减轻列车纵向冲击，并缩短制动距离。

电力机车：电力机车是指由外部电网供电，以电力驱动列车前进的机车。电力机车所需要的电能通常由电气化铁路供电系统的接触网或第三轨提供，是一种非自带能源的机车。电力机车具有功率大、爬坡能力强、牵引力大、速度快、整备作业时间短、运营费用低等优点，是近现代铁路运输中先进的牵引动力。

HXD3D 型电力机车

电气化铁路：采用电力牵引的铁路，即通过在铁路沿线设有电力牵引供电系统，运行电力机车牵引的列车和电动车组的铁路。具有运量大、爬坡能力强、运输成本低等优点。

电气化铁路

电阻制动：电阻制动是利用电机可逆性，在制动时将牵引电机切换为发电机，将列车的动能转化为电能并消耗在制动电阻上，从而实现列车减速的制动方式。与机械制动相比，电阻制动不产生物理磨耗，且制动响应快，易于控制。机车电阻制动可分为一级电阻制动、二级电阻制动和加馈电阻制动等多重形式。

调车机车：调车机车是专门用于车列解体、编组、转线及车辆取送等调车作业的机车。调车机车有时也承担枢纽或区段内小运转列车的牵引任务，因此也被称为调车及小运转机车，简称调小机车。

DF7B 型调车机车

动力集中动车组：动车组一种常见的动力结构形式，其主要特征是全列车牵引运行所需的电气和机械设备集中地布置在列车一端或两端的动力车上。动力集中动车组的动力车大多位于列车的首尾端，可由一台动力车牵引或推行整列车运行，也可由两台动力车首尾前后推拉的运行。

CR200J1-C 型动力集中动车组

多功能车辆总线（MVB）：多功能车辆总线 MVB（Multifunction Vehicle Bus）是列车通信网 TCN 的一部分，主要用于对互操作性和互换性有要求的互联设备之间的串行数据通信，它负责将车辆中的标准设备连接到列车通信网络中，其固定传输速率为 1.5Mbit/s。MVB 具有高速信号采集，高效操作等技术优势，是轨道交通的主流通信协议。

F

辅助变流器：电力机车上用来将主变压器辅助绕组供给的单相电源变换成三相电源，向除牵引电机外，机车其他辅助设备供电的变流器。

复励牵引电机：由一个串联励磁绕组和一个他励绕组共同组成主极绕组的育流牵引电机。其特点是防空转性能优于串励牵引电机，但不如他励电机；自适应调节性能优于他励牵引电机，但不如串励牵引电机，需通过微机自动控制设备调节达到机车运行要求。

G

GSM-R：GSM-R 是铁路数字移动通信系统（Global System for Mobile Communications – Railway）的英文缩写，是基于第二代无线通信系统 GSM，针对铁路需求而研发的铁路专用数字移动通信系统。

GTO：GTO 是门极可关断晶闸管（Gate Turn-Off thyristor，GTO）的英语名称缩写，是一种大功率半导体器件，可以作为交流传动电力机车或动车组牵引逆变器中的主要开关元件，广泛用于斩波调速、变频调速等轨道交通牵引调速系统。

干线机车：在铁路干线上牵引客货列车运行的机车称为干线机车，与调车机车对应。除最新下线的电—电混动调车机车外，绝大多数电力机车都是干线机车。

DF4B 型干线内燃机车

工矿电力机车：工矿电力机车是在工厂和露天矿山电气化铁路上应用的电力机车，一般为速度较低、供电电压也较低的直流电力机车，有准轨工矿机车和窄轨工矿机车等多种类型。工矿电力机车大多设一个中央司机室、室内设两个驾驶台，以便换向运行。由于工矿专用铁路需经常移动，为方便铺设接触导线和装卸器材、矿石等，有时会将接触导线架设在铁路线的一侧，因此除在中央司机室顶上设有中央受电弓外，还在两端设有能从旁侧接触导线取电的旁侧受电弓。

韶峰型工矿电力机车

工频：工频是指电力系统在发电、输电、变电与配电设备以及工业与民用电气设备采用的额定频率，单位为赫兹（Hz）。其中，中国采用 50Hz，有些国家采用 60Hz。中国铁路采用单相工频 25kV 供电，即交流 25kV 50Hz 供电。

功率因数：电力机车电网侧有功功率与视在功率之比。在相控（交—直）电力机车中，机车的功率因数随机车工况变化而变化，在额定功率时，大约为 0.82 ~ 0.86；在再生制动状态功率因数更低。在交—直—交机车中，功率因数可接近于 1。机车在低功率因数运行时，将从电网汲取无功功率，因此要尽力避免这种情况的发生。此外，相控（交—直）电力机车常采用串联变流器即多段桥整流电路或者功率因数补偿装置来提高机车的功率因数。

供电制式：供电制式指电气化铁路供电系统采用的不同类型，从形态上分有三轨供电、接触网供电等类型；从电力类型上分有直流电和交流电两大类，细分的话还可根据电压、交流电频率分为多种类型。不同国家的电气化铁路会采用不同的供电制式，有时候甚至一个国家内都会采用不同的制式。

国家铁道试验中心：国家铁道试验中心又称中国铁道科学研究院集团有限公司东郊分院、环形铁道试验基地等，位于北京市朝阳区，始建于1956年，建成于1958年，是中国乃至亚洲唯一的一个铁路综合试验基地。目前是我国集铁路机车车辆、铁道建筑、铁道电气化、通信信号、客货运输、特种运输、行车安全、地铁及城轨车辆等多学科的综合性科研试验检验中心。基地中设有试验线路，其中正圆曲线一条，半径为1432m，周长为9km（惯称大环）。大环中有两条直线与正圆曲线相连而成为大环的正线，该直线与大环也构成了闭环曲线，该闭环曲线上含有不同的半径和坡度，并包含了曲线段和直线段（惯称小环）。此外还有冲击试验线、探伤试验线以及站场线、入环线、联络线、展示线、库线等辅助线路。

过分相：当其两侧接触网由同一变电所的不同相或两个变电所供电时，存在不同相位或电压差过大等情况，这就要使用电分相装置。机车安全通过电分相装置而不发生短路事故被称作过分相。其中，由机车主断路器进行自动分合闸过分相的过程，又被称作自动过分相。

H

簧下重量：机车或车辆位于转向架弹簧装置以下部分的重量。通常来说，应尽可能减小簧下重量，当机车或车辆通过线路上各种不平顺时，簧下重量与钢轨间形成刚性冲击，产生很大的冲击力，减小簧下重量可减少轮轨间的有害作用。

I

IGBT：IGBT是绝缘栅双极晶体管（Insulated Gate Bipolar Transistor，IGBT）的英语名称缩写，是半导体元器件的一种，主要用于铁路机车及动车组交流电机的输出控制。优点是不仅驱动电流小，而且导通电阻也很低，在大功率设备中可以实现动作快速切换。

国家铁道试验中心环形线

J

机车交路：机车牵引列车担当运输任务往返运行的固定区段，即机车自机务本段所在站牵引列车作业，到另一机务段或折返段所在站之间的区段。

机辆段：新时期下原有机务段和车辆段功能合并成立的基层生产单位，同时负责机车和车辆检修、维修、运用保养等工作。

机务段：机务段铁路系统管理和使用机车的基层生产单位。机务段配属有一定数量的机车，拥有机车检修、整备和运行所需的整套技术装备，担当某些固定牵引区段的牵引任务。机务段通常主要由运用车间、检修车间、整备车间、设备车间等构成。

机务段整备线

加馈电阻制动：加馈电阻制动又称为“补足”电阻制动，是机车在低速运行时，通过从接触网获得电能，补充电机电枢电流以维持轮周制动力的电阻制动方式。其优点在于加宽了调速范围，在接近停车时依然可以保持最大电制动力，并能较方便地实现恒制动力控制。缺点在于能耗较高。后期制造的韶山系列交直传动电力机车普遍采用这种制动方式。

架悬式全悬挂：架悬式全悬挂是指牵引电机在机车上的一种固定方式，又称独立悬挂或全悬挂。这一悬挂方式将牵引电机完全固定在转向架上，电机的全部重量均为簧间重量，避免了抱轴式半悬挂的缺点，适用于大功率高速机车。

简统化：简统化是指不同型号铁路机车车辆技术设备简单化、统一化、标准化，通过统一技术标准和设备接口等，提高主要技术设备的可互换性，简化运用管理，降低运用成本。

交流牵引电机：依靠交流电驱动的牵引电机，其优点是具有良好的调节性能和功率利用指标，能使机车有较大的起动牵引力和较宽的恒功运行范围，且具有自然的防空转性能，能使黏着利用提高，同时机车牵引和再生工况之间的转换简便。

交—直—交传动：中国电力机车通常将交—直—交传动简称为交流传动，

即牵引电网的交流电经过牵引变压器降压后，先供给整流器以转换成直流电，再通过逆变器将直流转换成三相交流电，再供给三相交流牵引电机。通过调节牵引逆变器输出的电压（或电流）和频率，以对机车进行起动和调速控制。由于在电传动系统中，有交流电转换成直流电再转换成交流电的过程，故称为交—直—交传动。

绞线式列车总线（WTB）：绞线式列车总线 WTB(Wire Train Bus) 是列车通信网 TCN 的一部分，负责不同车辆单元中的网络节点连接，与 MVB 是两个独立但又相互依赖的通信子网。WTB 主要用于不同车辆间的列车级的通信，其传输速率为 1 Mbit/s。

接触网：接触网是沿铁路线路架设，并与受电弓滑行接触的电力机车供电线路。

■ 电气化铁路接触网

K

抗蛇行减振器：机车车辆的车轮踏面具有斜度，轮轨间存在间隙，且轮轨接触时存在蠕滑。当轮对行进中质心偶尔偏离直线轨道中心线时，两轮的滚动半径不同，使得轮对在行进中一面作横移运动，一面又绕通过其质心的作摇头运动，这种特殊的行进式被称为蛇行运动。由于轮对的蛇行运动而引起的转向架在横向平面内的振动称为转向架蛇行。抗蛇行减振器即为转向架上用于抑制和降低蛇行运动的装置。

■ 转向架相关设备

可控硅：可控硅（Silicon Controlled Rectifier）简称 SCR，是一种大功率电器元件，也称晶闸管。它具有体积小、效率高、寿命长等优点。在自动控制系统中，可作为大功率驱动器件，实现用小功率控件控制大功率设备。它在交直流电机调速系统、调功系统及随动系统中得到了广泛的应用。

框架式整体承载：整体承载车体分为桁架式与框架式。相比桁架式，框架式不用设置斜撑，因此车身侧壁布置用于采光、通风、冷却的窗孔更为容易，且车内大部件的更换更为简单。

L

Locotrol 系统：Locotrol 系统中文名称为分布式动力控制系统，也称机车同步操控系统，用于多机重联牵引的重载货物列车，通过基于无线通信的控制系统，使各机车做到同步牵引和制动，有效减少纵向冲动和车钩力，缩短制动距离和制动时间。

■ 大秦铁路应用 GSM-R 和 Locotral 技术，在地形复杂线路上大量开行组合列车

列车供电：列车供电是指电力机车通过接触网降压、内燃机车通过柴油机发电后，在机车内进行降压、整流等作业后，向旅客列车提供照明、空调等设备用电的供电模式。这种模式下旅客列车不用编挂发电车，可节省能源，减低成本。

列车通信网络（TCN）：列车通信网络 TCN（Train Communication Network）是一种以计算机网络为核心的分布式网络控制系统，铁路列车车辆之间和车辆内部可编程设备互联传送控制、检测与诊断信息的数据通信网络，可作为铁路机车车辆的控制、检测和诊断系统。列车通信网络（TCN）通常采用分层结构，根据列车控制的特点分为上下两层，每一层根据不同的特性要求相应有不同适用局部网络，一般包括列车总线层（WTB）和多功能车辆总线层（MVB）。

轮乘：即轮乘制，机车乘务员使用机车的方式的一种，机车不配属给固定乘务组，机车由乘务员轮流使用，和乘务员没有固定关系，乘务员按出乘计划表出乘。其与将一台机车分配给固定的乘务组使用、保养和管理的“包乘制”相对。

轮盘制动：轮盘制动是盘形制动的一种，是铁路机车车辆常用的基础制动方式之一。制动盘安装在车轮辐板两侧，随同轮对旋转，制动钳横跨在制动盘的两侧，制动时通过制动缸控制闸片压紧制动盘，使闸片与制动盘摩擦而产生制动作用。其优点是不仅制动效率高，而且可以大幅减轻车轮的机械磨耗，但也存在价格昂贵、对潮湿环境及下雪天气影响较为敏感等缺点。

■ 轮盘制动

逻辑控制单元（LCU）：逻辑控制单元是一种可编程控制器，通过利用现代电子技术和微机技术构成无触点控制电路，取代机车上原有的时间继电器、中间继电器等依靠触点操作的逻辑控制元件，可有效提高机车控制电路的可靠性。

M

MITRAC 微机控制系统：由 Adtranz 公司（后被庞巴迪兼并）开发的一种机车网络控制系统。

N

内燃机车：内燃机车是指以内燃机为动力，通过传动装置驱动车轮的机车，按照所使用内燃机种类，可分为柴油机车和燃气轮机车。在中国，内燃机车通常专指以柴油机为动力装置的柴油机车。

DF4C 型内燃机车

内走廊：机车车体按外形分类可分为外走廊式和内走廊式两种。其中外走廊式又称罩式车体，即车体上部罩壳部分仅为保护机械电气设备而设，走廊位于罩壳外；内走廊式又称棚式车体，罩壳覆盖整个车体上部，走廊位于罩壳内。目前，我国电力机车大多为内走廊式。

黏着系数：黏着系数是指机车在不空转的情况下，所能实现的最大轮周牵引力与黏着重力的比值。

P

PWM 牵引逆变器：牵引逆变器的一种类型，指的是采用 PWM 调制技术，即利用电力半导体开关器件的导通和关断，把直流电压变成一系列等幅不等宽的矩形脉冲电压波形，并按一定规则控制电压脉冲宽度或周期以达到变压的目的；或者控制电压脉冲宽度和脉冲列的周期以达到变压变频目的的控制技术的牵引逆变器。

劈相机：劈相机也称分相机，是一种能把单相交流电源变成三相电源的特殊电机，常用作电力机车三相辅助电机的电源，可分为同步劈相机和异步劈相机两种。前者可提高功率因数，但结构和控制比较复杂。后者可用相近的异步电动机改制，结构简单，制造方便，重量较轻，但功率因数稍低。

平波电抗器：交—直传动电力机车中，为了减少整流电流的脉动，以改善脉流牵引电机的换向而必须在牵引电机电路中串接的电感装置。

Q

牵引变流器：广义上是指电力机车或电传动内燃机车主电路中，应用功率半导体器件对电能进行变换（包括电压、电流、频率、波形和能量流动方向等）的各种电气设备的统称；狭义上是指交—直—交电力机车主电路中，实现将单相工频交流电变换为三相可变频率、可变电压交流电，来驱动交流牵引电机并能实现能量反向流动的电气传动装置。

牵引变压器：电力机车的牵引变压器也称主变压器，负责将接触网的高电压转变为合适的低电压，并给牵引变流装置、牵引电机和辅助设备供电。

牵引电机架控控制：牵引电机控制的一种形式，由每组牵引逆变器向一台转向架上的所有牵引电机供电，以此实现对牵引电机的控制。

牵引电机轴控控制：牵引电机控制的一种形式，每组牵引逆变器单独对应一个转向架的一台牵引电机，即只对单根车轴上的牵引电机实现控制。

牵引定数：牵引定数也称牵引重量或牵引质量，是某条铁路上，一定类型的机车，在计算速度、一定的限制坡度情况下所能牵引车辆的总吨数，是由机车牵引力、机车持续速度和线路坡度等因素综合决定的，是确定线路输送能力和车站到发线有效长的重要参考数据。

牵引控制单元（TCU）：电力机车在牵引控制系统中使用的一种设备，通过微控制器及其外围电路，实现四象限整流器控制、牵引逆变器控制、直流母线过压抑制以及防滑 / 防空转控制等功能。同时，还能对牵引电传动系统主电路元器件进行保护，并显示、记录故障时间和代码等信息。

牵引逆变器：交—直—交电力机车中，应用功率半导体器件，实现直流向交流的电能变换，为交流牵引电机提供可变电压、可变频率交流电源的电气

机车牵引变压器

设备。牵引工况下，牵引逆变器使功率从直流侧向交流侧流动，通过对交流电压的幅值、相位和频率调节，驱动电动机变速运行；再生工况下，使功率从交流侧向直流侧流动，让电动机实现制动。

S

SIBAS 32 车载智能微机系统：由西门子开发的一种列车网络控制系统，是 Siemens Bahn Automatisierungs System（西门子铁路自动化系统）的缩写。

受电弓：受电弓是电力机车用于从接触网取得电力的设备，通常安装于车顶，因从侧面看好像是张开的弓而名。通常分为单臂式受电弓和双臂式受电弓（也称菱形受电弓）两种。

■ 单臂式受电弓

鼠笼式异步牵引电机：异步电机的一种，因采用鼠笼转子而得名。其除了简单、可靠、廉价外，还具有单机功率大、单位体积所发出的转矩更大、散热条件更好，电机的热利用佳等额外优点。

双臂式受电弓：受电弓的一种形态，因其形状为菱形，亦可称为菱形受电弓。双臂式受电弓是相对传统的形态，现在使用较少，已多被单臂式受电弓所取代。

■ 8G 型机车所使用的双臂式受电弓

■ 兰新高铁上采用双机牵引的旅客列车

双机牵引：双机牵引指两台机车共同牵引列车运行，其中位于列车头部的通常为本务机车，另一台机车为重联机车或补机。通常在困难区段（大坡道线路）和雨雪等气候不良时采用双机牵引。

司机室：司机驾驶机车与休息的场所。司机室内前端有操纵台，通常在运行方向左侧为正司机操纵台，台上设置有制动阀、换向手柄、控制开关、仪表、显示屏及速度监控装置、信息、控制等设备；右侧为副司机操纵台，台上设有控制开关、按钮、检测控制仪表、信息控制设备等。

■ 司机室

四象限变流器：即“脉冲整流器”，是一种为了改善机车功率因数和减少谐波电流对电网的干扰，设置在电力机车中，按斩波方式工作的整流器。这种整流器通常可以在电压电流平面上的所有四个象限中工作，故而得名。其在机车牵引时工作于整流工况，在机车制动时工作于有源逆变工况。

T

他励牵引电机：主极绕组和电枢绕组分别供电的直流牵引电机。其特点是有较好的防空转能力，以及电力机车电气制动时，可立即变为发电机运行。

踏面制动：踏面制动是铁路机车车辆常用的基础制动方式之一，它依靠压缩空气或者大气压力的作用，通过制动气缸中的活塞推动闸瓦，使闸瓦紧压滚动的车轮踏面而产生摩擦制动力。踏面制动的优点是可以清扫踏面，改善轮对黏着；缺点是效率较低，，且车轮既承受轮轨间机械载荷的作用，还要承受制动产生的热载荷的作用，显著影响车轮结构强度。

■ 踏面制动

W

微机控制系统：采用微机数字控制来实现机车牵引、电制动和各种保护，以及显示、故障记忆和诊断等功能，相比传统的模拟控制系统更为先进。

微正压：微正压是指车厢或设备舱室的气压比外界空间的气压微高的设计，以此避免车外沙尘等污物通过缝隙进入车厢或设备舱室。

无级调速：无级调速时指在机车起动、调速过程中无级位、平滑调速的调速方式，即当司机驾驶机车时选定任何级位，机车均可自动地起动、调速到相应的运行级位。无级调速是机车调速的理想方式，它不仅使机车在运行全过程中保持平稳，还能更完善机车牵引性能，更有利于机车牵引力的发挥。

X

相控电力机车：以串励、他励或复励的直流电动机为牵引电机，采用晶闸管构成变流装置的电力机车，是交—直电力机车的高级形式。其特点包括机车主电路采用两段或不等分三段晶闸管半控或全控桥式电路，实现相控无级调速；采用加馈制动或再生制动；采用串励、他励或复励牵引电机等。

悬挂装置：支承机车重量的弹簧装置。包括弹簧装置、减振器和止挡，对机车动力学性能起决定性的影响。悬挂装置分一系悬挂和二系悬挂，轴箱与转向架构架之间的弹簧称为一系悬挂；转向架构架与车体之间的弹簧称为二系悬挂。

Y

异步电机：电动机的转速与供电电流频率之比不是恒定值的一种交流牵引电机，其特点是转子上没有换向器和带绝缘的绕组，不存在换向火花和环火稳定性的问题。因此，它的结构简单，运行可靠，可以以更高的圆周速度运转，使机车具有很宽的调速范围。

引燃管：引燃管也称水银整流器，是一种离子型整流器，其工作原理是在电压升高时使气体产生放电现象，实现电子的不可逆整流，具有耐受功率较大的优点，曾作为早期交流供电电力机车的整流元件。由于其效率低、波动大、故障率高且存在水印污染，因此后期引燃管整流器逐渐被硅整流器替代。

有级调速：在机车起动、调速过程中有许多固定级位的调速方式，即当司机在驾驶机车由一个级位到相邻的另一个级位时，机车运行也从一个运行级位跳变到另一个运行级位来进行调速。有级调速的电力机车是电力机车调速的初级形式，在机车起动、调速过程中的级间转换时会产生电流波动而使机车牵引力有冲击，因此容易存在机车运行欠平稳的缺点。

SS1 型机车采用的琴键式有级调压开关

Z

再生制动：再生制动是电力机车和动车组的制动方式之一，是一种利用电机可逆性，在制动时将牵引电机切换为发电机，将列车动能转化为电能并反馈给牵引供电系统而实现列车减速的制动方式。与机械制动相比，再生制动不产生物理磨耗，反馈电能还可再次利用，因此更加高效环保。

折返段：折返段是机务折返段的简称，是机务段机车行驶区段的终点，机车再次折返。折返段一般不配属机车，但设有机车整备设施和乘务员生活设施，保证机车在此完成折返前的整备作业或停留待命。折返段一般由其上级机务段管理。

真空断路器：以真空作为灭弧绝缘介质的断路器。相比空气断路器，真空断路器具有不受环境条件影响、工作性能高、节能、噪声小、寿命高、维护工作量少等优点。因此，在铁路系统中，大量的 25kV 及以下电压等级的断路器广泛使用真空断路器。

蒸汽机车：以蒸汽机为原动机的机车。锅炉产生的蒸汽的热能在汽缸内转变成机械功，推动活塞和摇杆、连杆，驱动车轮回转使机车前进。蒸汽机车携带一定数量的煤和水，运行一段距离后要加水、加煤。

前进型蒸汽机车

整备车间：通常下设在机务段下，负责机车运行前的整备和准备工作的基层生产单位。其中负责电力机车的整备车间通常要负责供给机车润滑油、砂、冷却水和擦拭材料；进行机车牵引列车前的准备——转向、给油、检查、擦拭机车以及乘务员交接班等工作。

整体承载：整体承载是机车车体按承受载荷方式分类的一种，是将司机室、车顶、侧壁间壁和车架组焊而成的一个空间受力体，其中侧壁和车架为主要受力部件，这也是与仅通过车架受力的车架承载车体最大的不同。与同样重量的车架承载车体相比，整体承载车体在承受同样的载荷下重量可大大减轻，即承载能力有很大的提高，

朔黄铁路黄骅港折返段

且整个车体的强度和刚度一并提高，是发展单节大功率机车的有利条件。

直流传动：中国电力机车所说的直流传动，通常指的是交—直传动，即牵引电网的交流电经过牵引变压器降压后，经过整流器转换成直流，再供给直流牵引电机。由于在电传动系统中，将交流电转换成直流电，故称为交—直传动。

直流供电电力机车：从直流接触网（或接触轨）获得电能，用直流牵引电机驱动的电力机车。直流电力机车在地下铁道及工矿企业运输中得到了广泛的采用，除我国外，在不少国家的干线电气化铁道电力机车中也占有一定的比重。

JR 货物 EF210 型直流供电电力机车

直流牵引电机：依靠直流电驱动的牵引电机，其优点是在控速方面比较简单，只需控制电压大小即可控制转速，缺点是通常功率较小，且存在电刷等磨耗件而维修工作量较大。

轴距：轴距是机车或车辆各车轴中心线间的距离，分为全轴距，转向架轴距和固定轴距。全轴距指机车两端车轴间的总距离；转向架轴距指一个转向架两端车轴间的距离；固定轴距是指每一机车车辆只能保持互相平行而不能作相对转动的最外两根车轴之间的距离，对于转向架式机车（如绝大多数内燃机车和电力机车）固定轴距即为转向架轴距，车架式机车（如蒸汽机车）则为主车架内前后两端车轴间的距离。

轴式：机车轴列式的简称，即用数字或字母表示车轴排列方式，用以表征机车走行部结构的特点。分为车架式机车轴列式表示法和转向架式机车轴列式表示法，中国电力机车常使用后者，即用英文字母表示动轴数（B 为 2 根动轴、C 为 3 根动轴），用数字表示无动力的轴数，注脚“0”表示每个转向架内动轴各用电动机单独驱动。例如“B0—B0—B0”轴式，表示 3 个二轴转向架装在同一车底架上，每根动轴都是单独驱动。

轴箱：联系构架和轮对的活动关节，用以将轮对的滚动转化为车体沿着轨道的平动。轴箱装在车轴两端轴颈上，将簧上的垂向静载荷和动载荷传递给轮对，并将来自轮对的牵引力和制动力传到构架上。此外它还传递轮对与构架间的横向和纵向动作用力。轴箱装置主要由轴箱体、轴承和前后盖组成。

轴重：轴重也称轴负荷，是指车辆每条轮对施加给轨道的作用力。列车轴重越大，运行时列车对线路的冲击和损耗也越大。

轴重转移：轴重转移是电力机车和内燃机车在牵引工况下出现的轴重增减情况。牵引列车时，由于轮周牵引力和车钩牵引力的作用点不在同一高度，形成力偶，使前后转向架各轴载荷发生变化。牵引电机将力矩传给车轴的过程中，也有一些内力影响各轴载荷的变化。轴重转移严重影响各轴黏着牵引力的充分发挥，造成空转，可通过优化牵引电机位置、降低牵引高度、增大旁承刚度等方式降低轴重转移的影响。

主断路器：设在电力机车受电弓与牵引变压器高压组之间的装置，用于接通和分断交流电力机车的主电路，是电力机车的主要保护装置。当电力机车在运行中发生短路、接地、整流臂击穿等故障时，主断路器可迅速自动切断电路。按工作原理可分为空气断路器和真空断路器两种形式。

主型机车：担任客货运输的主要类型机车。

转向架：转向架是铁路车辆的核心部件之一。形象地说，转向架就是将两条或多条轮对，用专门的结构连接起来，形成的一个“小车”。转向架具有承载、导向和减振等作用。

电力机车转向架

重载：铁路货运的一种形式，满足牵引质量 8000t 及以上、轴重 27t 及以上、在长度不小于 150km 的线路上年运量 4000 万 t 及以上三个条件中的两项即为重载铁路。

大秦铁路是世界上运量最大的重载铁路

参考文献

注：由于本书版面有限，所查询的论文资料甚多，在此仅列举主要资料，仅供参考。

[1] 张治中 . 中国铁路机车史（上、下）[M] . 济南：山东教育出版社，2007 .

[2] 铁道部运输局装备部 . 中华人民共和国铁路机车概要（交—直流传动内燃、电力机车及液力传动内燃机车）[M] . 北京：中国铁道出版社，2009 .

[3] 中国铁路总公司运输局机务部 . 铁路机车概要（交流传动内燃机车、电力机车）[M] . 北京：中国铁道出版社，2017 .

[4] 铁道部机务局 . 中华人民共和国铁路机车概要 [M]. 北京：中国铁道出版社，1990 .

[5] 宋又杰 . 四十年中国铁路机车大全 [Z] . 北京：中国铁路机车车辆工业总公司，1990 .

[6] 交通部机车车辆局 . 中华人民共和国机车概要 [M]. 北京：人民铁道出版社，1975 .

[7] 铁道机车联合编辑委员会 . 铁道机车车辆特刊 [M]. 北京：中国铁道出版社，1969 .

[8] 罗一童 . 中国火车大图集 [M]. 北京：中国铁道出版社，2019 .

[9] 铁道部机车车辆工业总公司，铁路机车车辆工业企业管理协会 . 中国铁路机车车辆工业 1949 — 1988 [M]. 北京：中国铁道出版社，1989 .

[10]《中国铁路机车车辆工业五十年》编纂委员会 . 中国铁路机车车辆工业五十年 [M]. 北京：中国铁道出版社，1999 .

[11] 铁路机车车辆科技手册编委会 . 铁路机车车辆科技手册·铁道机车 [M]. 北京：中国铁道出版社，2000 .

[12] 楼修力 . 韶山 1 型电力机车 [M]. 北京：中国铁道出版社，1985 .

[13] 刘友梅 . 韶山 3 型电力机车 [M]. 2 版 . 北京：中国铁道出版社，1994 .

[14] 刘友梅 . 韶山 3 型 4000 系电力机车 [M]. 北京：中国铁道出版社，1996 .

[15] 张友松，朱龙驹 . 韶山 4 型电力机车（上册） [M]. 北京：中国铁道出版社，1998 .

[16] 张友松，朱龙驹 . 韶山 4 型电力机车（下册） [M]. 北京：中国铁道出版社，1998 .

[17] 谢步明 . 韶山 7 型电力机车 [M]. 北京：中国铁道出版社，1998 .

[18] 赵叔东 . 韶山 8 型电力机车 [M]. 北京：中国铁道出版社，1998 .

[19] 黄振文 . 6K 型电力机车 [M]. 北京：中国铁道出版社，1992 .

[20] 郑树选 . 8K 型电力机车 [M]. 北京：中国铁道出版社，1994 .

[21]《和谐型交流传动机车技术丛书》编委会 . HXD$_{1B}$ 型电力机车 [M]. 北京：中国铁道出版社有限公司，2019 .

[22]《和谐型交流传动机车技术丛书》编委会 . HXD$_{1C}$ 型电力机车 [M]. 北京：中国铁道出版社有限公司，2019 .

[23]《和谐型交流传动机车技术丛书》编委会 . HXD$_{1D}$ 型电力机车 [M]. 北京：中国铁道出版社有限公司，2021

[24]《和谐型交流传动机车技术丛书》编委会 . HXD$_{2B}$ 型电力机车 [M]. 北京：中国铁道出版社有限公司，2019 .

[25]《和谐型交流传动机车技术丛书》编委会 . HXD$_{2C}$ 型电力机车 [M]. 北京：中国铁道出版社有限公司，2019 .

[26]《和谐型交流传动机车技术丛书》编委会 . HXD$_{3B}$ 型电力机车 [M]. 北京：中国铁道出版社有限公司，2019 .

[27]《和谐型交流传动机车技术丛书》编委会 . HXD$_{3C}$ 型电力机车 [M]. 北京：中国铁道出版社有限公司，2020 .

[28]《和谐型交流传动机车技术丛书》编委会 . HXD$_{3D}$ 型电力机车 [M]. 北京：中国铁道出版社有限公司，2021 .

[29] 林宏迪 . 漫话机车 [M]. 北京：中国铁道出版社，2009 .

[30] 赵小刚 . 与速度同行 [M]. 北京：中信出版社，2014 .

[31]《中国中车志》编委会 . 中国中车志（1881—2015） [M]. 北京：中国铁道出版社，2017 .

[32]《株洲电力机车厂志》编纂委员会 . 株洲电力机车厂志（ 1936—1999） [M]. 北京：中国铁道出版社，2001 .

[33]《大同机车厂志》编委会 . 大同机车厂志（1986—2000） [M]. 北京：中国铁道出版社，2002 .

[34]《机车车辆研究所志》编写组 . 铁道部科学研究院 机车车辆研究所志（1955—1987） [M]. 北京：中国铁道出版社，1989 .

[35] 丰台西电力机务段志编委员会 . 丰台西电力机务段志（1983—1997） [M]. 北京：中国铁道出版社，1998 .

[36] 神朔铁路分公司 . 神朔铁路分公司志 .2006—2015 [M]. 北京：中国文史出版社，2017.

[37] 苗秋林 . 中国铁路运输 [M]. 北京：中国铁道出版社，1994.

[38]《中国铁路建设史》编委会 . 中国铁路建设史 [M]. 北京：中国铁道出版社，2003.

[39] 中国铁道百科全书总编辑委员会《机车车辆与电气化》编辑委员会 . 中国铁道百科全书·机车车辆与电气化 [M]. 北京：中国铁道出版社，2006 .
[40] 中国铁道百科全书总编辑委员会《运输与经济》编辑委员会 . 中国铁道百科全书·运输与经济 [M]. 北京：中国铁道出版社，2001 .
[41] 贾新民 . 铁路常用词典 [M]. 3 版 . 北京：中国铁道出版社，2005 .
[42] 黄宅舒 . 韶山 $_2$ 型干线交流电力机车简介 [J]. 机车电传动 ,1973(1):1-10.
[43] 陈翰芹 . 株洲电力机车研究所与兄弟单位共同开发的三项科技成果通过鉴定 [J]. 机车电传动 ,1992(4):65.
[44] 孟玉发 , 张小珍 , 王平华 .SS$_{3B}$ 固定重联机车的研制 [J]. 机车电传动 ,2003(2):18-21.
[45] 朱一迪 . 首台 SS$_{3C}$ 型电力机车固定重联改造成功 [J]. 机车电传动 ,2008(4):24.
[46] 张有松 .SS$_4$ 型电力机车简介 [J]. 电力机车技术 ,1985(3):1-10+46.
[47] 周光海 .SS$_{4B}$ 型电力机车（1）——特点及技术参数 [J]. 机车电传动 ,1996(3):12-14.
[48] 张有松 . 关于我国干线货运系列电力机车设计的通用化、标准化和简统化 [J]. 电力机车技术 ,1993(2):1-6.
[49] 赵春安 . 神华铁路用电力机车的运用与检修 [J]. 电力机车与城轨车辆 ,2003(6):59-60.
[50] 乔建江 . 朔黄铁路电力机车无线重联系统研发与应用 [J]. 中国高新科技 ,2019(22):21-25.
[51] 刘友梅 , 徐宗祥 . 我国快速客运电力机车的发展——韶山 $_5$ 型电力机车 [J]. 中国铁路 ,1993(3):15-18+38.
[52] 潘晓明 , 陈国胜 .SS$_5$ 型准高速电力机车粘着性能存在的问题和改进措施 [J]. 铁道机车车辆 ,1997(1):21-25.
[53] 郑树选 . 韶山 $_5$ 型客运电力机车通过验收 [J]. 中国铁路 ,1991(3):31-32.
[54] 刘昌环 .HS14263-01R 型牵引电动机 [J]. 机车电传动 ,1993(5):38-46.
[55] 唐曾妍 .SS$_6$ 型电力机车技术设计审查会议圆满结束 [J]. 机车电传动 ,1990(3):62.
[56] 尚德馥 , 李红宇 . 铁路利用国外贷款项目综合评析 [J]. 铁道经济研究 ,1994(4):19-21.
[57] 程隆华 , 鲁爱民 , 黄中荣 . 吸收 8K 机车新技术改造国产机车——论 SS$_6$ 型电力机车电路设计 [J]. 电力机车技术 ,1989(3):1-4.
[58] 尚德馥 , 李红宇 . 中国铁路利用国外贷款项目评估方法的探讨 [J]. 北方交通大学学报 ,1994(3):393-397.
[59] 胡礼源 .SS$_{6B}$ 型电力机车（8）—— ZD114 型脉流牵引电动机 [J]. 电力机车技术 ,1995(2):30-34.
[60] 张有松 . 关于相控型电力机车设计的简统化、系列化情况及 SS$_{6B}$ 型电力机车的设计审查会议 [J]. 机车电传动 ,1992(6):38-39.
[61] 肖守讷 , 刘建新 , 师建章 , 等 .25t 轴重机车车体设计计算初探 [J]. 铁道机车车辆 ,1997(2):16-17+41.
[62] 朱柏林 .B$_0$—B$_0$—B$_0$ 轴式电力机车走行部的研制 [J]. 机车电传动 ,1992(6):1-7.
[63] 俞展猷 , 封全保 .SS$_{7B}$ 与 SS$_{7C}$ 型电力机车的动力学性能试验研究 [J]. 机车电传动 ,2000(4):15-17+25.
[64] 许韵武 .SS$_{7B}$ 型电力机车的开发重点 [J]. 机车电传动 ,1999(1):25-27.
[65] 王志正 , 李春阳 .SS$_{7C}$ 客运电力机车性能综述 [J]. 机车电传动 ,1999(5):15-18.
[66] 马喜柱 .SS$_{7D}$ 型客运电力机车新进展 [J]. 机车电传动 ,2000(4):45.
[67] 郭乃华 . 铁路第五次提速试验情况简介 [J]. 机车电传动 ,2004(2):43.
[68] 王开云 , 孟宏 .SS(7E) 机车与 SS(7E) 模块化机车动力学性能比较与分析 [J]. 机车电传动 ,2004(5):4-5.
[69] 封全保 , 武桂琴 , 苏鹏 .SS(7E) 型电力机车主要提速技术 [J]. 机车电传动 ,2004(5):44-46.
[70] 柳占宇 .SS$_{7E}$ 型客运机车车体 [J]. 内燃机车 ,2003(10):9-11+49.
[71] 武桂琴 , 张金平 . 模块化 SS$_{7E}$ 型交直电力机车 [J]. 机车电传动 ,2006(2):58-61.
[72]SS8 机车郑武线提速获得成功 [J]. 电力机车技术 ,1997(1):46.
[73] 俞展猷 .SS$_8$ 型电力机车与我国第一代高速动力车的研制 [J]. 铁道机车车辆 ,1997(3):37-41.
[74]SS$_8$2001 电力机车西陇海线客运提速试验 [J]. 电力机车技术 ,1998(3):22.
[75]SS$_8$ 型电力机车型式试验在环行道进行 [J]. 铁道机车车辆 ,1996(2):42.
[76] 电力牵引 40 年大事记 [J]. 机车电传动 ,1998(增刊 1):91.
[77] 何大炎 . 风驰电掣创高速 : 记国产韶山 $_8$ 型电力机车 [J]. 铁道知识 ,1997(3):14-15.
[78] 陈珍宝 , 粟谦 , 贾耀辉 . 过港运行 SS$_8$ 型机车受电弓的改进 [J]. 电力机车技术 ,2000(1):22-23+26.
[79] 李海燕 . 京广线旅客列车提速方案可行性研究 [J]. 中国铁路 ,1998(6):12-17+4.

[80] 张斌，陈南翼．韶山 8 型准高速电力机车气动外形设计 [J]. 长沙铁道学院学报，1995(1):53-59.
[81] 郑锡芳 .SS9 型电力机车微机控制系统 [J]. 机车电传动，1999(3):12-15+27.
[82] 王小方，贺文，李小平，等．电力机车 DC600V 供电系统的改进 [J]. 机车电传动，2004(4):41-44.
[83] 刘峥，曲圣凯．关于 SS9 型机车防寒改造的建议 [J]. 电力机车技术，2002(增刊 1):37-38.
[84] 杨颖．交流传动与交直传动电力机车的技术经济性对比 [J]. 电力机车技术，2001(1):4-6.
[85] 徐环．韶山系列两种型号机车通过部级科技成果鉴定 [J]. 电力机车技术，2000(2):45.
[86] 刘建平．首台独立通风 SS9 改进型电力机车落成 [J]. 电力机车技术，2002(4):25.
[87] 李忠民，王霁月，崔忠文．沈哈电气化铁路通车 [N]. 吉林日报，2001-08-19(A01).
[88] 景丽红．秦沈客运专线引入秦山地区方案研究 [J]. 铁道勘察，2006(1):71-73.
[89] 何莹．浅议我国铁路客运的发展态势 [J]. 综合运输，2001(5):28-29+27.
[90] 哈大线电气化工程特点 [J]. 中国铁路，2001(4):41.
[91] 王铁成 .SS9 机车 AC380V 列车供电装置研制 [J]. 电子技术与软件工程，2018(3):92-93.
[92] 刘健平 .SS9 改进型电力机车将担当铁路第五次提速重任 [J]. 机车电传动，2004(2):29.
[93] 第五次大提速：中国铁路跨越式发展的新篇章 [J]. 铁道运输与经济，2004(5):1-4.
[94] 周书芹，李春阳．对我国交直传动电力机车型谱的分析 [J]. 机车电传动，1998(2):22-24.
[95] 俞展猷．国外高速列车发展简述与我国提速列车试验的回顾——纪念郑武线高速试验成功一周年 [J]. 铁道机车车辆，1999(3):1-6+4.
[96] 李晓华．全路将实施第三次大面积提速 [J]. 铁道工程学报，2000(2):39.
[97] 适应市场竞争实施提速调图战略 [J]. 中国铁路，2002(2):22-25+4.
[98] 鞠家星．提速，世纪之交的宏伟篇章——铁路提速历程的回顾 [J]. 中国铁路，2002(11):14-23+29-10.
[99] 申瑞源．我国机车车辆技术的发展与展望 [J]. 铁道学报，2019,41(1):36-42.
[100] 傅小日．我国郑武线首次 200km/h 旅客列车正线综合性能试验总结 (待续)[J]. 铁道车辆，1998(10):5-8+3.
[101] 傅小日．我国郑武线首次 200km/h 旅客列车正线综合性能试验总结 (续完)[J]. 铁道车辆，1998(12):14-16+18-19+21-24.
[102] 丁爱国，胡月昌．展翅翱翔的电力机车事业——写在国庆四十周年之际 [J]. 机车电传动，1989(6):1-5.
[103] 张鸷中．中国电力机车的研制与发展 [J]. 中国科技史料，1998(4):48-53.
[104] 王斌．中国电气化铁路的艰难起步：以宝成线电气化建设为中心 (1952—1975)[J]. 工程研究——跨学科视野中的工程，2023,15(1):82-92.
[105] 傅志寰．中国铁路提速之路 [J]. 时事报告，2002(1):12-16.
[106] 刘友梅，黄中荣 .AC4000 交流传动电力机车的研制 [J]. 机车电传动，1997(1):5-8.
[107] 高培庆 .AC4000 交流传动电力机车用异步牵引电动机 [J]. 机车电传动，1997(1):17+19+21+18+20.
[108] 黄济荣．我国首台 AC4000 交流传动电力机车系统设计与总参数选择 [J]. 机车电传动，1997(1):9-13+21.
[109] 中国首台交流传动电力机车胜利诞生 [J]. 电力机车技术，1996(3):48.
[110] 刘友梅，杨颖 .DJ 型高速交流传动客运电力机车 [J]. 电力机车技术，2001(1):41-42.
[111] 黄济荣，冯江华．我国交流牵引传动技术的最新进展 [J]. 机车电传动，2001(1):7-11+51.
[112] 傅小日．“九五”期间我国铁路机车车辆技术的新发展和新突破 (续一)[J]. 铁道车辆，2002(2):1-5.
[113] 高培庆，杨慰怀，陈红生 .DJ2 型交流传动客运电力机车用 JD121 异步牵引电动机 [J]. 机车电传动，2001(5):11-13.
[114] 陈春阳．我国铁路机车交流传动技术迈入产业化发展阶段 [J]. 机车电传动，2001(5):1-4.
[115] 杨俊杰，赵明元，王挺．“天梭”号高速机车车体 [C]// 中国土木工程学会．科技、工程与经济社会协调发展——中国科协第五届青年学术年会论文集．北京：中国铁道出版社，2004:580-581
[116] 徐鹤寿．既有线提速 200 km/h 关键技术试验研究 [C]// 铁道科学研究院．铁道科学技术新进展——铁道科学研究院五十五周年论文集．北京：中国铁道出版社，2005:192-202
[117] 徐鹤寿．既有线提速 200km/h 的技术可行性和 3 次综合试验 [J]. 铁道标准设计，2006(增刊 1):5-9.
[118] 胡新明．遂渝线提速综合试验实施要点 [J]. 铁道标准设计，2006(增刊 1):41-43.

[119] 任广慧 .LOCOTROL 系统混合牵引技术研究 [J]. 内燃机车 ,2012(4):11-12+32+51.
[120] 杨绍清 . 大秦线重载组合列车互联互通研究 [J]. 中国铁路 ,2011(9):1-5.
[121] 廖洪涛 . 首台 DJ4 型大功率交流传动电力机车成功下线 [J]. 机车电传动 ,2006(6):52.
[122] 樊运新 . 我国重载电力机车发展历程及思考 [J]. 机车电传动 ,2019(1):9-12+22.
[123] 牛建亚 . 浅谈深度国产化 HXD1 型机车技术改造 [J]. 现代工业经济和信息化 ,2015,5(6):69-71.
[124] 王位 .9600kW 大功率交流传动 6 轴货运电力机车在株洲成功下线 [J]. 电力机车与城轨车辆 ,2009,32(1):58.
[125] 张大勇 , 张黎 , 陆阳 . 和谐型 6 轴 9600 kW 电力机车牵引传动系统技术特点分析 [J]. 铁道机车车辆 ,2008,28(增刊 1):1-4.
[126] 康明明 .HXD1C 型 7200kW 大功率交流传动电力机车在株洲成功下线 [J]. 电力机车与城轨车辆 ,2009,32(4):22.
[127] 申益飞 .HXD1C 型机车运用三年来的使用效果分析 [J]. 中国高新技术企业 ,2013(6):39-41.
[128] 我国自主研发制造的新式高原机车试验成功 [J]. 黑龙江科技信息 ,2012(11):11.
[129] 胡亮 , 王晓勇 .200km/h 六轴大功率客运交流传动电力机车概述 [J]. 电力机车与城轨车辆 ,2012,35(1):7-10+13.
[130] 袁顺 , 刘助新 .HXD1D 型机车车体设计 [J]. 电力机车与城轨车辆 ,2016,39(6):12-16.
[131] 范志峰 , 黄相权 , 丁伟民 . 高原环境适应性 HXD1D 电力机车网侧柜设计及强度分析 [J]. 技术与市场 ,2016,23(3):17-19.
[132] 首台大功率快速客运机车在中国南车株机公司下线 [J]. 电力机车与城轨车辆 ,2012,35(2):30.
[133] 朱一迪 .HXD2 型大功率电力机车通过 2 万 t 重载牵引试验 [J]. 机车电传动 ,2008(2):68.
[134] 姚苏明 , 王文 , 黄明惠 .HXD2 型八轴货运电力机车技术提升研究 [J]. 机车电传动 ,2021(4):54-59.
[135] 杨东平，原志强，胡志鹏等 ., 深度国产化八轴交流传动电力机车研制 [Z]. 大同 :, 中国北车集团大同电力机车有限责任公司 ,2013-05-22.
[136] 刘瑞 , 赵新 , 崔似宏 . 神华八轴 HXD2 型机车制动系统软件优化设计及典型问题分析 [J]. 铁道机车与动车 ,2022(3):46-48+6.
[137] 孙建忠 . 同车公司 :HXD2 型电力机车制造国产化改造 [J]. 金属加工 (冷加工),2013(11):12-13+16.
[138] 王海平 . 孝柳铁路用 HXD2 型电力机车 [J]. 铁道机车与动车 ,2023(3):28-31+6.
[139] 任广慧 , 杨桂彬 .HXD2B 型机车牵引电传动系统 [J]. 内燃机车 ,2010(11):21-23+5.
[140] 董明 , 姜悦礼 .HXD2 型和 HXD2B 型电力机车电传动系统技术比较 [J]. 机车电传动 ,2013(5):45-48.
[141] 郝军 . 和谐 2B 型机车批量交付用户 [N]. 大同日报 ,2010-11-21(001).
[142] 李化民 , 赵文斌 . 两“大力士”机车大同下线 [N]. 山西日报 ,2010-05-24(A01).
[143] 杨晓明 , 白星星 . 中国铁路“和谐”系列机车再添新成员 [N]. 山西经济日报 ,2010-05-24(002).
[144] 石强 , 吕士勇 , 封全保 , 等 .HXD2C 型电力机车转向架 [J]. 铁道机车车辆 ,2013,33(2):34-37.
[145] 吕国平 , 李华祥 , 谢曲波 .HXD2C 型大功率交流传动电力机车电传动系统 [J]. 电力机车与城轨车辆 ,2013,36(2):33-35.
[146] 李澍芩 .HXD2X 型交流传动电力机车集成平台 [J]. 铁道机车车辆 ,2011,31(2):6-10.
[147] 原志强 , 武学良 , 吴景荣 .HXD2D 型交流传动快速客运电力机车的研制 [J]. 铁道机车与动车 ,2017(12):1-5+16+7.
[148] 原志强 , 聂敏 . 大功率永磁直驱客运机车的研制 [J]. 机车电传动 ,2019(1):40-44+50.
[149] 原志强 , 武学良 . 轴重 18t 八轴客运电力机车的研制 [J]. 机车电传动 ,2016(4):23-28.
[150]《HXD3 型交流传动货运电力机车》荣获铁道科学奖一等奖 [N]. 科技日报 ,2008-12-29(009).
[151] 王立民 , 程强 .HXD3 型交流传动电力机车的运用与改进 [J]. 铁道机车车辆 ,2008,28(增刊 1):16-18+26.
[152] 王立民 , 刘会岩 .HXD3 型交流传动电力机车试验 [J]. 铁道机车车辆 ,2008,28(增刊 1):9-15+71.
[153] 张丽红 , 李新 , 杨守君 .HXD3 型交流传动电力机车网络控制系统 [J]. 电力机车与城轨车辆 ,2008(1):20-22+30.
[154] 程强 , 曲天威 , 丁凤铁 , 等 .HXD3 型交流传动货运电力机车驱动装置 [J]. 大连交通大学学报 ,2008(2):101-103.
[155] 代兴军 , 王明杰 , 王永良 .HXD3B 型交流传动电力机车概述 [J]. 电力机车与城轨车辆 ,2010,33(2):1-4+9.
[156] 王威 , 杨守君 , 张律 .HXD3C 型交流传动电力机车 DC 600V 列车供电系统 [J]. 电力机车与城轨车辆 ,2012,35(5):48-51.
[157] 杨守君 , 张丽红 , 王威 .HXD3C 型交流传动电力机车技术平台的建立 [J]. 电力机车与城轨车辆 ,2012,35(3):7-12.
[158] 王威 , 杨守君 , 柳占宇 .HXD3C 型交流传动客货通用电力机车 [J]. 电力机车与城轨车辆 ,2011,34(1):12-15+47.
[159] 王威 , 高洪光 , 柳占宇 .160km/h 交流传动客运电力机车牵引特性参数的选择 [J]. 电力机车与城轨车辆 ,2013,36(1):12-14.
[160] 韩鹏飞 , 陈吉超 .HXD3D 型机车车体轻量化设计 [J]. 铁道机车与动车 ,2015(6):24-25+28+3.

[161] 彭新平，魏伟龙，胡亮，等 .HXD1G 型八轴交流传动快速客运电力机车概述 [J]. 电力机车与城轨车辆 ,2017,40(5):6-9+18.
[162] 王威，代兴军，刘霞 .HXD3G 型八轴交流传动客运电力机车平台的建立 [J]. 铁道机车与动车 ,2018(7):5-9+1.
[163] 高洪光，柳占宇，张立臣，等 .HXD3G 型八轴客运电力机车轻量化设计技术研究与实现 [J]. 铁道机车与动车 ,2016(8):1-6.
[164] 王寅 . 八轴交流传动快速客运电力机车电气系统设计 [D]. 大连 . 大连交通大学 ,2019.
[165] 张志超，储高峰，祖宏林 .30 t 轴重重载机车动力学性能试验研究 [J]. 电力机车与城轨车辆 ,2022,45(6):20-25+44.
[166] 李志士 .30t 轴重交流传动货运电力机车 [J]. 铁道机车与动车 ,2015(4):8-10+7.
[167] 朱向阳，陈喜红，陈清明，等 .HXD1F 型电力机车转向架 [J]. 电力机车与城轨车辆 ,2016,39(1):5-9.
[168] 刘华，金希红，颜罡，等 . 大轴重交流传动货运电力机车总体参数设计 [J]. 电力机车与城轨车辆 ,2016,39(3):1-4.
[169] 任广慧 . 机车车辆重载运输技术 [A].2017 铁路重载运输建设与装备安全学术研讨会 [C],2017-06-25
[170] 杨文东，韩皓 . 山西中南部铁路 30t 轴重重载技术方案设计研究 [J]. 铁道标准设计 ,2015,59(4):1-5.
[171] 耿志修 . 铁路重载运输的实践与发展 [C]// 中国铁道学会 . 铁路重载运输技术交流会论文集 .,2014:13.
[172] 樊运新，龙源，江大发，等 . 新能源混合动力机车发展现状及关键技术综述 [J]. 电力机车与城轨车辆 ,2023,46(1):1-11.
[173] 王海平，吕士勇，李华 .HXD2F 交流传动大轴重货运电力机车 [J]. 机车电传动 ,2019(1):13-16.
[174] 朱一迪 . 我国轴重最大电力机车牵引重载列车试验成功 [J]. 机车电传动 ,2014(6):103.
[175] 姚银，任广慧，马呈祥 .HXD2F 型 30t 轴重电力机车转向架 [J]. 铁道机车车辆 ,2015,35(增刊 1):1-5.
[176] 李中东，齐红瑞 .HXD2F 型交流传动电力机车车体研制和试验 [J]. 铁道机车与动车 ,2019(3):1-3+15+5.
[177] 王海平，林晖 . 机车车辆电空制动系统在大轴重机车装车研究 [J]. 铁道机车车辆 ,2018,38(4):38-41+49.
[178] 柴学彬，杜慧勇，郑长国，等 .HXD3A 型八轴交流传动货运电力机车车体的研发设计 [J]. 铁道机车与动车 ,2021(3):1-5+37.
[179] 刘圳，迟青光，张忠玉 .HXD3A 型八轴交流传动货运电力机车主变压器研制 [J]. 铁道机车与动车 ,2017(8):1-3+14+5.
[180] 王树海，李敬玉，于海霞，等 . 大功率氢燃料电池混合动力机车总体方案研究 [J]. 铁道车辆 ,2024,62(2):59-64.
[181] 刘学 . 浩吉铁路货运增量制约因素及对策研究 [J]. 铁道货运 ,2023,41(3):1-7.
[182] 廖洪涛 . 交流传动电力机车型谱研究 [D]. 成都 . 西南交通大学 ,2012.
[183] 高伟，贺兴，赵阳，等 . 靖神双源制调车机车转向架构架强度分析 [J]. 电力机车与城轨车辆 ,2022,45(5):96-99.
[184] 陈勇 . 靖神铁路大功率交流传动电力机车交验 [J]. 电力机车与城轨车辆 ,2020,43(4):87.
[185] 田冬，袁顺，何永强 . 六轴电电混合双源制电力调车机车车体设计 [J]. 电力机车与城轨车辆 ,2022,45(3):45-49.
[186] 苏天祺，付瑜，赵阳，等 . 六轴双源制电力调车机车通风系统 [J]. 价值工程 ,2022,41(27):70-74.
[187] 倪继娜，张巍，张栋，等 . 陕煤外运铁路能力提升对策探讨 [J]. 铁道货运 ,2024,42(7):12-17.
[188] 杨原，吕书瑶 . 我国首款大功率双源制电力调车机车下线 [J]. 电力机车与城轨车辆 ,2021,44(1):10.
[189] 俞柱山 . 包神铁路公司近远期机务规划研究 [J]. 内蒙古科技与经济 ,2013(11):26-29.
[190] 王建华 . 采用交流传动与交直传动电力机车牵引万吨列车的技术经济性比较 [J]. 中国铁路 ,2016(8):91-94.
[191] 赵宾，王宁，柴学彬，等 . 电 - 电双源制电力机车车体系统研发 [J]. 铁道机车与动车 ,2023(11):29-33+36+61+6.
[192] 侯强，王威，隋锡征，等 . 电电双源制电力机车电气系统研究与设计 [J]. 电力机车与城轨车辆 ,2024,47(3):17-23.
[193] 吕歌星，周占松 . 国能朔黄铁路神华号与和谐号交流电力机车互联互通重载研究 [J]. 当代电力文化 ,2021.
[194] 樊运新，郭庆龙，吴霞，等 . 可变编组 24 轴重载电力机车 [J]. 机械设计 ,2020,37(增刊 2):312.
[195] 樊运新，江大发，康明明，等 . 氢能源混合动力机车关键技术与应用 [J]. 机车电传动 ,2023(3):12-23.
[196] 郑亚平 . 神 24 电力机车坡道启车分析及优化 [J]. 电力机车与城轨车辆 ,2023,46(4):109-111+116.
[197] 薛继连 . 神华 30t 轴重重载铁路核心装备与关键技术创新 [C]// 中国铁道学会 . 铁路重载运输技术交流会论文集 . 北京：中国铁道出版社 ,2014:22-28.
[198] 崔岚，宋子龙，王海平，等 . 神华 HXD2 型电力机车重造设计 [J]. 铁道机车与动车 ,2024(1):29-34+6.
[199] 张朝辉，秦帅，赵震，等 . 神华八轴电力机车牵引传动系统 [J]. 铁道机车车辆 ,2019,39(6):37-40+49.
[200] 陈哲，颜罡，金希红，等 . 神华大功率交流传动电力机车主电路设计 [J]. 电力机车与城轨车辆 ,2016,39(2):35-39.
[201] 章鹏 . 神华号十二轴和八轴机车牵引模式两万吨重载列车试验顺利完成 [J]. 神华科技 ,2018,16(5):6.
[202] 张福田 . 神华铁路机车长交路实施方案研究 [J]. 铁道运输与经济 ,2017,39(8):30-35.

[203] 乔小平，王淑梅，杨瑞荣．神朔铁路重载运输中使用的机车技术 [J]. 神华科技 ,2019,17(4):79-83.
[204] 刘华伟．神朔线重载运输发展模式探讨 [J]. 铁道建筑技术 ,2016(9):116-119.
[205] 赵洪涛．适应于神华铁路运用的大功率交流传动电力机车研究 [J]. 电力机车与城轨车辆 ,2011,34(6):25-28.
[206] 徐磊．朔黄铁路重载列车组织方案研究 [J]. 铁道货运 ,2017,35(1):10-15.
[207] 王雅婷．朔黄线重载运输机车能耗分析 [J]. 铁道机车车辆 ,2016,36(4):89-91.
[208] 刘艳龙，王晓鹏，丁远浩，等．新能源机车网络控制系统综述 [J]. 铁道机车与动车 ,2024(2):29-32+36+62.
[209] 董飞，柳军，王明岩，等．一款新型混合动力调车机车 [J]. 铁道机车与动车 ,2023(12):11-18+21+65.
[210] 李芾，安琪，黄春蓉．中国铁路机车车辆装备技术发展及展望 [J]. 中国铁路 ,2012(11):11-17.
[211] 张洪权 .DJ_1 型机车车体国产化的关键技术 [J]. 电力机车与城轨车辆 ,2004(4):38-39.
[212] 张光群 .DJ_1 型交流传动电力机车下线典礼隆重举行 [J]. 电力机车技术 ,2002(4):7.
[213] 孙剑方，陆阳，张波，等．对铁路装备现代化的几点建议 [J]. 中国铁路 ,2004(2):16-19+10.
[214] 张鸿钧．关于 DJ_1 型交流传动电力机车的几点思考 [C]// 铁道科学研究院机车车辆研究所，中国铁道学会牵引动力委员会 .2005 年铁道牵引动力学术年会论文集．北京：中国铁道出版社 ,2005:70-71.
[215] 开展重载运输实现机车牵引新跨越 [J]. 中国铁路 ,2004(9):31-33.
[216] 李红星．首批 DJ_1 型交流传动机车通过铁道部验收 [J]. 机车电传动 ,2002(2):66.
[217] 刘月文．西门子 SIBAS32 自动控制系统在 DJ_1 型电力机车上的应用 [J]. 电气技术 ,2007(7):27-30.
[218] 赵文良 .6K 型机车的 3B0 转向架 [J]. 机车电传动 ,1988(4):35-39.
[219] 李世斌，车力．从引进 6K 型电力机车谈铁路引进项目的优化管理 [J]. 西铁科技 ,1992.
[220] 杨安立．回眸二十年展望新世纪——2010 年的中国铁路机车车辆 [J]. 内燃机车 ,1999(5):1-16.
[221] 王绥一，王锐 .6G 型机车电气部件使用状态及技术改造性能评述 [J]. 机车电传动 ,1999(6):4-7.
[222] 边庆霖，马林 .$6Y_2$ 型改硅机车硅元件损坏情况及初步分析 [J]. 机车电传动 ,1973(2):32-41.
[223] 耿光耀 .SS_1、$6Y_2$ 和 6G 型机车牵引电动机的运用比较及有关问题 [J]. 机车电传动 ,1983(1):33-41.
[224] 宝成铁路修筑工程中发现的文物简介 [J]. 文物参考资料 ,1954(3):10-34.
[225] 袁恩周．宝—广段电气化铁路运用经验漫谈 [J]. 机车电传动 ,1981(1):23-27.
[226] 可控硅变流机组在电力机车上的试验 [J]. 机车车辆工艺 ,1971(3):13-15.
[227] 一九七七年电力机车运用情况及存在问题 [J]. 机车电传动 ,1978(4):1-9+38.
[228] 任荣辉．太原机务段提高机车运用效率的研究 [D]. 成都：西南交通大学 ,2013.
[229] 高昂．提高侯马北机务段机车运用效率的研究 [D]. 成都：西南交通大学 ,2015.
[230] 李永霖．运用 8G 型电力机车牵引重载列车提高石太线运输能力 [J]. 铁道运输与经济 ,1992(3):22-23.
[231] 黄济荣 .8K 型 $B_0B_0+B_0B_0$ 电力机车简介（上）[J]. 机车电传动 ,1987(6):30-34.
[232] 黄济荣 .8K 型 $B_0B_0+B_0B_0$ 电力机车简介（下）[J]. 机车电传动 ,1988(1):25-30.
[233] 陈焕章 .8K 型电力机车转向架 [J]. 电力机车技术 ,1987(1):17-37+57-58.
[234] 国林，傅宗良．电气化铁路在北京铁路局的发展 [J]. 中国铁路 ,1992(3):11-15+38.
[235] 沈彪．对有计划最经济地发展我国电气化铁路运输的几点看法 [J]. 机车电传动 ,1986(2):8-11.
[236] 张嘉通．发展重载运输，提高晋煤外运能力 [J]. 铁道科技动态 ,1987(7):8-11.
[237] 李淑萍．我国铁路开行组合列车概述 [J]. 铁道学报 ,1987(1):96-98.
[238] 谢文斌．石太线阳太段电气化铁路通车 [J]. 机车电传动 ,1983(1):58.
[239] 我国第一条电气化铁路 [J]. 机车电传动 ,1979(3):62.
[240] 严树钢 .$6Y_1$ 电力机车简介 [J]. 火车头 ,1967(3):11-14.
[241] 山西中南部铁路通道重载综合试验 [J]. 郑铁科技，2014(5):2.

后　记

从小，我就对铁道和火车充满兴趣，呼啸驰骋的机车和纵横蜿蜒的铁路则格外吸引我的目光。

2001年9月，怀着对铁路行业的热爱，我选择了离家千里之外的成都，来到国内著名的铁路专业学府——西南交通大学，开启我四年的大学生活。作为铁路运输专业的学生，在专业课程中，我有机会系统学习了铁路车、机、工、电、辆等各领域的专业知识。而图书馆丰富的藏书，也让我有机会更加深入地钻研铁路这一庞大行业中令我感兴趣的方方面面。尤其让我兴奋的是，学校图书馆里拥有丰富而全面的铁路机车行业专业书籍。在书的海洋里，我第一次系统了解了中国铁路机车的车型、谱系与发展。时至今日，泛黄的笔记本里，依然记录着我当年摘抄的中国各型机车概况与技术参数列表。当时伏案疾书的我从未想过，20年后的今天，我将以此为基础，撰写一本系统介绍中国机车的图鉴。

2005年大学毕业后，我来到《铁道知识》杂志社成为了一名编辑，干起了铁路文化和科普这一延续至今的工作。在我工作后的近20年间，中国铁路经历了翻天覆地的变化。不仅高速铁路从无到有，一跃成为世界第一，铁路机车也完成了从直流传动到交流传动的全面升级，曾经的“东风”和“韶山”系列机车逐渐成为历史的记忆，“和谐”与“复兴”系列机车则一跃成为铁道线上新的主力军。在这铁路发展让人目不暇接的时代，我也有幸亲历其中，用镜头记录中国铁路变迁与发展的同时，亲历和见证了铁路装备的日新月异。

2020年5月，在“铁道图鉴丛书”第一辑——《世界高速列车图鉴》出版后不久，我立刻开始了“铁道图鉴丛书”第二辑的准备。由于《世界高速列车图鉴》在全面介绍世界高速列车技术与发展的同时，已系统呈现了中国主型动车组的概况，因此“铁道图鉴丛书”的第二辑决定以中国铁路机车为内容选题。在最初的方案里，这本“铁道图鉴丛书”的第二辑曾定名为“中国经典火车图鉴·机车篇”，计划系统介绍新中国成立后中国铁路运用的全部蒸汽机车、内燃机车和电力机车。2020年6月，我走访中车大同公司和集宁机务段取材，“中国经典火车图鉴·机车篇”一书正式开始推进。与此同时，我翻出家中尘封已久的相册，一张张整理20年前拍摄的铁路老照片，为新书素材做好准备。

在我最初的计划中，新的“中国经典火车图鉴·机车篇”经过一年整理资料，两年提笔推进，最多三年便可成书。然而我大大低估了新书的撰写难度。一方面日常工作繁杂，另一方面多年来我更多关注中国高铁发展，机车素材相对有限。在经过最初一年的准备和素材搜集后，2021年下半年，我从电力机车部分开始，着手撰写正文内容。“中国经典火车图鉴·机车篇”原本计划采用与《世界高速列车图鉴》完全相同的版式设计，每款机车采用一个对版篇幅，用一篇千字左右的文章、两张机车标准像、一张外景图加部分设备图片呈现每款机车的概况。但随着资料整理的愈发深入，我发现中国铁路每款机车的背景与运用情况都十分丰富，有太多值得与读者分享的知识与信息。本着要做就不留遗憾的原则，我决定不再拘泥于版面限制，根据不同机车的信息与素材，酌情扩充文字和版面，以期为读者全面展现每款机车的历史、技术与价值。这一“小小”的决定也极大地增加了新书的工作量。2022年初，我曾将试排的几个版面效果发在社交平台上，引起网友的热烈反馈，这也坚定了我走下去的信心。

为了丰富书中内容，几年间我先后专程走访了中国国家铁路集团有限公司下辖的近 30 个机务段的下属多个运用车间或生产区，并多次前往国家能源集团和陕煤集团所属机务段或机务车间，走访专家并拍摄素材。为了更好地展示各型机车的运用环境，丰富全书的视觉呈现，几年间我跨越祖国大江南北，行程数万公里，补充拍摄了大量普速列车运行的外景图片。经过近两年时间，书稿随着素材的积累逐步推进。到了 2024 年 4 月，在完成国产交流传动电力机车章节中和谐系列机车的全部内容后，全书初排样张已超过 200 页。此时，若按照之前的计划在一本书中将电力、内燃和蒸汽机车“一网打尽”，全书厚度可能接近 600 页，最终完成时间也遥不可期。在与本书责任编辑，中国铁道出版社许士杰编审沟通后，我决定先将中国电力机车部分归纳整理，先行出版，内燃和蒸汽机车部分则日后再补充成册。新书的名称也最终调整为《中国经典火车图鉴・电力机车篇》。整个 2024 年，我放下手头大部分其他工作，全力推进本书进度，最终在 11 月完成全部书稿内容。

在书稿全部完成之时，回想起撰写过程中的种种不易，至今让我感慨颇多。本书出版前，铁道部运输局装备部和中国铁路总公司运输局机务部等官方单位，曾出版了多本《铁路机车概要》，详尽介绍了各型机车的技术特点，并简要提及了各型机车的试验与研发过程。与此同时，众多热心网友也在许多网站和网络社交媒体上整理编辑了相当数量的机车资料信息。然而，各版本《铁路机车概要》主要从技术方面解读各型机车发展，内容相对晦涩；网络资料则良莠不齐，且存在许多以讹传讹甚至杜撰演绎的信息。为了尽可能为读者勾勒出各型机车的全貌，并力求信息准确，我在书籍撰写过程中，参阅了数十本专业书籍和近千篇相关论文，通过不同信源比对的方式辨别信息真伪。同时，各机车工厂的史志和年鉴，则让我对各型机车的研发背景和试验过程有据可查。可以说，这部 40 万字的图鉴，背后是上千万字的资料阅读与信息比选，回想起来，实属艰辛。也希望这份努力，能让这本《中国经典火车图鉴・电力机车篇》，能为中国铁路的文化积累做出一份贡献。

最后要说的是，本书的顺利出版，离不开家人、同事和朋友的大力支持。好友罗一童早在 2014 年便为我提及了本书的策划与创意，为我日后资料拍摄与整理提供了巨大帮助。同时，他还完成了全书的排版设计、机车外观示意图绘制、地图制作和周边文创设计，是全书不署名的“第二作者”。好友吕彪作为特约编辑在精细清校全书文稿的同时，统筹安排了图书的宣发和推广。大连交通大学的安琪副教授则对全书技术内容进行了全面审校并提供了数张宝贵资料图片，在此特别感谢。

取材过程中，中国国家铁路集团有限公司宣传部罗传宝副部长和张兆程先生，以及中国铁道科学研究院集团有限公司的杨锐先生、王五昌先生都给予了我极大的支持。各铁路局集团公司党委宣传部，集宁（现呼和浩特）机务段、兰州西机务段、南京东机务段、柳州机务段、南宁机务段、苏家屯机务段、沈阳机务段、昆明机务段、丰台机务段、格尔木机务段、三棵树机务段、西昌机务段、湖东机务段、怀柔北机务段、贵阳机务段、杭州机辆段、上海机辆段、郑州机务段、海口机辆轮渡段、白城机务段、大理机务段、北京机务段、合肥机务段、梅河口机务段、大连机务段、迎水桥机务段、广州机务段、新乡机务段和侯马北机务段等单位都先后为书中资料的取材工作提供了热情的帮助。中国中车集团有限公司及其所辖中车株洲电力机车有限公司、中车大同电力机车有限公司、中车大连机车车辆有限公司、中车戚墅堰机车有限公司和中车资阳机车有限公司为图片取材和资料核实提供了大量帮助。中车大连公司的孙石栋副总经理更是亲自为我详解了 HXD3 与 FXD3 系列机车的发展历程与技术特征，让我获益匪浅。我的老学长、西南交大杰出校友吴镛先生不仅在担任中车株洲电力机车有限公司宣传部部长时给予我很大的支持，在他退休后担任湖南中车株机公益基金会理事长期间也一直关心本书的撰写，并时常给我以鼓励。国家能源集团朔黄铁路公司孟鑫先生、国家能源集团包神铁路公司杨国强先生、国家能源集团铁路装备有限责任公司的惠晓辉先生、陕煤集团赵江先生、靖神铁路公司机务副主任韩延军先生、靖神铁路公司蓝寻先生、刘易让先生则为我在国家能源集团和陕西靖神铁路相关线路和机务段取材提供了大力支持。中国铁路国际有限公司、老中铁路有限公司的多位领导和同事不仅为我在中老铁路的取材提供了大力支持，还提供了部分内容资料。“沪南铁路研学社”团队和蔡晶杰先生在机车历史配属方面提供了大量准确详实的参考资料，极大地丰富了各型机车配属与运用部分的信息与内容。日本的赤川英而先生慷慨地提供了两张他在20世纪80年代拍摄的6G1型机车的珍贵图片,弥补了国内相关机型的资料空白。好友张迅、荣新岩、关宏、王铮为本书提供了数张宝贵的资料图片，铁影随行团队的张亦航和孙泽也为本书提供了宝贵支持，在此一并感谢！最后，由衷感谢中国铁道出版社有限公司许士杰编审和他的团队为本书顺利出版所付出的巨大努力。

再次对所有为本书撰写和出版提供帮助的单位、领导和工作人员表示最诚挚的谢意。

罗春晓

2024年12月4日凌晨

于北京